Initiation

Erwachsenwerden in einer unreifen Gesellschaft

Band I: Übergangsrituale

Initiation

Erwachsenwerden
in einer unreifen Gesellschaft

Band I: Übergangsrituale

Peter Maier

Fachbuch

Initiation - Erwachsenwerden in einer unreifen Gesellschaft
Band I: Übergangsrituale

Satz: Christina Brunner
Umschlaggestaltung: Andreas Matthes, www.atelier-luca.de
Umschlaggrafik: © Alessandrina, www.fotolia.com
Verlag: Peter Maier
info@initiation-erwachsenwerden.de

Druck: epubli ein Service der neopubli GmbH, Berlin

ISBN 978-3-86991-404-6

Inhalt

Danksagung

Mein Dank gilt meiner »Compagna« Valeria Heller, die mich von Anfang an zu diesem Buch bestärkt und wichtige Korrekturarbeiten übernommen hat.

Ich danke Erika und Ulrich Imrich – sie waren meine engagierten Lehrer in der Ausbildung zum Initiations-Mentor und haben mir dabei wichtige Grundkenntnisse und »altes« Wissen zu den Themen »Initiation«, »Visionssuche« und »walkAway« vermittelt. Mein Dank geht an Malidoma Patrice Somé, der mich von der Bedeutung und Notwendigkeit von Initiationsritualen auch in unserem westlichen Kulturkreis überzeugt hat.

Ich danke Herrn Ludwig Aeckerle, der mir bei der Durchsicht des Manuskripts sehr behilflich war. Dank gebührt auch Christina Brunner für ihre vielseitige organisatorische Arbeit beim Entstehen des Buches, Korrekturarbeiten, sowie für das Layout. Außerdem danke ich dem Verlagshaus Monsenstein und Vannerdat für die Möglichkeit, dieses Buch zu veröffentlichen.

Schließlich möchte ich meine Hochachtung gegenüber den mutigen Mädchen und Jungen aussprechen und ihnen dafür danken, dass sie sich dem »walkAway« (vgl. Kapitel 1) gestellt und mit ihren Erfahrungen und ihrer Offenheit zum Zustandekommen dieses Buches beigetragen haben.

Vorwort

Seit nunmehr 30 Jahren unterrichte ich am Gymnasium. In den Fächern Religion und Physik habe ich bisher bei tausenden von Kindern und Jugendlichen versucht, Wissen weiterzugeben. Was mir dabei aber noch wichtiger zu bemerken ist: Ich habe hunderte und tausende von Mädchen und Jungen bei ihrer Persönlichkeitsentwicklung und Charakterbildung begleiten dürfen – vor allem bei ihrem Übergang vom Kindsein in die Pubertät und dann von der Adoleszenz in die Volljährigkeit. Gerade dieser zweite Übergang, der bei manchen indigenen Völkern noch immer mit bewussten und aufwendigen Ritualen begangen und gefeiert wird, hat mich zunehmend interessiert. »Initiation« heißt dieser Schritt von der Jugendzeit ins Erwachsensein, also bewusstes »Eintreten« in den neuen Lebensabschnitt und in die Welt der Erwachsenen.

Ich musste dabei immer mehr erkennen, dass es in unserer aufgeklärten, westlichen, naturwissenschaftlich-technisch ausgerichteten Gesellschaft keine oder zumindest kaum noch geeignete Rituale gibt, mit denen das Erwachsenwerden vollzogen und gefeiert werden könnte. Das Bewusstsein, dass diese notwendig sind, ist in unserer Gemeinschaft immer mehr verloren gegangen. Daher gibt es eine zunehmend größer werdende Anzahl von offiziell längst Volljährigen, die sich auch mit 40 Jahren und mehr im Grunde immer noch wie unreife Jugendliche verhalten. Wie soll aber das Erwachsenwerden in einer »unreifen Gesellschaft« für unsere jungen Leute zu schaffen sein, wenn zunehmend echte Vorbilder und vor allem entsprechende Rituale fehlen?

Parallel zu meiner alltäglichen Arbeit als Lehrer habe ich mich seit vielen Jahren mit verschiedenen Phänomenen auseinandergesetzt, die immer wieder unsere Medien beherrschen: Gewalt von Jugendlichen, »Koma-Saufen« schon bei 13-Jährigen, tödliche Autorennen von jungen Volljährigen, gefährliche Mutproben, Computersucht, Orientierungslosigkeit, Schul- und Arbeitsverweigerung selbst noch bei älteren Jugendlichen, um nur die wichtigsten dieser Verhaltensweisen zu nennen.

Diese Trends werden zwar allerorts laut beklagt und immer wieder wird nach den Ursachen dafür gesucht; ich habe aber zunehmend den Eindruck bekommen, dass sich die Experten selbst nicht so ganz im Klaren darüber sind, warum sich Jugendliche überhaupt so verhalten und welche Maßnahmen die Verantwortlichen in der Gesellschaft dagegen ergreifen sollten. Nicht anders erging es mir lange Zeit selbst, als ich versuchte, das Verhalten der jungen Menschen zu verstehen, denen ich täglich in der Schule begegne. Mit den Schlagwörtern »Pubertät«, »Stress in der Familie« oder »Computersucht« wurde vieles bei Schülerinnen und Schülern zu erklären versucht. Das erschien mir aber zu pauschal und hat mich immer weniger bei der Deutung der vielfältigen Probleme befriedigt, mit denen es Jugendliche und Eltern zu tun haben.

Dies änderte sich grundsätzlich erst, als ich anfing, mich selbst anders wahrzunehmen und zu verstehen. 1992 hatte ich einen fast tödlichen Autounfall – ich bekam dabei einen furchtbaren Schlag ab, der mich innerlich aufwachen ließ und mich langsam zu einem anderen Denken führte. Etwa acht Jahre später gab es zwei Ereignisse, die mich nachhaltig beeinflusst und verändert haben. Zunächst stieß ich über einen alternativen Sportmediziner auf das Ritual der »Visionssuche« der nordamerikanischen »School of lost borders«. Dabei gehen Männer und Frauen für vier Tage und Nächte ohne Essen, ohne Zelt und ohne jeden Kontakt zu Anderen alleine in die Wildnis hinaus, um sich selbst zu erfahren und zu finden. Kurze Zeit später traf ich auf den afrikanischen Männerinitiator und Schamanen Malidoma Patrice Somé. Durch diese beiden Begegnungen gelang es mir, den Autounfall und mein eigenes bisheriges Leben besser zu verstehen und befriedigend zu deuten.

In der Folge wurde mir außerdem nicht zuletzt wegen der genannten Einflüsse immer mehr bewusst, was die tiefere und eigentliche Ursache für all die Probleme und Phänomene ist, mit denen es Jugendliche, deren Eltern und unsere Gesellschaft als Ganzes heute zu tun haben: Wir Erwachsenen bieten unseren jungen Leuten, die doch einmal unsere Gesellschaft tragen sollen und daher unsere Zukunft darstellen, keine geeigneten Prüfungen und Rituale an, durch die sie ihre Kraft, ihre Fähigkeiten, ihre Verantwortung und ihren Mut zeigen und womit sie von den Erwachsenen die Anerkennung als nun ebenfalls erwachsene Mitglieder unserer Gesellschaft bekommen könnten.

Es fehlen echte und adäquate Initiationsrituale, mit denen die Jugendlichen vor den Augen der Erwachsenen den Übergang in die neue Lebensphase rituell begehen und somit bewerkstelligen könnten. Zugespitzt könnte man es auch so formulieren: Unsere Gesellschaft krankt vor allem daran, dass es für die junge Generation keine Initiation und insbesondere keine geeigneten Initiationsrituale, also Übergangszeremonien von der Jugend ins Erwachsensein, gibt. Fallen solche Prüfungen aus, versuchen gerade Jungen nicht selten durch abenteuerliche und manchmal sehr gefährliche Mutproben wie durch die bereits genannten Autorennen, durch »Koma-Saufen« oder Schlägereien ihre vermeintliche Kraft, ihren Mut und ihr »Draufgängertum« unter Beweis zu stellen. Dahinter steckt im Grunde das fundamentale Bedürfnis, die neu in sich entdeckte Kraft und Stärke auszudrücken, vor den bereits Erwachsenen zu zeigen und für die Gemeinschaft fruchtbar zu machen.

Dieses große Potential wird in unserer westlichen Gesellschaft meist viel zu wenig oder überhaupt nicht genutzt, weil das Bewusstsein für die Notwendigkeit von »Initiation« und für solche Initiationsrituale weitgehend verloren gegangen ist. Das hat bisweilen fatale Konsequenzen, etwa wenn die frische, manchmal ungestüme Kraft von Jugendlichen nicht kanalisiert und offiziell anerkannt wird. Dann kann sie zu schlimmen Fehlentwicklungen führen und sich ins Gegenteil verkehren. Der vorliegende Band I (»Übergangsrituale«) will sich mit dieser Thematik auseinandersetzen – mit dem Fehlen von Initiationsritualen in unserer modernen westlichen Gesellschaft und den umfangreichen Folgen daraus.

In Kapitel 1 soll jedoch zunächst von einem konkreten positiven Beispiel näher berichtet werden, bei dem zehn 16- bis 18-jährige Jugendliche den Mut finden, zu einem sogenannten »walkAway«, einer Art »Visionssuche im Kleinen«, aufzubrechen. Für 24 Stunden gehen sie fastend, alleine und ohne Zelt hinaus in die Natur, um sich mit sich selbst zu konfrontieren und die Nacht allein draußen im Wald zu überstehen. Wenn sie danach wieder zurückkehren und von ihren Eltern empfangen werden, sind die Jugendlichen meist deutlich verändert und reifer geworden.

In Kapitel 2 wird der Begriff »Initiation« näher untersucht und es werden zehn Thesen aufgestellt, die die Situation heutiger Jugendlicher plakativ umschreiben und die Notwendigkeit bewusster Übergangsrituale betonen.

Kapitel 3 befasst sich mit einer Reihe von Phänomenen und Problemen von Jugendlichen unserer Zeit, die alle als »missglückte Selbstversuche von Initiation« gedeutet werden können.

In Kapitel 4 soll der bereits erwähnte afrikanische Schamane und Buchautor Malidoma Patrice Somé zu Wort kommen. Gerade durch seine abenteuerliche Lebensgeschichte, sowie durch die Erfahrung eines aufwendigen Initiationsrituals in seinem Stamm, hat er Wesentliches zur Thematik »Initiation« zu sagen.

In Kapitel 5 soll der Versuch unternommen werden, insgesamt acht »Kriterien des Erwachsenwerdens« herauszuarbeiten und zu erläutern; dabei können Mythen und Märchen wesentliches »Initiationsmaterial« liefern.

Kapitel 6 ist einer autobiografischen Betrachtung gewidmet: Es soll darum gehen, wie ich selbst um meine Initiation zu einem wirklich Erwachsenen ringen musste, was der Autounfall für mich in diesem Zusammenhang bedeutete und wie gleichzeitig meine Aufgabe als »Initiations-Mentor« immer mehr Konturen annahm.

In Kapitel 7 soll untersucht werden, ob es noch »Spuren von Initiationsritualen« in unserer modernen westlichen Gesellschaft gibt und wie weit diese vielleicht für echte, kraftvolle und für unsere Jugend adäquate »Prüfungen zum Erwachsenwerden« nutzbar gemacht und verändert werden könnten. Kann beispielsweise die Führerscheinprüfung als solches Ritual dienen?

Schließlich sollen in Kapitel 8 eine Reihe von kreativen »Selbstversuchen von Initiation« aufgezeigt werden, die einzelne Jugendliche eher instinktiv ergreifen, um dadurch zumindest einige Elemente der wahrlich wertvollen »Trophäe echten Erwachsenseins« zu erringen.

In einem kurzen Ausblick soll noch auf den Band II verwiesen werden. Dieses zweite Buch geht der Frage nach, welche konkreten Rituale für Jugendliche in unserer Gesellschaft entwickelt werden könnten, um den Übergang ins Erwachsenwerden zu erreichen. Mythen und Märchen aus unserem europäischen Kulturkreis können uns dabei sehr inspirieren. Denn die meisten dieser seit vielen Generationen überlieferten Geschichten enthalten immer das gleiche Grundmotiv: die »Heldenreise«. Ein Held oder eine Heldin verlässt das bisherige gewohnte Leben, geht alleine hinaus in die Welt, muss sich dort vielfältigen Gefahren und Prüfungen unterziehen und kehrt danach verändert und gestärkt zurück in die Gemeinschaft. Dies ist aber genau der Grundstoff für den Prozess des Erwachsenwerdens, den auch heute jeder Jugendliche bewältigen muss.

Der zweite Band trägt daher den Titel: »Initiation – Erwachsenwerden in einer unreifen Gesellschaft. Band II: Heldenreisen« (ISBN 978-3-86991-409-1). Hinweise in diesem Buch auf Band II erfolgen mit der Abkürzung »Band II (HR)«.

Noch eine Vorbemerkung: Dieses Buch will keine wissenschaftliche Arbeit darstellen. Es ist vielmehr geprägt durch persönliche Erfahrungen eines Lehrers mit Jugendlichen über 30 Jahre hinweg und motiviert durch eine Erkenntnis, die mitunter leidenschaftlich vorgetragen wird: Unsere Jugendlichen brauchen von uns Erwachsenen geeignete Initiationsrituale, um ihren Übergang ins Erwachsensein meistern zu können. Dabei sind viele eigene Erfahrungen im Zusammenhang mit dem Thema »Initiation« eingeflossen. Ich bitte den Leser um Nachsicht, wenn Wiederholungen auftreten (Der »Prediger« kommt durch!) oder wenn gelegentlich der Eindruck entstehen sollte, dass zu vereinfacht argumentiert wird. Dies soll vielmehr dem Grundanliegen dieses Buches gewidmet sein, unsere Jugendlichen bei ihrem Prozess des Erwachsenwerdens zu begleiten und ihnen beizustehen.

Olching im Sommer 2011
Peter Maier

1. »walkAway« 2010

Vorbereitung

Aufbruch

Sommerferien 2010. Fünf Mädchen und fünf Jungen im Alter zwischen 16 und 18 Jahren, alle Schüler aus verschiedenen Schularten, besteigen den Zug zu einer Kleinstadt in Niederbayern. Dabei haben sie Rucksack, Schlafsack, Wanderstiefel und Regenplane. Die Stimmung ist gut, aber eine gewisse Aufregung und eine leichte Anspannung sind bei allen Teilnehmern wahrzunehmen. Denn sie brechen gerade zu einer Abenteuerreise ins Innere ihres Seins auf, also in unbekanntes Land. Sie haben sich alle für ein Ritual entschieden, das sie – nicht mehr, aber eben auch nicht weniger – ein gutes Stück erwachsener machen soll. Und dieses Ritual hat nun mit dieser Zugfahrt unumkehrbar begonnen. Sie wollen erwachsen werden »im Spiegel der Natur« – mit Hilfe eines Naturrituals, das den Namen »walkAway« trägt und vielleicht so übersetzt werden könnte: »Gehe einen Weg, gehe Deinen Weg, gehe Deinen Weg zu Dir selbst und in Dein Inneres, in das Innere Deines Herzens.«

Widersprüchliche Gefühle wie Vorfreude, Neugierde, gespannte Erwartung, aber auch Angst oder zumindest ein gelegentlich mulmiges Gefühl wechseln sich ab. Gut, dass die Jugendlichen nicht alleine sind: sie reisen miteinander zum Ritualort.

Für die meisten der Jugendlichen begann diese Reise zu sich selbst im Grunde schon ein halbes Jahr zuvor. Da haben sie zum ersten Mal ausführlich von solchen Ritualen gehört: von der Jugend-Visionssuche, von Initiationsritualen bei indigenen Völkern und von dem für Jugendliche in unserem westlichen Kulturkreis eigens entwickelten Ritual des »walkAway«. Dieses ist im Grunde genommen eine viertägige Kurzform der »Jugend-Visionssuche«, die mindestens zehn Tage dauern würde. Die Jungen und Mädchen haben sich dazu im Vorfeld bereits bewusst mit wichtigen Lebensfragen auseinandergesetzt, die im Stress ihres sonstigen (Schul-)Alltags oftmals unterzugehen drohen:

- Was interessiert mich? Womit beschäftige ich mich?
- Was sind meine Stärken und Schwächen?
- Wie kann ich meine Fähigkeiten im kommenden Lebensabschnitt besser einsetzen?
- Woran habe ich Freude?
- Was sind meine innersten Herzenswünsche?
- Was macht mir im Leben Angst, was macht mir Mut?
- Was ist das Alte, von dem ich mich verabschieden will?
- Welche Freundschaften (und Feindschaften) pflege ich?
- Welche Verletzungen und Niederlagen, aber auch welche Erfolge und Siege habe ich erlebt?
- Welche Rollen spiele ich eigentlich in der Schule, in der Familie und in meinem Freundeskreis?
- Was kommt auf mich zu?
- In welche Richtung möchte ich in meinem Leben weitergehen?
- Welche Schulabschlüsse stehen für mich an?
- Welche Gedanken, welche Themen beschäftigen mich gerade?
- Und überhaupt: Was heißt es, erwachsen zu werden und erwachsen zu sein?

Die Jugendlichen haben sich schon zwei Monate vorher intensiv mit diesen und ähnlichen Fragen auseinandergesetzt und schließlich eine verpflichtende »Absichtserklärung« an die beiden Ritualleiter geschrieben und kurze Zeit später einen »Spiegel« darauf erhalten. Das heißt, die Leiter haben eine ausführliche schriftliche individuelle Antwort auf die Absichtserklärung jedes einzelnen Teilnehmers gegeben, so dass die Jugendlichen eine Vorstellung davon bekamen, wo sie in ihrer Persönlichkeitsentwicklung eigentlich gerade stehen, welche wichtigen Schritte für sie zu machen sind und worauf es für jeden Einzelnen bei dem Ritual ankommen wird. Dies hat ihren inneren Reifeprozess zusätzlich aktiviert und sogar erst richtig angeschoben, begonnen hat er aber bereits mit ihrem Entschluss, an diesem Ritual teilzunehmen.

Manche Jugendliche, die sich anfangs für die Sache interessiert hatten, sind genau an dieser Stelle wieder ausgestiegen, weil sie plötzlich gespürt haben, dass es nun ernst wird, dass es um sie selbst geht und dass sie sich nicht mehr hinter der Gruppe oder hinter vagen Abenteuerideen verstecken können. Der Vorbereitungsprozess und das nun anstehende Ritual selbst haben jedem

Einzelnem gezielt die Frage gestellt, ob er nun diesen ganz persönlichen und im westlichen Kulturkreis in Vergessenheit geratenen rituellen Weg zu sich selbst gehen will oder nicht. Und dieser Weg bedeutet, dass man in der Kernzeit ganz alleine sein wird – sich selbst und seinen innersten Gefühlen ausgesetzt wie sonst nie. Diese Vorstellung kann Angst machen und hat wohl einige Jugendliche abgeschreckt: Etwa die Hälfte der ursprünglichen Interessenten sind wieder abgesprungen.

Die »Jugend-Visionssuche« und deren Kurzform – der »walkAway« – wurden vor ungefähr 40 Jahren von den beiden nordamerikanischen Ethnologen und Psychologen Steven Foster und Meredith Little entwickelt. Während ihrer Beschäftigung mit Ritualen von Indianerstämmen fiel ihnen auf, welch hoher Wert dem Übergang vom Jugendlichen zum Erwachsenen dort beigemessen wird. In »Initiationsritualen« werden Jugendliche von erfahrenen Mentoren – den sogenannten »Ältesten« – begleitet und angeleitet, diesen so wichtigen Übergang zu bewältigen, der immer mit einer Art von Lebens-Prüfung verbunden ist. Die beiden Ethnologen übernahmen zwar den Grundgedanken dieser archaisch anmutenden Riten von den Indianern, erprobten dann aber selbst neue, für die Jugendlichen unserer westlichen Zivilisation brauchbare, angemessene und angepasste Initiationsrituale. Foster und Little ist damit eine entscheidende Transformation gelungen. Jugend-Visionssuche und »walkAway« sind sehr praktische, handfeste und logische Übungen, die auch westliche Jugendliche überzeugen und für ihre Persönlichkeitsentwicklung sehr hilfreich sein können. Von Nordamerika kamen diese Naturrituale vor etwa 20 Jahren nach Europa und vor allem in den deutschsprachigen Raum. Davon soll in Band II (HR, Kapitel 7) ausführlicher erzählt werden. Nun aber zurück zu unserer Schülergruppe.

Die zehn Jugendlichen, die nun gerade auf dem Weg nach Niederbayern unterwegs sind, weit weg von ihrer gewohnten und vertrauten Umgebung, sind sehr mutig: Sie haben sich entschlossen, sich einer Prüfung zu unterziehen, die sonst wohl von den meisten Jugendlichen ihres Alters vermieden werden würde. Sie wollen erwachsen oder zumindest erwachsener werden. Und dazu braucht es eine Prüfung, in der es auf jeden Einzelnen ankommt. Zwar sind es die Schülerinnen und Schüler gewohnt, in der gesicherten Umgebung der Schule Prüfungen in den verschiedenen Lehrfächern zu absolvieren – meist geht es dabei aber nur um rein rationales Wissen, das abgefragt wird. Nun aber kommt eine Prüfung ganz anderer Art auf sie zu, von der sie bis vor kurzem nur eine vage Ahnung hatten. Sie müssen dazu fast alle Sicherheiten zurücklassen, die sie sonst in ihrem Alltag tragen und beschützen. Sie müssen bereit sein, sich – zumindest teilweise – dem Unbekannten und dem Alleinsein auszusetzen. Was wird auf sie zukommen? Im Moment sind sie noch gemeinsam auf einer Bahnreise in die niederbayerische »Pampa« unterwegs – in eine gewellte, abwechslungsreiche, bäuerlich geprägte Landschaft mit Feldern, Wiesen und größeren Wäldern; sie ist für das bevorstehende Ritual sehr geeignet, da sie es den Jugendlichen ermöglicht, mit der Natur und mit all den Lebewesen darin wirklich in Kontakt zu kommen.

Das Leiterehepaar sowie zwei Assistenten stehen mit Wagen und Anhänger bereit, um die Jugendlichen vom Bahnhof abzuholen und sie zu dem ungefähr fünfzehn Kilometer entfernten, ziemlich abgelegenen Tagungsort zu bringen. Dieser ist wunderschön gelegen auf einem Hügel, von dem man die Landschaft der Umgebung mit all ihrer fruchtbaren Kraft und Pracht überschauen kann. Auf dem höchsten Punkt liegt das Haus, in dem sich auch der große Tagungsraum befindet. Damit die Jugendlichen bereits im Vorfeld auf ihre Aufgabe vorbereitet werden können, werden die Mädchen die beiden kommenden Nächte in einem nahe gelegenen Schuppen auf Matten in ihren Schlafsäcken verbringen. Die Jungen werden unter einem Vordach bereits im Freien übernachten. Eine heiße Suppe ist vorbereitet, denn nun sollen die jungen Leute in dieser für sie noch fremden Umgebung erst einmal ankommen, sich akklimatisieren und einen ersten Kontakt mit dem Zentrum, aber auch schon mit der Landschaft aufnehmen. Sie sollen sich wohlfühlen, um sich dann um so mehr auf das Kommende einlassen zu können.

Naturaufgaben vor Ort

Nachdem die wichtigsten Regeln erklärt sind, startet die erste Runde. Und hierbei sind schon viele eher angenehm überrascht: Die Leiter, Assistenten und die zehn jungen Teilnehmer sitzen im Kreis auf dem Boden – auf Fellen und Decken. Erinnerungen an einen Indianerstamm werden wach. Zuerst heißt es Räuchern mit

Salbei, um Gedanken an den Alltag zu vergessen, die Sinne zu stärken, die Aura zu reinigen und die Aufmerksamkeit auf das Geschehen im Kreis zu lenken. Es geht um das bewusste Wahrnehmen der Gemeinschaft, aber auch um das Erspüren des Raumes mit dem »Medizinrad« in der Mitte und um eine bewusstere Selbstwahrnehmung. Denn das Ritual wird jeden intensiv zu sich selbst führen, das zumindest ist das Ziel. Da die Teilnehmer zu Hause bereits wochenlang auf den »walkAway« vorbereitet wurden, müssen die beiden Leiter mit ihren Erklärungen nun nicht mehr bei Null beginnen.

Die Jugendlichen sind sehr bereit, sich auf all das, was nun kommt, einzulassen. Und das liegt nun auch an der etwas anderen Art von Kommunikation. Während es in der Schule eher selten die Möglichkeit und Bereitschaft gibt, sich ganz individuell zu äußern, werden hier die eigene Meinung und das Zuhören großgeschrieben. Der Einzelne ist wichtig, er soll ja auf einen ganz persönlichen Weg zu sich selbst gebracht werden. Und dazu wird das Medium des »Sprechstabes« oder der »Sprechkugel« eingesetzt, die in der Mitte des Kreises neben einer brennenden Kerze und dem »Medizinrad« liegen.

Einige der Jugendlichen empfinden es zwar am Anfang noch als etwas ungewohnt, dass ihre Gedanken und Meinungen gehört und wichtig genommen werden. Im Grunde ist es aber eher erleichternd und beruhigend für sie, dass sie hier nicht um das Wort kämpfen müssen und ausreden können; sie werden nicht etwa durch Zwischenrufe unterbrochen, sondern in ihrer Ansicht gewürdigt und ernst genommen; außerdem können sie sich die Zeit für ihre Meinungsäußerungen nehmen, die sie dazu brauchen.

Jeder kommt dran, der Sprechstab macht die Runde. Sofort entsteht bei den Jugendlichen und beim Leitungsteam eine Atmosphäre gespannter Aufmerksamkeit. Ruhe kommt in den Raum, wie sie im Schulalltag oder in der Clique wohl nur sehr selten herrscht, die Zeit erhält eine neue Qualität. Es kommt hier eben nicht auf Schnelligkeit an, sondern auf Tiefe, bewusstes Hören und Zuhören, sowie auf das »Schauen« nach innen – und dies braucht Zeit. Der Leiter fragt die Jugendlichen in dieser ersten »Runde« nach ihrem Befinden und danach, welche Hoffnungen und Ängste sie in diesem Moment bewegen. Die Antworten sind noch fast durchgehend kurz gehalten, aber sie sind ehrlich.

Anschließend werden die jungen Teilnehmer bereits mit der ersten Naturaufgabe betraut: Sie sollen sich vor dem Haus eine Schwelle machen, zum Beispiel mit einem kleinen Ast oder mit einigen Steinen, und dann ganz bewusst in die »Anderswelt« der Naturkräfte hinüberschreiten – allein und ohne Kontakt mit den anderen (vgl. Band II (HR), Kapitel 5). Für die Jugendlichen geht es darum, das eher rationale, »linkshirnig« orientierte Denken in der Alltagswelt, sowie die Fülle der Gedanken, die ihnen im Kopf kreisen, loszulassen. Die Jugendlichen sollen die Gelegenheit haben, mehr ins Empfinden, Fühlen, Wahrnehmen und Beobachten der Natur zu kommen und sie mit all ihren Eindrücken unmittelbar und ohne Wertung durch den Kopf auf sich wirken zu lassen. Vielleicht kann der eine oder andere dabei bereits spüren, dass in der Natur in Wirklichkeit alles mit allem verbunden ist und wir Menschen in Wahrheit nicht getrennt davon, sondern vielmehr Teil der Natur mit all ihren Wesen sind. Zusätzlich bekommen die jungen Leute auch noch eine konkrete Aufgabe mit:
»Suche Dir einen Platz in der Natur, der Dir gefällt. Sitze still und lausche auf alle Geräusche, erst auf die nahen, dann auf die ferneren. Rieche und fühle. Stelle Dir dann die Fragen: Warum bin ich hier an diesem Ort? Was ist meine Absicht? Hat sich diese seit meiner ›Absichtserklärung‹ vor sechs Wochen verändert?«

Es ist schon dämmerig, als die Teilnehmer zurückkehren. Sie hatten eine gute Stunde Zeit für ihre erste Aufgabe und haben dabei die unmittelbare Umgebung bereits etwas näher kennengelernt. Alle konnten sich auf die Übung mit der Schwelle und dem Alleinsein einlassen. Und ebenso macht es ihnen jetzt grundsätzlich keine Schwierigkeit, ihre Eindrücke von dieser ersten Naturübung in einer kurzen Gesprächsrunde im Tagungsraum wiederzugeben, sowie ihre Absicht und Gründe zu beschreiben, warum sie das bevorstehende Ritual des »walkAway« überhaupt machen wollen. Dieses besteht aus drei Teilen:

- der Vorbereitung in der Gruppe von eineinhalb Tagen (Teil 1), die spätestens mit der Ankunft am Tagungsort begonnen hat
- dem eigentlichen Kernritual, der sogenannten »Solozeit« (Teil 2)
- dem Abschluss, der aus Rückkehr und Wiedereingliederung gebildet wird (Teil 3)

Für diesen Tag ist es aber erst einmal genug. Es ist schon spät geworden. Nun wird im Dunklen noch ein Feuer geschürt, aber die meisten der Teilnehmer wollen sowieso gleich schlafen. Viel Neues ist heute bereits passiert, das Eigentliche steht aber noch bevor. Was werden wohl die nächsten Tage für sie bringen?

Am anderen Morgen, dem zweiten Tag, sind alle Teilnehmer bereits um 7.30 Uhr wach; nach dem gemeinsamen Frühstück sitzen sie um halb neun wieder im Kreis. Damit das Kernritual am nächsten Tag gelingen kann, ist eine intensive Gemeinschaftserfahrung davor entscheidend. Eine Menge Aufgaben, die die jungen Leute Schritt für Schritt auf ihre eigentliche Prüfung vorbereiten und hinführen sollen, stehen für den heutigen Tag an. Die Leiter müssen am späten Abend bei jedem Einzelnen entscheiden, ob sie ihn in die wilde Natur hinausgehen lassen können oder nicht. Einige Lieder werden gemeinsam gesungen, während der glimmende Salbei zum Räuchern die Runde macht. Dies stärkt die Gemeinschaft zwischen Leitern und Teilnehmern, aber auch zwischen den Teilnehmern untereinander. Ein Lied, das immer wieder wie ein Mantra gesungen wird, lautet:

»Der Fluss geht auf die Reise, ganz stetig und leise.
Der Fluss geht auf die Reise, Reise ans Meer.
Mutter Erde trage mich, dein Kind bin und bleibe ich.
Mutter Erde trage mich, trag' mich ans Meer.«

Nach einer kurzen Befindlichkeitsrunde erklären die Leiter den Teilnehmern das Wesen des »Medizinrads«. Es ist Grundlage und Ausdruck des schamanischen Weltbildes, kommt bei allen Naturvölkern in unterschiedlichen Ausprägungen vor und ist noch heute vor allem bei den Indianern Nordamerikas in Gebrauch. Es dient zur Deutung von Gott, Mensch und Welt und ist aus der unmittelbaren Naturerfahrung indigener Völker hervorgegangen. Auch im Jahreskreis der christlichen Kirchen, sowie im Symbol des Adventskranzes hat das Medizinrad seinen Eingang gefunden. Die vier Himmelsrichtungen im Rad dienen dabei der elementaren Orientierung, sie stehen aber gleichzeitig für viel mehr: etwa für die vier Tageszeiten oder für die vier Jahreszeiten und damit für den Zyklus eines ganzen Jahres. Selbst die vier Elemente können jeweils einer Richtung zugeordnet werden. Außerdem symbolisieren die Richtungen ein ganzes Menschenleben mit den vier wichtigen Lebensphasen: der Kindheit, der Jugend, des Erwachsenenalters und des »hohen Alters«. Vor allem aber kann das Medizinrad die vier Übergänge zwischen den einzelnen Lebensphasen verdeutlichen und die vier archetypischen Anlagen oder »Seelenfiguren« im Menschen versinnbildlichen, die jeder seit Geburt in sich trägt und die im Laufe des Lebens nach und nach erschlossen werden müssen, wenn ein Mensch in sein wirkliches Menschsein kommen will. Diese vier Seelenschichten sind das »innere Kind«, »der Krieger/die Kriegerin«, »der König/die Königin« und »der Magier/die Magierin«. In den Märchen unseres westlichen Kulturkreises tauchen all diese Figuren beständig auf, wenn auch in unterschiedlichen Schattierungen und Variationen. (Darauf wird in Band II (HR), Kapitel 6 näher eingegangen.)

Ziel ist es, alles in sich zum Leben zu bringen und in einer guten Balance zu halten. Damit dient das Medizinrad dazu, den Rahmen für eine Art von »Urpsychologie« zu geben, mit der man auf die eigene Persönlichkeit, auf ihren momentanen Stand und auf ihre Entwicklungsmöglichkeiten blicken kann. Insofern bietet das Medizinrad also eine uralte und gleichzeitig eine sehr moderne Deutungsmöglichkeit für den Menschen, für seine Sinnfindung und für sein Sein in der Natur und in der Welt. Für Jugendliche von heute, die ja gerade in einem andauernden Prozess der Selbsterfahrung, Selbstfindung und Selbsterkenntnis, der beständigen Persönlichkeitsentwicklung und des fundamentalen Übergangs zum Erwachsensein stehen, kann daher das Medizinrad eine enorme innere Kraft für den eigenen Persönlichkeitsprozess freisetzen, sofern sich die Heranwachsenden darauf einlassen können. Um dies zu unterstützen, sitzen die Leiter und Jugendlichen bei jeder Gesprächsrunde im Seminarraum wie ganz selbstverständlich um ein zuvor ausgelegtes Medizinrad mit den vier Himmelsrichtungen und den vier Elementen. Und tatsächlich können unsere jungen Teilnehmer mit diesen uralten und gleichzeitig höchst aktuellen Vorstellungen durchaus etwas anfangen. Aber bevor die Jugendlichen an diesem Morgen zur ersten Übung wieder hinaus in die Natur gehen werden, setzt das Leitungspaar noch einen weiteren Impuls.

Wenn die Jugendlichen ab dem nächsten Morgen für 24 Stunden alleine in der Natur sein werden, tun sie dies im Grunde in der Tradition der »Heldenreise«. Unsere Märchen und Mythen sind voll von »Initiationsgeschichten«, in denen der Held oder die Heldin sich alleine aufmacht, um den Schatz oder den Gral zu suchen, um sich mit gefährlichen Hexen und Zauberern auseinanderzusetzen oder um mit dem Drachen zu kämpfen, der den Schatz, den »Gralskelch« mit »dem heiligen Trunk der Erkenntnis« oder die schöne Prinzessin bewacht. Der Held wird die böse Macht oder das Untier schließlich in einem Kampf auf Leben und Tod besiegen oder ihm zumindest mit großer List das Begehrte entreißen, um damit wieder in die Gemeinschaft zurückzukehren. Der innere Drache – Symbol für unsere eigene Schattenseite – ist es nämlich, der uns oft den Weg zur Selbstfindung verstellt. Bei so einer Heldenreise geht es auch darum, heraus aus dem Reich der Eltern zu gehen, sich in der Einsamkeit mit der Vergänglichkeit des Lebens, ja selbst mit dem Tod, auseinanderzusetzen, die Kindheit in sich selbst sterben zu lassen und sich innerlich ins eigene Leben aufzumachen. Denn dies alles ist Ausdruck für das persönliche Erwachen und Erwachsenwerden – und genau dieser Gedanke steckt im Grunde auf einer psychologischen Ebene hinter den aufregenden und spannenden Geschichten jedes Helden. (Diese Thematik wird in Band II (HR), Kapitel 2 sehr ausführlich behandelt.)

Nach diesem kurzen Hinweis auf die Grundlagen mythologischen Denkens, bekommen die Jugendlichen ihre erste Naturaufgabe an diesem zweiten Tag des »walkAway«:

»Trete über die Schwelle. Lasse Dich zunächst ziellos in der Landschaft der Umgebung treiben. Suche dann einen Platz in der Natur, an dem es eine Verwundung oder Verletzung gibt, z. B. einen umgeknickten Baum, einen abgeschlagenen Ast, eine Stelle im Wald mit Kahlschlag usw. Stelle Dich vor diesen Platz, schau Dir diese Verletzung genau an und frage Dich dann: ›Was hat diese Verwundung mit mir zu tun?‹ Wenn Du Dir darüber im Klaren bist, drehe Dich um, so dass die Stelle hinter Dir liegt. Dann frage Dich erneut: ›Welche Kraft ist mir aus dieser meiner Wunde erwachsen?‹«

Übertragen auf die Gedanken zur »Heldenreise« könnte die Frage auch lauten: »Was ist das Geschenk, was ist der Schatz, den der Drache in der Hand und letztlich für mich bereithält?«

Denn dieser Schatz könnte eine ganz wichtige persönliche (Lebens-)Erkenntnis oder die Antwort auf eine existentielle Frage sein. Somit bildet selbst diese kurze, knapp zweistündige Naturaufgabe bereits einen wichtigen Mosaikstein für die größere Heldenreise der Solozeit des »walkAway«. Bei dieser Übung könnte auch hochkommen, welche alte Trauer oder welcher Kummer in den Teilnehmern steckt und möglicherweise kann sich dies den jungen Initianden bereits jetzt ein Stück weit offenbaren, ja sich vielleicht sogar richtig entladen. Die Leiter bereiten die Jugendlichen darauf vor und ermutigen sie, im Vertrauen alles hochkommen zu lassen und wichtig zu nehmen, was sich jetzt bei dieser Übung zeigen will.

Zwei Stunden später sitzen sie wieder im Kreis. Alle Teilnehmer sind richtig eingestiegen – sie haben sich also auf die mögliche Tiefe der Übung eingelassen. Die Leiter vermitteln die Überzeugung, dass es für jeden der Teilnehmer um so leichter wird, je mehr auch von den abgelehnten, abgespaltenen und bisher unbewussten Gefühlen, von den »Schattengefühlen« eben, ans Licht kommen kann. Und tatsächlich ist »alles« in den Erzählungen dabei. Von schwierigen Kindheitserfahrungen bis zum Tod in der Familie oder im nahen Freundeskreis, von schmerzlichen Erfahrungen mit Eltern, Lehrern oder Freunden, von zerbrochenen Beziehungen und schmerzlichen Trennungsprozessen. Erste Tränen fließen.

Die Teilnehmer machen zunehmend die Erfahrung, dass es wirklich erlaubt ist, in dieser bergenden und schützenden Gemeinschaft alles zu erzählen, was hochkommen will. Denn die Leiter sind für diese Arbeit ausgebildet und geschult: Therapeutische, systemische und supervisorische Fähigkeiten sind in den Leiterpersönlichkeiten vertreten. Das spüren die Jugendlichen und darum sind sie zunehmend bereit, sich auch für sehr persönliche Gefühle zu öffnen und sich dafür nicht zu schämen. Es kommt den Teilnehmern dabei zugute, dass sich zwar einzelne von ihnen schon länger kennen, es sich aber bei ihnen nicht um eine festgefügte Gruppe oder gar Clique handelt, die sich aufgrund ihrer Hackordnung vielleicht gegen den nun aufbrechenden Entwicklungsprozess stellen würde. Die Jugendlichen beschränken sich nicht auf »coole« Äußerungen, sondern lassen sich offen auf den dynamischen Prozess mit sich selbst ein.

Da die Leiter vor der schwierigen Aufgabe stehen, die Initianden in nur eineinhalb Tagen auf das Kernritual der Solozeit vorzubereiten, geht es nun Schlag auf Schlag, so dass der bereits kräftig eingesetzte innere Entwicklungsprozess der Teilnehmer weiter angeschoben wird. Vor dem Mittagessen, das in der Zwischenzeit vom Leitungsteam für alle vorbereitet wird, gehen die Jugendlichen mit einer weiterführenden Aufgabe nochmals hinaus:

»Gehe hinaus in die Natur und beobachte ein Tier, etwa ein Insekt oder einen Vogel, und frage Dich, wie sich darin das menschliche Leben überhaupt spiegelt. Suche Dir dann einen anderen Platz und finde heraus: ›Wie spiegelt sich darin mein eigenes Leben?‹«

Nach einer kurzen »Blitzlichtrunde« über das Erlebte, einem ausgiebigen Mittagessen und einer kurzen Pause bekommen die Teilnehmer am frühen Nachmittag bereits die nächste Übung für draußen in der Natur. Dafür haben sie wieder zwei Stunden Zeit:

In einem Ritual sollen sie sich und ihrem Unterbewusstsein mitteilen, wovon sie sich verabschieden wollen. Dazu sollen sie einen schönen Platz in der Natur suchen, dort verweilen und probieren, die Sache, die sie loslassen wollen, in einem einzigen Satz zu fokussieren. Hierbei ist es von Vorteil, vorher mit Steinen oder Ästen einen Kreis zu bilden und sich dann hineinzusetzen. Dies kann den Konzentrationsprozess enorm verstärken und gibt dem Vorgang einen würdevollen und damit wirksameren Charakter. Jedes Ritual, das mit Bewusstsein und Liebe ausgeführt wird, kann als etwas »Heiliges« betrachtet werden. Sich von einem Ballast zu verabschieden, kann etwas sehr Heilsames sein. Beide Wortbedeutungen – »heilig« und »heilsam« – gehören somit nicht nur etymologisch, sondern auch in ihrem tieferen Sinn zusammen. Die Teilnehmer bekommen für diese Naturübung folgenden Auftrag mit:

»Schreibe auf einen Zettel, wovon Du Dich verabschieden und was Du loslassen willst. Zerkleinere sodann das Blatt und vergrabe die Papierschnipsel in der Erde. Setze Dich darauf und gib Dich dem Zerfallsprozess hin. Beobachte, welche Gedanken und Gefühle in Dir dabei hoch kommen!«

Um 16.00 Uhr sitzen wieder alle im Kreis, um die einzelnen Geschichten der Teilnehmer zu hören. Die Leiter »spiegeln« jede Erzählung, das heißt sie geben jedem einzelnen Initianden eine kurze, prägnante Art von Rückmeldung zu seiner Geschichte. Dabei wird besonders die Essenz des Gehörten betont und herausgestellt. Die jungen Leute sind erstaunlich intensiv eingestiegen, sie »wussten« aus einer inneren Tiefe heraus anscheinend sehr genau, worum es bei der Fragestellung für sie ganz persönlich ging. Die Leiter fühlen sich darin bestätigt, welch große Kraft von der Natur und von Ritualen in und mit der Natur ausgehen kann: Jedem der Initianden ist etwas bewusst geworden und jeder und jede hat sich von jemandem oder von etwas verabschiedet. Für die Eine war es eine zerbrochene Freundschaft, von der sie sich endgültig lösen möchte. Für einen Anderen war es ein furchtbarer und unbewältigter Todesfall in der Familie, der zu großer Trauer geführt hatte. In der Folgezeit wurde der Teilnehmer von den Leitern ermutigt, sich diesbezüglich einem wirklichen Verarbeitungsprozess zu stellen. Für einen anderen standen Versagensängste und Selbstzweifel im Mittelpunkt des Rituals, aber auch die Erkenntnis, sein eigener Herr und König zu sein. Für eine vierte Teilnehmerin ging es um die Angst vor dem bevorstehenden Alleinsein in der Solozeit, gleichzeitig jedoch um das Gefühl des Verbundenseins mit der Natur und um eine tiefe Geborgenheit darin.

Diese Runde hat alle sehr berührt – die Teilnehmer haben innerlich wirklich »aufgemacht«. Dadurch ist der gesamte Prozess des »walkAway« sehr gut ins Laufen gekommen. Anscheinend haben die bisherigen Übungen in der Natur und die konkret gestellten Aufgaben dazu geführt, dass bei jedem der Teilnehmer etwas in seinem »persönlich und kollektiv Unbewussten« angestoßen worden und er damit besser in Kontakt mit sich selbst gekommen ist. Im »kollektiv Unbewussten« gibt es nach C. G. Jung die Archetypen – ein Urwissen über das Sein, die Einstellung und das Verhalten gegenüber Gott, der Welt, der Natur und den Menschen, sowie über die Vorstellungen von sich selbst. Dieses alte Wissen wird seit tausenden von Jahren immer weitergegeben und jeder trägt es in sich. Davon haben die Teilnehmer nun eine erste Ahnung und mehr Bewusstsein dafür bekommen.

Im Kreis ist – wie von selbst und mit jeder der zehn Geschichten mehr – eine sehr dichte und würdevolle Atmosphäre gespannter Aufmerksamkeit, Achtsamkeit und tiefer Verbundenheit entstanden. Die Offenheit der Teilnehmer, die sensible, einfühlsame, bestärkende und anerkennende Rückmeldung der Leiter im Geiste indianischer Tradition, sowie die Kraft der Naturrituale selbst haben nun den inneren Prozess der Teilnehmer an den Punkt geführt, der für das eigentliche Kernritual des nächsten Tages unverzichtbar ist. Geholfen hat dabei die Art der Kommunikation im »Council«, die ausschließlich mit dem Sprechstab oder der Sprechkugel geführt wird. Die Leiter müssen die Initianden am nächsten Morgen allein in die Natur hinausschicken und dies ist nur dann zu verantworten, wenn die Jugendlichen physisch und vor allem psychisch dazu in der Lage sind. Das wiederum ist aber nur möglich, wenn in dieser kurzen Zeit von eineinhalb Tagen ein wirkliches Vertrauensverhältnis zwischen Leitungsteam und den Jugendlichen entstanden ist. Die jetzige Runde war diesbezüglich der Knackpunkt. Alle haben sich auf ihren persönlichen Prozess eingelassen und dazu gehört es auch, sich mitzuteilen und sich zu öffnen. Nur so können die Leiter den jeweiligen Stand des Einzelnen erkennen, darauf eingehen und zu dem bevorstehenden Schritt – der Solozeit – ermutigen.

Sicherheits-System

Nach der Intensität dieser Runde im Seminarraum geht es nun zur Abwechslung hinaus in das weiträumige Gartengelände. Sicherheitsfragen und praktische Verhaltensregeln für das bevorstehende Ritual sind nun an der Reihe:

- Wie ist der Platz zu behandeln, an dem das Ritual vollzogen wird (kein Feuer, kein Müll!)?
- Wie muss die Plane befestigt werden, damit sie Wind und Regen standhält und überhaupt einen Schutz vor Feuchtigkeit bieten kann?
- Wie funktioniert das »Buddy-System«, wie soll also die wortlose Kommunikation mit dem Nachbar-Teilnehmer ablaufen, der während der Solozeit zum Sicherheitssystem gehört?
- Wie und wann muss das Ritual abgebrochen werden?
- Welche Möglichkeiten gibt es, zum Basislager zurückzukehren, ohne aber das Ritual selbst zu beenden? (Dazu gibt es die Methode des »Ghost-Talk«: Der Teilnehmer kann ins Basislager kommen und mit einem der Betreuer Rücken an Rücken reden, ohne ihn dabei aber anzusehen, um anschließend wieder hinaus in die Einsamkeit zu gehen.)
- Was ist in einem körperlichen oder psychischen Notfall zu tun, wie kann die Nachricht umgehend ins Basislager gemeldet werden?

Die Leiter betonen in dieser Runde, dass bei dem Ritual des »walk-Away« die Sicherheit das oberste Gebot ist. Alle sollen einen Tag und eine Nacht später wieder gesund und wohlbehalten aus der »wilden Natur« zurückkehren. Es geht nicht darum, das Ritual auf

Kosten von Gesundheit oder Vernachlässigung der Sicherheit vordergründig zu bestehen. Die Leiter fordern daher öffentlich von jedem Teilnehmer das Versprechen, weder sich selbst noch andere zu gefährden, weil sonst das Ritual für alle vorzeitig zu Ende wäre.

Mittlerweile ist es Abend geworden. Nach dem Abendessen trifft sich die Runde erneut für die nächste Aufgabe. Nun geht es darum, die jungen Teilnehmer an diesem langen Tag ein letztes Mal mit folgendem Auftrag hinauszuschicken:
»Such Dir einen Platz in der Natur, an dem Du morgen Dein Ritual des ›walkAway‹ durchführen kannst. Finde sodann heraus, wozu Du morgen in die Wildnis hinaus gehen und die Entbehrungen ertragen willst. Fokussiere Dein Anliegen und versuche, dieses in einem einzigen griffigen Satz zusammenzufassen!«

Nach der Rückkehr der Teilnehmer ist es nun die gemeinsame Aufgabe in der Runde, für jeden der Initianden einen kurzen, passenden Satz zu finden, der sein Anliegen klar und kraftvoll ausdrückt. Jeder Satz beginnt mit »Ich bin die junge Frau, die ...« oder »Ich bin der junge Mann, der ...«. Dieser Satz soll den ganz persönlichen Übergang von der Pubertät in das junge Erwachsensein jedes Teilnehmers markieren und ausdrücken. Solche Sätze können beispielsweise sein:
»Ich bin der junge Mann, der seine Stärken zeigt!«
»Ich bin die junge Frau, die mutig ihre Ziele anstrebt!«
»Ich bin der junge Mann, der weiß, was er will!«
»Ich bin die junge Frau, die ihren eigenen Weg geht!«
Die Gruppe spürt jedes Mal genau, wenn ein Satz so griffig und klar genug geworden ist, dass er für den Betreffenden stimmig ist und Kraft besitzt. Mit einem zustimmenden, wohl von nordamerikanischen Indianern stammenden »Wou« oder »Hou« wird jeder einzelne Satz von der Gruppe bestätigt.

Weg in die Tiefe

Die Teilnehmer haben heute Unwahrscheinliches geleistet. Der Erfahrungs-, Erkenntnis- und Bewusstseinsprozess im Spiegel der Natur und unter der Mitwirkung und Anleitung des Führungsteams hat jeden auf seine ganz persönliche Spur gebracht. Jeder und jede hat nun eine konkrete Vorstellung davon bekommen, wozu er oder sie am nächsten Tag in die Natur hinausgehen will. Und dieser eigentliche Prozess hat nur einen guten Tag lang gedauert. Im Normalfall des Alltagslebens mit all seinen Ablenkungsmöglichkeiten würde der gleiche Prozess mit Sicherheit Wochen oder Monate, vielleicht sogar Jahre in Anspruch nehmen. Jugendliche, die es gewohnt sind, sich mit Alkohol, ständiger Musikberieselung oder übermäßigem Computer- und Fernseh-Konsum »zuzudröhnen«, kommen gar nicht in die Nähe dieser existentiellen Erfahrungsebene, auf die sich unsere Teilnehmer heute alle wie ganz selbstverständlich eingelassen haben. An diesem Tag wurden für sie die richtigen Fragen aufgeworfen und ansatzweise bereits beantwortet:

- Worum geht es denn wirklich in meinem Leben, wenn ich alle Ablenkungsmöglichkeiten einmal ausschalte?
- Was hindert mich daran, zu mir selbst und in mein Inneres zu gehen?
- Worauf kommt es beim Erwachsenwerden eigentlich an?
- Was bedeutet es für mich überhaupt, erwachsen zu werden?
- Wo ist mein Platz in der Familie, in der Natur und in der Welt?
- Wie stehe ich zum Tod? Was kommt nach dem Tod?
- Von welcher Kraft werde ich eigentlich getragen, der ich mich getrost anvertrauen kann?
- Wie ist meine Vorstellung vom Göttlichen und von der Natur?
- Wie ist meine Einstellung zur Schöpfung, zu den Lebewesen, ja zu allem Lebendigen und zum Leben überhaupt?
- Habe ich genug Achtung vor »Mutter Natur«?
- Welche Ziele habe ich in meinem Leben? Was will ich erreichen?
- Was ist der tiefere Sinn in meinem Leben?
- Wie steht es um meinen Charakter, was sind meine Stärken und Schwächen?
- Was ist mein Beziehungsnetz?
- Welche Beziehungen sind mir wirklich wichtig und welche Kontakte sind eher belastend oder hinderlich für meine persönliche Entwicklung?
- Wie stehe ich zu meinen Eltern, gerade auch wenn Vater und Mutter getrennt sind?
- Wie will ich meine Beziehungen verändern oder neu gestalten?
- Welche Fähigkeiten habe ich und wie kann ich diese fruchtbar in die Gemeinschaft einbringen?

Wenn möglich, sollen die Jugendlichen nun ihren Rucksack für die »Solozeit« packen und dann schlafen. Viele von ihnen sind aufgeregt, angeregt oder durch die Ereignisse eines sehr erfüllten, dichten und intensiven Tages auch sehr nachdenklich geworden. Einige äußern bei der Abschlussrunde, dass sie sich sehr gut und »bei sich« fühlten, so etwas aber noch nie zuvor erlebt hätten. Gleichzeitig haben aber alle Teilnehmer die Atmosphäre, in der der heutige Prozess abgelaufen ist, als sehr offen und angenehm empfunden – vor allem deshalb, weil gerade die Jungen so sehr aufgemacht haben und im Sprechen über ihren inneren Prozess den Mädchen in nichts nachgestanden haben. Vielleicht war es aber auch so, dass die fünf Mädchen mit ihrer Fähigkeit, über Gefühle und über Persönliches ganz selbstverständlich zu reden, die Jungen einfach mitgerissen haben, für die es im Schulalltag oder in ihrer Clique eher üblich ist, »cool« zu sein und ihre Gefühle vor den anderen möglichst zu verstecken. Diese Ansicht wurde zumindest von einigen Teilnehmern geäußert.

Die Leiter haben jedenfalls großen Respekt vor diesem heutigen Schritt der zehn Jugendlichen. Dies ist nicht selbstverständlich, obwohl die Initiationsmentoren schon öfter mit solchen Gruppen gearbeitet haben. Es erfüllt die Leiter mit Freude und Zufriedenheit, denn sie haben heute darüber Gewissheit bekommen, dass sie am nächsten Tag alle Jugendlichen in die Einsamkeit der Natur entlassen können. Sie haben bei allen Teilnehmern die Kraft und die Verantwortung für den bevorstehenden Schritt in die Solozeit gespürt. Nach einer kurzen Teambesprechung gehen auch die Leiter und Assistenten zur Ruhe, um sich für den alles entscheidenden nächsten Tag zu sammeln und vorzubereiten.

Solozeit

Das Kernritual beginnt

Um 5.30 Uhr am Morgen des dritten Tages wird mit einer Trommel geweckt. Nach einer kurzen Morgentoilette finden sich die Jugendlichen dann bei Sonnenaufgang nach und nach mit Rucksack, Schlafsack und Regenplane am Ende des offenen Grundstücks ein. Ihren Plastikkanister mit vier oder fünf Litern Wasser haben sie schon am Tag zuvor an ihren ganz persönlichen Ritualplatz gebracht, wo sie den heutigen Tag und die bevorstehende Nacht verbringen werden. Kurz nach dem Aufstehen haben manche die Möglichkeit genutzt, ein letztes Mal mit ihren Eltern zu telefonieren. Jetzt müssen sie ihre Handys abgeben. Es herrscht eine gespannte Aufmerksamkeit, ja es liegt eine würdevolle, fast feierliche Stimmung in der Luft. Nun steht das eigentliche Kernritual des »walkAway« unmittelbar bevor: Die Jugendlichen werden gleich für 26 Stunden alleine, ohne Essen, ohne Zelt und auch ohne die gewohnten Gegenstände wie Uhr, Handy oder MP3-Player, ohne die ihr sonstiges Alltagsleben undenkbar wäre, in die »wilde« Natur hinausgeschickt – ganz sich selbst überlassen. Sie werden über 40 Stunden fasten, denn die letzte Nahrung wurde ja schon am Tag zuvor mit dem Abendessen eingenommen und auch nach ihrer Rückkehr werden sie nicht gleich zu Essen bekommen. Was geht den jungen Leuten wohl durch den Kopf? Haben sie Angst vor dem bevorstehenden Schritt? Oder sind sie eher gespannt und neugierig, was mit ihnen geschehen wird, wenn sie ganz allein und »unsichtbar« draußen in der Natur sein werden? Wie werden sie wohl die Nacht überstehen und wie den Hunger? Und vor allem: Werden sie Langweile erleben, wenn die gewohnten Medien, Dinge und Geräte fehlen, mit denen sie sonst ihren Alltag gestalten?

Schon am Tag zuvor ist aus den Äußerungen nach den Naturübungen klar geworden, dass sich 16- bis 18-jährige Jugendliche sonst nie allein im Wald aufhalten oder einfach nur so durch die Landschaft streifen. Die Leiter haben erfahren, dass dies keiner von den Teilnehmern macht; es wäre irgendwie ohne Sinn für sie und man wüsste gar nicht, warum man dies als Jugendlicher tun sollte. Andererseits wurde offenbar, wie elementar die Natur mit ihrer Schönheit, »grünenden Kraft« und Magie auch auf Jugendliche in heutiger Zeit wirken und sie faszinieren, packen und in ihren Bann ziehen kann. Das Ritual des »walkAway« ist anscheinend in seiner Grundstruktur so alt und bewährt, dass es nicht nur Mitglieder indigener Völker, sondern ebenso »moderne Westler« des 21. Jahrhunderts in nicht einmal zwei Tagen voll erfassen und durchdringen kann. Es scheint gerade so, als ob es in dieser kurzen Zeit gelungen ist, das Wilde, Ursprüngliche und Natürliche, das unter einer oberflächlichen Schicht von städtischer Kultur und rational-technischer Prägung in jedem der Jugendlichen geschlummert hat, nun aufzuwecken und zu aktivieren. Bei allen Teilnehmern ist eine gespannte Aufmerksamkeit und der klare Wille zu spüren, nun alleine »hinaus« gehen zu wollen. Etwaige Ängste vor dem Unbekannten sind zumindest im Augenblick bei allen gewichen.

Um 6.00 Uhr am Morgen versammeln sich alle um den am Tag zuvor gelegten Steinkreis mit den vier Himmelsrichtungen. Die Leiter und Assistenten versichern den Jugendlichen nochmals, dass während der ganzen Dauer der Solozeit immer mindestens einer von den Mentoren im Seminarzentrum Wache halten wird. Sie wünschen allen die Kraft und den Mut für das nun beginnende Kernritual, bei dem jeder Jugendliche auf sich allein gestellt sein wird. Das Leitungsteam wird die Energie für die jungen Leute halten, die jetzt gleich ganz zu sich in das Alleinsein gehen werden. Vielleicht werden sie sich dabei einsam fühlen; oder aber sie dürfen die Erfahrung vom »All-eins-Sein« mit der Natur und mit all den Lebewesen in ihr machen. Denn diese Wortbedeutung steckt ja auch im »Alleinsein«. Zur Stärkung und um ein Gefühl von Verbundensein während der Solozeit zu vermitteln, singen alle noch einmal ein in den vergangenen zwei Tagen gelerntes Lied. Es soll ein emotionaler Anker sein, falls es den Initianden in der Einsamkeit vielleicht schwer mit sich allein werden sollte.

Die Jugendlichen verabschieden sich voneinander und von den Leitern. Dann tritt jeder Teilnehmer einzeln in den Steinkreis, der ihnen für einen langen Augenblick etwas sehr Feierliches, ja Heiliges, vermittelt. Dort wird er von einem der beiden Leiter, der hier die Rolle eines »Ritualmeisters« übernommen hat, mit Salbei geräuchert; jeder der Initianden soll für die Zeit »da draußen« symbolisch in eine Schutzaura gehüllt werden. Der Mentor spricht über jedes Mädchen und über jeden Jungen einen stärkenden Segen und durchschneidet anschließend – wiederum symbolisch – mit einer Adlerfeder die unsichtbaren Bindungen zu allen Menschen, zur Familie, zum Freundeskreis, zu den Leitern und auch zu den anderen Mitgliedern dieser Gruppe. Dieses Ritual soll den Jugendlichen in sehr markanter Form die tiefere Bedeutung des jetzt bevorstehenden Schrittes vermitteln: Erwachsenwerden kann man nur im Alleinsein, wenn man ganz auf sich gestellt ist und wenn in einem die Kindheit stirbt.

Danach geht der Initiand ganz bewusst wieder aus dem Kreis heraus und gilt ab jetzt für 26 Stunden als »unsichtbar« für alle

Menschen. Falls ihm während des langen Tages jemand aus der Gruppe oder aus der Bevölkerung der umliegenden Gehöfte begegnen sollte, wird er ausweichen und sich zurückziehen, sich also rechtzeitig »unsichtbar« machen. Das Abenteuer der Solozeit hat begonnen.

Als der letzte der Jugendlichen aus dem Sichtkreis verschwunden ist, stellen sich die vier Mitglieder des Leitungsteams selbst nochmal um den Steinkreis und bitten – jeder in seiner eigenen Glaubensvorstellung oder entsprechend seinem eigenen Weltbild – Gott und alle guten Geister dieses Ortes um Schutz, Kraft, Erfolg und Segen für die ihnen anvertrauten Initianden. Die Leiter sind überzeugt davon, dass diese guten Wünsche und Bitten sowohl die Seelen der Jugendlichen erreichen als auch von »den Göttern« gehört werden.

Die Leiter halten die Stellung

Kurze Zeit später setzt ein Regenschauer ein: ein Gewitter ist im Anmarsch. Den Jugendlichen wird wohl nichts erspart bleiben. Nun sind sie wirklich allen in dieser Gegend um diese Jahreszeit denkbaren »Kräften der Natur« ausgesetzt. Sie werden eine Ahnung von den Elementen und von der Kraft, die von ihnen ausgeht, bekommen. Sie werden Wind, Regen, Sonne, Wärme, Kühle und die Dunkelheit der Nacht erleben, sowie die unterschiedlichen Aspekte und Erscheinungsweisen der Natur mit ihren Feldern, Wiesen, Wäldern und den vielfältigen Lebewesen darin hautnah spüren und erfahren. Dies ist ja auch ein Sinn dieser Übung, dieses Rituals. Nur wenn sich die Initianden den Elementen in der Natur wirklich aussetzen und die gewohnten Sicherheiten aufgeben – insbesondere die drei Sicherheiten der Nahrungsaufnahme, der Gemeinschaft und die einer festen Behausung – können sie zu ihren eigenen inneren Kräften, Gefühlen, ja zu ihrer eigenen Seele mit all ihrem Bilderreichtum und ihrer Symbolkraft, vordringen, weil sie nun durch nichts mehr abgelenkt werden.

Es geht also um eine tiefe »rechtshirnige« und damit intuitive und gefühlsorientierte Selbsterfahrung. Genau dazu ist der »walk-Away« mit der Solozeit als dem eigentlichen Kern des gesamten dreiteiligen Rituals ein sehr erprobtes, altes und geeignetes Mittel. Für die jungen Teilnehmer ist es wichtig, in diesem von den Leitern geschaffenen Rahmen, den so wichtigen Übergang vom letztlich behüteten Jugendlichen zum Erwachsenen zu schaffen. Zumindest aber sollen sie ein Gefühl dafür bekommen, was es heißt, allein auf sich gestellt zu sein, denn dies gehört zum Erwachsensein einfach dazu.

Die Mitglieder des Leitungsteams können sich jetzt erst einmal entspannen. Denn auch für sie, die die Verantwortung tragen und mit solch einem Prozess, in den die jungen Leute nun hineingegangen sind, Erfahrung haben, war vieles sehr aufregend und berührend. Besonders der intensive Vorgang der Verabschiedung, bei dem noch einmal ganz bewusst eine sehr enge Verbindung zu den Teilnehmern aufgebaut wurde, um sie in ihrem Vorhaben zu bestärken, hat Klarheit und volle Präsenz verlangt und Kraft gekostet. Bei einem ausgiebigen Frühstück wird der Tag besprochen, der vor ihnen liegt. Vor allem muss geklärt werden, wer sich zu welcher Zeit beim Tagungsraum aufhält. Denn dies ist der Ort, an den die Jugendlichen zurückkommen können, wenn sie ihren Prozess unterbrechen sollten oder sogar beenden müssten. Für diesen Fall muss jemand von den Leitern oder Assistenten präsent sein, um die Initianden auffangen zu können. Vor allem in der Nacht ist es nicht auszuschließen, dass der eine oder andere Teilnehmer vielleicht aufgrund unerwarteter Ängste die Solozeit vorzeitig abbrechen muss. Die Assistentin erklärt sich bereit, die Nacht über im Seminarraum zu wachen.

Etwa um 13.30 Uhr Mittag hat der Regen aufgehört, auch das Gewitter hat sich wieder verzogen. Am Nachmittag wechseln sich Wolken und Sonnenschein ab, aber der Abend wird schön. Glück für die mutigen Teilnehmer da draußen im Wald.

Für ein Mädchen war es wichtig, den Ort für ihre Solozeit im Wald ganz in der Nähe des »Basislagers« zu wählen, vielleicht nur fünf Gehminuten entfernt. Das gibt ihr die Sicherheit, die sie für ihren Prozess braucht. Alle anderen Initianden befinden sich jenseits der Asphaltstraße in einer hügeligen, stark bewaldeten Landschaft. Sie sind alle ein bis zwei Kilometer vom Zentrum entfernt; sie haben Trillerpfeifen dabei, um sich im Notfall bemerkbar machen zu können, aber nur dazu darf die Pfeife verwendet werden. Als weitere Sicherheitsmaßnahme dient das bereits erwähnte »Buddy-System«: Jeder Teilnehmer hat einen Ritualpartner, der sich mit seinem »Lager« in der Nähe – ungefähr 300 bis 500 Meter entfernt – befindet, auch wenn er unsichtbar bleibt. In einem Notfall kann er aber reagieren, indem er bei dem Betroffenen nachschaut und aus dem Zentrum sofort Hilfe holt.

Eine allerletzte Sicherheit gibt es nicht, das ist allen bewusst. Denn dies ist ja gerade Teil, Sinn und Inhalt der Prüfung. Nur wenn ein Rahmen des wirklichen Allein- und Ausgesetzt-Seins geschaffen worden ist, kann die Übung erst ihre ganze Kraft und ihren vollen Sinn entfalten: auf sich zurückgeworfen zu werden und ganz auf sich allein gestellt zu sein. Diese Erfahrung ist ja gerade ein Symbol für das Erwachsensein. Denn für einen Erwachsenen gibt es Situationen und Umstände, in denen niemand mehr außer ihm selbst Entscheidungen treffen kann und für die er dann auch ganz alleine verantwortlich ist. Und genau dieser Zustand wird sehr symbolisch für einen langen Tag und für eine vielleicht noch längere Nacht mit der Solozeit des »walkAway« für die Jugendlichen hergestellt.

Bei dem Informationsabend, der etwa sechs Wochen zuvor verpflichtend für die Eltern aller Interessenten des »walkAway« stattfand, ging es auch um exakt diese Sicherheitsfragen des in unserem westlichen Kulturkreis noch weitestgehend unbekannten Initiationsrituals. Einige Eltern hatten – aus verständlichen Gründen – Angst, vor allem die Eltern der Mädchen. Es war die Aufgabe von den dabei anwesenden Leitern, die Eltern von der Sinnhaftigkeit und von dem soliden Rahmen des Projektes zu überzeugen. Dabei wurde natürlich die Gretchenfrage »Wer fürchtet sich vor dem wilden, unbekannten Mann?« aufgeworfen. Es ging um die berechtigte archaische Urangst vor der Schutzlosigkeit und dem Ausgesetztsein »allein im dunklen Wald«, die vor allem jedes Mädchen und jede Frau als Grundgefühl wohl gut kennt. Nachdem die Eltern mit ihren Befürchtungen, ihren Meinungen und mit ihren konkreten Rückfragen ausführlich zu Wort gekommen waren, konnten sie von dem Ritual im Allgemeinen und dem Sicherheitssystem im Besonderen überzeugt werden, so dass schließlich alle Eltern ihre Zustimmung zu dem »walkAway« ihrer Kinder gaben.

Vor allem konnte ein Vergleich mit der in vielen Schulen durchgeführten Schul-Skifahrt überzeugen, bei der es durchaus sein kann, dass der eine oder andere Schüler mit kleineren oder auch größeren Blessuren zurückkehrt. Weil so eine Schulfahrt aber vielleicht seit Jahrzehnten fest installiert ist, haben die Eltern weniger Bedenken und nehmen die Möglichkeit in Kauf, dass ihr Sohn oder ihre Tochter mit einer Fleischwunde, einem Beinbruch oder einem Bänderriss nach Hause kommt. Weil der »walkAway« aber noch nicht (so) bekannt ist und weil es tatsächlich ja immer ein Restrisiko gibt, haben die Eltern womöglich zunächst Bedenken. Ich bin aber persönlich der Meinung, dass es für ein Mädchen viel gefährlicher ist, abends oder gar nachts alleine von einer U-Bahn-Station in München, Hamburg oder Berlin nach Hause zu gehen, als eine Nacht allein im Wald in der Nähe eines niederbayerischen Dorfes zu verbringen – unter der Aufsicht von verantwortungsvollen Initiationsmentoren und mit einigen Freunden in nächster Nähe.

Um es kurz zu sagen: Dieser »walkAway« wird zu einem großen Erfolg. Alle Jugendlichen halten durch, keiner kehrt vorzeitig zurück. Da sie aber keine Uhr dabei haben, müssen sie sich – der Praxis von Urvölkern früherer Zeiten symbolisch für diese Situation entsprechend – nach Tag und Nacht, Sonne, Mond und Sternen und vor allem nach dem am Morgen einsetzenden Vogelgesang orientieren. Vielleicht kann der eine oder andere auch den über das ganze Land tönenden Glockenschlag der umliegenden Kirchtürme hören, wahrscheinlich aber das morgendliche »Gebetläuten«, das in den katholischen Kirchen um diese Jahreszeit immer exakt um 6.00 Uhr früh erklingt. Spätestens aber bei Sonnenaufgang ist es Zeit aufzustehen, seine Plane abzubauen, die mit Schnüren an umliegenden Bäumen befestigt war, Schlafsack und Matte einzurollen und den Rucksack zu packen.

Rückkehr

Alle Teilnehmer halten durch

Es ist der Morgen des vierten und letzten Tages des Rituals – der Tag der Rückkehr und der Wiedereingliederung in die Gemeinschaft. Nun ist der dritte Teil der Prüfung angebrochen. Zunächst gilt es aber, zu dem mit seinem »Buddy« vereinbarten Platz zu gehen, von dem aus man sich am letzten Morgen verabschiedet hatte. Denn zu zweit sollen die Initianden dann – immer noch schweigend – ins Zentrum zurückkehren. Dieser Vorgang gehört noch zum Ritual und hat eine sehr symbolische Bedeutung: Durch die Rückkehr mit seinem ganz persönlichen »Buddy«, der vor allem in der Nacht – wenn auch unsichtbar – ganz in der Nähe weilte und so dazu beigetragen hat, die eigenen Ängste zu bannen, soll dieser Dienst gewürdigt werden, den man sich gegenseitig getan hat. Im Zentrum warten bereits die Eltern, die von weit her angereist sind.

Warum aber sollen die Eltern da sein, wenn es doch gerade um ein Ablösungsritual von ihnen geht? Dazu ein Vergleich: Bei der Übergabe eines Abitur- oder Realabschlusszeugnisses – für diesen sehr symbolischen, meist aber höchstens 30 Sekunden dauernden Akt – sind fast immer Eltern und Verwandte anwesend: Sie wollen dabei sein, wenn ein langer Ausbildungsweg und Lebensabschnitt an der Schule zu Ende geht; sie wollen sich freuen über den Erfolg ihres Sohnes oder ihrer Tochter, Enkel oder Enkelin; sie wollen den Stolz darüber hautnah und in fast liturgischer Atmosphäre erleben und sie wollen Zeuge sein, wenn in festlichem Rahmen das Abiturzeugnis durch den Schulleiter überreicht wird. Dies soll durch die ganze Familie anerkannt und gewürdigt werden.

Daher ist es auch bei diesem so einschneidenden und wichtigen Initiationsritual des »walkAway« eine Grundbedingung, dass die Eltern anwesend sind, wenn ihr »Kind« aus der Wildnis zurückkehrt.

Dies verlangt aber von den Eltern und übrigen Familienmitgliedern ein nicht unbedeutendes Abenteuer: Sie müssen mitten in der Nacht aufstehen, also noch eher als ihre »Kinder«, Enkel, Brüder oder Schwestern. Ohne »Navi« wird der abgelegene Ort in Niederbayern trotz genauer Wegbeschreibung wohl nicht leicht zu finden sein. Eine Mutter taucht schon um 2.00 Uhr morgens auf. Sie ist bereits am Abend losgefahren und findet noch ein paar Stunden Schlaf in der Scheune, die schon den Jugendlichen in der Vorbereitungszeit als Quartier diente.

Ab 7.15 Uhr treffen so nach und nach die Eltern und Angehörigen ein. Einige von ihnen sind sehr erfreut, den Ort nach einer mehr als zweistündigen (Irr-)Fahrt doch noch rechtzeitig gefunden zu haben. Vereinbart ist, dass die Initianden erst um 8.00 Uhr morgens zum Steinkreis zurückkehren dürfen, damit die Eltern genügend Zeit zur Anfahrt haben. Denn es gehört zum Ritual, dass die Eltern ihre »Kinder« aus der wilden Natur kommen sehen und sie nach dem Abschlussritual im Steinkreis in Empfang nehmen können. Jeder der Teilnehmer, die nun in Zweiergruppen zum Zentrum zurückkehren, tritt einzeln in den Kreis. Wiederum herrscht – so wie schon bei der Verabschiedung am Tag zuvor – eine feierliche, würdevolle und ruhige Atmosphäre. Der Leiter und Ritualmeister räuchert wieder jeden einzeln ab und schneidet anschließend mit seiner Adlerfeder erneut alle Verbindungen durch – diesmal aber die Verbindungen zur Natur »da draußen« und zum Alleinsein, somit die Verbindung zur »Anderswelt«, in der sich die Jugendlichen für 26 Stunden befunden und als unsichtbar gegolten haben. Genau in diesem Augenblick und mit diesem Ritual geht für jeden Initianden die Solozeit zu Ende: Erst wenn er aus dem Kreis tritt, gilt er wieder als sichtbar und kann nun Kontakt mit anderen aufzunehmen.

Damit hat der Übergang in die dritte Phase des »walkAway« begonnen. Alle drei freiwilligen Einschränkungen und Entbehrungen sind ab jetzt wieder aufgehoben – das Alleinsein, das Fasten und das Unbehaustsein. Nun begrüßen sich Eltern, Angehörige und frisch Initiierte. Bis auf einen Teilnehmer haben alle ein frohes, ja leuchtendes Gesicht, sie strahlen von innen heraus und sind voll Stolz, dass sie diese Herausforderung bestanden und eine Prüfung mit Bravour gemeistert haben, der sich viele andere Jugendliche gar nicht erst stellen wollten oder vor der sie wieder abgesprungen sind, als es ernster und konkreter wurde. Jetzt bekommen alle eine Breze und eine Tasse heißen Tee. Damit wird nun sehr dosiert, aber ganz offiziell das Fasten gebrochen und die Solozeit mit ihren Entbehrungen auf der körperlichen Ebene beendet. Dies ist wichtig, damit Hungergefühle verschwinden und die Teilnehmer sich entspannt und gelassen auf den letzten Schritt vorbereiten können. Einer von ihnen hat sich in der Nacht mehrfach übergeben müssen, was anscheinend zu seinem ganz persönlichen inneren Prozess während des »walkAway« gehörte. Nach Breze und Tee bekommt er seine Farbe im Gesicht zurück, seine Stimmung hellt sich wieder auf und nun ist auch er mächtig stolz auf das Geleistete.

Der »Council« tagt

Die Leiter wollen bewusst nicht, dass sich die Jugendlichen nun mit Essen vollstopfen oder sich von ihren besorgten Müttern und Vätern »füttern lassen«. Denn die Sinne sollen frei, geschärft und weiterhin sehr konzentriert bleiben. Die Initianden sollen noch voll in ihrem persönlichen Prozess verweilen und sich daher auch nicht durch zu viel Kontakt, Essen oder durch zu viel Reden mit ihrer Familie ablenken lassen. Unmittelbar nachdem der letzte der Teilnehmer eingetroffen, im Steinkreis wieder »sichtbar gemacht« worden ist und seine Eltern begrüßt hat, beginnt der letzte Teil des »walkAway«-Rituals: Nun finden sich alle Anwesenden unter dem Vordach des nahen Schuppens zum »Council«, einer Art von »Ratsversammlung«, ein. Es herrschen an diesem Morgen strahlender Sonnenschein und warme, angenehme Temperaturen. Etwa 35 Personen sind anwesend: Die zehn Initianden und die vier Leiter und Assistenten sitzen innen im Kreis auf Decken, die übrigen circa 20 Leute – Eltern und Verwandte – hocken auf Bänken und Stühlen außen herum. Dabei ist der Bruder eines Teilnehmers mit 14 Jahren der Jüngste, die 82-jährige Oma eines anderen Initianden die Älteste.

Nach einer kurzen offiziellen Begrüßung erklären die Leiter in knapper Form den Sinn dieses Treffens. Die Teilnehmer sollen nun ihre ganz persönliche Geschichte »von da draußen allein im Wald« vor der ganzen Versammlung erzählen – in Anlehnung an die Tradition der Indianer Nordamerikas, bei denen frisch Initiierte von ihren Erlebnissen in der »Anderswelt« vor der ganzen Stammesgemeinschaft berichten. Die Teilnehmer bekommen dazu eine Zeitvorgabe von zehn Minuten. Alle anderen werden aufmerksam zuhören. Die Kommunikation läuft nun ausschließlich – wie bereits die Tage zuvor – mit Sprechstab oder Sprechkugel. Die Jugendlichen machen es vor, so dass auch die Eltern nach kurzer Zeit die Scheu vor dieser für sie noch ungewohnten Art der Kommunikation verlieren und sich ganz auf diese eher ungewöhnliche »Veranstaltung« einlassen können.

Jeder einzelne der Teilnehmer trägt nun sehr konzentriert und äußerst persönlich seine Erlebnisse aus der Solozeit vor. Wenn eine Erzählung vorbei ist, wird sie nacheinander von den beiden Leitern gespiegelt. Dies bedeutet, dass sie versuchen, das soeben Gehörte auf einer anderen, tieferen Ebene wiederzugeben. Hier sind einige dieser Geschichten und deren Deutungen im Spiegel der Leiter in Kurzform:

- Manche berichten von wundersamen Begegnungen mit Tieren und Landschaften. In einem Fall ist ein Reh bis auf zwanzig Meter auf eine junge Teilnehmerin zugekommen. Dies war sehr erstaunlich, da Rehe doch sonst einen viel größeren Abstand von mindestens 200 Meter oder noch mehr einhalten. Für das Mädchen hat diese Begegnung mit dem Reh ein ganz neues Verhältnis zur Natur überhaupt und zu ihren Lebewesen im Besonderen angestoßen. Sie wird sich in ihrer Erzählung bewusst, wie wichtig es ist, dass wir Menschen die Natur für den Lebensraum der Tiere und Pflanzen bewahren. Noch ein anderer Aspekt kommt zum Vorschein: Die junge Frau erkennt in dem Reh einige Wesensqualitäten, die sie auch für sich selbst und ihr Leben als erstrebenswert empfindet: Anmut, Leichtigkeit, Zärtlichkeit, Freiheit. Sie glaubt, dass ihr das Reh nicht zufällig »erschienen« ist. Was bedeutet es, wenn ein im Grunde eher scheues Wesen wie ein Reh so nahe herankommt? Es kann ausdrücken, dass der Initiand ungewohnt offen geworden ist für die Lebewesen in der Natur, so dass diese ihn schon fast als ihresgleichen erkennen können.
- Andere legen den Schwerpunkt ihrer Erzählung zunächst mehr ganz praktisch auf die Beschreibung des Platzes und den Aufbau ihrer Plane oder sie schildern ihre Bemühungen, dem Regen unversehrt in oder unter ihrer Plane getrotzt zu haben. Hierin kommt eine ganz elementare Fähigkeit zur Geltung: Die Jungen und Mädchen waren gezwungen, für sich selbst zu sorgen und sich mit den wenigen Möglichkeiten »häuslich« einzurichten, um den Tag, die Nacht, den Regen und die Frische gut zu überstehen und sich möglichst trocken zu halten. So waren die Heranwachsenden noch nie gefordert und so waren sie auch noch nie den Elementen und sich selbst ausgesetzt. Sie haben alle diese Prüfung überstanden und bewältigt – gar nicht so selbstverständlich für Jugendliche von heute.
- Ein Junge verbrachte einen großen Teil der Zeit mit dem Schnitzen eines Wanderstockes und stellte dabei plötzlich fest, dass es für ihn bei dieser Tätigkeit um viel mehr als nur um das äußere Erstellen eines kleinen Kunstwerkes oder als Maßnahme gegen aufkommende Langeweile ging. Er setzte sich dabei mit einer alten Wut auseinander: Er ließ die Gefühle über eine zerbrochene Beziehung endlich los, ja er schnitzte und

schnitt sie förmlich von »seinem« Stock weg. Dieser wurde damit zu einer Art Projektionsfläche seiner Wut und Trauer. In seinem Schnitzen konnte er seine bis dahin teils unbewussten und unbewältigten Gefühle nach außen bringen, ihnen Ausdruck verleihen und sie zu einem gewissen Grade verarbeiten.

- Ein Mädchen suchte sich einen Baum, dem sie all ihren Kummer und ihre Trauer in einem langen Zwiegespräch übergeben und dadurch endlich loslassen konnte. Der große Baum war für sie plötzlich wie eine uralte, weise und gleichzeitig liebevoll zugewandte Mutter, die einfach nur zuhörte. So eine Erfahrung hatte das Mädchen schon lange nicht mehr gemacht. Es ging um sehr viel für sie: Ein Todesfall in ihrer Verwandtschaft hatte ihre Familie in tiefe Trauer gestürzt. Der Baum nahm nun einen großen Teil dieser Trauer und Depression auf und gab dem Mädchen eine neue Sicht und einen neuen Stand. Sie kann das furchtbare Ereignis nun vor allen Anwesenden thematisieren und sich von der »ewigen« Trauer öffentlich verabschieden, die auch an ihr gehaftet hatte. Dies setzt neue Kräfte bei ihr frei und sie bekommt bereits in ihrer Erzählung erste klare und deutliche Visionen über ihre Zukunft. Sie hat womöglich einen wichtigen psychologischen Schritt getan: Ein Abschied von belastenden alten Emotionen ist geschehen und daher kann sich jetzt etwas Neues in Seele und Geist auftun.
- Ein Junge hatte massiv mit dem Hunger zu kämpfen, der einen wesentlichen Teil der Aufmerksamkeit seiner Solozeit in Anspruch nahm. Obwohl er wusste, dass er in 24 Stunden nicht wegen Hunger sterben würde, bekam er deswegen dennoch immer wieder Panikgefühle. Um damit fertigzuwerden, entwickelte er eine erstaunliche Strategie: Entgegen den Regeln des »walkAway« marschierte er nach einem langen Kampf mit sich selbst gegen Abend zu dem nahe gelegenen Dorf, in der Hoffnung, sich dort im Supermarkt den Bauch mit Nahrung vollstopfen und so seines Heißhungers Herr werden zu können. Da er aber erst um kurz nach 20.00 Uhr ankam, hatte das Geschäft schon geschlossen und er bekam nichts mehr. Vielleicht war dies sein unbewusstes Kalkül gewesen. Denn so konnte er sich sagen, er hätte probiert für sich selbst zu sorgen, auch wenn dann die Prüfung gescheitert wäre. Gleichzeitig war er sehr erleichtert, auf diese Weise die Regeln

des Rituals dennoch voll eingehalten zu haben. Durch das ganze Manöver war der junge Mann sehr mit seinen inneren Kräften und damit mit sich selbst in Kontakt gekommen. Was bedeutet es, dass er sich seinem drängenden Hungergefühl gestellt und es die ganze Nacht ausgehalten hat? Es kann heißen, dass er genau dadurch seine Grenzen erfahren hat, aber jetzt um seine innere Stärke weiß, etwas durchzuhalten. Darauf darf er mit Recht stolz sein.

- Für ein Mädchen war es die stärkste Erfahrung, dass sie sich mit dem »walkAway« selbst beweisen konnte, so etwas überhaupt durchstehen zu können – inklusive einer langen Nacht in Dunkelheit, Einsamkeit und Angst. Denn sie hatte ein wirklich mulmiges Gefühl, als es nachts im Wald plötzlich seltsam knackte und dadurch Phantasie-Schreckensbilder vor ihrem inneren Auge abliefen. Stundenlang musste sie deswegen immer wieder am ganzen Körper zittern. Wer wird da kommen? Ist es der berüchtigte »wilde, unbekannte Mann«, der sie bedrohen könnte? Mit dieser Urangst ist sie nicht allein, auch einige andere Jungen und Mädchen deuten in ihren Erzählungen ihre Ängste, zumindest aber eine Art Stressgefühl an, das sie in der Dunkelheit der Nacht gepackt hatte.
  Denn was bedeutet es, als junge Frau ganz allein eine lange Nacht im Wald in Dunkelheit und Einsamkeit zu verbringen? Es kann heißen, dass die Teilnehmerin den Mut gefunden hat, sich einer elementaren und uralten archaischen Situation zu stellen, in der viele andere Mädchen und Frauen nur panische Angst haben würden und es bedeutet, dass sie diese Angst zumindest in einem Fall nun durchgestanden und besiegt hat. Diese junge Frau hat den Mut, nun vor allen Anwesenden über diese Gefühle ganz ehrlich zu berichten. Damit hat sie gleich »zwei Fliegen mit einer Klappe geschlagen«: Sie konnte in dieser Nacht ihren »Angstdämon« bannen und besiegen und sie ist innerlich so stark geworden, dass sie auch ihre Ängste vor allen eingestehen und offen zugeben kann. Ein wichtiger Schritt, der von Mut und Reife zeugt.
- Aber auch eine ganz andere Seite bekommt in den Erzählungen Raum: Für mehrere der Teilnehmer war es eine wunderbare Erfahrung, tagsüber ausgedehnte Wanderungen durch die wellige, sehr abwechslungsreiche Landschaft zu machen und

dabei die Schönheit und Anmut der Natur zu erfahren. Für manche führte die Solozeit sogar zu einem tiefen spirituellen Erlebnis: Sie konnten sich plötzlich und ganz unerwartet als Teil der Natur erleben und spürten darin eine wunderbare Gelassenheit und tiefe Geborgenheit wie nie zuvor. Sie konnten fühlen, dass Schöpfer und Geschöpfe eins und dass alle Lebewesen miteinander verbunden sind und zusammengehören.

- Für einen jungen Mann war es das schönste Erlebnis, ganz bewusst in den Regen zu gehen und sich dem Element »Wasser« einmal völlig frei zu überlassen. Denn normalerweise versucht jeder, dem Regen zu trotzen und nicht nass zu werden. Für den Initianden war es dagegen wie eine Offenbarung: Er konnte den kleinen Jungen in sich spüren, der sich über die warmen Regentropfen einfach nur freute. Er durfte spüren, wie die Tropfen auf seiner Haut aufklatschten und wie er mit ihnen förmlich verschmolz. Für ihn war es ein echtes Glückserlebnis, das mit so wenig Aufwand erreicht werden konnte. Der Regen wurde ihm einfach geschenkt und er spürte plötzlich eine tiefe Naturverbundenheit in sich. Ihm wurde in diesem Moment erst bewusst, dass er schon immer mit der Natur verbunden war und dass er bei dem »walkAway« im Grunde einfach nach Hause gefunden hatte – nach Hause zu sich selbst.
- Ein anderer Junge musste sich da draußen übergeben und furchtbar kotzen. Was hat er herausgespien? Was hat ihm an seinem bisherigen Leben so gestunken, dass es sich auf derart deutliche Weise einen Weg von innen nach draußen gesucht hat? Was lag dem jungen Mann so auf dem Gemüt, dass er es rauskotzen musste? Während seiner weiteren Geschichte wird deutlich, was dies sein könnte: Er hat es so satt, überall nur gegängelt und nicht für voll genommen zu werden. Dies war zumindest sein bisheriges Gefühl bezüglich seiner Eltern und dieses äußert der Teilnehmer nun vor allen Anwesenden. Ihm scheint es in diesem Moment völlig egal zu sein, wie seine Eltern darauf reagieren könnten. Die überstandene Nacht allein da draußen im Wald haben dem jungen Mann so viel Kraft, Mut und Selbstvertrauen gegeben, dass er sich nun auf diese klare und deutliche Weise von seinen Eltern abgrenzen und für sich einstehen kann. Zu seiner Überraschung sind seine Eltern aber nicht gekränkt, sondern unwahrscheinlich erleich-

tert. Auch sie hatten in letzter Zeit unter dem gespannten Verhältnis zu ihrem Sohn gelitten, weil sie nicht mehr wussten, wie sie mit ihm umgehen sollten. Sein mutiges Auftreten legt jetzt die »Koordinaten« im Verhältnis zwischen Eltern und Sohn neu fest: Er hat gerade durch dieses und in diesem Ritual einen großen Sprung nach vorne gemacht – hin zu mehr Reife und Eigenständigkeit und damit zum Erwachsensein.

- Ein Mädchen hatte das beeindruckendste Erlebnis erst bei ihrer Rückkehr: Auf dem Weg zurück zum Tagungszentrum wäre die junge Teilnehmerin beinahe auf eine Schlange – vermutlich eine Kreuzotter – getreten. Dies ist um so erstaunlicher, weil es in dieser Gegend selten Schlangen gibt. Das Mädchen blieb wie angewurzelt stehen und beobachtete, wie die Kreuzotter ganz langsam über den Weg und in das nahe gelegene Gebüsch glitt. Instinktiv wurde der Teilnehmerin bewusst, dass diese Begegnung etwas ganz Besonderes für sie bedeutete. Sie hatte keine Angst vor der Schlange. Was wollte das Tier ihr »sagen«? Welchen Sinn könnte dieses seltene Erscheinen in der Geschichte des Mädchens haben? Die Leiter hatten vor dem Hinausgehen in die Solozeit betont, dass jedes Erlebnis eine tiefere Bedeutung für die (Lebens-)Geschichte des Initianden haben kann. Vor allem Tiere, Pflanzen, Steine und besondere Formationen in der Landschaft können bei diesem Ritual, bei dem sich die Teilnehmer in einer Art von »Anderswelt« oder in einem verändertem Bewusstseinszustand befinden, wichtige innere Prozesse widerspiegeln. Folgende Deutung wurde in diesem Fall gegeben: Die Schlange gilt in vielen Mythologien der Völker als ein heiliges Tier. Eine ihrer Eigenschaften ist es, sich zu häuten. Nach einer gewissen Zeit wächst dann eine neue Haut nach. Damit ist die Schlange ein Symboltier für Transformation, Metamorphose, das Loslassen von etwas Altem, Verbrauchtem, Vergangenem und für die Entstehung von etwas Neuem, Frischem, Kraftvollem. Bei dem Ritual des »walkAway« geht es um einen vergleichbaren inneren Prozess: um das Absterben der Kindheit und die Geburt des Erwachsenen. Die Schlange hat noch im Ritual selbst den Entwicklungsprozess der Initiandin angezeigt: Diese hat einen wichtigen Teil ihres bisherigen Lebens verlassen und sich dem Neuen geöffnet, worin auch immer dieses bestehen mag.

Es sind wunderbare Dinge, die die Jugendlichen in dieser über dreistündigen »Versammlung« von sich erzählen. Und sie sind selbst überrascht, mit welcher Offenheit und aus welcher Kraft heraus sie ihre ganz persönliche Geschichte von der Solozeit des »walkAway« berichten können und wollen. Jede einzelne Erzählung wird sodann von der Gemeinschaft mit einem kräftigen »Hou« beendet. Dies soll den Teilnehmern die volle Unterstützung, Bestätigung und das Wohlwollen der Zuhörer vermitteln.

Leiter und Eltern sind tief berührt

Wenn eine Geschichte vorbei ist, wird sie von den beiden Leitern gespiegelt. Das heißt, sie versuchen nacheinander, das soeben Gehörte auf einer anderen, tieferen Ebene wiederzugeben. Sie stellen bei jedem Teilnehmer vor allem auch den Bezug zur Initiation her: Was bedeutet das Erlebte gerade für diesen so wichtigen Prozess der Persönlichkeitsentwicklung und des Erwachsenwerdens? In welcher Weise hat der »walkAway« die Jugendlichen auf ihrem Weg zum Erwachsensein weiter gebracht? Und was bewirkt die Anwesenheit der Eltern für diesen ganzen Vorgang, der bei indigenen Völkern unter »Initiation«, also Einweihung ins Erwachsensein, verstanden wird?

Die Jugendlichen hören alle sehr aufmerksam zu. Wann schon bekommen sie sonst ein so detailliertes, auf sie ganz persönlich zugeschnittenes und unmittelbar nach der Bewältigung ihrer Prüfung stattfindendes Feedback? Denn darin liegt der dritte und letzte Teil der gesamten Prüfung: sich mit seiner Geschichte öffentlich zu zeigen und dann von den »Ältesten« einen Spiegel zu bekommen, wie es um die eigene Persönlichkeit, um Stärken und Schwächen, um Charaktereigenschaften und Eigenheiten steht. Es erfordert wirklich Mut und Bereitschaft, sich in einer wenn auch geschützten Öffentlichkeit so in seinem Inneren »anschauen« zu lassen. Davor schrecken heutzutage viele Jugendliche zurück und gleichzeitig haben sie Sehnsucht danach. Aber wo sonst können sie so etwas erfahren? Im Gegensatz etwa zur Millionen-Show »Germany's next Topmodel« mit Heidi Klum, in der im Hintergrund viel arrangiert, gesteuert und manipuliert wird und in der im Laufe der Sendungen fast alle Mädchen rausfliegen, weil gerade dies den Einschaltquoten dient, ist im »walkAway« jeder ein Sieger: Die Initianden haben sich der ganzen Prüfung mit ihren drei Hauptteilen gestellt und sich auch in ihrem Charakter öffentlich gezeigt. Dies verdient die volle Anerkennung der Erwachsenen – der Leiter, Assistenten und der Eltern.

Nachdem die Leiter ihre Rückmeldung mitgeteilt haben, geht der Sprechstab zu den anwesenden Familienmitgliedern. Diese sind durch die unerwartete Offenheit ihrer Kinder teilweise derart berührt worden, dass nun auch sie ihre Gefühle nicht zurückhalten können. Es gehört wohl zu den besonderen Augenblicken des Lebens, wenn sich Eltern genau an der Schwelle zum Erwachsenwerden ihrer Kinder ganz persönlich und im Rahmen dieser geschützten und begrenzten Öffentlichkeit äußern. Wann kommt dies sonst vor? In vielen Familien findet solch ein Gespräch vielleicht nie statt, weil es oft gar kein Bewusstsein für die Notwendigkeit eines rituellen Übergangs zum Erwachsensein gibt.

Nun aber wird vieles bewusst. Mehrere Mütter und Väter weinen, weil sie genau spüren, dass ihre Söhne und Töchter nun nicht mehr die gleichen sind wie noch drei Tage zuvor, als sie nach Niederbayern aufgebrochen sind. Ja, einigen wird erst jetzt klar, dass sie zwar schon lange Eltern sind, so einen Übergang in ihr eigenes Erwachsensein aber selbst noch nie so bewusst oder überhaupt noch nicht erlebt haben, wie er nun gerade bei ihren eigenen Kindern geschieht. Wann, wo und wodurch sind sie, die Eltern, denn selbst erwachsen geworden? Angesichts des ungewöhnlichen Schrittes ihrer Kinder werden nun bei den Eltern nach und nach solche und ähnliche Fragen aufgeworfen. Bei vielen Eltern setzt anscheinend genau jetzt bei diesem »Council« ein starker Bewusstseins- und Verarbeitungsprozess ein, bei einigen anderen hat er wohl schon beim vorbereitenden Elternabend begonnen:

- Eine Mutter sagt in einer sehr persönlichen Äußerung zu ihrer Tochter, dass sie immer Angst hatte, sie zu verlieren und dass sie deshalb vielleicht zu viel geklammert habe. Nun will sie die Tochter loslassen und ihr mehr Freiraum geben.
- Ein Vater kann es gar nicht fassen, seinen Sohn so offen, lebendig und kraftvoll zu erleben, während er doch sonst täglich viele Stunden vor dem Computer gesessen hat und sich in sein Schneckenhaus zurückgezogen hat. Er ist sehr berührt, dass sein Sohn offensichtlich schon lange eine richtige Liebe zur Na-

tur und zu deren Wesen hat. Aber erst jetzt ist dies bewusst und offensichtlich geworden. Denn der Sohn hat soeben fast zärtlich und sehr einfühlsam über die Tiere und Bäume gesprochen, denen er beim »walkAway« begegnet ist. So hat der Vater seinen Sohn noch nie erlebt und es muss offen bleiben, ob dies mehr am Sohn oder am Vater lag.

- Eine Mutter sagt ihrer Tochter vor allen Anwesenden, dass sie einfach nur stolz auf sie sei, weil sie sich getraut habe, so etwas »durchzuziehen«. Ja, die Mutter ist sogar etwas neidisch auf die Tochter, weil sie sich dieses Ritual zugetraut hat, das die Mutter selbst noch gerne machen möchte. Mutter und Tochter haben gleichermaßen ein Leuchten auf ihren Gesichtern. Bei der Tochter kommt diese öffentliche Würdigung voll und ganz an. Etwas Wichtiges geschieht gerade und alle können dabei zuschauen und es selbst miterleben. In diesem Moment bekommt man als Anwesender das Gefühl, dass die Tochter auf eine gleichwertige Ebene zur Mutter hinwächst und dass die Mutter dies bewusst zulässt und sogar noch fördert.
- Eine andere Mutter erklärt nun ihrem Sohn öffentlich, dass sie immer von seiner Kraft und seinem Mut überzeugt war und dass sie nun erst recht an ihn und an seinen Weg glaubt, egal was er nun machen wird. Der Vater ist nicht da, darum sind die Worte der Mutter für den Sohn doppelt wichtig.
- Ein Vater sagt voll Stolz, dass er es einfach toll findet, dass sein Sohn nun so einen nachhaltigen und eigenständigen Bezug zur Natur bekommen hat. Denn die Natur ist eine hervorragende Lehrerin und sie kann viel zur Persönlichkeitsentwicklung und Reifung beitragen. Der Vater erkennt, dass der Sohn auf seinem Weg zu sich selbst gerade durch die Solozeit des »walkAway« einen wichtigen Schritt weitergekommen ist. Durch seinen Sohn ist dieser Vater mit dem Thema »Initiation« selbst nochmals näher und bewusster in Berührung gekommen.

Die Eltern nehmen den ganzen Prozess sehr ernst. Über drei Stunden lang – unterbrochen nur von einer fünfminütigen Pause – dauert dieser äußerst intensive Vorgang des Erzählens und Zuhörens. So etwas haben die meisten der hier Anwesenden noch nie erlebt.

Das Ritual betrifft das gesamte Familiensystem

Im Kreis geschieht Entscheidendes – zunächst bei den Initianden, für die diese Erfahrung wohl fundamental ist, dass sie nun öffentlich und von allen anwesenden Erwachsenen ernst genommen und nun selbst als Erwachsene behandelt und gesehen werden. Alle hören ihren Geschichten zu, alles wird für wichtig befunden, was sie zu sagen haben. Auch die Erfahrung, dass sie nun vor den gleichaltrigen Gruppenteilnehmern ihre persönliche Geschichte erzählen, ist ungewohnt, aber seit Beginn des »walkAway« wohl nicht mehr ganz neu. Gerade mit dem Erzählen ihrer Erlebnisse von der Solozeit verbinden sich die Initianden nun mit den anderen auf eine viel tiefere Weise, als es sonst üblich und möglich ist. Sie teilen ab jetzt eine Erfahrungsebene, die bei Jugendlichen und jungen Erwachsenen oft gar nicht vorkommt, gerade wenn sie durch »Coolness«, durch Schutzmasken oder durch das Rollenverhalten in Clique, Gruppe oder Schulklasse ihre wirklichen Gefühle zu überspielen versuchen.

Ebenso wichtig ist aber, was jetzt zwischen den Jugendlichen und ihren Eltern passiert. In diesen drei Stunden intensiver Aufmerksamkeit und Sensitivität klären sich manche Verhältnisse zwischen Jung und Alt und es werden neue »Beziehungsweichen« gestellt. Damit wird die jetzt gerade stattfindende Zusammenkunft selbst zum Ritual. Dadurch, dass alle Eltern ihre Kinder in ihrem Feedback bestätigen und anerkennen, weil diese etwas gewagt haben, was sie sich vielleicht selbst gar nicht zutrauen würden, erfahren manche der Teilnehmer eine fundamentale Bestärkung wie vielleicht noch nie zuvor. Schiefe Rollenverständnisse zwischen Eltern und Kindern werden zurecht gerückt oder korrigiert. Indem die Eltern nun in den Geschichten ihrer Kinder und in der mutigen und offenen Art, wie diese von ihnen vorgetragen werden, erkennen können oder müssen, dass ihre Kinder nun »größer«, also reifer geworden sind, können sie diese mehr loslassen und zumindest ein Stück weit ins Erwachsensein entlassen.

Einige Eltern artikulieren dies ganz klar und offen vor der Gemeinschaft. Sie wollen ihren Kindern nun mehr Freiheit geben, weil sie spüren, dass diese den Freiraum jetzt auch nützen können und zu mehr Selbstverantwortung fähig sind. Für einige Eltern ist diese Erkenntnis ziemlich neu und elementar. Der Kreis, in dem der ganze Vorgang stattfindet, gibt einerseits Schutz und Sicherheit, so dass sich die Jugendlichen ihre Geschichten offen zu erzählen trauen. Er vermittelt aber auch eine unerwartete Dichte und Kraft, sowie eine starke Verbindlichkeit. Was hier und jetzt ausgesprochen wird, hat Gültigkeit und kann wohl niemals mehr ganz zurückgenommen werden. Die Naturvölker, in deren Tradition die heutige Veranstaltung zumindest in ihrem Grundansatz stattfindet, wussten um die Kraft des Kreises und der gelenkten Kommunikation im »Council« mit dem Sprechstab. Diese Atmosphäre wird nun für alle erlebbar – ganz selbstverständlich und wie aus einem über Jahrtausende tradierten »Urwissen« heraus.

Schließlich geschieht auch mit und in den Eltern selbst etwas Wichtiges und einige von ihnen sprechen dies offen aus: Wie ein Film läuft in diesem Augenblick ihre eigene Jugend nochmals vor ihnen ab. Was hat sie eigentlich initiiert, da es ja damals noch keine offiziellen Rituale dafür gab, die den Übergang ins Erwachsenenalter markiert hätten? Wie und wodurch sind sie selbst erwachsen geworden? Ja, sind sie denn überhaupt richtig erwachsen?

Noch etwas anderes ist zu beobachten: Einige Elternpaare halten sich an den Händen, weil sie so berührt und ergriffen von ihren Kindern und deren Erzählungen sind. Mütter und Väter weinen. Sie erleben in diesem Moment ganz intensiv ihre gemeinsame Elternschaft und diese ist wohl eine der am stärksten verbindenden Kräfte in einer Partnerschaft. Kann es sein, dass ihr Kind schon so groß und erwachsen geworden ist, nachdem sie doch ihren Kindern noch »vor kurzem« die Windeln gewechselt, sie nachts in den Schlaf gewiegt, sie eingeschult oder zur Erstkommunion begleitet haben? Dieser längere Zeitraum läuft bei einigen Eltern nun gedanklich wie im Schnelldurchlauf ab. Ihnen wird gerade in dieser Stunde so richtig bewusst, dass soeben ein Lebensabschnitt unwiderruflich zu Ende geht – die Zeit des Kindseins ihrer Kinder und damit verbunden auch die Art ihrer Elternrolle. Sie werden ab jetzt möglicherweise ihr Leben neu ausrichten und gestalten müssen, wenn ihre Kinder keine Kinder mehr sind. Das und Ähnliches geht einigen Eltern nun durch den Kopf. Sie spüren, dass mit diesem Ritual unweigerlich eine wichtige Veränderung geschieht und dass sie gleichzeitig Betroffene und Beobachter in einem sehr fundamentalen Prozess sind: dem Übergang ihrer Kinder in eine neue Lebensphase mit Konsequenzen für alle Beteiligten. Dieser tiefe psychologische Vorgang bei den Kindern wird unvermeidlich gleichzeitig eine mehr oder minder starke Veränderung im ganzen Familiensystem nach sich ziehen.

Die Leiter und Assistenten sind bei dem ganzen Prozess letztlich »nur« eine Art von Rahmengeber und Katalysator. Das eigentliche Geschehen selbst spielt sich in und zwischen den Teilnehmern und deren Eltern ab. Für den »walkAway« ist der ganze Vorgang zwischen Eltern und ihren Kindern ein fundamentaler Bestandteil, daher ist dieser dritte und letzte Teil ebenso wichtig wie das Kernritual selbst. Um die Bestätigung und Anerkennung auch äußerlich auszudrücken, bekommt jeder einzelne der Initianden nach seiner Geschichte und nach allen »Spiegeln« und Rückmeldungen von Leitern und Eltern ein wundervolles T-Shirt mit der Aufschrift »walkAway 2010«. Auf der Rückseite ist ein grüner Schlangenkopf auf schwarzem Grund zu erkennen. Hierin liegt ein tieferer Sinn: Die T-Shirts haben den Charakter einer »Initiationskleidung«.

Wenn die jungen Teilnehmer nun diese T-Shirts anlegen, dann ziehen sie sich damit symbolisch gleichzeitig eine neue Haut – die Haut des Erwachsenen – über, während sie in der letzten Nacht die Haut ihrer Kindheit in der Wildnis abgestreift und zurückgelassen haben. Und dafür kann ja – wie weiter oben bereits erwähnt – gerade die Schlange ein sehr gutes Symbol sein: Sie häutet sich ebenfalls. »Wenn die Kindheit stirbt und der Erwachsene geboren wird« – so lautete einmal der Titel einer Radiosendung des Bayerischen Rundfunks[1]. Dieses Motto ist nun für die Teilnehmer des Rituals des »walkAway« mehr oder weniger Wirklichkeit geworden.

Nach einigen wichtigen Hinweisen für das Verhalten in den nächsten Tagen und Wochen wird die Runde im Kreis beendet. Es ist gut, dass nun noch einige Wochen schulfrei sind. So haben die Initianden genügend Zeit, all die intensiven Erfahrungen während der Vorbereitung, der Solozeit und des heutigen »Rituals in der Gemeinschaft« besser zu verarbeiten und zu verdauen. Nun aber muss gefeiert werden: Da heute ein wundervoller, sonniger Tag ist, soll der »walkAway« mit einem gemeinsamen Essen an einer langen Tafel im Freien beschlossen werden. Dazu haben die Eltern ein üppiges Buffet mitgebracht. Es ist für alle Beteiligten wichtig, nach der hohen Intensität der vergangenen Tage und Stunden nun das »Initiationsritual« in einer entspannten, lockeren Atmosphäre ausklingen lassen zu können.

Ab 15.00 Uhr fahren die Eltern und Familienangehörigen mit ihren frisch initiierten »jungen Erwachsenen« zurück in die Heimat. Auch das Leitungsteam nimmt Abschied, nachdem alles aufgeräumt und bei einer Tasse Kaffee die wichtigsten Eindrücke und Erkenntnisse ausgetauscht worden sind. Intensive Tage gehen zu Ende. Daher brauchen die Initiationsmentoren nun erst einmal den nötigen Abstand von allem. Aber sie sind sehr erfüllt von dem Geschehen, das hier in den letzten drei Tagen stattgefunden hat. Alle haben das Gefühl, dass sich der Aufwand voll und ganz gelohnt hat. Die Jugendlichen haben mit ihrer Kraft, Ehrlichkeit und Offenheit überzeugt und sie haben den Leitern damit das größte Geschenk gemacht. Die Eltern konnten mit ins Boot geholt werden und dies ist nicht selbstverständlich – es hätte auch schief gehen können. Ohne Eltern wäre das ganze Vorhaben von vornherein zum Scheitern verurteilt gewesen. So aber haben sie sich auf das Ritual ebenso eingelassen wie ihre Kinder. Hou!

An dieser Stelle soll jedoch einem Missverständnis vorgebeugt werden. Sind diese Jugendlichen durch den »walkAway« in nur drei Tagen erwachsen geworden und damit in den Lebensabschnitt des Erwachsenseins hinübergegangen? Ja und nein. Das Erwachsensein, ja das Leben überhaupt, ist ein lebenslanger Prozess, in dem man sich im Idealfall immer weiterentwickelt und nicht zuletzt durch die Erfahrungen, die das Leben mit sich bringt, immer reifer wird und seinen Lebenssinn mehr und mehr zu erschließen vermag. Insofern muss obige Frage natürlich mit einem »Nein« beantwortet werden.

Dennoch sollte das Ritual des »walkAway« sehr gewürdigt werden. Mit dem Bestehen der Abiturprüfung hat man auch noch keinen eigenen Beruf erlangt, wohl aber eine wichtige Voraussetzung dafür geschaffen. Das gleiche gilt für eine Lebensprüfung wie die beim »walkAway«, die gleichsam den Beginn eines Prozesses und damit zumindest einen wesentlichen Schritt beim Übergang von der Adoleszenz zum Erwachsensein darstellen kann. Wie in einem Überblick oder in einer Vision sollte ein solches Ritual bereits erahnen und zumindest ansatzweise spüren und erleben lassen, was zum Erwachsensein gehört. Dies gibt der »walkAway« anscheinend durchaus her, wie die nachfolgenden Äußerungen der Jugendlichen und eines Vaters zeigen. In dieser Hinsicht kann obige Frage also mit einem klaren »Ja« beantwortet werden. Persönliche

Fragen oder Themen, die sich durch ein oder im Zusammenhang mit solch einem allgemeinen Ritual wie dem des »walkAway« erst danach zeigen können, gehören durchaus zur Wirkung des Rituals, müssen anschließend aber individuell weiterbearbeitet werden.

Stimmen zum »walkAway«

Äußerungen der Teilnehmer und Teilnehmerinnen

Lassen wir abschließend einige Teilnehmerinnen und Teilnehmer des »walkAway« selbst zu Wort kommen[2]:

»Der ›walkAway‹ als Initiationsritus ist ein wichtiger Schritt für Jugendliche. Auch wenn man im Vorfeld sehr viele Informationen bekommt, die Erfahrungen muss jeder ganz für sich selbst machen. Das ist das Schöne am ›walkAway‹: Es geht dabei nicht um das Erfüllen von Aufgaben oder Normen – nein, den ›walkAway‹ kann jeder individuell bestimmen. Gerade für Jugendliche ist das eine sehr wichtige Erfahrung. So geht jeder mit anderen Fragen oder Problemen hinaus und jeder wird andere Wege und Möglichkeiten finden, sich mit ihnen zu befassen. Ich habe das bei der Abschlussrunde gemerkt, weil die Geschichten der anderen Teilnehmer ganz andere Erlebnisse, Erkenntnisse und auch Erfahrungen beinhalteten. Diese vielen verschiedenen Facetten haben die ganze Gruppe bereichert, was für mich ein sehr schöner Aspekt des ›walkAway‹ war. Im Vorfeld kann dir niemand sagen, was du erleben wirst; dass der ›walkAway‹ dir auf irgendeine Weise helfen wird, kann hingegen auf jeden Fall behauptet werden.«
(Anna, 16 Jahre)[3]

»Der ›walkAway‹ hat mir mehr Selbstbewusstsein gebracht – schon deshalb, weil ich die Solozeit geschafft habe. Es war für mich eine wichtige Erfahrung, dass ich selbst entscheiden musste, was mir gut tut und was nicht. Es war keiner da, den ich hätte fragen können. Das wohl wertvollste Erlebnis war, dass ich erkennen durfte, wie schön im Grunde die Welt und die Natur sind. Daher sind Natur und Schöpfung für mich sehr schützenswert. Bezüglich meiner Eltern kann ich sagen: Das Verhältnis zu ihnen war immer gut. Aber jetzt kann ich auch etwas durchziehen, was ich für richtig halte, meine Eltern aber vielleicht nicht unbedingt gut finden. Viel-

leicht gehört dies bereits zu einem Abnabelungsprozess. Ich bin froh, dass ich den ›walkAway‹ gemacht habe.«
(Klaus, 18 Jahre)

»Beim ›walkAway‹ konnte ich viel über die Vergangenheit, die Gegenwart und die Zukunft nachdenken. Eine wichtige Erfahrung dabei war für mich das Alleinsein für eine lange Zeit. Ich musste das Hungergefühl bekämpfen. Dennoch hat mir der ›walkAway‹ viel gebracht und Spaß gemacht. Ich durfte die Kraft und die Schönheit der Natur wiederentdecken.«
(Maria, 17 Jahre)

»Hinsichtlich meiner Persönlichkeit habe ich mich durch den ›walkAway‹ nicht wesentlich verändert, ich bin aber selbstsicherer und mutiger geworden. Außerdem ist mir dabei klar geworden, dass ich meinen eigenen Weg gehen will und dass ich für meine Entscheidungen Verantwortung übernehmen muss. Ich habe mir selbst bewiesen, dass ich etwas schaffen kann. Dazu war es wichtig, Zeit für mich zu haben und den Alltag hinter mir lassen zu können. Es war eine richtige Herausforderung, ganz auf mich allein gestellt zu sein und auch keine Ablenkung wie z. B. durch meinen MP3-Player haben zu können. Ich würde den ›walkAway‹ sofort an andere Jugendliche weiterempfehlen, da er eine einmalige Erfahrung ist. Von der Natur können wir Menschen viel lernen – zum Beispiel dass wir uns gegenseitig annehmen sollen, so wie wir sind. Die Natur ist für uns alle wichtig.«
(Waltraud, 16 Jahre)

»Der ›walkAway‹ ist einzigartig in unserer Gesellschaft. Er bietet die Möglichkeit, den Alltag einmal ganz hinter sich zu lassen und über seine Probleme nachzudenken. Ich weiß nun, dass ich mich auch größeren Herausforderungen stellen kann. Nach meiner Meinung gibt es keine bessere Möglichkeit, um seine Persönlichkeitsentwicklung so anzutreiben, wie es dabei geschehen ist. Ich habe die Natur mehr respektieren und schätzen gelernt und gehe in Zukunft rücksichtsvoller mit ihr um. Während der Solozeit bin ich in meiner Erinnerung mit dem Verlust eines geliebten Menschen konfrontiert worden und habe gelernt, mit dem Tod besser umzugehen. Ohne den ›walkAway‹ würde ich wohl noch sehr damit zu kämpfen haben.«
(Markus, 16 Jahre)

»Der ›walkAway‹ hat meine Neugier geweckt, mir meine Ängste genommen, Wunden verschlossen und mich naturbewusster gemacht. Vor allem die Tiere, die ich während meiner Solozeit gesehen habe, haben maßgeblich zu dem Entwicklungsprozess beigetragen, den ich während des Rituals durchgemacht habe. Sie haben meine Naturverbundenheit geweckt. Vor allem die Begegnung mit einer Schlange war einerseits schockierend, hat aber auch meine Neugier entfacht. Überhaupt habe ich mehr Bewusstsein für die Natur und den Gedanken bekommen, dass unser Leben, so wie wir es jetzt führen, nur eine sehr abstrakte Interpretation unseres von der Natur vorgegebenen Verhaltens ist. Danke, dass ich dabei sein konnte.«
(Linda, 17 Jahre)

»Der ›walkAway‹ war für mich eine gute persönliche Erfahrung, an die ich gerne zurückdenke. Ich glaube, ich bin selbständiger geworden und habe einen tieferen Blick für die Natur bekommen. Zum Beispiel war die Wiese mit all den vielen Schmetterlingen einfach nur wunderschön. Ich verbringe jetzt meine Zeit viel mehr und viel lieber draußen, beobachte die Natur und versuche, von ihr viel zu lernen. Ich bin selbständiger geworden, habe viel über mich gelernt und fühle mich gestärkt. Ich habe jetzt nicht mehr so viel Angst vor dem Sterben. Mir ist klar geworden, dass ich einmal keinen langweiligen Bürojob haben will. Mein Verhältnis zu mir selbst und zu meinen Eltern ist viel besser als noch vor dem ›walkAway‹. Wir reden jetzt offener und sie vertrauen mir mehr und lassen mich mehr selbstständig entscheiden.«
(Robert, 18 Jahre)

»Kann man den ›walkAway‹ als Ritual für das Erwachsenwerden betrachten? Der ›walkAway‹ – nach einer Vorbereitungszeit von einem Tag und einer Nacht ohne Nahrung alleine in den Wald hinauszugehen, nur mit Wasser, einer Plane und einigen persönlich wichtigen Gegenständen – ist meiner Meinung nach ein geeigneter Schritt zum Erwachsenwerden. Ob man es in unserer Gesellschaft als Ritual betrachtet, weiß ich nicht. Der ›walkAway‹ ist kein ›Absitzen‹ von Zeit. Alles fängt im Grunde schon lange vor dem eigentlichen ›Event‹ an: nämlich mit der Entscheidung, dieses Ritual mitzumachen. Es kann passieren, dass man erst mit seinen Eltern kämpfen muss, überhaupt mitmachen zu dürfen. Dies bringt einen dem selbstständigen Handeln schon ein wichtiges Stück näher. Beim ›walkAway‹ selbst werden viele Gedanken frei, altes ›Zeug‹ kommt hoch – Gutes wie auch Schlechtes. Aber das bringt einem seinem Ich sehr viel näher. Der Höhepunkt ist es, wenn man alleine in die Natur geht. Dort habe ich Stille und Frieden erlebt und ich war ganz frei – keine Einflüsse von außen und keine Pflichten. Ich habe dabei wirklich zu mir selbst gefunden. Ich habe da draußen ein festes Band mit meinem Innersten geschmiedet. Und genau das braucht ein selbständiger, eigenständiger und erwachsener Mensch! Wenn man das hat, steht man fest im Leben und kann überhaupt erst sein eigenes Leben führen.

Vollkommen erwachsen werde ich wohl erst in der Zeit, die nach dem ›walkAway‹ auf mich wartet. Ich werde immer wieder an Mauern stoßen, die ich dann überwinden muss. Mit der Kraft, die ich bei dem Ritual bekommen habe und die ich nun immer wieder aus der Natur ziehen werde, lassen sich aber all diese Hindernisse durchbrechen. Ich glaube, ich werde nun fröhlicher und gestärkt durch die Welt gehen und ein schönes Leben führen, das Stück für Stück aus einem Jugendlichen einen wirklichen Erwachsenen aus mir macht.«
(Georg, 16 Jahre)

Gedanken eines Vaters nach der Teilnahme seines Sohnes (Robert, 18 Jahre) am »walkAway«

»Erfahren habe ich als Vater vom ›walkAway‹ durch meinen Sohn. Er war von der Vorstellung des Projekts durch den Initiationsmentor so begeistert, dass er unbedingt dabei sein wollte. Den eigentlichen Grund für den damaligen Enthusiasmus habe ich bis heute nicht erfahren. Mein Sohn hat ihn mir auch nicht genannt. In jedem Fall hat mich seine Begeisterung neugierig gemacht. Der Initiationsmentor lud die interessierten Eltern zu einem Informationsabend ein. Mit dabei war auch ein erfahrener ›walkAway‹-Trainer, der umfassend und kompetent Rede und Antwort stand. Für mich waren danach alle vielleicht noch vorhandenen Restzweifel komplett ausgeräumt. Ich war der festen Überzeugung, dass dieses Projekt für die Entwicklung meines Sohnes gut war.

Erst im Nachhinein machte ich mir Gedanken, weshalb ich mir nach dem Informationsabend über den Nutzen der Veranstaltung so sicher war. Die Inhalte kannte ich im Detail damals auch noch nicht. Bei der Vorstellung wurde lediglich das Ziel genannt. Der Weg dorthin wurde nur in ganz groben Zügen beschrieben. Was mich als Vater jedoch uneingeschränkt daran begeisterte, war der Umstand, dass mein Sohn die in der großstädtischen Umgebung sehr seltene Gelegenheit bekam, einmal einen wirklichen Perspektivenwechsel durchzuführen: Während die Pädagogik in der Schule grundsätzlich darauf aufgebaut ist, dass die Schüler den Lernstoff mehr oder weniger anschaulich im Klassenzimmer vermittelt bekommen, ›funktioniert‹ der ›walkAway‹ ganz anders. Mein Sohn sollte von mir die Möglichkeit bekommen, seinen Standpunkt zu ändern. Er sollte die Dinge aus einer anderen Perspektive nicht nur betrachten, sondern sogar erleben können. Das war für mich der Schlüssel zum Erfolg des ›walkAway‹: Er sollte vielleicht auch meinen Sohn weg vom Konsum- und Leistungsdenken und mehr hin zum realen Erleben einer für ihn teilweise völlig neuen Welt führen.

Beim ›walkAway‹ spielen die Jugendlichen nicht die alleinige Hauptrolle. Es ist vielmehr das Zusammenwirken von vielen Komponenten, die in der Gefühls- und Gedankenwelt der jungen Menschen eine nachhaltige Wirkung entfalten. Da ist die ungewohnte Umgebung, die neue Gruppe, der Trainer, die unbekannte Situation und auch die Unsicherheit und Spannung, was auf einen zukommt. Eine wesentliche Rolle spielen dabei die Eltern. Gerade in der Pubertät sind die Jugendlichen auf der Suche nach ihrem eigenen Weg und auf der Suche nach sich selbst. Ihrer biologischen Entwicklung folgend, sollten sie sich von den Eltern lösen, um in eine eigene, selbstbestimmte Zukunft gehen zu können. Sie sollten eben ihren ganz persönlichen ›walkAway‹ machen. Die Eltern müssen den Kindern zeigen, dass sie die Loslösung ihrer Kinder unterstützen und dennoch für den Fall der Fälle immer noch als Zuflucht für sie da sind. Einer der schlimmsten Erziehungsfehler ist meiner Meinung nach das ›Klammern der Eltern‹, die nicht erkennen möchten, dass es eine ihrer wichtigsten Aufgaben ist, die Kinder behutsam in eine immer größer werdende Selbständigkeit zu entlassen. Wie weit man als Kind oder als Eltern loslassen kann, darf oder muss, ist individuell verschieden und hängt in erster Linie von der Persönlichkeit des Jugendlichen und seinem Entwicklungsstand ab.

Das Erlebnis des ›walkAway‹ ist kein Dauerzustand, sondern ein eher punktuelles Ereignis. Die jungen Menschen machen an wenigen Tagen ihre Erfahrungen und kehren anschließend in ihren Alltag zurück. Die Wirkung des Erlebten entfaltet sich nicht schlagartig, sondern kommt langsam und für die Eltern oftmals unmerklich. Man sollte daher nicht erwarten, dass die Kinder nach der Rückkehr plötzlich andere Menschen geworden sind. Vielmehr ist der durchlebte ›walkAway‹ im Idealfall als großer Sprung innerhalb der individuellen Entwicklung des Einzelnen zu verstehen. Dieser Sprung vollzieht sich jedoch im Menschen und ist von außen selten deutlich wahrzunehmen. Ein ähnliches Ergebnis dürfte vermutlich auch ohne ›walkAway‹ erreicht werden, aber erst irgendwann viel später und wahrscheinlich auch nicht in diesem positiven Ausmaß.

Eine für mich sehr bald augenscheinliche Veränderung bei meinem Sohn war, dass er durch die 24 Stunden in der Einsamkeit sein Verhältnis zur Natur im positiven Sinn korrigiert hat. Er hat dadurch begonnen, die Natur mit anderen Augen wahrzunehmen. Er hat angefangen ein Empfinden zu entwickeln, das vielen jungen Menschen in der heutigen Zeit fremd ist. Was ihn ganz offensichtlich sehr tiefgreifend geprägt hat, war die Summe aus Einsamkeit, Fasten, die Geräusche in der Nacht, die Gerüche, die Temperaturen und die Nässe (es regnete teilweise). Ich glaube, dass er sich erstmals als Teil der Natur empfunden hat und nicht wie vorher als lediglich in der Natur lebend. Das kann nach meiner Ansicht die Selbstfindung eines jungen Menschen enorm unterstützen.

24 Stunden fastend allein in der Natur zu verbringen ist sicherlich der Hauptteil des »walkAway«. Dabei darf man jedoch nicht vergessen, dass die Vorbereitungsphase für den Erfolg unerlässlich ist. Es findet ein langsames aber sehr intensives Hinführen statt. Dadurch werden die Teilnehmer erst in die Lage versetzt, sich zu lösen und sich auf ihren Tag in der Einsamkeit vorzubereiten. Dabei arbeitete man sehr stark mit Ritualen. Diese waren vermutlich weniger wegen ihres spezifischen Sinns von Bedeutung. Vielmehr zählte der Umstand, dass jedes Ritual den Rang eines Gebotes hat, das nicht hinterfragt wird. Es wird als unverzichtbarer Bestandteil ganz einfach akzeptiert. Die Rituale trugen somit wesentlich dazu bei, dass man sich aus dem gewohnten Leben löste und Freiraum für das Kommende schaffte. Bemerkenswert war auch, dass die Ju-

gendlichen zunächst in der Gruppe vorbereitet wurden. Man kannte sich also bereits vor dem ›walkAway‹ und hatte insofern auch ein gewisses Gefühl der Selbstsicherheit. Schritt für Schritt wurden die Teilnehmer jedoch in der Vorbereitungsphase darauf hingeführt, dass sie sich als Individuen zu verstehen hatten. Denn nur alleine ist es möglich, all das loszulassen, was das Leben im Alltag eines jeden Einzelnen prägt. Ohne Loslassen gibt es auch keine Selbstfindung und keine neue Zukunft.

Für meinen Sohn Robert war es gerade hinsichtlich seines besonderen Lebensweges enorm hilfreich, am ›walkAway‹ teilzunehmen. Er befand sich zu diesem Zeitpunkt in einer Phase der Vergangenheits-(Kindheits-)Bewältigung (Wo komme ich her?), er befand sich auf der Suche zu sich selbst (Wer bin ich?) und er war auf der Suche nach seiner persönlichen Zukunft (Wo will ich hin?). Der ›walkAway‹ hat ihm dabei enorm geholfen und ihn einen riesigen Schritt weitergebracht.«

Soweit der Erfahrungsbericht zum »walkAway«, der bewusst ganz am Anfang dieses Buches stehen soll. Um aber die Tiefe dieses Rituals wirklich erfassen zu können, ist es nötig, Begriff und Inhalt der »Initiation« näher zu erläutern, die negativen Folgen aufzuzeigen, wenn Initiationsrituale fehlen und demgegenüber die Bedeutung von Initiation am Beispiel von traditionellen Völkern näher zu untersuchen. Denn die »Initiation« scheint mir der Schlüsselbegriff für das Verständnis, die Deutung und die Lösung vieler Probleme unserer Jugend im westlichen Kulturkreis zu sein.

2. Begriff und Phänomen der »Initiation« – »Initiationsrituale«

Begriffsklärung

Verschiedene Bedeutungen des Begriffs »Initiation«

Der Titel dieses Buches lautet »Initiation« und dieses Wort ist auch der Schlüsselbegriff für meine Untersuchung und Analyse der Situation der heutigen Jugend in unserer Gesellschaft, sowie für mögliche Folgerungen und Visionen, die daraus abzuleiten sind. Daher ist es zunächst nötig, den Begriff »Initiation« zu definieren, ihn näher auf seine verschiedenen Bedeutungen hin zu beleuchten und ihn schließlich für das Anliegen und die Zielsetzung dieses Buches zu konkretisieren.

Im Band 1 des Duden[4] ist dazu Folgendes zu finden:

- »initiieren« bedeutet »den Anstoß geben; einleiten, (in ein Amt) einführen; einweihen.«
- »Initiation« wird wie folgt definiert: »Soziolg. Aufnahme in eine Gemeinschaft; Völkerk. Reifefeier bei den Naturvölkern«.
- Schließlich wird »Initiand« mit »Anwärter auf eine Initiation« umschrieben.

Der Begriff »Initiation« leitet sich vom lateinischen Verb »initiare« ab. Dazu steht im Lateinisch-Deutschen Handwörterbuch[5]:

(1) anfangen, den Anfang nehmen
(2) einführen, einweihen
(a) in einen geheimen Gottesdienst beim Kult für den Gott »Ceres«
(b) taufen (im Kirchenlatein)
(3) einen Gebrauch feierlich einführen, aufnehmen

Wichtiger für diese Untersuchung ist aber, wie der Begriff »Initiation« in der heutigen Literatur verwendet wird. Und dazu kann man insbesondere in Büchern zum Thema »Pubertäts- und Stammesinitiation« fündig werden, das in den vergangenen 20 Jahren immer populärer geworden ist. Vor allem Autoren, die sich speziell mit der Frage beschäftigt haben, wie Jungen zu Männern werden können (»Männerinitiation«), haben das Wort geprägt und konkretisiert – sehr anschaulich, griffig und auch für die Vorstellungen unseres westlichen Kulturkreises verständlich. Die Autoren versuchen dabei, den Begriff und das Phänomen der »Initiation« aus der Denkweise indigener Völker zu übersetzen. Diese galten lange nur als die vermeintlich »Wilden« – etwa die Stammesgesellschaften der Indianer, Aborigines und afrikanischen Völker. Heutige Autoren versuchen dabei, das uralte Wissen über den ganzen Komplex der Initiation – der Einweihung von Jugendlichen ins Erwachsensein – mit Erkenntnissen westlicher Psychologie Jungianischer Prägung zu Themen wie »Erwachsenwerden - Reifen - Ablösen von den Eltern« zu verbinden.

Der Zen-Mönch und Männer-Coach Greg Campbell und der Lebensberater Peter Thomaset haben das Phänomen »Initiation« wie folgt zusammengefasst[6]:

»Initiation ist das bewusste Übergangsritual vom Kindesalter zum Erwachsenenleben, das fest in der Stammestradition verankert ist. Bei den sogenannten Naturvölkern haben diese Rituale eine besondere Bedeutung und Wesentlichkeit. Die Jugendlichen werden in der Zeit der Initiation vom Rest der Gemeinschaft getrennt ... Im Wesentlichen geht es bei der Initiation darum, sich von der Kindheit und von der elterlichen (meist mütterlichen) Fürsorge abzunabeln, um zu einem eigenständigen, verantwortungsvollen und reifen Erwachsenen heranwachsen zu können ... Diese für uns ›zivilisierte‹ Menschen oft grausam und brutal anmutenden Initiationsrituale der Naturvölker sind meist mit dem symbolischen Tod des Initianden verbunden (›bewusster Tod‹). Nachdem die Initiation abgeschlossen ist, werden der Initiand oder die Initiandin als vollwertige Mitglieder in ihrem Stamm aufgenommen ... Initiation ist die Einweisung, Einführung, Einweihung in das Mysterium des Seins. Es ist eine körperliche und geistige Erfahrung, die einen Prozess in Gang setzt, der den heranwachsenden Menschen veranlasst, der Natur in einer achtsamen Weise zu begegnen und sie in einer heilenden Art zu begreifen ...«

Initiation bedeutet also das Hineingehen in einen neuen Lebensabschnitt. Die christliche Taufe ist demnach auch eine Art Initiation: Sie markiert auf sehr rituelle Weise den Eintritt des neuen Erdenbürgers in die Gemeinschaft der Christenheit. Auch die Heirat könnte man als Initiation bezeichnen, weil dadurch ein ganz neuer Lebensabschnitt beginnt. Was aber für uns »Westler« eher unbekannt ist: Selbst der Übergang vom Erwachsenenalter ins »hohe

Alter«, zum Beispiel anlässlich der Pensionierung, könnte als Initiation verstanden werden. Im Zusammenhang dieses Buches soll es aber beim Begriff der »Initiation« ausschließlich um den Übergang vom Jugendlichen zum Erwachsenen gehen.

Der Sinn von »Initiation« und von »Initiationsritualen«

Um diesen Schritt bewerkstelligen zu können und um bei diesem Übergang erfolgreich zu sein, haben alle Naturvölker auf unserem Planeten Initiationsrituale entwickelt, um ihren Jugendlichen bei dieser entscheidenden Transformation zu helfen. Hierfür haben sie für ihren Stamm passende und angemessene Prüfungen kreiert, aber dazu später noch ausführlicher. Beleuchten wir doch zunächst den Begriff »Initiation« noch von einigen anderen Seiten, um ein umfassenderes Bild dafür zu bekommen. Der australische Männerautor Steve Biddulph, der sich intensiv mit den Aborigines, den Ureinwohnern seines Kontinents, beschäftigt und dadurch entscheidende Erkenntnisse für unsere westliche Kultur gewonnen hat, setzt sich besonders mit der männlichen Jugend auseinander[7]:

»Der heutige Jüngling wird offiziell mit achtzehn zum Mann. Das Ergebnis lässt sich überall beobachten – nämlich Jungen in Männergestalt. In früheren Jahrhunderten war die Mannwerdung ein langwieriger, sorgfältig geplanter Prozess, der durch Initiationsstufen hindurch führte und von den älteren Männern aktiv begleitet wurde. Bei allen Unterschieden im Einzelnen findet man die mit diesem Geschehen verbundenen Rituale und Einweihungsstufen in allen traditionellen Gesellschaften der Welt – auf allen Kontinenten, unter allen Hautfarben und zu allen Zeiten. Gerade diese Praktiken sprangen den westlichen Anthropologen als Erstes ins Auge, als diese anfingen, sich für ›primitive‹ Kulturen zu interessieren. Und weil die jungen Männer dieser Kulturen hier mit geheimen Dingen bekannt gemacht wurden, die ihnen bis dahin vorenthalten worden waren, bezeichnete man diesen Prozess als ›Initiation‹ oder ›Einweihung‹«.

Aus der Fülle heutiger Initiations-Autoren soll vor allem der afrikanische Schamane Malidoma Patrice Somé zu Wort kommen, den ich selbst in zwei Workshops kennenlernen durfte. Er betont vor allem die unverzichtbare Bedeutung der Gemeinschaft bei der Initiation der Jungen und Mädchen[8]:

»Initiation bringt die Konzentration mit sich und antwortet auf fundamentale Lebensfragen, mit denen sich der Mensch seit der Zeitendämmerung auseinandergesetzt hat. Jeder fragt sich doch: Wer bin ich? Woher komme ich? Wozu bin ich hier? Und wohin gehe ich? ... Die Initiation besteht aus Ritualen und Prüfungen, in denen sich die jungen Leute ihres Lebenszieles erinnern und erleben, dass ihr einmaliger Genius von der Gemeinschaft anerkannt wird. In einer Stammesgesellschaft ist das ganze Dorf von der Geburt bis zur Pubertät für einen Jugendlichen verantwortlich ... Diese kollektive Aufmerksamkeit und Sorge bereitet das Kind darauf vor, seine Gaben, sein Potential und seine Fähigkeiten anzuwenden. Wiedergeburts- und Übergangsrituale markieren den Übergang zur Reife ... Initiation ist die rituelle Besiegelung des Übergangs ins Leben, der mit der Geburt begann.«

Der deutsche Männer-Autor Reinhold Herrmann Schäfer lässt in seinem Buch »Männer Quest« wiederum den amerikanischen Männerinitiator Gregory Campbell zu diesem Thema erklären, dass es für die Jungen noch wichtiger wäre als für die Mädchen, eine sinnvolle rituelle Initiation zu erfahren. In seinen Gedanken werden Sinn und Bedeutung des Phänomens »Initiation« genauer erkennbar[9]:

»›In nahezu allen Kulturen bekamen Männer (in weitaus größerem Maße als Frauen) im Rahmen von Initiation vermittelt, wie sie ihre vielfäl-tigen Stärken im Interesse ihrer Gemeinschaft verantwortlich einsetzen können. Sie bekamen vermittelt, wo die Grenzen ihrer Handlungsmöglichkeiten sind. Sie wurden aus der Welt des Mütterlichen und der kindlichen Verantwortungslosigkeit herausgenommen und durch ältere Männer an eine reifere und erwachsenere Identität herangeführt. Das Initiationsritual, wie es bei Naturvölkern praktiziert wird, ist aber nur der Beginn eines lebenslangen Wegs zur Vertiefung der inneren Reife und Stärke.‹«

Schließlich sollen zur näheren Veranschaulichung auch noch die beiden Visionssuche-Leiter Koch-Weser und von Lüpke gehört werden. In ihrem Buch »Vision Quest« erklären sie »Initiation« wie folgt[10]:

»Der Begriff ›Initiation‹ leitet sich vom lateinischen ›initiare‹ = ›hineinführen, bewusst hineingehen‹ ab. Schon diese Wortwurzel weist darauf hin, dass sich in einem Initiationsritual ein neuer Lebensraum öffnet und der alte entsprechend abgeschlossen wird.

Was paradox klingt, hat eine tiefe Wahrheit: Eine Initiation beginnt mit einem Ende und endet mit einem Anfang. Es geht also um tiefe Veränderung auf drei Wesensebenen: dem seelisch-körperlichen Bewusstsein, dem sozialen Bewusstsein und dem spirituellen und kosmologischen Bewusstsein.«

In diesem Buch soll der Begriff »Initiation« jedoch ausschließlich und exklusiv für den Übergang des Jugendlichen zum Erwachsenen verwendet werden, um die gestellte Thematik »Übergangsrituale« noch klarer akzentuieren zu können. Es geht bei dem Begriff »Initiation« um den Vorgang des Erwachsenwerdens von Mädchen und Jungen im Allgemeinen und um den bewussten Übergang und Entwicklungsschritt vom Jugendlichen zum Erwachsenen im Besonderen. Dabei eingeschlossen sind die vielen Themen und Begleitumstände, die zu diesem fundamentalen Prozess gehören. So sollen folgende Fragen gestellt und nach Möglichkeit auch beantwortet werden:

- Was bedeutet eigentlich »Erwachsensein«?
- Welche Eigenschaften, Bedingungen und Kriterien gehören zum »Erwachsensein«, das heißt welche Kennzeichen unterscheiden einen jungen Erwachsenen von einem älteren Jugendlichen?
- Was bedeutet »Volljährigkeit« und was ist der Unterschied zwischen »Volljährigsein« und »Erwachsensein«?
- Wann, wie und wodurch kann ein Jugendlicher erfahren, erkennen oder feststellen, ob er nun »erwachsen« geworden ist?
- Gibt es in unserem Kulturkreis eine »Erwachsenenprüfung«, die in der Gesellschaft als solche bekannt und allgemein anerkannt ist?

Damit bin ich nach meiner Auffassung zu einer Kernthematik in unserer Gesellschaft vorgedrungen. An diesen wesentlichen, im Grunde aber klaren und einfachen Fragen scheiden sich nämlich heute die Geister. In vielen Gesprächen mit Heranwachsenden und Eltern musste ich immer wieder feststellen, dass diese Fragen bei den Jugendlichen unterschwellig zwar immer vorhanden sind, dass sie aber in ihrem Alltag nicht wirklich aufgeworfen, diskutiert oder besprochen und schon gar nicht beantwortet werden. Dies erscheint mir mittlerweile schlicht als unverständlich. Damit soll weder den Schulen, Sozialpädagogen, Lehrern, Politikern oder Eltern irgendein Vorwurf gemacht werden, denn es handelt sich hierbei schlicht um ein gesellschaftliches Grundphänomen. Wenn unsere Gesellschaft als Ganzes kein Interesse an solchen Themen und kein Bewusstsein davon hat, dann ist es nicht verwunderlich, dass so einfache, aber im Grunde lebensentscheidende Fragen, die sowohl die Persönlichkeit des einzelnen Jugendlichen als auch die Gesellschaft als Ganzes betreffen, von den Heranwachsenden bisher (noch) nicht wirklich gestellt werden.

Unsere Leistungsgesellschaft erwartet aber, dass die junge Generation bald ihren Beitrag zu Staat und Gemeinschaft ganz selbstverständlich erbringen soll. Dies setzt aber bereits erwachsene Persönlichkeiten und verantwortliche Bürger voraus. Wie, wodurch und auf welche Weise sollen aber unsere Jugendlichen erwachsen werden? Jeder spricht davon oder setzt das Erwachsensein voraus, aber fast nirgends besteht Klarheit darüber, was es eigentlich bedeutet, »erwachsen zu sein« und wann und wodurch man dies wird. Anscheinend herrscht die Meinung vor, dass das »Erwachsenwerden« ganz von selbst und gleichsam »über Nacht« geschieht.

Hier sehe ich einen eklatanten Mangel in unserer Gesellschaft. Wir alle wollen und brauchen verantwortliche Erwachsene, damit unsere Gemeinschaft überhaupt funktionieren kann. Es besteht aber keine Vorstellung darüber, wie und wodurch unsere Jugendlichen, die diese Erwachsenen von morgen sein werden und dies meist auch sein wollen, diesen Übergang vom Jugendlichen zum Erwachsene bewerkstelligen können. Damit bin ich wieder bei obigen Fragen angelangt.

10 Thesen zur Initiation von Jugendlichen

Um die Bedeutung und die Tiefe dieser Fragen, von deren konstruktiver Beantwortung nicht mehr und nicht weniger als das Funktionieren einer humanen Gesellschaft abhängt, noch deutlicher herauszustellen und um ihnen das nötige Gewicht zu geben, möchte ich nun vor ihrer näheren Untersuchung und Bearbeitung zunächst 10 Thesen aufstellen, um einen Finger in die Wunde unserer Gesellschaft zu legen. Ich möchte also aufzeigen, wo es bei uns hakt und wo vielleicht Lösungen dafür zu finden sind. Dass die

Thesen dabei eher überspitzt, plakativ und sicher zum Teil etwas pauschal vorgebracht werden, ist mir dabei voll bewusst. Wenn sie jedoch zum Nachdenken oder zur Diskussion anregen, haben sie ihren Sinn erfüllt:

1. These:
In unserer Gesellschaft werden die Begriffe »volljährig sein« und »erwachsen sein« permanent verwechselt oder sogar gleichgesetzt. Deswegen haben wir ein Heer von unerwachsenen und unreifen Volljährigen, die aber gesetzes-, leistungs- und geschäftsmäßig für erwachsen erklärt und wie Erwachsene behandelt werden, obwohl sie im Grunde ihres Seins eben noch nicht erwachsen sind. (In diesem Zusammenhang ist auch das Jugendstrafrecht zu erwähnen, das über das 18. Lebensjahr hinaus angewandt werden kann.) Darin sehe ich bereits eine Ursache für eine enorme Unausgeglichenheit und ein großes Spannungsfeld in unserer Gesellschaft und eine Quelle für eine Reihe von Fehlentwicklungen und Missverständnissen.

2. These:
Jugendliche, die ihren 18. Geburtstag hinter sich haben, fühlen sich oft fälschlicherweise als »erwachsen«, ohne je eine wirkliche »Prüfung des Erwachsenseins« absolviert zu haben. Sie meinen, einfach deswegen schon erwachsen zu sein, nur weil sie ihren 18. Geburtstag gefeiert, einige Discos nach 24.00 Uhr ohne Begleitung besucht und eine Führerscheinprüfung bestanden haben. Für unsere Gesellschaft wird dieser Umstand spätestens dann sehr gefährlich, wenn solche noch unreifen und letztlich noch unerwachsenen Leute viel zu schnell an berufliche Positionen kommen, die ein hohes Maß an Verantwortung verlangen. So ist etwa die Finanzkrise im Jahre 2008 meiner Meinung nach zum Teil deswegen verursacht worden, weil Manager und Entscheidungsträger im Wirtschafts- und Bankensektor nur auf kurzfristige Gewinne oder den eigenen Vorteil aus waren. Ein solches Verhalten kann ganze Firmen zerstören und tausende von Arbeitsplätzen vernichten und kann daher nur als unverantwortlich und unreif bezeichnet werden.

3. These:
In unserer Gesellschaft gibt es kein oder nur ein sehr vages Bewusstsein darüber, was »Erwachsensein« eigentlich bedeutet. Und

es besteht bisher fast überhaupt kein Einsehen für die Notwendigkeit einer echten Erwachsenenprüfung; das heißt, von den in unserer Gesellschaft bereits Volljährigen oder schon wirklich Erwachsenen gibt es kein Verständnis dafür, dass es ganz spezieller Rituale bedarf, damit Jugendliche oder auch bereits Volljährige zu echten Erwachsenen reifen können. Darüber ist das Bewusstsein einfach verloren gegangen – mit fatalen und einschneidenden Konsequenzen. Finden aber keine bewussten Übergangsrituale statt, kann sich bei einem jungen Menschen der Prozess des Erwachsenwerdens oft zehn oder noch mehr Jahre und damit bis in die Lebensmitte hinziehen. Viele meist schon ältere Menschen sind zwar beispielsweise durch Schicksalsschläge, Unfälle, Krankheiten oder Zerbrechen von Beziehungen »durch das Leben selbst« initiiert worden. Aber auch sie haben dennoch oft kein Bewusstsein, dass sie, wodurch sie und wann sie wirklich erwachsen geworden sind.

4. These:

Besonders männliche Jugendliche haben ein tiefes natürliches und wesenhaftes Bedürfnis nach Initiation; sie wollen durch Prüfungen ihr Erwachsensein beweisen und in ihrer Würde, Kraft und Stärke als junge Erwachsene anerkannt werden. Unsere Gesellschaft sieht aber diese Notwendigkeit bisher gar nicht. Es finden keine offiziellen Übergänge zum Erwachsensein statt.[11] Daher suchen sich viele Jugendliche selbst Ersatz-Rituale in der Hoffnung, damit Anerkennung bei den Mitgliedern der »Peergroup« oder bei bereits Erwachsenen zu bekommen. Gefährliche Mutproben, Gewaltexzesse, »Koma-Saufen«, Drogen, Computersucht mit Gewaltspielen oder übermäßiger Medienkonsum sind nur einige erschreckende Beispiele dafür.

Da diese »Leistungen« von den Erwachsenen nicht als Zeichen von Reife, Verantwortlichkeit und Erwachsensein anerkannt werden, wiederholen die betroffenen Jugendlichen und bereits Volljährigen diese irrtümlich als »Reifeprüfung« angesehenen Ersatzhandlungen manchmal verzweifelt und jahrelang und steigern sie in ihrer Wirkung womöglich sogar noch, weil sie keinen anderen Weg zur Erfüllung ihres Initiationswunsches sehen. Erwachsene sind aber meist unfähig, diese elementare Sehnsucht der Jugendlichen nach wirklichem Erwachsenwerden und -sein und nach geeigneten Prüfungen zu verstehen und ihnen solche Prüfungen dann auch anzubieten. Wir haben in unserer Gesellschaft im Grunde einfach keine Rituale dafür – das ist die schlichte und ungeschminkte Wahrheit mit all ihren fatalen Konsequenzen.

5. These:

Erwachsensein wird in unserer westlichen Leistungsgesellschaft oftmals mit »Leistung«, »Leistungsfähigkeit« und »Produktivität« gleichgesetzt. Damit wird ein Aspekt des »Erwachsenseins« überbetont und eine gefährliche Einschränkung von »Erwachsensein« heraufbeschworen. Denn es braucht mehr als nur das Leistungsdenken, um als Mensch in unserer Gesellschaft verantwortungsvoll, ja vielleicht sogar glücklich und zufrieden leben und existieren zu können. Es ist mehr nötig als nur das vordergründige Streben nach Geld, Konsum und Karriere; denn unsere Gesellschaft kann gar nicht menschlich funktionieren, wenn moralische und soziale Werte fehlen. Schließlich reicht ein nur leistungsorientiertes Denken langfristig auch nicht aus, um irgendwann eine eigene Familie gründen und seinen Kindern Vorbild sein zu können.

In den meisten Bundesländern der BRD ist mittlerweile das achtjährige Gymnasium eingeführt, was für die Jugendlichen eine Erhöhung der wöchentlichen Stundenzahl in der Schule und damit in der Regel weniger Freizeit bedeutet. Als verantwortliche Erwachsene – besonders als Eltern, Lehrer und Politiker – müssen wir aber auch dafür Sorge tragen, dass unsere Jugendlichen adäquate Förderungen in der Schule selbst erhalten oder dass passende Rituale von Seiten der Schule organisiert werden, wodurch sich die Jugendlichen zu reifen, starken und eben erwachsenen Persönlichkeiten entwickeln können. Dies erinnert an Veranstaltungen wie den eingangs beschriebenen »walkAway«.

6. These:

Für unsere Jugendlichen besteht heute eine große Orientierungslosigkeit hinsichtlich des Erwachsenwerdens. Sie sehen oft nur die Rechte, die sie ab 18 Jahren haben und bekommen von unserer Gesellschaft das vermittelt, was als das alleinige Ziel und als »das« Symbol des Erwachsenwerdens gilt: der erfolgreiche Schulabschluss der Mittleren Reife und des Abiturs oder sogar ein Hochschulabschluss. Viele Jugendliche empfinden diese Gleichsetzung von Schul- oder Uni-Abschluss mit »Erwachsensein« als übel und rebellieren immer wieder dagegen. Gibt es denn nichts anderes, um sein Erwachsensein zu erfahren und irgendwann bestätigt zu bekommen, als durch (gute) Schulnoten und Schulzeugnisse? Wie sonst sollen sie eine Anerkennung als Erwachsene kriegen? Und was ist mit all den Schulabbrechern und den etwa 40 Prozent aller Studenten, die bis zum 7. Semester ihr Studium ganz hingeworfen oder gewechselt haben, weil sie erkennen mussten, dass es nicht der richtige Weg für sie war?[12] Dies ist volkswirtschaftlich teuer und belastend, es wird jedoch in unserer Gesellschaft eher nur hilflos und achselzuckend zur Kenntnis genommen. Dabei ist es aber gar nicht verwunderlich, dass so viele Schulabgänger nicht wirklich wissen, was sie wollen. Sie haben in der Regel noch keine Initiation erfahren, in der sie mit sich selbst, mit ihren Stärken und Schwächen, ihren Fähigkeiten und Grenzen und ihrer innersten Mitte und Tiefe konfrontiert worden und in Kontakt gekommen wären. Denn dann könnten sie ein Gefühl dafür kriegen, wer sie sind und was sie eigentlich wollen und was vielleicht ihre wirkliche Aufgabe und Berufung für diese unsere Gesellschaft sein könnte.

Aus dieser Sicht ist es gesellschaftlich unverständlich und im Grunde unverantwortlich, dass die Initiation unserer Jugendlichen bisher so sträflich vernachlässigt worden ist. Diese Aufgabe muss im Zentrum von Erziehung und Bildung stehen. Das eigentliche Problem liegt aber darin, dass die Verantwortlichen unserer Gesellschaft zwar das Problem durchaus sehen, aber bisher noch keinen adäquaten Weg dafür gefunden haben, wie dies entscheidend geändert werden könnte. Wie aber können unsere Jugendlichen eine bessere Orientierung über ihren weiteren Berufs- und Lebensweg bekommen? Meiner Meinung nach ist dies neben einer vielfältigen Berufsberatung nur möglich, wenn jeder einzelne Jugendliche bewusst und in einem klaren Ritual in den Lebensabschnitt des Erwachsenseins hinübergeführt wird. Solche Rituale aber fehlen bisher im Grunde fast völlig. Keine noch so gute Berufsberatung kann bei unseren Jugendlichen eine Selbsterfahrung, die wirklich zur eigenen Mitte und in die Tiefe führt, ersetzen. Es muss also das Richtige und Notwendige getan werden und dazu will dieses Buch einen vielleicht nicht unwichtigen Impuls geben (siehe dazu auch das Ritual der »Visionssuche« in Band II (HR), Kapitel 7).

7. These:

Viele Eltern sind mit der Pubertät ihrer Kinder schlicht überfordert. Sie haben selbst kein wirkliches Bewusstsein, was eigentlich »Erwachsensein« bedeutet und haben oft keine wirkliche oder bewusste Vorstellung vom Erwachsensein und von Erwachsenenprüfungen; daher können sie dies ihren Kinder auch nicht klar genug vermitteln. Da manche Eltern vielleicht selbst auf einigen Ebenen noch Kinder oder Jugendliche geblieben sind, spüren die heranwachsenden Kinder nicht selten instinktiv diesen Mangel bei ihren Eltern und lehnen auch deshalb deren Autorität ab. Meiner Meinung nach liegen viele Erziehungsschwierigkeiten von Eltern (und Lehrern) darin, dass sie sich das Thema »Erwachsensein« oder »Initiation« selbst noch nie wirklich bewusst gemacht haben. Sie fühlen sich schon einfach dadurch erwachsen, dass sie Kinder haben und kommen manchmal erst in und durch diesen Prozess der Elternschaft selbst so richtig in ihr eigenes Erwachsensein hinein.

8. These:

Die gesellschaftlichen Probleme mit Jugendlichen in Elternhaus, Schulen und Kommunen rühren teilweise auch daher, dass die offiziell Erwachsenen nicht wirklich erwachsen sind, sondern vom Ideal »ewiger Jugend« träumen. Die heranwachsenden Jugendlichen haben als Vorbilder oft »unreife Volljährige« oder »ewige Jugendliche« vor sich. Das mag zwar auf den ersten Blick anziehend für junge Leute sein, im Grunde erzeugt es aber Orientierungslosigkeit und Wut in ihnen, weil etwas tief in ihnen spürt, dass sie so nicht weiterkommen können in ihrem Leben. Sie können sich an den Eltern und Älteren nicht wirklich orientieren. Sie können den Sinn des Erwachsenseins und den Lebensabschnitt des Erwachsenenalters oft gar nicht richtig erkennen, wenn sie zum Beispiel in ihren Eltern keine wirklich Erwachsenen vor sich haben. Ein spezielles Thema ist die hohe Scheidungsrate in unserer Gesellschaft. Kinder alleinerziehender Eltern haben es oft besonders schwer, im Erwachsensein ein positives Ideal zu sehen oder den nötigen Schutzraum für ihren eigenen Prozess zum Erwachsenwerden zu bekommen.

9. These:

In unserer Gesellschaft fehlen echte und für unsere Kultur passende Übergangsriten für Jugendliche. Daher haben Pseudo-Veranstaltungen wie »Deutschland sucht den Superstar«, »Germany's next Topmodel« oder »Das Dschungel-Camp« Hochkonjunktur. Ein Millionenpublikum aus Jugendlichen und Volljährigen sieht zu, wie findige Geschäftsleute in Privatfernsehsendungen vor laufenden Kameras »Prüfungen« anbieten, die die Teilnehmer als Erwachsene, zumindest aber als künftige Fernsehberühmtheiten initiieren sollen. In Wahrheit findet dabei eine Verdummung des Publikums statt.

Eine andere Reaktion auf das Fehlen herausfordernder, aber mit Verantwortung gestalteter Prüfungen zum Erwachsensein ist die Gewalt in Jugendgangs mit einem eigenen, oft rüden Verhaltenscodex für ihre Mitglieder. Diese Gewaltbereitschaft ist meist eine fehlgeleitete und gestaute Initiationskraft in den Jugendlichen, die von unserer Gesellschaft aber leider keine passenden Prüfungen zur rechten Zeit angeboten bekommen, um so ihre (vermeintliche) Stärke zum Ausdruck bringen zu können.

10. These:
Jugendliche können ohne Erwachsene nicht wirklich erwachsen werden. Es braucht für diesen Übergang geeignete Initiations-Mentoren, die die jugendlichen Initianden zum Erwachsensein hinführen, sie auf ein geeignetes Ritual vorbereiten, sie begleiten, wenn die Jugendlichen ihre Prüfung machen und sie dann als frisch initiierte Erwachsene begrüßen und anerkennen. Unsere Gesellschaft müsste einen Schwerpunkt auf die Ausbildung von solchen Mentoren legen und für diese so fundamental wichtige Aufgabe genügend Zeit, (finanzielle) Mittel und Aufmerksamkeit bereitstellen. Wie sollen in unserer Gesellschaft die Jugendlichen von heute zu Verantwortlichen von morgen werden können, wenn sie nie wirklich erwachsen geworden sind? Wie sollen sie selbst glauben können, dass sie nun erwachsen sind, ohne je eine geeignete Prüfung zum Erwachsenwerden absolviert zu haben? Und wer soll solche Prüfungen bereitstellen und »abnehmen«, wenn nicht erwachsene, erfahrene und verantwortliche Mentoren, die sich eben dieser anspruchsvollen und zutiefst notwendigen Aufgabe in unserer Gesellschaft widmen? Wer aber könnten solche Mentoren sein und welche Ausbildung müssten sie haben, um dieser verantwortlichen Aufgabe auch gerecht werden zu können?

Die 10 Thesen in der Zusammenfassung:

1. In unserer Gesellschaft wird »volljährig« und »erwachsen« verwechselt oder gleichgesetzt. Denn Volljährige werden juristisch und geschäftsmäßig als Erwachsene behandelt.
2. Volljährige fühlen sich fälschlicherweise schon deshalb als Erwachsene, nur weil sie 18 Jahre alt geworden sind und weil sie eine Führerscheinprüfung abgelegt haben.
3. In unserer Gesellschaft gibt es kaum ein Bewusstsein darüber, was »Erwachsensein« bedeutet. Folglich gibt es auch keinen Sinn für die Notwendigkeit von echten »Erwachsenenprüfungen«. Der Prozess des Erwachsenwerdens kann sich daher viele Jahre lang hinziehen.
4. Jugendliche, vor allem Jungen, haben ein tiefes Bedürfnis nach Initiation. Da ihnen von den Erwachsenen keine geeigneten Rituale angeboten werden, suchen sie sich selbst oft sehr gefährliche Ersatzrituale.
5. »Erwachsensein« wird in unserer Gesellschaft oft auf »Leistung« und »Produktivität« reduziert. Gerade nach der Erhöhung der Wochenstundenzahl in den Schulen sollten mehr persönlichkeitsbildende Maßnahmen auch in der Schule selbst angeboten oder organisiert werden.
6. Die Orientierungslosigkeit vieler Jugendlicher ist die Folge des Fehlens eines Bewusstseins in der Gesellschaft für das »Erwachsensein« und für geeignete »Erwachsenenprüfungen«.
7. Die Autoritätsschwierigkeiten vieler Eltern mit ihren heranwachsenden Kindern beruhen auch darauf, dass viele Eltern in mancher Hinsicht selbst noch nicht erwachsen geworden sind.
8. In unserer Gesellschaft wird die »ewige Jugend« verherrlicht. Dies macht es den Jugendlichen schwer zu erkennen, was »Erwachsensein« bedeutet und worin der Sinn dafür bestehen soll.
9. Da in unserer Gesellschaft echte Übergangsriten fehlen, haben Fernsehshows – vor allem bei Privatfernsehsendern – Hochkonjunktur, die mit seltsamen Pseudo-Ritualen dieses Vakuum füllen wollen.
10. Jugendliche können ohne geeignete, erwachsene Initiations-Mentoren nicht wirklich erwachsen werden.

Unsere Gesellschaft steht dem ganzen Komplex »Erwachsenwerden« und »Initiation« bisher eher hilflos gegenüber; daher beschränkt man sich häufig auf die Beschreibung, das Beklagen oder das Bejammern jugendlichen Verhaltens, wenn es zu Fehlentwicklungen oder gar zu Exzessen kommt und versucht – etwa durch flankierende gesetzliche Maßnahmen im Jugendschutzbereich – besonders schlimme Auswirkungen wenigstens ein bisschen einzudämmen. Als positive Beispiele dafür können die Aufklärungskampagnen gegen das Rauchen oder die höhere Besteuerung von »Alcopop«-Getränken in den vergangenen Jahren gelten. Zum Kern des Problems ist man damit aber meiner Meinung nach nicht wirklich vorgedrungen, ja man kann es damit allein auch gar nicht schaffen.

Im öffentlichen Bewusstsein unserer Gesellschaft ist nicht klar, wie das Erwachsenwerden geschehen soll. Es gibt kaum eine richtige Theorie, die den Kern dieser Frage treffen würde und keine bekannten und allgemein anerkannten Rituale, wodurch Jugendliche zu Erwachsenen werden könnten. Ich finde es unverantwortlich, unseren Jugendlichen keine adäquaten Rituale oder geeignete Prüfungen dafür anzubieten. Die Jugendlichen werden mit dieser für ihre persönliche Entwicklung so wichtigen und für unsere Gesellschaft letztlich so bedeutsamen Fragestellung meist allein gelassen. Wieso leisten wir uns als Gesellschaft eigentlich diesen Luxus und erwarten, dass unsere Jugendlichen ihren Prozess des Erwachsenwerdens ganz von selbst organisieren sollen in der Hoffnung, dass sie einfach so irgendwie und irgendwann erwachsen geworden sind? Dies erscheint mir vollkommen unverständlich.

Es ist fast so, als ob in unserer Gesellschaft noch immer der (Aber-)Glaube herrscht, dass sich das Erwachsenwerden unserer Jugendlichen ganz magisch und »gleichsam über Nacht« von selbst einstellt, ohne dass dafür auch nur irgendein Aufwand betrieben werden müsste. Das tut es aber im Normalfall nicht. Ist uns denn das Erwachsenwerden unserer jungen Generation so wenig wert? Wir beklagen dann aber Exzesse oder Fehlentwicklungen (z. B. die »Landplage« des »Koma-Saufens«), in denen deutlich wird, dass es sich bei den Betroffenen eben um »Noch-nicht-Erwachsene« handelt, egal ob die Beteiligten tatsächlich noch Jugendliche oder schon längst Volljährige sind.

Fehlentwicklungen bei Jugendlichen werden bislang eher wie eine Krankheit betrachtet, die angeblich nicht zu behandeln sei, sondern die man als moderne Industrie- und Mediengesellschaft entweder ganz verdrängen oder als unvermeidliche Begleiterscheinung zwangsweise in Kauf nehmen müsse. Man versucht zwar, Exzesse wie das »Koma-Saufen« bei Jugendlichen etwas einzudämmen, letztlich steht man ihnen aber machtlos gegenüber. Dies muss aber nicht so bleiben. Nähert man sich nämlich diesen negativen Jugend-Phänomenen einmal unter dem Blickwinkel von »Initiation« und »Initiationsritualen«, kann man die Situation unserer Jugendlichen plötzlich um vieles besser verstehen und endlich anfangen, gegenzusteuern und geeignete Maßnahmen zur Abhilfe zu ergreifen.

Im Folgenden möchte ich mit einigen teils sehr persönlichen Beispielen die oben aufgestellten Thesen näher erläutern und die darin genannten Phänomene im Hinblick auf das fehlende Bewusstsein über die Notwendigkeit von Initiation in unserer Gesellschaft genauer beschreiben und deuten. Dies soll insbesondere anhand einer Reihe von »missglückten Selbstversuchen von Initiation« geschehen.

3. Missglückte Selbstversuche von Initiation

Gefährliche Autofahrten als Initiationsritual

Erfahrungen aus dem persönlichen Umfeld

Ich stamme von einem kleinen mittelalterlichen Marktflecken aus dem ostbayerischen Raum. Wenn man den Friedhof der 1200-Seelen-Gemeinde besucht, fallen die vielen jungen Toten auf den Grabsteinen auf. Etwa 25 Jugendliche und junge Erwachsene im Alter zwischen 16 und 25 Jahren haben in den vergangenen 40 Jahren den Tod durch Verkehrsunfälle gefunden. Meist war die Ursache dafür überhöhte Geschwindigkeit und oft war zusätzlich noch Alkohol im Spiel. In den von einem solchen Unfalltod betroffenen Familien haben sich erschütternde Szenen abgespielt und die Familienmitglieder wurden über Jahre hinweg in tiefe Trauer, Verzweiflung oder Depression gestürzt.

Da ich 20 Jahre lang in dieser Gemeinde, die als typisch für den ländlichen bayerischen Großraum gelten kann, gelebt habe, kann ich vielleicht die Motive der jugendlichen Fahrer wenigstens erahnen, warum sie in den Bann von Geschwindigkeitsrausch und gefährlichem Fahren geraten sind. Aus meiner Grundschulklasse habe ich einen von zehn Klassenkameraden durch einen tödlichen Verkehrsunfall verloren. Er überschätzte anscheinend seine Fahrfähigkeiten und fuhr als 20-Jähriger mit seinem Auto gegen einen Baum. Im Volksmund heißt es dazu: »Der hot se darennt!«. Einen weiteren Schulkameraden aus dem Gymnasium ereilte sechs Wochen nach dem Abitur mit seinem Motorrad ein ähnliches Schicksal, auch mit tödlichem Ausgang. Er wurde wegen zu hoher Geschwindigkeit aus der Kurve getragen und landete ebenfalls an einem Baum.

Bei einem anderen Klassenkameraden aus der Grundschulzeit ging es glimpflicher ab; der Fall zeigt aber den Wahnsinn auf, der Jugendliche über Nacht befallen kann: Mit fast 18 Jahren hatte er seine Führerscheinprüfung gemacht, ein alter VW-Käfer stand schon vor der Tür. Genau an seinem 18. Geburtstag holte er seinen

Führerschein ab und brach anschließend sofort zu seiner ersten Fahrt auf. Um dies auch öffentlich zu zeigen und um sein Können zu beweisen, lud er drei Mädchen zu dieser ersten »Spritztour« ein. Bereits nach etwa fünf Kilometern überschlug er sich wegen überhöhter Geschwindigkeit mehrmals in einer Kurve. Alle Insassen hatten einen Schock, niemand wurde aber ernstlich verletzt. Bei dem Klassenkameraden führte dies dazu, dass er – im Rückblick gesehen – genau durch den überstandenen Unfall erwachsener wurde. Welch ein Glück, dass bei ihm diese »selbstgewählte Initiationsprüfung« so glimpflich abging, er aber durch die dabei intensiv erlebte Todesnähe anscheinend mit seinen eigenen Tiefen so sehr in Kontakt kam, dass ihn dieses Erlebnis für sein weiteres Leben positiv verändert hat.

Die jungen Leute in ländlichen Gegenden nehmen oft 50, 100 oder noch mehr Kilometer Anfahrt in Kauf, um an Wochenenden »In-Treffs«, Discos oder Tanzlokale anzufahren; dies bedeutet, dass sie meist erst spät in der Nacht wieder heimkehren. Dabei passieren immer wieder hässliche Unfälle, wie das folgende Beispiel zeigt: Vier junge Volljährige aus meiner Herkunftsgemeinde, zwei Jahre älter als ich, fuhren frühmorgens um drei Uhr von solch einem Disco-Besuch nach Hause. Mitten im Nachbarort – vielleicht hatte sich der Fahrer aufgrund der Nähe zum Heimatdorf schon entspannt – landete das vollbesetzte Auto ohne Fremdeinwirkung mit fast 100 Stundenkilometern an einer Hauswand; die Spuren der Radfelgen im Mauerputz konnten noch jahrelang öffentlich als abschreckendes Beispiel besichtigt werden. Ein Toter und drei Schwerverletzte waren die traurige Bilanz. Der Beifahrer wurde dadurch bereits mit 21 Jahren zum Frühinvaliden.

Von einer mit meiner Familie befreundeten Mutter aus einer Nachbargemeinde ist mir folgende tragische Geschichte bekannt: Sie erzählte, dass sie etwa fünf Jahre lang jedes Wochenende erst dann einschlafen konnte, wenn ihr erstgeborener Sohn mit dem Motorrad, mit seiner so heiß geliebten »Maschin«, wieder zu Hause war. Dies bedeutete, dass sie oft erst gegen vier Uhr morgens ihre Ruhe fand.

Für viele junge Männer auf dem Land gilt es noch immer als »das« Ziel und als »der« Wert, mit einem schweren Motorrad durch die Gegend zu fahren, irgendwo andere, ebenfalls motorradfahrende Kumpel zu treffen und die Mädchen damit zu beeindrucken. Es erscheint vielen Eltern wie eine Krankheit, die genau am 18. Geburtstag ausbricht, wenn der Sohn – nun erlaubterweise – zum ersten Mal sein Fahrzeug wie ein Wildpferd besteigt und damit laut aufheulend wegfährt.

Viele soeben volljährig gewordene Jungen (und manchmal auch Mädchen) werden davon wie von einer Seuche infiziert. Was geht da in den Jungs eigentlich ab? Niemand kann es letztlich erklären. Es ist wie eine Art »Landplage«, wo jedes vernünftige Zureden und alle Warnungen von Seiten der Eltern als sinnlos erscheinen. Wie von einer unbekannten, magischen und archaischen Kraft getrieben, ersehnen vor allem viele Jungen ihren 18. Geburtstag herbei, um dann mit dem bereits organisierten Motorrad oder mit dem Auto »die Sau rauszulassen«, um mit dem Fahrzeug zu zeigen, welcher Kerl in ihnen steckt, um mit waghalsigen Überholmanövern ihre Fähigkeiten, ihren Mut und ihre vermeintlichen »Kräfte« zu beweisen und um in diesem Augenblick des offensichtlich empfundenen Glücks anscheinend den »Geschwindigkeits-Rausch-Gott« zu erleben und Teil seiner selbst zu werden. Furchtbare Unfälle mit tödlichem Ausgang sind bisweilen die Folge. In manchen Motorradkreisen gilt als Vorbedingung, um dazugehören zu können, erst einen richtigen Sturz hingelegt zu haben. Was soll das alles? Man möchte meinen, dass viele Jungs, die vorher noch ganz normal waren, plötzlich wie durch Geisterhand verrückt geworden sind. Dies hat mich immer wieder sehr beschäftigt, ich habe aber darauf lange keine wirklich schlüssige Antwort finden können.

Doch zuerst nochmals zurück zu der oben erwähnten Mutter. Nach etwa fünf Jahren war ihr ältester Sohn dieser »wilden« Zeit entkommen: Er hatte eine feste Freundin gefunden, die er mit 25 Jahren heiratete. Sein Motorrad hatte er bereits verkauft. Die Mutter entspannte sich und konnte ab da an den Wochenenden wieder gut schlafen. Leider hat die Geschichte einen sehr tragischen Ausgang: Im »Windschatten« ihres ältesten Sohnes und ihrer Tochter war nun auch ihr jüngster Sohn 18 geworden. Ihn reizte es gar nicht so sehr, dem Beispiel seines größeren Bruders zu folgen; er fuhr »nur« mit seinem Moped. Am Ortsausgang seines Dorfes hat es ihn dann erwischt: Er kam in der Dämmerung auf unerklärliche Weise auf die falsche Straßenseite, stieß frontal mit einem entgegenkommenden Auto zusammen und wurde dabei tödlich verletzt. Da meine Familie die betroffene Familie gut kannte, hat uns dieses

Schicksal alle sehr erschüttert. Welches Leid muss es sein, eines seiner Kinder auf so furchtbare und unfassbare Weise zu verlieren! Wie sinnlos und unverständlich muss so ein plötzlicher Tod eines Sohnes oder einer Tochter doch erscheinen!

An dieser Stelle ein sehr persönliches Wort: Von frühester Kindheit an bin ich in unserer kleinen Gemeinde immer wieder mit dem Tod konfrontiert worden. Ein Unfall wie dieser hat jeden und jede im Dorf beschäftigt und niemanden kalt gelassen. Es ist in meinem Herkunftsort auch bis heute üblich, in so einem Fall der von dem Schicksalsschlag betroffenen Familie zu Hause oder bei der Beerdigung am Grab persönlich zu kondolieren, sein Beileid auszusprechen und an dem widerfahrenen Leid Anteil zu nehmen. In meinen frühen Lebensjahren, schon als Vierjähriger, haben mich meine Eltern immer wieder zu Trauerfamilien mitgenommen, bei denen der Leichnam eines Verstorbenen damals noch zu Hause aufgebahrt war, um Mitgefühl auszudrücken, für den Toten zu beten und ihn – als symbolische Abschiedsgeste in katholischer Tradition – mit Weihwasser zu besprengen. Später lagen die Toten im offenen Sarg in der örtlichen Leichenhalle. Vielleicht haben diese für mich als Kind erschütternden Erlebnisse mit dazu beigetragen, dass mich unverantwortliches Fahren abgeschreckt hat und dass ich – von Unfällen verschont – unbeschadet durch diese für viele meiner Altersgenossen so gefährliche Zeit hindurchgekommen bin. Ausgelöst von solch schlimmen Unfällen habe ich schon sehr früh über Leben und Tod und über den Sinn von allem nachgedacht und mir immer wieder Fragen wie diese gestellt:

- Was kommt nach dem Tod?
- Warum hat es nun gerade diese Familie erwischt?
- Welchen Sinn kann es denn haben, wenn schon wieder ein junger Mensch auf so furchtbare Weise aus dem Leben hinweggerissen wird, bevor er überhaupt so richtig ins eigene Leben gekommen war?
- Warum lässt der »liebe« Gott so etwas zu?
- Was wäre, wenn es nun mich und nicht einen meiner Schulkameraden erwischt hätte?

Erst später, ab meinem 40. Lebensjahr, sind dann noch andere Fragen aufgetaucht. Nun habe ich es nicht mehr nur als unentrinnbares, tragisches Schicksal gesehen, wenn Jugendliche und junge Volljährige auf manchmal so »verrückte« und aus meiner Sicht so unnötige und sinnlose Weise sterben mussten. Ich begann, mich zunehmend mit den Ursachen für das Verhalten von Jugendlichen heute und von meinen damaligen Altersgenossen auseinanderzusetzen. Warum wurden denn meine Klassenkameraden von so einem starken Sog ergriffen, sobald sie 18 Jahre alt geworden waren? Warum glaubten sie, durch waghalsige Überholmanöver, überhöhte Geschwindigkeit und nächtliche Spritztouren auf sich aufmerksam machen zu müssen? Was suchten sie denn eigentlich damit? Was wollten sie dabei finden? Woher kam diese Leidenschaft, die in dem unvernünftigen Umgang mit Auto oder Motorrad offenbar wurde und sich durch diese Verkehrsmittel entlud?

Es geht mir persönlich nicht darum, das damalige Verhalten meiner Altersgenossen in irgendeiner Weise zu verurteilen oder zu bewerten. Ich möchte es aber verstehen können. Ich habe – aus jetziger Sicht gesehen – Glück gehabt, dass ich damals nicht auch selbst in diesen Sog mit hineingerissen wurde. Heute geht es mir darum, eine Antwort oder vielleicht eine Deutung auf das Phänomen »Geschwindigkeitsrausch« zu finden und die Motive von Jugendlichen zu verstehen, die sich bisweilen schon fast mutwillig, zumindest aber grob fahrlässig, solchen Gefahren aussetzen. Als Initiationsmentor möchte ich Heranwachsende bei ihrer Entwicklung vom Jugendlichen zum Erwachsenen begleiten, sie verstehen und ihnen vielleicht bei diesem so wichtigen Übergang Orientierung und Hilfestellung geben.

Mein Erklärungs- und Deutungsversuch zu der oben geschilderten Problematik ist folgender: Jugendliche haben einen ganz, ganz starken Drang, wirklich erwachsen und für das Erwachsensein initiiert zu werden. Sie wollen ihre neu erwachten Kräfte zeigen und ihren Mut beweisen. Sie wollen frei sein. Besonders die Jungen wollen ihre frisch empfundene Männlichkeit oft kraftstrotzend und »knallig« ausdrücken und sie wollen dafür anerkannt werden. Hier liegt ein so großes Potential für unsere Gesellschaft. Denn was können wir uns mehr wünschen, als kräftige, lebensfrohe, mutige und zupackende junge Leute? Aber diese oft überschäumende und sprühende junge Kraft muss domestiziert werden, sie braucht demnach das richtige Gefäß, die rechte Form, die passenden Bahnen und den entsprechenden Rahmen, in der sie sich zeigen und ausleben und in der sie die nötige Anerkennung und Transformation erfahren kann. Ein solcher Rahmen für eine Initiationsleistung fehlt jedoch meistens. Außerdem muss die an sich wünschenswerte und gute jugendliche Kraft schon ganz früh mit Verantwortung gekoppelt werden.

Natürlich hält unsere Gesellschaft eine Menge Möglichkeiten bereit, durch die sich dieser jugendliche Enthusiasmus ausdrücken kann. Darauf wird später näher eingegangen, an dieser Stelle soll auf Vereine im sportlichen, kirchlichen, sozialen oder politischen Bereich mit all den ehrenamtlichen Betätigungsfeldern hingewiesen werden. Auch Schulen haben oft eine bunte Mischung an Angeboten für jugendliches Engagement in ihrem Programm. Aber all diese Möglichkeiten haben eines gemeinsam: Sie machen nicht wirklich bewusst, wozu sie auf einer tieferen Ebene da sind. Vielen Jugendlichen wird es häufig nicht ersichtlich, in welcher Weise diese Betätigungsfelder, Projekte und Aktionen etwas mit dem Erwachsenwerden zu tun haben könnten. Dies wird in der Regel weder in den Vereinen noch an den Schulen thematisiert, der Bezug zum Erwachsenwerden wird nicht oder viel zu wenig hergestellt.

An dieser Stelle möchte ich bemerken, dass ein Teil der Jugendlichen – eher unbewusst und meist über einen längeren Prozess – trotzdem erwachsen wird. Instinktiv suchen sie sich Möglichkeiten, durch die sie ihren Mut, ihre innere Kraft und ihre Verantwortung erleben und zeigen können und wodurch viele der Kriterien erfüllt werden, die zu einem echten Erwachsensein gehören (siehe Kapitel 5). Im Rückblick können diese jungen Menschen dann vielleicht erkennen, dass sie erwachsen geworden sind, sich nun mit Recht als Erwachsene fühlen dürfen und was sie letztlich »erwachsen« gemacht hat. Für viele andere gelingt dies aber nicht, vor allem deswegen nicht, weil es in unserer Gesellschaft viel zu wenig Orientierung, Bewusstsein und Verständigung darüber gibt, was denn eigentlich das Erwachsensein ausmacht.

In unserem Kulturkreis gibt es einfach keine offiziellen Initiationsrituale, keine Prüfungen zum Erwachsenwerden mehr, die in der Gemeinschaft der bereits Erwachsenen als solche bekannt und vor allem anerkannt sind. Wie und wodurch sollen die jungen Leute – soeben volljährig geworden – erleben und erfahren können, dass sie nun auch Erwachsene sind? Wie soll diese Tatsache von den bereits Erwachsenen wahrgenommen werden? Hier herrscht ein großes und fundamentales Missverständnis in unserer westlichen Gesellschaft. Wir glauben allen Ernstes, dass Initiationsrituale nur etwas für die »Wilden«, für die »Heiden«, also für die Naturvölker seien, die ja in den letzten Jahrhunderten von den sich überlegen fühlenden Europäern entweder fast ausgerottet (z. B. die Indianer in Nord- und Südamerika, die Aborigines in Australien) oder in brutaler Weise kolonisiert und missioniert worden sind (z. B. die indigenen Stämme Afrikas, die Inuit in Kanada). Mit diesen Vorgängen wurden auch die als heidnisch empfundenen Initiationsrituale der Urvölker in diesem »Überlegenheitwahn des westlichen Kulturkreises« ausgerottet oder unterdrückt.

Doch nun zurück zum Thema »Initiation durch gefährliche Fahrten«: Aufgrund des Fehlens geeigneter, kräftiger und in die Tiefe von Seele und Gemüt gehender Rituale und die Jugendlichen wirklich herausfordernder Prüfungen, ist es nicht verwunderlich, dass unsere Heranwachsenden instinktiv das Auto oder das Motorrad als eine vermeintlich geeignete Initiationsmöglichkeit erkennen. Dazu kommt noch, dass ja in unserer Gesellschaft bereits der Führerschein als »die« Urkunde und Eintrittskarte schlechthin gilt, mit der man die Erlaubnis hat, am Erwachsenenleben teilzunehmen. Dieses zeigt sich ganz offensichtlich, wenn ein junger Mensch beispielsweise allein mit dem Auto fährt. Viele Erwachsene und junge Volljährige ziehen daraus den vermeintlichen (Trug-) Schluss, nun damit und dadurch auch erwachsen zu sein. Da das Auto bei uns einen so hohen Stellenwert besitzt, scheint es »das« geeignete Mittel zu sein, um das Erwachsensein auszudrücken.

Viele Jugendliche, besonders Jungen, spüren aber instinktiv, dass eine bloße Führerscheinprüfung allein noch nicht alles sein kann, um sich erwachsen zu fühlen und als erwachsen zu gelten. Sie wollen vielmehr bis an ihre Grenzen gefordert sein, wollen eine echte »Lebensprüfung« ablegen, die die Erwachsenen, zumindest aber die Gleichaltrigen, beeindruckt. Eine solche für sie als geeignet empfundene und sie wirklich herausfordernde Prüfung besteht für nicht wenige Jungen dann in einer waghalsigen Autofahrt. Mit Hilfe von Auto oder Motorrad wollen die jungen Volljährigen ihre

Kraft, ihre Fähigkeiten, ihren Mut und ihre Entschlossenheit zeigen nach dem Motto: »Seht her, ich kann's, ich bin ein toller Kerl!«. Aber wen soll dies letztlich beeindrucken? Bringt Raserei denn wirklich bei den Erwachsenen Anerkennung? Eher das Gegenteil ist der Fall, denn meist werden solche wilden Fahrer von Erwachsenen als Idioten oder Spinner bezeichnet.

Andererseits ist es nicht verwunderlich, dass junge Leute glauben, durch das draufgängerische Autofahren etwas Besonderes zu leisten. Denn in Deutschland und auch anderswo faszinieren die Formel-1-Rennen Millionen von Zuschauern. Die Autofirmen, die etwas auf sich halten und die vor allem »sportlich« orientierte Käufer ansprechen wollen, betreiben mit viel Geld und beträchtlichem Aufwand einen eigenen Formel-1-Rennstall. Deren Fahrer gelten bei vielen jungen und auch älteren Menschen als die Helden unserer Zeit schlechthin, weil sie bei jedem Wettkampf letztlich ihr Leben riskieren. Gerade für junge Männer, die zur Initiation anstehen, erzeugt dieses Beispiel womöglich einen sehr einseitigen, oberflächlichen und letztlich völlig falschen Eindruck von »Heldentum«, »Mutproben« und von »Erwachsensein«.

Ja, es stimmt, dass vor allem junge Männer richtig herausgefordert werden müssen. Dazu braucht es aber Prüfungen, die sie auf allen Ebenen ihres Seins und in ihrer Tiefe erreichen können – auf der körperlichen, seelischen, geistigen und auf der spirituellen Ebene. Wenn wir erwachsenen Mitglieder dieser Gesellschaft ihnen keine solche Prüfungen und geeignete Rituale anbieten, müssen sich die Jugendlichen und bereits Volljährigen selbst entsprechende Herausforderungen suchen, von denen sie meinen, dass sie damit ihre Reife, ihre Kraft und ihr Erwachsensein öffentlich zeigen und beweisen könnten. Das Tragische daran ist aber, dass die Jugendlichen oft gar nicht richtig wissen, worin das Erwachsensein besteht und dass sie ihre Grenzen oft falsch einschätzen. Darum meinen sie bisweilen, es würde beim Erwachsenwerden nur um plumpe körperliche Kraft oder um waghalsige oder besonders verrückte Mutproben, extreme Leistungen im Sport, übertriebenes Show-Gehabe und »Rumgezicke« oder eben um verrückte Auto- und Motorradfahrten gehen.

Da sich die so sehr ersehnte Anerkennung durch die Erwachsenen dadurch aber meist gerade nicht einstellt, fühlen sich nicht wenige Jugendliche und junge Volljährige dazu verdammt, Mutproben oder extreme sportliche Leistungen, gefährliches Autofahren oder anderweitig auffallendes Verhalten über einen längeren Zeitraum und manchmal fast schon verzweifelt immer neu zu wiederholen. Man muss hier zurecht fragen, warum sie dies machen. Liegt es daran, dass die Mutproben immer härter werden müssen, bis sich Grenzen zeigen? Oder ist der Grund der, dass die jungen Leute keine anderen Möglichkeiten sehen, wodurch sie Anerkennung erhalten könnten?

Da es anscheinend in unserer Gesellschaft keine geeigneten Möglichkeiten gibt, das Erwachsenwerden in einem Ritual mit einem klarem Anfang und einem festen Ende erfahren und erleben zu können, kann es Jahre und Jahrzehnte dauern, bis sich bei einem jungen Menschen ein echtes Gefühl von Erwachsensein einstellt. Nach meiner Meinung krankt hier unsere Gesellschaft. Was sind das für Männer, manchmal schon 30 oder 40 Jahre alt, die noch immer und in immer neuen Anläufen versuchen, erwachsen zu werden, weil sie tief in ihrem Innern spüren, dass sie es noch nicht sind? Was für eine Energieverschwendung in unserer Gemeinschaft und dies nur, weil man bisher keine geeigneten Rituale oder Prüfungen anbietet, durch die Jugendliche in einer sehr überschaubaren Zeit und in einem für alle erkenntlichen Vorgang zu Erwachsenen reifen können und dürfen.

Doch nun möchte ich mit einigen ganz konkreten Beispielen nochmals zu meinen Ausgangsüberlegungen zurückkehren, um diese Thematik zu vertiefen und abzurunden. Dabei wird sichtbar, wie aufwendig und bisweilen verzweifelt junge Männer versuchen müssen, erwachsen zu werden und für welch hohen Preis sie um ihre Initiation ringen. Dabei liegt das unbezahlbare und durch nichts zu ersetzende Geschenk der Initiation oft gerade im Gegenteil dessen, was von einem Jugendlichen vordergründig angestrebt wird.

Zwei »Autogeschichten«

In der Münchner Clique meines Neffen war es für jedes Mitglied üblich, nachdem es volljährig geworden war und den Führerschein erworben hatte, etwas Spektakuläres zu tun, um sich gegenüber den anderen als »stark«, »mutig« und »cool« zu beweisen. Denn diese Qualität hatte die amtliche und offizielle Führerscheinprüfung nicht. Sei es mehr unbewusst, sei es mehr aus »Gaudi« – man musste mit dem Auto des Vaters einen kleinen Unfall bauen, um in der Clique »in« zu sein. Den Vogel schoss ein junger Mann ab, der es »fertigbrachte«, mitten in der Münchner Großstadt vor einer Polizeiwache (!) auf ein dort parkendes Feuerwehrauto zu krachen und so immerhin einen Schaden von mehr als 7000 Euro zu verursachen. Als Folge ergaben sich mehrere Kriterien, die eigentlich zu einem guten Initiationsritual gehören: Es kam zur Gerichtsverhandlung, der Fall war damit sowohl in seiner Verursachung als auch in seiner Abwicklung höchst öffentlich, denn der Unfall geschah ja vor den Behörden »Polizei« und »Feuerwehr«. Mit der Gerichtsverhandlung wurde ein Organ von »Vater Staat« eingeschaltet und der leibliche Vater war ebenfalls anwesend. Der ganze Vorgang erzeugte zudem ein hohes Maß an Aufmerksamkeit, der junge Initiand konnte somit das Gefühl bekommen, dass er zumindest am Tag der Gerichtsverhandlung mit anschließender Urteilsverkündung sehr wichtig war, denn es drehte sich alles um ihn und um seine »Initiationsleistung«.

Auf den ersten Blick ist dies eher ein Beispiel einer »Anti-Initiation«. Ist der junge Mann dadurch erwachsener geworden? Er hat ja damit gerade gezeigt, wie unreif und unerwachsen er als bereits Volljähriger im Grunde noch war. Vielleicht hat er aber durch diesen Vorfall und durch den sich daran anschließenden längeren Abwicklungsprozess begonnen, aufzuwachen und nachzudenken, was er da aus jugendlichem Leichtsinn und Übermut heraus eigentlich angestellt hatte. Möglicherweise haben seine Eltern danach verlangt, dass er sich eine Arbeit sucht, um den Schaden wiedergutzumachen, den er grob fahrlässig verursacht hatte und den zunächst die Eltern zahlen mussten. Dann hätte sich alles gelohnt. Möglicherweise hat sein Unbewusstes genau darauf abgezielt. Wir wissen es nicht. In einem Punkt kann ich diesen jungen Mann sogar verstehen: Es gab für ihn anscheinend keine anderen geeigneten Rituale, durch die er hätte zeigen und beweisen können, dass er nun auch zu den Erwachsenen gehören will. Vielleicht ist er aus einem ihm selbst nicht bewussten inneren Antrieb heraus – verbunden mit einigem Alkohol – in so einen spektakulären Unfall hineingeschlittert.

Hier noch ein anderes, leider eher tragisches Beispiel, das sich tatsächlich in dem Landkreis meiner Herkunftsgemeinde zugetra-

gen hat: Ein junger, 28-jähriger Fahrlehrer, dessen Vater schon sehr früh gestorben war, hatte anscheinend nur eine Clique Gleichaltriger zur Verfügung, um in sein Erwachsensein zu kommen. Vielleicht spürten seine Kumpel instinktiv seine innere Not, »jemand« zu sein, sich richtig erwachsen zu fühlen und dies selbst zu glauben, obwohl er als Fahrlehrer einen in meiner Gegend an sich doch sehr angesehenen Beruf hatte. Vielleicht hatten ihn die anderen auch gehänselt und angestachelt, aber plötzlich war beim Stammtischtreffen im örtlichen Wirtshaus folgende Mutprobe auf dem Tisch:
»Ich wette mit Euch, dass ich als Geisterfahrer auf die Autobahn fahren kann und es damit drei (!!!) Autobahnabschnitte lang aushalte, bis ich wieder von ihr herunter fahre!« Er wettete also als Fahrlehrer darum, dass er als Falschfahrer die Autobahn erst bei der dritten Ausfahrt wieder verlassen wollte. In der Zwischenzeit sollten seine männlichen Cliquenmitglieder den Verkehrssender »Bayern 3« einschalten, um eine etwaige Meldung von einem Geisterfahrer zu hören. Diese Durchsage sollte als Beweis für die Umsetzung seiner Wette und damit für seinen Mut dienen. Dies wollten ihm seine Kumpel niemals zutrauen, zum einen, weil es zu gefährlich sei und zum anderen, weil er das als Fahrlehrer, der normalerweise ja für seine Fahrschüler und für deren Sicherheit verantwortlich war, nicht »bringen« könnte.

Gesagt, getan, die Wette galt! Der junge Mann fuhr wirklich – in falscher Richtung – auf die benachbarte Autobahnauffahrt. Und tatsächlich: Schon nach kurzer Zeit wurde in »Bayern 3« eine entsprechende Warnung vor einem Geisterfahrer mitten am Samstag Nachmittag durchgegeben. Auch der Fahrer selbst konnte dies in seinem Autoradio mit großem Stolz verfolgen. Er war dabei, seine Wette zu gewinnen. Vielleicht erhoffte er sich mit seiner »Tat« aber noch mehr: Möglicherweise wollte er seinen Kumpels ein für alle mal zeigen, wie mutig und erwachsen er sei. Diese Fahrt sollte seine »Initiationsfahrt« schlechthin werden, dazu hatte sie sich jedenfalls jetzt entwickelt.

Um es kurz zu sagen: Der Mann gewann seine Wette und war exakt drei Autobahnabschnitte als Geisterfahrer unterwegs. Zum Glück gab es keinen Unfall. Als er schließlich an der dritten Ausfahrt die Autobahn wieder verließ, wartete bereits die Polizei. Er verlor seinen Führerschein für ein Jahr, bekam eine saftige Geldstrafe und war seinen Beruf als Fahrlehrer für immer los. Welch hoher Preis für seine Initiation! Später arbeitete der Mann als kleiner Angestellter in einer Speditionsfirma. Wie schmerzlich muss es für ihn danach gewesen sein, über sein verrücktes und menschengefährdendes Tun nachzudenken. In seinem Dorf wurde es eher mit Spott aufgenommen. Er hatte kein Gefühl dafür gehabt, wo die Grenzen liegen und wo er diese überschreiten würde. Der Wunsch, vor seinen Freunden als Erwachsener anerkannt zu werden, hatte anscheinend seine Sinne benebelt. Schmerz und Scham bewirkten aber, dass der Mann durch diese Erfahrung ganz »zu sich selbst« fand, später eine Familie gründen und dann wirklich Verantwortung übernehmen konnte.

Die verrückte Tat war – im Nachhinein gesehen – zu einer echten »Initiationsprüfung des Lebens« geworden. Anscheinend war sie für ihn nötig gewesen, weil es für ihn keine anderen Rituale gab. So hatte sich offensichtlich sein Unterbewusstsein – im Verbund mit seiner ebenfalls verrückten Clique – dieses Ritual für ihn »ausgesucht«. Gott sei Dank ist es glimpflich abgegangen, auch wenn der Preis dafür sehr hoch war. Die Tatsache aber, dass bei ihm danach gerade als Folge dieses »Anti-Rituals« eine echte Initiation geschehen ist, zeigt mir erneut auf, wie sehr die menschliche Psyche anscheinend Rituale zur Initiation braucht, wie elementar und unersetzlich eine Initiation ist und wie groß die Sehnsucht in einem jungen Menschen danach werden kann. Anscheinend war der Übergang ins Erwachsensein bei dem Mann bis dahin nicht wirklich erfolgt. Aber nicht die dumme und äußerst gefährliche Wette hat den Mann initiiert, sondern die schlimmen Folgen waren es, die in ihm einen überfälligen und in die Tiefe gehenden Denkprozess einsetzen ließen. Dieser ganze Prozess hat den Mann schließlich und letztendlich erwachsen und reif gemacht.[13]

Verrückte Wetten, harte Mutproben oder das »Aufplustern« vor den selbst noch uninitiierten anderen Gruppenmitgliedern können jedoch die Jugendlichen nicht zu ihrer wirklichen Initiation führen. Ja, dies erscheint vor dem Hintergrund einer echten Initiation ins Erwachsensein eher als Zeit- und Energieverschwendung. Wie sollen gerade junge Männer nur in ihrer Clique und ohne reife Vorbilder und Mentoren zu wirklich Erwachsenen werden können? Nicht selten verstricken sich die Heranwachsenden dabei in anhaltende Rivalitäten mit den anderen Mitgliedern der Clique. In manchen »Gangs« geht es sogar so weit, dass selbst kriminelle Handlungen dazu dienen müssen, den Platz in der Gruppe zu erlangen und die Hackordnung zu sichern. Wieder andere Jugendliche und bereits Volljährige bleiben in einem beständigen Protest gegen »die Erwachsenen« oder gegen »die Gesellschaft« hängen.

Zeitungsmeldungen

Die bisherigen Überlegungen haben gezeigt: Mit gefährlichem Auto- oder Motorradfahren wollen nicht wenige junge Männer ihre Initiation erreichen. Diese These soll im Folgenden durch einige Zeitungsberichte bestätigt und ergänzt werden. Darin kommt gleichzeitig aber bereits ein weiteres Phänomen unserer heutigen Gesellschaft zur Sprache, das scheinbar nur schwer in den Griff zu kriegen ist: der unmäßige Alkoholkonsum gerade bei Jugendlichen. Seit über zehn Jahren habe ich immer wieder – vor allem nach einem Wochenende – Zeitungsberichte von schlimmen Unfällen ausgeschnitten und gesammelt. Denn mir wurde es mehr und mehr bewusst, dass solche Unfälle meist nicht Ausdruck schicksalhaften Geschehens, sondern vielmehr Zeichen von leider misslungenen Versuchen falsch verstandener Selbstinitiation waren und sind. Dadurch hat sich mein Blick auf dieses Phänomen entscheidend verändert und hierin lag wohl auch eines der Motive, dieses Buch zu schreiben. Ich möchte darin einen Beitrag leisten, diese jungen Verkehrstoten nicht länger als die unvermeidliche »Opfergabe« an den »Verkehrs- und Geschwindigkeitsgott« unserer mobilen Gesellschaft zu verstehen, etwa in dem Sinne, wie es früher bei einigen aztekischen Stämmen üblich war: Um die Gottheit günstig zu stimmen, um den Stamm vor Naturkatastrophen zu bewahren, mussten von den Priestern prophylaktisch immer wieder einige Kinder oder eine Jungfrau im Rahmen eines Stammesfestes geopfert werden.

So ähnlich erscheint mir aber die heutige Grundhaltung in unserer Gesellschaft dazu: Wir sind ein technisch hochstehendes Land und haben – neben vielen anderen Errungenschaften – das Auto und die anderen Verkehrsmittel, die uns das Leben so bequem und schön machen. Dafür müssen wir es eben in Kauf nehmen, dass vor allem einige unserer jungen Leute immer wieder im Verkehr zu Tode kommen. Die betroffenen Familien sind zu bedauern, wenn es gerade sie erwischt hat, wenn sie einen Sohn oder eine Tochter stellvertretend für die übrige mobile Gemeinschaft »opfern« mussten. Aber welchen Sinn soll so ein Opfer denn haben? Im Grunde sind wir doch dann gegenüber archaischen Völkern einer früheren geschichtlichen Epoche, bei denen es ganz offiziell Menschenopfer gab, nicht so viel weitergekommen, wie wir vielleicht meinen.

Unter dem Blickwinkel des Phänomens der Initiation, die Jugendliche gerade mit dem Auto oder dem Motorrad versuchen, erscheinen solche furchtbaren Unfälle nicht länger nur als eine Zeitkrankheit, der wir als Gesellschaft ohnmächtig gegenüberstehen müssen. Wenn wir nämlich unseren jungen Leuten geeignete und von erwachsenen und verantwortlichen Mentoren gestaltete und beaufsichtigte Initiationsprüfungen anbieten würden, könnten die Heranwachsenden auf solche gefährlichen Ersatzrituale wie die risikoreichen Autofahrten verzichten. Echte und verantwortlich gestaltete Rituale können die Seelen der jungen Menschen berühren und ihnen das vermitteln, was sie in Wirklichkeit so sehr ersehnen: als Erwachsene anerkannt zu werden.

Hier nun ein kleiner Auszug von Zeitungsmeldungen, die meine Überlegungen bestätigen und abrunden können:

(1) »Vier Jugendliche bei Unfall getötet. 15-jähriger Fahrer rast mit fünf Freunden gegen Baum«[14]
Darin heißt es: »Der Fahrzeuglenker hatte in der Nacht zum Samstag auf einer Kreisstraße die Kontrolle über den Kleinwagen verloren, in dem, dicht gedrängt, sechs junge Männer im Alter von 14 bis 21 Jahre saßen. Das Auto prallte mit großer Wucht nacheinander gegen zwei Bäume. Laut Polizei hatte der Unfallfahrer den Wagen seiner Mutter entwendet. Unbestätigten Berichten zufolge hatten die jungen Männer vorher auf einer Grillparty gefeiert.«

(2) »Mit Tempo 200 in den Tod. Vier Männer sterben nach einem Disco-Besuch, als ihr Fahrzeug von der Autobahn A8 schleudert«[15]
Darin wird berichtet: »Nach den Ermittlungen der Polizei war der 23-jährige Lenker des Unfallautos mit mindestens 200 Stundenkilometern auf der Autobahn entlang gerast. In einer leichten Rechtskurve verlor er die Kontrolle über den Wagen.

Das Auto wurde von der Fahrbahn geschleudert. An einer angrenzenden, leicht abschüssigen Böschung überschlug sich der Wagen und prallte schließlich in einer Senke nach 70 Metern erst gegen einen Baum und danach gegen einen Strommasten, der umknickte.«

(3) »Diese verdammten Zweifel und die Wut. Sein letzter Tanz. Seit einem Disco-Unfall ist Andreas H. querschnittsgelähmt – und hat es sich zur Aufgabe gemacht, andere Jugendliche zu warnen.«[16]

Und unter dem Bild heißt es: »Die Mehrheit der im Straßenverkehr getöteten Jugendlichen und jungen Erwachsenen ist männlich. Mädchen sind als Begleiterinnen aber auch extrem gefährdet, wenn ihre Freunde am Steuer den Helden spielen.«

(4) »Trauer und Fassungslosigkeit in Mallersdorf. Sieben Jugendliche rasen in den Tod. Vollbesetztes Auto prallt in niederbayerischer Gemeinde nach Schul-Abschlussfeier gegen Hauswand.«[17]

Der Bericht führt näher aus: »Das mit sechs jungen Männern und einem Mädchen voll besetzte Auto prallte in der Ortschaft Oberhaselbach (Landkreis Straubing-Bogen) mit dem Dach voran gegen die Mauer eines Zweifamilienhauses. Alle Insassen waren sofort tot. Ursache für das Unglück war offenbar überhöhte Geschwindigkeit ... Das Auto war von einem 22-Jährigen gesteuert worden. Lediglich der Fahrer und sein 16 Jahre alter Beifahrer waren angegurtet. Ein 15-jähriges Mädchen und vier männliche Jugendliche zwischen 14 und 16 Jahren saßen während der Fahrt auf dem Boden des Wagens ... Die jungen Leute hatten zuvor an einer Party teilgenommen, bei der zahlreiche Jugendliche ... das bevorstehende Schulende gefeiert hatten.«

(5) »Bußgang am Kesselberg. Nach zahlreichen schweren Unfällen bremst die Polizei Motorradfahrer mit drastischen Strafen aus.«[18]

Dabei geht es um die kurvenreiche Strecke vom Kochel- zum Walchensee in Oberbayern.

(6) »Fahrer hatte keinen Führerschein. Zwei 18-Jährige sterben bei Autounfall. Wagen prallt am Ortsanfang von Jesenwang mit überhöhter Geschwindigkeit gegen Baum.«[19]

In dem Bericht heißt es: »Der 18 Jahre alte Kfz-Mechaniker-

Lehrling aus Jesenwang, der das Unfallauto steuerte, besaß nach Angaben der Polizei keine Fahrerlaubnis ... Auf dem Beifahrersitz saß ein ebenfalls 18 Jahre junger Mann aus Mammendorf ... Der Aufprall war so stark, dass das Auto in zwei Teile zerrissen wurde. Das Heck des Fahrzeugs wurde noch 50 Meter weit geschleudert. Die beiden jungen Männer waren nach Polizeiangaben sofort tot.«

(7) »Das Risiko der Fahranfänger: Sie sind sehr oft an schweren Unfällen beteiligt. Tod auf der Landstraße. Vier Mädchen wollen nur schnell zu McDonalds, dann werden sie überholt und sterben in ihrem Auto.«[20]
Darin wird berichtet, dass vier Mädchen aus dem niederbayerischen Waldkirchen im Alter zwischen 17 und 19 Jahren bei Abenddämmerung nur mal schnell in die Nachbarstadt fahren wollten und dass dabei ihr Auto anscheinend ins Schleudern geriet, nachdem sie von dem Auto dreier Freunde überholt worden waren. Die Kollision hat das Auto der vier jungen Frauen in zwei Teile zerrissen.

Diese Reihe von Berichten über furchtbare Unfälle könnten fast endlos fortgesetzt werden. Es ist aber nicht meine Absicht, dieses Phänomen nur zu beschreiben, um so auf billige Weise Aufmerksamkeit erregen oder Sensationsgefühle erzeugen zu wollen. Vielmehr möchte ich damit meine oben ausgeführten Gedanken, vor allem aber meine Deutung dazu, plakativ untermauern. Mir erscheint die Erkenntnis zutreffend und am wahrscheinlichsten, dass es – trotz aller sonstigen Umstände – bei vielen Verkehrsunfällen von jungen Fahrern letztendlich und auf einer tieferen Ebene oft auch um das Phänomen der Initiation geht. Und nur, wenn man dies erkennt und anerkennt, kann man damit aufhören, all die jungen Unfalltoten nur als Ausdruck einer Volks- und Zeitkrankheit unserer westlichen Industriegesellschaft zu sehen, der man letztlich hilflos und ohnmächtig gegenübersteht.

Ausgehend von dieser Erkenntnis kann man endlich damit anfangen, das Problem bei seiner Wurzel zu packen: Bei dem tiefen, fundamentalen und existentiellen Wunsch gerade von männlichen Jugendlichen und jungen Volljährigen nach geeigneten, altersgemäßen und sie in ihrem innersten Wesen herausfordernden Initiationsritualen; echten Erwachsenenprüfungen also, durch deren Absolvierung die Jugendlichen zu jungen Männern (und Frauen) werden, sich selbst so fühlen und vor allem von der Gesellschaft als solche anerkannt und begrüßt werden können. Denn nur so kann ihre Seele, die in ihrer Tiefe nach Initiation schreit, zur Ruhe kommen. Und dann müssen die jungen Menschen diese Initiation nicht mehr unbewusst im gefährlichen und waghalsigen Umgang mit Verkehrsmitteln suchen, von denen ihnen unsere Gesellschaft fälschlicherweise vorgaukelt, dass damit und durch rabiaten Umgang mit ihnen die Initiation zu erwerben und die Reife eines Erwachsenen zu bekommen sei. Genau das Gegenteil ist der Fall, manchmal mit den irreversiblen Folgen von Tod, Verstümmelung oder bleibender Invalidität.

Betrachten wir abschließend noch einen weiteren Artikel aus der SZ, der zwei Wochen später anlässlich des Unfalltodes der vier Mädchen vom 7. Beispiel (siehe oben) verfasst wurde.[21] Es wird erklärt, warum es sich bei dieser Art von grässlichen Unfällen um ein ländliches, weniger um ein städtisches Problem handelt und es wird versucht, die Ursache solch schlimmer Unfälle auf den Punkt zu bringen. Vielleicht gibt es diesen letzten Punkt aber auch gar nicht. Bei jedem Tod bleiben Fragen nach dem Sinn offen, die nur eine Etage höher – »beim lieben Gott« – beantwortet werden könnten. Als wichtigste Ergebnisse des Artikels sind festzuhalten:

- Mit dem bayerischen Ausspruch »Der hot se darennt!« ist die »Schicksalhaftigkeit des Unfalltods am Steuer« gemeint – einem Verhängnis, dem man ohnmächtig gegenübersteht.
- Es werden Gründe für die tödlichen Unfälle von den überproportional vertretenen Fahranfängern genannt: »Sie fahren zu schnell, sie überholen zu riskant, allzu oft ist Alkohol im Spiel«.
- Früher haben sich die jungen Männer mit anderen geprügelt, wenn sie betrunken waren, heute »prügeln« sie ihre Autos, denn sie fahren verrückt und zu schnell damit.
- Der Freiheitsdrang und der Wunsch, die Enge des Dorfes kurz zu verlassen, wird als weiterer Grund für Unfälle gesehen.
- Da es z. B. in Ostbayern nur wenige oder keine öffentlichen Verkehrsmittel gibt, trägt »... die Jugend auf dem Land ... ein ungleich höheres Risiko, auf der Straße zu sterben als Jugendliche in der Stadt.« Daher ist das Auto für soziale Kontakte ungleich wichtiger als in urbanen Gegenden.

- Wenn die Jugendlichen volljährig werden, sind sie mit dem Auto zu weit entfernten Discos unterwegs, die Eltern können dagegen nichts machen und müssen es in Kauf nehmen, wenn so furchtbare Unfälle passieren.
- Jugendliche in Ostbayern sind noch immer dafür bekannt, dass sie zur Raserei neigen, Kurven auf einsamen Straßen schneiden oder unbeschrankte Bahnübergänge unbesehen überqueren. Dies wird als schicksalhaft angesehen.[22]

Ich möchte mir nicht anmaßen, das Schicksal der vielen betroffenen Familien und das nicht bestreitbare erhöhte Unfallrisiko auf dem »flachen Land« zu bewerten. Es ist jedes Mal grauenvoll, wenn der Unfalltod zuschlägt. Mit dem letzten Argument beschreibt der Autor die Einstellung wahrscheinlich sehr zutreffend, die dazu bei Teilen der Bevölkerung in ländlichen Gegenden wie in Ostbayern herrscht. Dennoch bin ich damit wieder bei meiner Grundfrage angelangt: Warum neigen denn gerade junge Männer zum Rasen, warum schneiden sie selbst unübersichtliche Kurven und warum fahren sie so unbekümmert und risikoreich über Bahnübergänge mit der Haltung, dass ja sowieso kein Zug kommen werde? Hier ist für mich wieder sehr deutlich der Wunsch nach Initiation, nach mutigem, kraftvollem Ausdruck der ungestümen Kraft zu erkennen und der Wunsch, doch für dieses Verhalten anerkannt zu werden – wenn schon nicht bei den Eltern, so doch wenigstens bei den Gleichaltrigen und vor allem bei den Mädchen, die dadurch beeindruckt werden sollen. Gefährliche Autofahrten als Ausdruck von Rivalität und Balzverhalten, aber auch als das lockere Spiel mit dem Tod!

Da in unserer Gesellschaft keine anderen Rituale bekannt sind, bieten doch das Verhalten im Straßenverkehr und die Fortbewegungsmittel »Auto« oder »Motorrad« ungeahnte, fast unerschöpfliche und jederzeit umsetzbare Möglichkeiten, Mut, Kraft und Kühnheit zu zeigen. Was die jungen Ritter im Mittelalter im Schwertkampf, im Lanzenstechen auf Turnieren oder gar in den vielfältigen kriegerischen Auseinandersetzungen zur Genüge erleben konnten, versuchen unsere »Jungmänner« heute mit Auto oder Motorrad zu vollführen. Die Motive aber sind letztlich die gleichen geblieben. Daher möchte ich mich der in obigem Zeitungsbericht geäußerten Auffassung in einem wesentlichen Punkt nicht anschließen: Nämlich dass alles nur »schicksalhaftes« Geschehen sei, wogegen man nichts machen könne. Ein Grund für den noch immer relativ häufigen Unfalltod junger Menschen ist vielmehr – und das ist eine meiner Thesen – im Fehlen geeigneter Initiationsrituale zu suchen.

Alkoholkonsum als »Initiationsleistung«

Erfahrungen aus dem persönlichen Umfeld

Mit diesem letzten Beispiel möchte ich das Thema »missglückte Initiationsversuche im Straßenverkehr« verlassen und mich einer anderen Fehlentwicklung in unserer Gesellschaft zuwenden, die aber häufig in Kombination mit dem soeben ausgeführten Phänomen auftritt: dem Alkoholmissbrauch bei Jugendlichen. Auch diesem Problem stehen Eltern, Schulen, Politiker, Sozialbehörden, ja unsere Gesellschaft als Ganzes bisher ohnmächtig und hilflos gegenüber. Dazu möchte ich zuerst ein ganz konkretes Beispiel aus einer anderen Zeit erzählen. Alkohol spielte demnach in unserem Kulturkreis schon immer eine Rolle:

Von meinem Großvater mütterlicherseits wurde mir berichtet, dass es in der Zeit vor und nach dem 1. Weltkrieg auf der Dorfkirchweih nach kräftigem Alkoholgenuss unter den jungen Männern regelmäßig zu Schlägereien kam. Manchmal ging es dabei um Mädchen oder einfach »um die Ehre«, manchmal wussten die Protagonisten letztlich selbst gar nicht, worum sie sich eigentlich prügelten. Es gab aber fast immer eine Schlägerei, die gehörte einfach dazu und sie war ohne vorherigen Alkoholgenuss nicht denkbar. Anscheinend handelte es sich dabei um ein sehr archaisches und öffentliches Ritual der Dorfjugend, bei dem offensichtlich gezeigt werden sollte, welche Kraft in den heranwachsenden Kerlen steckte und wer der Stärkste, Brutalste oder Mutigste war. Von meinem Opa ist der Satz überliefert: »Wenn nicht die ›Road‹ floss, war es keine richtige Kirwa!« Das heißt, es musste bei einigen »Jungmännern« – zum Beispiel aus der Nase – Blut fließen, sonst hätte etwas Aufregendes gefehlt. Soweit, so seltsam, so archaisch könnte man meinen.

Was mir dagegen von meiner Großmutter väterlicherseits erzählt wurde, hat mich eher erschreckt. Zwischen zwei kleinen mittelalterlichen Marktflecken in der Gegend, aus der ich stamme, herrschte seit mehr als 100 Jahren eine Rivalität, die von beiden Seiten gepflegt wurde. Bei jeder Kirchweih »besuchten« besonders die noch unverheirateten Burschen mit einem größeren Aufgebot die jeweils andere Ortschaft. Dabei kam es immer zu der schon obligatorischen Rauferei, wobei hier auch manchmal Messer eingesetzt wurden. Leider gab es dabei immer wieder mal einen Toten. Mir selbst ist das Beispiel eines jungen Mannes bekannt, dem etwa im Jahre 1960 bei solch einer Gelegenheit der Bauch aufgeschlitzt wurde. Wie durch ein Wunder und anscheinend unter dem Einfluss von genügend Alkohol, gelang es ihm, mit seinen Gedärmen in den Händen auf den etwa fünf Kilometer entfernten Bauernhof heimzugehen, sich ins Bett zu legen und auf den Arzt zu warten, den Angehörige dann holten. Er überlebte und war danach davon kuriert, seine Initiation im Alkohol und im »Raufen« zu suchen. Dieser lebensbedrohliche Vorfall war seine endgültige und ihm selbst danach glaubhafte Initiation ins Erwachsenenalter.

Doch lassen wir diese »alten« Geschichten beiseite und betrachten ein eher »ganz normales« Geschehnis aus unseren Tagen:

In einer Vorortgemeinde von München trifft sich am Freitag Abend regelmäßig eine etwa 20-köpfige Clique 15-Jähriger auf Spielplätzen, vor einer Schule oder im Park. Dabei geht es vor allem und fast ausschließlich ums Trinken. Der Treffpunkt rotiert und wird jeweils kurzfristig per Handy vereinbart. Meist wird es dabei ziemlich laut, so dass Anwohner immer wieder die Polizei holen müssen. So auch an einem Freitag Abend im Juli 2010. Als der Streifenwagen eintrifft, rennen die meist männlichen Jugendlichen in alle Richtungen auseinander. Zwei sehr betrunkene Jungen können die beiden Polizisten festhalten und mit auf die Wache nehmen, außerdem werden fünf Fahrräder und drei Rucksäcke beschlagnahmt. Wenn die Betreffenden diese wiederhaben wollen, müssen ihre Eltern auf die Polizeistation kommen. Am Boden liegen zwölf (!) leere 1,5-Liter-Flaschen Sangria und eine Flasche Wodka herum. In nur eineinhalb Stunden wurde diese Menge Alkohol von nicht einmal 20 Jugendlichen getrunken. Nichts Schlimmes ist passiert – das Bedenkliche liegt aber darin, dass die Polizei dagegen gar nicht viel machen kann oder will. Noch auffälliger ist aber, dass diese Alkoholexzesse jedes Wochenende und nicht etwa nur beim Maibaumfest oder bei der Kirchweih stattfinden und dass dies aus Sicht der Gesellschaft schon fast als »normal« betrachtet wird.

Eine Alkoholstatistik

Lassen wir nun aber eine aktuelle »Drogenstudie« zu Wort kommen, um bei dem Thema »Alkohol« nicht allzu großen Verallgemeinerungen oder Pauschalierungen aufzusitzen. In den Aichacher Nachrichten vom 15.11.2008 wird unter dem Titel »Trinken bis zum Vollrausch. Unter Jugendlichen hält der Trend zum ›Komasaufen‹ an.«[23] aus einer aktuellen Drogenstudie der Bundeszentrale für gesundheitliche Aufklärung (BZgA) zitiert. Darin wird Folgendes festgestellt:

- Der Nikotin- und Cannabis-Konsum ist zwar bei Jugendlichen in den letzten Jahren zurückgegangen.
- In den vorangegangenen vier Wochen haben sich aber in Deutschland rund eine Million Jugendliche ins »Koma« getrunken, 300.000 davon sogar einmal wöchentlich (gemeint ist damit, dass sie einen Vollrausch hatten).
- Etwa 20 Prozent der Jugendlichen haben im gleichen Zeitraum mindestens fünf oder mehr Gläser Alkohol bei einer Gelegenheit konsumiert.
- Fast 20.000 Heranwachsende mussten innerhalb des vergangenen Jahres nach Alkoholmissbrauch in Krankenhäusern behandelt werden.
- Nicht nur das Rauschtrinken zu bestimmten Anlässen, sondern auch die regelmäßig konsumierte Alkoholmenge stellt eine besondere Gefahr für Jugendliche dar.
- 2,5 Prozent der Jungen und 1,5 Prozent der Mädchen nehmen so viel Alkohol zu sich, dass sie sogar die für Erwachsene geltenden Grenzen zum »gefährlichen Alkoholkonsum« überschreiten (60 Gramm Reinalkohol bei Männern, 40 Gramm bei Frauen).
- Bei Heranwachsenden von 12 bis 17 Jahren ist mittlerweile Alkohol, vor allem Bier, das am weitesten verbreitete Suchtmittel.

In dem unter dem Schlagwort »Versoffen« danebenstehenden Kommentar von Ursula Ernst heißt es: »Saufen als Freizeitspaß. Für viele Jugendliche gehört das Besäufnis zu einem gelungenen Wochenende. Und keiner von ihnen denkt dabei an mögliche Schäden, die der unmäßige Alkoholgenuss anrichten kann.«[24]

Im Weiteren vertritt die Journalistin die Meinung, dass es zwar grundsätzlich nicht schlimm sei, »... wenn junge Leute die Wirkung von gesellschaftlich akzeptierten Rauschmitteln ausprobieren. Es ist aber schlimm, wenn sie einer Sucht verfallen. Und das geht auch bei Alkohol relativ schnell ... Im Gegensatz zu Nikotin, das mittlerweile eine Ächtung erfährt, gehört der Alkohol zum geselligen Leben. Unzählige Anlässe werden mit einem ›Prosit‹ begossen. Der Suff wird verharmlost. Man will nicht wahrhaben, wie viele Leben regelrecht versoffen werden, wie viele Familien unter ihren betrunkenen Angehörigen leiden. Es ist gelungen, die Gefahren von Drogen und Nikotin drastisch zu verdeutlichen. Es wird Zeit, auch den Alkoholmissbrauch ebenso drastisch darzustellen.«[25] Wie Recht die Journalistin hat, zeigt eine Zeitungsmeldung vom Januar 2011, also gut zwei Jahre später:

»Es gibt immer mehr junge ›Komasäufer‹ in Deutschland. Im Jahr 2009 landeten gut 26.400 Menschen im Alter zwischen zehn und 20 Jahren mit Alkoholvergiftung im Krankenhaus. Das war ein Anstieg um 2,8 Prozent im Vergleich zu 2008, wie das Statistische Bundesamt in Wiesbaden mitteilte.«[26]

In das gleiche Horn bläst auch eine Schlagzeile im Januar 2010: »Der Tag nach dem Rausch. Mit elf Jahren das erste Bier, mit 17 in den Entzug – etwa 100.000 Jugendliche in Deutschland sind alkoholabhängig.«[27]

Bezug zum Initiationsgedanken

Mit diesen nüchternen, aber knallharten Aussagen der Statistiken sind wir nach meiner Meinung ins Zentrum einer Fehlentwicklung in unserer Gesellschaft vorgedrungen, ja vielleicht zu einem Wesenszug unserer Gesellschaft selbst. Wir Deutschen gehören zu den europäischen Spitzenreitern im Alkoholkonsum. Soll es Ausdruck des Wohlstands sein, dass wir es uns leisten können, so viel Alkohol zu trinken? Dann müssen wir aber einen hohen Preis für diesen sehr fragwürdigen Ausdruck von Wohlstand und Reichtum bezahlen. Daher ist es nicht verwunderlich, wenn unsere Jugendlichen und Heranwachsenden genau zu der Droge greifen, die sich einer breiten Akzeptanz in unserer Gesellschaft erfreut. Wenn schon Erwachsene so häufig und zu einem so hohen Prozentsatz Alkoholmissbrauch betreiben, ist es doch für unsere Jugendlichen naheliegend und schon fast folgerichtig, wenn sie genau zu dem gleichen Genussmittel greifen.

Anscheinend gehört es aber zum Jugendalter, immer noch eins »draufzusetzen«. Im »Komasaufen« halten sie uns Erwachsenen in dieser Übertreibung einen Spiegel unseres eigenen Verhaltens vor: Wie können wir uns als Erwachsene glaubhaft aufregen, wenn viele von uns selbst häufig oder regelmäßig Alkohol konsumieren und dies als ganz selbstverständlich empfinden? Mir ist klar, dass das Thema »Alkoholmissbrauch« in unserer Gesellschaft eine komplexe und vielschichtige Angelegenheit darstellt und sicher Ursachen auf vielen verschiedenen Ebenen hat. Es können sich darin Volkstraditionen, aber auch existentielle Fragen wie der nach dem Sinn des Lebens, nach den Ursachen menschlicher Sucht und Abhängigkeit überhaupt und nach kollektiven Verdrängungen zeigen. Der Alkoholmissbrauch kann Spiegel für den psychischen und geistigen Zustand einer ganzen Gesellschaft sein – beispielsweise für die Schattenseite des Leistungsdrucks, der im Alkoholgenuss seinen Ausgleich sucht; für das Herausfallen breiter Schichten der Bevölkerung aus dem sozialem Netz, wie bei Arbeitsplatzverlust oder bei der hohen Zahl von Ehescheidungen. Das alles können Gründe für Alkoholmissbrauch oder sogar für eine Alkoholsucht sein. Dazu gibt es viele Studien; Politiker, Behörden, Beratungsstellen, Psychologen und Sozialarbeiter beschäftigen sich teilweise sogar berufsmäßig damit und versuchen – oft nur mit mäßigem Erfolg – dem entgegenzusteuern.

Der Fokus meiner Betrachtung zielt nun aber speziell auf den Alkoholmissbrauch Jugendlicher ab. Denn es muss unsere beständige Aufgabe als Erwachsene und als Gesellschaft insgesamt sein, den Ursachen nachzugehen und nach Abhilfe zu suchen. Auch hier haben sich schon viele Experten die Zähnen ausgebissen. Ein wichtiger Grund für den missbräuchlichen Umgang von Jugendlichen mit Alkohol ist meiner Ansicht nach ein ähnlicher wie der für gefährliches Autofahren bei jungen Volljährigen:

- Die Jugendlichen möchten zeigen, dass sie nun keine Kinder mehr sind. Wie können sie das »besser« tun als mit Alkoholtrinken, das doch sonst nur den Erwachsenen vorbehalten ist? Ein Kind trinkt normaler Weise nicht, ein Jugendlicher schon.
- Bei fast allen gesellschaftlichen Festen ist Alkohol im Spiel. Warum sollten dann Jugendliche nicht mit dem gleichen Genussmittel »Alkohol«, das auch noch sehr leicht für sie erhältlich ist, ihre eigene Feier- und Partykultur entwickeln? Es ist oft nur ein sehr kleiner Schritt, dass sie dieses Genussmittel zum einzigen Inhalt ihrer Zusammenkünfte machen. Selbst auf dem größten Volksfest der Welt, dem Münchner Oktoberfest, scheint für viele Erwachsene ein Hauptgrund des Besuchs darin zu bestehen, sich dort mal so richtig »volllaufen« zu lassen. Gute Stimmung also nur durch starken Alkoholkonsum und mit einem Rausch?
- Da es keine vernünftigen Rituale zum Erwachsenwerden gibt, ja weil überhaupt kein Verständnis dafür vorhanden ist, dass es solcher Rituale überhaupt bedarf, um ins Erwachsensein zu gelangen, suchen unsere Jugendlichen instinktiv nach Möglichkeiten, ihr Heranwachsen auszudrücken, zu zeigen und zu beweisen. Dies geschieht häufig durch das Mittel »Alkohol«, das anscheinend so selbstverständlich zum Erwachsensein gehört. Damit glauben die Jugendlichen, dieses Vakuum an echten Übergangsritualen, das letztlich wir Erwachsenen ihnen bescheren, mit Alkoholexzessen ausfüllen zu können.

Zeitungsmeldungen

Zur Veranschaulichung dieser Überlegungen einige Zeitungsmeldungen der letzten Jahre:

(1) »Im siebten Alkoholiker-Himmel. Trinken bis zum Umfallen – die meisten jungen Deutschen halten das ›Koma-Saufen‹ für chic.«[28]
Hier wird die interessante Feststellung getroffen, dass »... exzessives Trinken als Trend nicht neu ist. Das Trinken-Üben gehöre hier zu Lande vielfach zum Erwachsenwerden – in einer Gesellschaft, in der Alkohol als Rauschmittel kulturell akzeptiert sei.«[29] Im Weiteren wird die These erhoben, dass das

»Trinken bis zum Umfallen« bei Jugendlichen gerade nicht als verwerflich oder eklig gelte, sondern sogar als chic. »Viele Bars und Kneipen schenken für ein Fixum so viele Drinks aus, wie man trinken kann, und der größte Held ist der, der am meisten schafft.«[30] In dem Artikel wird auch Frau Merfert-Diete von der Deutschen Hauptstelle für Suchtgefahren in Hamm zitiert: »›Früher wurde besonders auf Schützenfesten oder Maifeiern stark getrunken, heute trifft man sich jedes Wochenende auf einer Party, um das Sensationelle, das Unvorhergesehene eines gemeinsamen Trinkgelages auszukosten.‹«[31]

(2) »Jugend im Vollrausch. Bayerische Polizei beklagt starken Anstieg des Alkoholkonsums von Minderjährigen.«[32]
Dieser Zeitungsbericht, der sich auf Polizeiangaben im Freistaat beruft, zeigt konkrete Einzelfälle auf und warnt vor der alarmierenden Entwicklung, dass sich immer mehr Kinder und Jugendliche bis zur Besinnungslosigkeit betrinken. So seien selbst 13-Jährige mit mehr als zwei Promille Alkohol im Blut heute leider keine Ausnahme mehr. Es komme in Folge des Alkohols zu immer mehr Gewalttaten und Vandalismus. Herbert Baumann vom »Dezernat Prävention im bayrischen Landeskriminalamt« erklärt in dem Artikel den enormen Anstieg mit einem veränderten Konsumverhalten junger Leute: »›Jugendliche betrinken sich bereits mit dem Ziel, besinnungslos zu werden.‹«[33] Dafür macht er auch die Veranstalter von Partys verantwortlich, »... die damit werben, dass gegen einen festen Preis so viel getrunken werden dürfe, wie man wolle. Sie laden zu solchen Festen mit Begriffen wie ›Kübel-Saufen‹ oder ›Flatrate-Trinken‹ ein.«[34] Meiner Meinung nach zeigt gerade das letzte Beispiel, wie findige, aber unverantwortliche Geschäftsleute unsere bezüglich des Alkoholkonsums sehr liberale Gesetzeslage ausnutzen, um das natürliche Bedürfnis der Heranwachsenden nach Initiation zu bedienen. Die Jugendlichen wollen eben zeigen, was sie können, was sie drauf haben, wozu sie in der Lage sind oder was sie aushalten. Und da bietet sich natürlich die gesellschaftlich weit verbreitete Droge »Alkohol« an.

(3) »›Ich dachte: Jetzt bist du tot‹. Steffi ist 14 Jahre alt und trinkt seit einem Jahr regelmäßig Alkohol – bis sie bewusstlos ins Schwabinger Krankenhaus gebracht wird.«[35]

Eine 14-jährige Münchner Gymnasiastin berichtet, warum sie sich lange Zeit eine Party ohne Alkohol gar nicht vorstellen konnte. Sie erzählt, dass es für sie und ihre gleichaltrigen Freunde letztlich kein Problem sei, auch an harte Sachen wie an den hochprozentigen brasilianischen Schnaps »Pitu« heranzukommen. Bei einer ganz »normalen« spontanen Party mitten am Nachmittag wurde sie bewusstlos und wurde dann mit Unterkühlung ins Krankenhaus eingeliefert.[36]

Hoffentlich hat sie daraus für ihr Leben gelernt. Ihr Beispiel zeigt für mich die Unbekümmertheit, die in weiten Teilen unserer Gesellschaft bezüglich des Alkoholgenusses von Jugendlichen herrscht. Gleichzeitig hatte in der Clique von Steffi der Alkohol zumindest einen pseudo-initiatorischen Charakter: Mit dem Alkoholkonsum können und wollen Jugendliche schon im Alter von 13 Jahren zeigen, wie »groß« und wie »erwachsen« sie sind. Was früher die Kippe war, ist heute anscheinend um so mehr der Alkohol, um in der Clique und im eigenen Bewusstsein als »in«, »chic« oder »cool« zu gelten und um dazugehören zu können.

(4) Mit einem letzten Beispiel möchte ich die Veranschaulichung meiner These »Initiationswunsch durch Alkoholmissbrauch« abrunden:

»Einmal zahlen, beliebig trinken. Auch Münchner Clubs bieten eine Alkohol-Flatrate.«[37]

Der Artikel befasst sich näher mit einigen Großlokalen (Discos) in München. Was da an einem Samstag abläuft, ist für mich im Grunde ein – gesellschaftlich akzeptierter – Wahnsinn. Und dies alles im rechtlichen Bereich. Ab 22 Uhr gibt es sogenannte Flatrate-Partys, es werden – nach Kontrolle des Personalausweises – nur Volljährige, somit gesetzlich gesehen Erwachsene, hereingelassen. Mit einem Eintritt von etwa 17 Euro kann man sich den ganzen Abend den Becher nachfüllen lassen. Einer der in dem Artikel befragten Jugendlichen, der bekennt, auch mit 17 Jahren schon da gewesen zu sein, erklärt freimütig, dass man hier nur zum Trinken hinkomme – in einen reinen »Saufschuppen« also. Weiter unten in dem Bericht heißt es dann: »Draußen an der frischen Luft steht der Krankenwagen. Es ist halb zwei. Die beiden Sanitäter haben sich von drinnen eine Cola und etwas zu lesen geholt. Noch ist ihr Einsatz nicht gefordert. Der Fahrer sagt: ›Etwa zehnmal pro Nacht werden wir gerufen, meist wegen Alkohol.‹ Ein paar Meter weiter steht ein Einsatzwagen der Polizei. Die beiden Beamten betrachten das Treiben vor der Disco. ›Ungefähr zwei bis dreimal pro Nacht gibt es hier eine Schlägerei.‹ Noch ist es aber ruhig an diesem Abend.«[38] Dieser Bericht erscheint auf den ersten Blick ganz normal. Aber ist es nicht grotesk, dass in solchen Lokalen Samstag für Samstag unter der Aufsicht von Sanitätern und Polizei ganz legal ein kollektives Besäufnis ablaufen kann, das den Veranstaltern anscheinend den erwünschten Gewinn einfährt?[39]

Soweit zu den fast schon beliebig herausgegriffenen Beispielen über den Alkoholmissbrauch bei Jugendlichen und – rechtlich gesehen – jungen Erwachsenen. Wiederum geht es mir dabei nicht darum, einfach nur zu lamentieren, zu jammern oder unsere heutige Jugend wegen der Alkoholexzesse pauschal anzuprangern, obwohl ich den zunehmenden Alkoholmissbrauch mit großer Sorge betrachte. Mich interessiert vielmehr das »Warum« dieses Verhaltens und ich frage nach den Ursachen dafür. Und diese liegen bei Jugendlichen wohl in erster Linie nicht wie bei vielen Erwachsenen in einem reinen »Alkoholgenuss«, denn dann müssten sich die Heranwachsenden ja mit einer oder zwei Flaschen Bier begnügen. Nein, es geht den Jugendlichen im Grunde – und das ist ihnen selbst meist nicht bewusst – wieder um ein initiatorisches Moment. Daher »müssen« sie kräftig zulangen, damit es als solches auch vor den Cliquenmitgliedern und den Erwachsenen wirksam und sichtbar werden kann. Das Tragische daran ist aber, dass »... der Alkohol seine zerstörerische Wirkung bei einem noch nicht ausgewachsenen Körper um so brutaler entfaltet«.[40] Zur gleichen Problematik meint der Münchner Suchtexperte Frederik Kronthaler: »... und aktuell ist die direkte Schädigung des Gehirns, das ist das Gefährliche. Das Alter, in dem Kinder oder Jugendliche erstmals Alkohol konsumieren, sinkt stetig. Das verändert die Synapsenverschaltungen und ist irreperabel. Deshalb ist Komasaufen so gefährlich – neben Unfällen, die passieren oder Vergewaltigungen, die vielleicht nicht passiert wären, wenn das Mädchen nicht besoffen gewesen wäre.«[41]

Bei aller Aufregung über das »Komasaufen«, bei aller notwendigen und unablässigen Bemühung von Seiten des Gesetzgebers, von der auch der eingangs zitierte Drogenbericht erzählt, wird der Kern des Problems nicht wirklich erkannt: Jugendliche wollen initiiert werden! Da wir ihnen als Gesellschaft keine geeigneten Rituale zur Verfügung stellen, um ihnen den Übergang ins Erwachsensein zu gewährleisten und zu erleichtern, ist es, zumindest bei einem Teil der Jugendlichen, eine schon fast natürliche Folge, dass sie saufen – sozusagen als Ersatzritual. Der Wunsch nach Initiation tritt aber nicht erst plötzlich mit 18 Jahren auf, sondern bereits stufenweise mit Eintritt in die Pubertät; daher bräuchte es schon in diesem Alter geeignete Rituale, um die Jugendlichen schrittweise zum Erwachsenwerden hinzuführen. Da es aber für den eigentlichen Übergang ins Erwachsenenalter, etwa mit 18 Jahren, außer der Miniprüfung »Führerschein« kaum geeignete Rituale gibt, können bereits 14-Jährige nicht mehr erkennen, was denn das Besondere des Erwachsenseins, auf das sie zustreben, sein soll – außer dass dann viel mehr erlaubt ist als jetzt.

Gerade das Fehlen von geeigneten Ritualen für 17- oder 18-Jährige kann also schon für 13-Jährige eine Orientierungslosigkeit bewirken, die sich vor allem in Alkoholexzessen ausdrückt und entlädt. Man kann darin auch die Rebellion gegen einen Zustand in unserer Gesellschaft erkennen, der die soeben in die Pubertät gekommenen Jugendlichen erfasst, ja erfassen muss. Sie spüren instinktiv, dass in unserer Gesellschaft diesbezüglich ein großer Mangel herrscht, weil eben geeignete Rituale fehlen. Die Jugendlichen bräuchten etwas, das sie bei ihrem mit der Pubertät einsetzenden Prozess der Persönlichkeitsentwicklung und des Erwachsenwerdens unterstützen und begleiten könnte; etwas, das ihnen Orientierung und Sicherheit für diesen Übergangsprozess geben könnte.

Hierin liegt aus meiner Sicht – neben dem vordergründigen Wunsch, damit das Ende ihres Kindseins auszudrücken – eine der wirklichen und tieferen Ursachen für den Alkoholmissbrauch von Jugendlichen. Sie fühlen sich von uns Erwachsenen bei einem so wichtigen Übergang – von der Pubertät ins Erwachsensein – alleingelassen. Während gefährliche Autofahrten in erster Linie Jugendliche auf dem Land betreffen, ist das Phänomen des »Komasaufens« gleichermaßen zu einer Plage in Stadt und Land geworden.

Weitere missglückte Initiationsversuche

Mit meinen exemplarischen Ausführungen über Autorennen und »Komasaufen« habe ich versucht, den Hintergrund dieser Phänomene aufzuzeigen – nämlich den Wunsch, durch diese selbst gewählten »Taten« in den Lebensabschnitt des Erwachsenseins zu gelangen. Ich möchte daher eher von »Anti-Ritualen« oder »missglückten Initiationsritualen« sprechen. Leider haben diese Versuche für manche Jugendliche fatale und bleibende Folgen. Einige bezahlen diesen Wunsch nach Initiation sogar mit ihrem Leben oder mit einer dauerhaften Behinderung oder Schädigung ihrer Gesundheit; oder sie werden straffällig, z. B. weil in ihrer Clique verlangt wurde, eine kriminelle Handlung als Mutprobe zu begehen, um dazugehören zu können. Auch dann haben sie einen sehr hohen Preis für ihre Initiation bezahlt und bekommen möglicherweise keinen Arbeitsplatz, weil sie vorbestraft sind.

Es gibt noch eine Reihe anderer Phänomene in unserem Kulturkreis, die auf den ersten Blick unverständlich, als Plage unserer Zeit, als Schattenseite unserer Leistungs-, Konsum- und Technologiegesellschaft, als negativer Zeitgeist oder als seltsame Modeerscheinung gelten. Betrachtet man diese Verhaltensweisen von Jugendlichen und von (jungen) Erwachsenen jedoch wiederum unter dem Thema »Initiationswunsch« oder als »Initiationsversuche«, so wird vieles sofort klarer. Exemplarisch möchte ich daher im Folgenden noch einige weitere solcher Phänomene herausgreifen, die unter diesem Gesichtspunkt verständlicher werden können. Außerdem bietet eine solche Analyse die Möglichkeit, die eigentlichen und tieferen Ursachen dafür zu erkennen. Dann erst können auch wirksame Gegenmaßnahmen ergriffen werden.

S-Bahn-Unfälle

Zeitungsmeldungen

Im Mai 2007 ereignete sich in der Nähe von München ein sehr tragischer Unfall. Hier die entsprechende Zeitungsmeldung:
»Sonntagnacht am Bahnhof Maisach: S-Bahn-Kletterer stirbt an Stromschlag. Polizeisprecher: 16-jähriger Volksfestbesucher wollte

sich die einstündige Wartezeit auf den Bus verkürzen.«[42] Vier junge Burschen gingen um Mitternacht vom Volksfest zum S-Bahnhof. Um die Wartezeit bis zur Abfahrt des nächsten Busses zu überbrücken, stiegen zwei der Jungen auf das Dach der in der Nähe abgestellten S-Bahn und liefen dort herum. Plötzlich gab es einen lauten Knall und eine Stichflamme. Möglicherweise war ein Blitz von der 15.000-Volt-Oberleitung auf einen der beiden jungen Männer übergesprungen und hatte ihm einen tödlichen Stromschlag versetzt. Es ist nicht bekannt, ob auch noch Alkohol bei diesem jugendlichen Leichtsinn im Spiel war. Was hat die Jungen dazu getrieben, auf die S-Bahn zu steigen? Wollten sie ihren Mut, ihre Kraft und Geschicklichkeit damit vor den anderen Jungen beweisen? War es Übermut, gestaute Kraft? Oder lag es eher daran, dass die Jugendlichen einfach spontan handelten, um die Zeit totzuschlagen, ohne über ihr Tun nachzudenken oder sich auch nur im Geringsten der Gefahr bewusst zu sein?[43]

Ein fast identischer Unfall passierte knapp vier Jahre später auf dem S-Bahnhof Feldkirchen bei München. Dabei kletterte der 17-jährige Tizian nach einer Party kurz vor Mitternacht am Karsamstag aus Übermut auf einen abgestellten Kesselwagen. Die Spannung aus der Oberleitung tötete ihn, als plötzlich ein Lichtbogen mit einem lauten Knall übersprang. »Tizian stirbt bei Mutprobe ... Flammen schießen an ihm empor. Als lebende Fackel steht Tizian R. auf dem Güterzug. Seine Freunde am Bahnsteig schreien entsetzt. Vor ihren Augen bricht der 17-Jährige leblos zusammen.«[44]

An dieser Stelle könnten natürlich auch Unfälle angeführt werden, die bei sehr fragwürdigen Mutproben von Jugendlichen im Zusammenhang mit S- und U-Bahn passieren: dem sogenannten »S-Bahn-Surfen« oder beim nächtlichen Sprayen in Bahnhöfen. Ich möchte aber in diesem Zusammenhang noch auf ein weiteres Phänomen aufmerksam machen, bei dem auf den ersten Blick der Zusammenhang zum Thema »Initiation« gar nicht klar ist. Dazu kann die folgende Zeitungsmeldung dienen, worin es wiederum um Unfälle im Münchner S-Bahn-Bereich geht:

»Zwei schwere Unfälle auf S-Bahn-Gleisen.«[45] Diesmal ging es »nur« mit schweren Verletzungen ab: »Am Samstag Morgen gegen 4.30 Uhr marschierte ein unter Alkoholeinfluss stehender 23-Jähriger auf den Gleisen am Schatzbogen in Richtung Ebersberg. In der Nähe des Truderinger S-Bahnhofs wurde er von einem Güterzug überholt, was ihn offenbar derart erschreckte, dass er aus dem Gleichgewicht geriet und stürzte. Er fiel dabei so unglücklich auf eine Weiche, dass er sich beide Arme brach und sich außerdem Schnittverletzungen zuzog. Der Schwerverletzte wurde in eine Münchner Klinik gebracht.«[46]

Was in ländlichen Gebieten wie in Ostbayern die gefährlichen Autofahrten als Freizeitevents darstellen, »liefert« – ironisch gesagt – im Münchner Großraum das S-Bahnnetz: In beiden Fällen geht es um unüberlegtes, unvorsichtiges, ja grob fahrlässiges Verhalten von jungen Menschen und dies meist auch noch unter Alkoholeinfluss. Wollen die Jugendlichen damit demonstrieren, dass sie jetzt frei sind und das tun dürfen, wozu sie gerade Lust haben? Dagegen wäre ja nichts einzuwenden, aber etwas ist dabei sehr auffällig: Es fehlt ihnen offensichtlich an Verantwortungsbewusstsein.

Die obige Zeitungsmeldung vermittelt etwas von der bisweilen vorherrschenden Ziellosigkeit heutiger Jugendlicher, gerade so, als ob ihnen alles egal sei auf der Welt. Unfälle können viele verschiedene Ursachen haben. Und natürlich kann man unterschiedliche Gründe dafür aus soziologischer Sicht suchen, warum sich Jugendliche öfter so seltsam unbeteiligt, passiv und »weggetreten« verhalten. Dennoch glaube ich, dass auch in obigem Fall (S-Bahn-Unfall bei Trudering) die eigentliche Ursache im Fehlen von geeigneten Übergangsritualen zu suchen ist.

Vor einem initiatorischen Hintergrund aus betrachtet sehen viele Jugendliche und bereits Volljährige nämlich oft keine Ziele, die sie für ihr Leben anstreben könnten. Sie wollen zwar ganz schnell volljährig sein, sie können das Lebensgefühl des »Erwachsenseins« aber noch nicht wirklich in sich spüren oder auch nur ansatzweise erkennen. Daher lassen sie sich manchmal einfach gehen – wie offensichtlich das obige Beispiel zeigt. Vielleicht hat es – wiederum etwas ironisch gesehen – diesen Vorfall gebraucht, damit der junge Mann in seinem und für sein Leben endlich aufwachen kann – durch Schmerzen, durch Verletzungen, durch ein »wahres« Event in seinem Leben. Dann hätte der Unsinn seines fahrlässigen Verhaltens langfristig und indirekt vielleicht doch noch einen tieferen Sinn gehabt.

Die zweite Meldung im gleichen Zeitungsbericht scheint diese Überlegungen zu bestätigen: »Am späten Samstagabend gegen 23.45 Uhr lief ein 18-Jähriger ... am Bahnhof Altenerding über die

Gleise. Auf die Warnungen mehrerer wartender Fahrgäste reagierte er offenbar nicht. Sie konnten ihn jedenfalls nicht von seinem Vorhaben abbringen, weiter auf den Gleisen zu marschieren. Das Gleis in Richtung München hatte er bereits passiert, als er die aus der Gegenrichtung einfahrende S-Bahn übersah ... Möglicherweise hatte der 18-Jährige den einfahrenden Zug nicht gehört, an der Unfallstelle selbst wurde jedenfalls ein MP3-Player gefunden. Der junge Mann verlor bei dem Unfall ein Bein und zog sich gefährliche Schädelverletzungen zu ...«[47]

Der bereits volljährige junge Mann muss von Glück reden, dass er überhaupt überlebt hat, denn die S-Bahn schleifte ihn ungefähr 30 Meter weit mit, bevor sie zum Stehen kam. Aus welcher Stimmungslage heraus lief er derart ahnungslos und grob fahrlässig auf den Gleisen herum? Er hat es mit der Amputation eines Beines bezahlen müssen – ein irreversibler Vorgang und ein unwiederbringlicher tragischer Verlust für ihn. Er wird wohl diesen Abend nie mehr vergessen und er wird Zeit seines Lebens an seine Unvorsichtigkeit erinnert werden. Braucht es aber erst so einen Vorfall und all die physischen und psychischen Schmerzen, um wirklich erwachsen werden zu können? Anscheinend war es für diesen jungen Mann so, der rein rechtlich bereits ein »Erwachsener« war – einfach aufgrund seines Alters. Aber vermutlich hat er davon nichts gespürt, außer dass er um Mitternacht allein auf S-Bahn-Gleisen herumlaufen konnte, ohne noch irgendjemanden deswegen um Erlaubnis fragen zu müssen. War diese Art von Freiheit der psychologische Gewinn für ihn? Welch eine Tragik, welch eine Sinnlosigkeit – und welch ein hoher Preis!

Bezug zum Initiationsgedanken

Diese Beispiele könnten beständig fortgeschrieben werden. Sie zeigen nach meiner Meinung auf erschreckende Weise das Fehlen von Initiationsritualen, also von geeigneten anderweitigen Prüfungen, die die erwachsene Gesellschaft den sich gerade im Übergang zum Erwachsensein befindlichen Jugendlichen anbieten müsste. Warum geschieht dies nicht schon längst? Liegt es daran, dass sich die Erwachsenen selbst nicht oder nur unzureichend der Notwendigkeit der Initiation bewusst sind oder selbst solche Rituale oder Prüfungen nie erlebt haben? Es gibt ein Heer von Soziologen, Sozialpädagogen, Lehrern und Psychologen, die berufsmäßig mit Jugendlichen zu tun haben, auch und gerade dann, wenn es ums Erwachsenwerden geht. Warum werden gerade von ihnen noch immer keine für unsere Gesellschaft passenden Prüfungen und Rituale entwickelt und angeboten, mit denen die Jugendlichen ihr Erwachsenwerden erleben, zeigen und »beweisen« könnten?

Es ist bereits »fünf vor zwölf« in dieser Frage. Denn wenn wir als Erwachsene den jungen Leuten, die ja in nicht allzu ferner Zukunft selbst die Verantwortlichen, die Leistungsträger, sowie Mütter und Väter in unserer Gesellschaft sein werden, keine geeigneten »Mittel und Wege« anbieten, wie sie am ehesten in den Lebensabschnitt des Erwachsenseins kommen können, dann dauert es manchmal sehr lange, bis sie durch das Leben selbst initiiert werden, also bis sie ihre Einweihung für diesen bei vielen Urvölkern heiligen Zustand des »Erwachsenseins« erhalten können. Und oftmals sind die Folgen und Verwerfungen schrecklich, die mit einer solchen Lebens-Selbst-Initiation verbunden sind, wie obige Beispiele exemplarisch zeigen wollen.

Warum dieser für unsere Gesellschaft so kostspielige, ja luxuriöse Umweg, mit für die einzelnen Betroffenen manchmal derart schmerzlichen und irreversiblen Folgen? Wie lange wollen wir diesen Mangel an Bewusstsein und dieses Fehlen an geeigneten Initiationsprüfungen denn noch hinnehmen? Was muss unseren Kindern und Jugendlichen – unser größtes und wertvollstes Potential für die Zukunft – denn noch alles passieren, bis wir als Gesellschaft aufwachen und umdenken? Wie lange wollen wir unsere Jungen bei ihrer Suche nach Orientierung, bei ihrer Persönlichkeitsentwicklung und vor allem bei ihrem notwendigen Übergang ins Erwachsensein denn noch sich selbst überlassen? Dies erscheint mir höchst unverantwortlich, unproduktiv und letztlich unmenschlich.

An dieser Stelle muss darauf hingewiesen werden, dass in unserer Gesellschaft eine große Zahl von Jugendlichen dennoch wirklich erwachsen wird, ohne besondere offizielle Rituale vollführt oder Extraprüfungen dafür absolviert zu haben. Ich möchte diesen eher unbewussten, aber durchaus effektiven Vorgang hiermit als eine Art »stille Initiation« bezeichnen. Das Erwachsenwerden geschieht in diesem Fall durch eine Reihe von geglückten, vielleicht auch manchmal schmerzlichen Erfahrungen, die aber vor dem Hintergrund von Urvertrauen und in einer familiären Atmosphäre der Zuwendung und des Verständnisses gemacht und so durchaus verarbeitet werden können. Vielleicht sind einfach die Bahnen für die Persönlichkeitsentwicklung und für das eigene Erwachsenwerden in einer intakten Familie bereits auf sehr positive Weise vorgespurt, so dass der junge Mensch Schritt für Schritt und auf natürliche Weise in sein Erwachsensein gelangen kann. Eine Sicherheit gibt es aber selbst in diesem Fall nicht, vielleicht aber eine gewisse Wahrscheinlichkeit dafür. Möglicherweise haben 30 bis 40 Prozent unserer Jugendlichen das Glück, auf diese eher unspektakuläre Weise erwachsen zu werden. Dieser Prozess kann bei dieser Gruppe junger Menschen aber ebenfalls sehr lange dauern, weil er in der Regel nicht ritualisiert ist.

Andererseits möchte unsere Leistungsgesellschaft sehr schnell gut funktionierende Erwachsene haben, die in ihrem Leben stabil und für die Firmen sehr flexibel sein sollen, ohne aber die Jugendlichen auf genau diese Lebensphase einzustimmen. Vorbereitet dafür werden die Jugendlichen fast ausschließlich durch Schulbildung. Diese ist wichtig, deckt aber höchstens einen eher kleineren Teil des Erwachsenwerdens ab, manchmal gar keinen. Der zum Erwachsensein so notwendige und wichtige Übergang wird bisher von Gesellschaft, Politik, Industrie und auch Schule weder thematisiert noch durch die notwendigen und passenden Rituale unterstützt. Das Erschreckende daran ist nach meiner Meinung, dass entweder überhaupt kein Verständnis für die Notwendigkeit eines solchen Schrittes vorhanden ist oder dass dieser zur reinen Privatsache erklärt und bereits vorausgesetzt wird. Wo und wie aber soll dieser Übergang dann erfolgen?

Drogensucht

Drogen – wozu?

Es gibt noch weitere Phänomene, die Ausdruck für die schwierige Situation der heutigen Jugendlichen sind. Vordergründig kann man darin die unvermeidbaren Schattenseiten unserer Leistungsgesellschaft erkennen, gegen die die Jugendlichen durch ihr Verhalten rebellieren oder der sie sich zu entziehen versuchen. Drei dieser Phänomene möchte ich im Folgenden noch eher plakativ ansprechen, um ein mehr abgerundetes Bild zu bekommen: Drogen, Gewalt von Jugendlichen und Computersucht. Die Ursachen dafür sind aber letztlich ebenfalls in dem Mangel an Initiation zu suchen.

Warum greifen heutige Jugendliche zu Drogen? Dies ist nicht neu, in der Hippie-Zeit der späten sechziger und siebziger Jahre wurden sie modern und gesellschaftsfähig. Auch wenn heute weniger als früher darüber geredet und berichtet wird, so ist das Problem weiterhin aktuell. Viele Umfragen wurden und werden angestellt, Bücher geschrieben und Beratungsstellen dazu eingerichtet. Im Grunde gelten dabei ähnliche Motive wie beim »Komasaufen«: Es geht um Abgrenzung von den Erwachsenen, um den Wunsch, die Regeln der Erwachsenen zu brechen und Verbotenes zu tun – oder der Drogenkonsum geschieht aus Neugierde, um das auszuprobieren, wovor Erwachsene warnen; vielleicht handelt es sich auch um eine Modeerscheinung, um bei gewissen Cliquen dazugehören zu können; oder er dient dazu, sich für einen Abend in eine andere Welt »wegzubeamen«, in der es keine Leistungsanforderungen und Probleme mehr gibt.

In einigen indigenen Kulturen wurden die jugendlichen Initianden unter Anleitung der Medizinmänner und Ältesten auch in den Gebrauch von Drogen eingeführt. Besonders bei dem Ritual der Visionssuche oder zur Vorbereitung darauf gaben Initiationsmentoren ihren Jugendlichen die in der jeweiligen Stammesgesellschaft bekannten und erprobten Pflanzen mit bewusstseinserweiternder Wirkung: Die Jugendlichen sollten bei ihrem Initiationsritus ein »Gesicht« sehen, ihre tiefe Berufung erkennen, Kontakt zu den Ahnen aufnehmen oder wichtige spirituelle Botschaften für die Erhaltung ihres Stammes bekommen. Unter Aufsicht der Ältesten und zu heiligen rituellen Zwecken durften und sollten die Initianden die Wirkung und Kraft von Drogen aus dem »Garten Natur« kennenlernen. Wie weit sind wir als Gesellschaft heute doch von solchen heiligen Zeremonien entfernt und wie missbräuchlich muss die Verwendung von Drogen in unserer Industriegesellschaft im Vergleich zum ursprünglichen Gebrauch erscheinen.

Wozu dienen heute Drogen, besonders bei jugendlichen Konsumenten? Neben den bereits erwähnten Motiven der Neugier oder dem Wunsch, eine Gegenwelt zur Erwachsenengesellschaft zu erleben und aufzubauen, kann bei manchen Jugendlichen unbewusst genau der Grund dahinterliegen, der auch bei den Initiationsriten indigener Völker eine Rolle spielt: Jugendliche suchen gerade an der Schwelle zum Erwachsenwerden und zum eigenen Leben nach einem tieferen Sinn, nach Spiritualität, nach einem Gefühl von All-Einheit, nach Bewusstseinserweiterung. Da aber in unserem Kulturkreis sowohl wirkliche Initiationsrituale fehlen als auch der damit vielleicht verbundene tiefere und heilige Sinn von Drogen komplett verloren gegangen ist, endet deren Konsum im schlimmsten Fall in Abhängigkeit – die Initiation ist damit völlig missglückt. Nicht selten gehen Jugendliche bei dieser Art von »Selbst-Initiation« auf Dauer verloren. Sie werden zu dahinvegetierenden Menschen, die nur noch ihren Stoff im Kopf und in ihren Körperzellen haben und die Rückkehr in die Gesellschaft ebenso wenig wie das Erwachsenwerden selbst schaffen, zu welchem sie ja ursprünglich vielleicht instinktiv mit ihrem Drogenkonsum aufgebrochen sind. Diese »Heldenreisen« sind dann leider nicht selten auf Dauer missglückt und dem Untergang geweiht.

Ein konkreter Drogenfall

Dazu ein konkreter Fall einer jungen Frau, die mir persönlich bekannt ist. Wie viele andere pubertierende Jugendliche wollte sie ihren eigenen Weg finden, sich von den Eltern bewusst abgrenzen und ihre ganz eigenen Erfahrungen machen. Sie war in eine Gruppe von Freunden eingebunden, in der übertriebener Alkoholgenuss und die damit verbundenen Exzesse als »proletenhaft« und Betrunkene als »peinlich« angesehen wurden. Die Clique begann stattdessen, sich für die Rauschgift-Szene zu interessieren. Einige Freunde experimentierten mit verschiedenen, auch härteren Drogen, die junge Frau beschloss aber, »nur« Cannabis zu konsumieren, da sie von dessen bewusstseinserweiternder Wirkung fasziniert war, gleichzeitig aber hautnah mitbekam, wie einige ihrer Freunde durch die Einnahme härterer Drogen in teilweise lebensbedrohliche Situationen gerieten. Von ihren Eltern, die natürlich vom Verhalten ihrer Tochter entsetzt waren und Rauschgiftkonsum in ihrem Haus strikt verboten, grenzte sie sich dadurch ab, dass sie, sobald sie volljährig war, in eine eigene Wohnung zog.

Man kann natürlich im Nachhinein nicht genau sagen, inwieweit sich der Cannabis-Konsum direkt auf die schulischen Leistungen auswirkte und ich möchte mich hier nur an die Fakten halten.

Sie musste das Gymnasium abbrechen, schaffte dann allerdings trotz weiteren Cannabis-Konsums die Fachoberschule mit einem durchaus passablen Abschluss. Dies gelang ihr jedoch auch deshalb, weil sie dort auf gnädige Lehrer traf, die ihr nicht die letzte Chance auf einen ordentlichen Schulabschluss verbauen wollten, als sie bei einer Klassenfahrt mit Cannabis erwischt wurde.

Mit 23 Jahren beschloss die junge Frau von einem Tag auf den anderen, mit dem Cannabis-Rauchen aufzuhören. Wohl als Folge des plötzlichen Entzugs erlitt sie einen körperlichen Zusammenbruch mit Bewusstlosigkeit, der äußerlich in etwa einem epileptischen Anfall glich. Der Körper verlangte seinen Tribut für die jahrelange Belastung durch den Drogenmissbrauch. Da sie den Ärzten nichts von ihrem Drogenentzug erzählen wollte, wurde sie wegen des Verdachtes auf eine Epilepsie-Erkrankung ein Jahr lang medizinisch beobachtet und ihr wurde geraten, in dieser Zeit nicht selbst Auto zu fahren, da sie bei einem Unfall ihren Versicherungsschutz riskiert hätte. Glücklicherweise blieb es aber bis jetzt bei diesem einmaligen körperlichen Zusammenbruch.

Völlig unerwartet bekam sie aber fast gleichzeitig auch noch Probleme von einer ganz anderen Seite her: Ein Rauschgift-Dealer aus der lokalen Szene hatte, motiviert durch die ihm angebotene Kronzeugen-Regelung, die Namen seiner Kunden an die Justiz preisgegeben und sie, um seine eigene Schuld zu vermindern, teilweise um einiges mehr belastet, als es den Tatsachen entsprach. Für die junge Frau bedeutete das eine unangenehme Wohnungsdurchsuchung, bei der allerdings nichts gefunden wurde, denn sie hatte ja kurz vorher mit dem Kiffen aufgehört. Trotzdem wurde sie aufgrund der (Falsch-)Aussagen anderer verurteilt. Da sie großes Glück hatte und auf milde Richter traf, kam sie mit einer Jugendstrafe auf Bewährung davon, so dass ihr ein Eintrag im polizeilichen Führungszeugnis erspart blieb. Bei Polizei-Kontrollen muss sie aber nun noch für einige Jahre mit unangenehmen und demütigenden Überprüfungen und Durchsuchungen rechnen. Auch der Besitz des Führerscheins war zwischenzeitlich gefährdet. Sie unterzog sich daraufhin regelmäßig freiwilligen Drogenkontrollen, um die von den Behörden ansonsten geforderte amtliche, medizinisch-psychologische Untersuchung zu vermeiden.

Durch all diese Ereignisse setzte ein Prozess des Nachdenkens über ihr bisheriges Leben ein. Ihr Freund, der selbst nie etwas mit

Drogen zu tun gehabt hatte, stand während dieser harten Zeit fest zu ihr, was eine große Hilfe für sie war. Jetzt – mit 26 Jahren – hat sie die ersten drei Semester ihres Studiums erfolgreich absolviert, sie weiß nun, was sie will und geht entschieden ihren Weg.

Wenn sie auf ihre Drogenzeit zurückblickt, fällt ihr eine radikale Selbstkritik noch schwer. Sie ist aber der Meinung, dass sie den Cannabis-Konsum auf jeden Fall sehr übertrieben hat und dass sie ohne diese Erfahrung in ihrer Ausbildung schon um einiges weiter wäre. Sie denkt aber auch, dass dieser harte Weg wohl zur Selbstfindung für sie notwendig war.

Bezug zum Initiationsgedanken

Damit sind wir wieder beim Grundthema dieses Buches angelangt: Weil unsere Gesellschaft anscheinend nichts an Ritualen und Prüfungen zu bieten hat, in denen das Heldentum – diese Sehnsucht nach dem Wunderbaren, Tiefen, Heiligen und Berühmten – sowie die Kraft, die Opferbereitschaft, der Mut und der Elan der heranwachsenden Männer und Frauen ernst genommen und kanalisiert wird, suchen diese nach einem Ersatz. Und dieser war im vorliegenden Fall die Welt der Drogen, die anscheinend vieles von all dem verheißen hat. Im Grunde genommen liegt also oft das tiefe Bedürfnis nach Initiation dahinter, wenn junge Menschen zu Drogen greifen, auch wenn ihnen diese Motivation meist nicht bewusst ist. Sie ist ja selbst den Erwachsenen und den Verantwortlichen unserer Gesellschaft bisher nicht wirklich klar.

Welch eine Verschwendung jugendlichen Potentials und gesellschaftlicher Ressourcen! Denn im Wunsch nach Initiation liegt eine sehr starke Kraft für unsere Gesellschaft. Hier zeigen sich das Leben und die Energien, die in unseren Jungen stecken, die immer wieder nachkommen und die Gesellschaft erneuern können, sollen und auch wollen. Welches Potential geht aber verloren, wenn die Gemeinschaft Menschen mit missglückten Initiationen, wie im obigen Fall geschildert, über viele Jahre tragen und stützen muss.

Vielleicht hat der lange Weg, den die junge Frau bisher gegangen ist, dazu beigetragen, dass sie ihre Initiation jetzt doch erlangt, weil sie nun durch das Leben selbst initiiert wird. Gerade durch die unangenehme Polizei- und Gerichtserfahrung hat sie ja erst die für sie so notwendigen Grenzen erhalten, die ihr die Eltern anscheinend nicht setzen und die ihr sogar die Misserfolge während ihrer Schullaufbahn nicht genügend vermitteln konnten. Denn zu einer echten Initiation gehören das Erleben und Erkennen von Grenzen, aber auch das Nachdenken über sich selbst, das Aufwachen für den eigenen Lebensweg, das Erkennen der Fähigkeiten für die Gemeinschaft und die Übernahme von Verantwortung für das eigene Leben unverzichtbar dazu. Wenn Rituale und Prüfungen in unserer Gesellschaft fehlen, die genau diese Prozesse in Gang setzen, begleiten und ermöglichen, dann dauert es – wie der vorliegende Fall zeigt – bisweilen sehr lange, bis ein Mensch »in die Puschen« kommt. Bei gar nicht so wenigen Jugendlichen geht dieser Prozess ganz ins Leere, entweder weil sie bei ihren selbst organisierten Initiationsversuchen zugrunde gehen oder weil sie aus diesem nicht geglückten Vorgang bleibende Schäden davontragen. Das Beispiel von Heroin-Junkies kann dies auf abschreckende Weise zeigen.

Es ist volkswirtschaftlich luxuriös und teuer und auch gesellschaftlich fatal und unverantwortlich, diesem so wichtigen Übergang vom Jugendlichen zum Erwachsenen so wenig Aufmerksamkeit zu schenken. Da wäre es doch eine wirklich kostengünstige Präventionsmaßnahme und ein entscheidender Beitrag für die Gesundheit und das Wohlbefinden der ganzen Gemeinschaft, wenn wir als Gesellschaft – so wie in den meisten indigenen Kulturen – unsere Energie und unser Bemühen genau dieser Aufgabe widmen würden: Jugendlichen bei ihrem Übergang ins Erwachsensein, also bei ihrer Initiation, beizustehen und diesen Übergang durch geeignete Prüfungen von Erwachsenenseite her zu organisieren.

Dazu müsste aber erst ein Bewusstsein für diesen eklatanten Mangel in unserem Kulturkreis entstehen, und es bräuchte zusätzlich noch die richtigen Initiationsmentoren, die diesen Dienst für die Initianden und für unsere Gemeinschaft leisten. Wer dieses Argument vorschnell vom Tisch wischen will, hat eines der Grundprobleme, an denen unserer Gesellschaft leidet und krankt, nicht erkannt. Und selbst wenn die Verantwortlichen aus Politik und Gesellschaft den tieferen Sinn und die letztlich spirituelle Bedeutung von Initiation nicht einsehen können oder wollen, so bleibt in Zeiten klammer Kassen immer noch das Kostenargument: Es wäre viel billiger und kostengünstiger, wenn wir die jungen Leute – zu passender Zeit – wirklich auf das Erwachsensein und auf die damit verbundene Übernahme von Verantwortung vorbereiten würden.

Der bewusste Übergang ins Erwachsensein findet in unserer Gesellschaft jedoch fast überhaupt nicht statt.

Dass viele junge Menschen aber dennoch richtig erwachsen werden, liegt an der Kraft ihrer Seele: Sie sucht sich instinktiv, den Jugendlichen selbst oft gar nicht bewusst, die Möglichkeiten einer Initiation; davon wird noch ausführlicher die Rede sein. Aber dieser Prozess wird von der Gesellschaft nicht begleitet, er wird vollkommen ins Private verlagert. Dabei gehört aber zu einer geglückten Initiation gerade das öffentliche Moment entscheidend dazu. Jugendliche müssen vor den Augen der ganzen Gemeinschaft, also vor Alt und Jung, in die Welt der Erwachsenen eingeführt werden.

Warum wird in unserer Gesellschaft beispielsweise eine Heirat, der Übergang vom Single-Dasein zur ehelichen Zweisamkeit, so selbstverständlich öffentlich und rituell gefeiert, die Initiation ins Erwachsensein aber dagegen kaum beachtet? Warum lassen wir Jugendliche einfach volljährig und damit rechtlich erwachsen werden, ohne diesen Persönlichkeitsschritt rituell und mit der nötigen Ernsthaftigkeit zu begehen? Wir haben dafür keine wirklich vergleichbaren, passenden und heiligen Rituale wie etwa bei einer Hochzeit. Es macht nicht viel Sinn, nur mit einer Party den 18. Geburtstag zu feiern und jemanden einfach aufgrund des Alters schon für erwachsen zu halten, ohne ihn durch eine geeignete Prüfung, auf die der junge Erwachsene dann wirklich stolz sein kann, in den neuen Lebensabschnitt einzuführen. Darüber soll in Band II (HR, Kapitel 7) ausführlich gesprochen werden. Doch zunächst soll ein weiteres Phänomen untersucht werden, das im Grunde wiederum das Fehlen einer geeigneten Initiation als Ursache hat.

Gewalt bei Jugendlichen

Zeitungsmeldungen

Die Phänomene Vandalismus und Schlägereien, kriminelle Handlungen, sogar Mord und Totschlag gehören zu den dunklen Seiten jeder Gesellschaft. Die Ursachen dafür sind vielfältig und liegen im Bereich grundsätzlicher anthropologischer und soziologischer Fragestellungen; diese zu erörtern würde den Rahmen dieses Buches bei weitem sprengen. Mir geht es hier ausschließlich und eher plakativ um den Aspekt der Jugendkriminalität in unserer Leistungsgesellschaft, vor allem um die zunehmende Gewaltbereitschaft von Jugendlichen. Einige lokale und überregionale Zeitungsmeldungen sollen wiederum vorangestellt werden:

»Nürnberg: Jugendbande verwüstet Bahnhöfe und Züge«[48]

Es wird berichtet, dass eine 13-köpfige Jugendbande im Großraum Nürnberg aus reiner Zerstörungswut monatelang Bahnhöfe und Züge verwüstet hat: 75 Fahrkartenautomaten und 26 Glasscheiben von Bahnwaggons wurden von den 12- bis 19-jährigen Jugendlichen demoliert, der Sachschaden beläuft sich auf 77.000 Euro.[49] Das ist purer Vandalismus. Vordergründig kann dies als Frust an der Gesellschaft oder als Entgleiten der Elternautorität gedeutet werden – damit ist aber im Grunde nichts wirklich erklärt. Was muss in den Mitgliedern der Jugendgang vorgegangen sein und warum war es bei der Bande »in«, sich mit Zerstörung und Sachbeschädigung zu brüsten? Vielleicht galt es als Ausdruck von Stärke, Gerissenheit und Mut, sich solchen Vandalismus überhaupt zu trauen. Möglicherweise diente diese Art von Gewalt dazu, die Eintrittskarte für die Mitgliedschaft zur Gruppe zu lösen. Solche Motive sind längst bekannt und sie werden womöglich auch in diesem Falle zutreffen. Mir fehlt aber wieder der tiefere Sinn dieses Verhaltens heutiger Jugendlicher. Warum tun sie so etwas?

Dazu möchte ich zuerst eine Geschichte erzählen, die mir ein Freund berichtet hat: In einem südafrikanischen Park für herrenlose und verwaiste Jungelefanten gab es großen Stress. Die zumeist männlichen Elefanten brüllten herum, zertrampelten Wiesen und Gebüsch, rissen Bäume aus und randalierten. Auch nach Wochen war ein Ende des seltsamen Verhaltens nicht abzusehen. Da entschlossen sich die verantwortlichen Wildhüter zu einem gewagten Schritt: Von einem entfernten Nationalpark ließen sie drei alte Elefanten herantransportieren und setzten sie in das Gehege der Jungelefanten. Schlagartig war es mit dem Vandalismus der Jungen vorbei. Friedlich grasten sie nun in der Savanne oder im Unterholz.

Was war passiert? Anscheinend waren die Jungelefanten die ganze Zeit mit Rivalitäten und dem Kampf um ihre Hackordnung beschäftigt. Dadurch war die große Gruppe ohne ältere Tiere einem permanenten Stress ausgesetzt. Dieser war aber wie weggeblasen, sobald es ältere Elefanten gab, die die notwendige Autorität hatten. Sofort kehrte Frieden in der Herde ein.

Der Vergleich mit der Jugendbande ist nicht zu leugnen: Viel aufstrebende und ungezügelte pubertäre Kraft ist in den jungen Leuten vorhanden gewesen, aber sie wussten anscheinend nicht wohin damit. Vielleicht hatten viele Bandenmitglieder auch den Wunsch, sich von ihren Eltern abzugrenzen und in der Clique neuen Halt, Geborgenheit und die Voraussetzungen für die Entwicklung eigener Werte und Ideen zu finden. Möglicherweise wollten die Jungen ihre Unabhängigkeit und ihr vermeintliches Großsein und Erwachsensein mit »großen« Taten beweisen. Dagegen wäre nichts einzuwenden, »Peergroups« sind sehr wichtig für die eigene Persönlichkeitsentwicklung. Aber der Übergang zum Erwachsensein kann ohne Aufsicht und Anleitung von Erwachsenen – den »Ältesten« – nicht wirklich geschehen. Dies zeigt das Verhalten dieser Gruppe. Die ganze Bande war dabei auf die schiefe Bahn geraten und ihr unbewusster Initiationversuch scheiterte. Vielleicht auch aufgrund der kriminellen Anlage ihrer Anführer, denn diese hatten – außer Rand und Band und als »Helden« verehrt – anscheinend jeden emotionalen Kontakt zu verantwortlichen Erwachsenen in ihrem persönlichen Umfeld verloren. Glücklicherweise war bei diesem Vandalismus »nur« Sachschaden entstanden.

Dies ist bei dem nächsten Bericht leider nicht der Fall. Hier verbinden sich Alkoholmissbrauch und Gewalt zu einer unheiligen Allianz:

»Alkoholexzesse und Gewalt auf Frühlingsfest. 22-Jähriger zusammengeschlagen / Skinheads verletzen Jugendlichen.«[50]

Darin berichtet die zuständige Polizeidienststelle, dass viele Jugendliche und junge Erwachsene schon betrunken zum Volksfest kommen und dort weitersaufen würden. Deshalb würde bei den Jugendlichen jegliche Hemmung fallen und das Aggressionsniveau sprunghaft ansteigen. Hier kommen anscheinend beide Phänomene zusammen, die für junge Leute eine große Rolle spielen: Alkohol und »Kraftmeierei«. Wenn eine gesunde Initiation nicht stattfindet, weil die entsprechenden herausfordernden Rituale von der Gemeinschaft nicht angeboten werden, kommt es zu Entgleisungen und Exzessen wie diesen und Frühlingsfeste müssen für Ersatz- und Pseudo-Initiationsrituale herhalten; sie bieten dafür den vermeintlich passenden Rahmen, in dem erlebt und gezeigt werden kann, wie stark man ist – durch unsinnigen und übertriebenen Alkoholgenuss und durch Gewalt an anderen.

Anscheinend gibt es gerade bei vielen Jungen die stillschweigende Übereinkunft, dass der um so stärker ist, der mehr Alkohol verträgt. Die Menge des getrunkenen Alkohols als Kraftmesser? Bei nicht wenigen Heranwachsenden hat der Alkohol die Wirkung, dass Hemmungen fallen und lang gestaute Aggressionen ungeschützt freigesetzt und selbst kleinste Provokationen schon als persönlicher Angriff empfunden werden. Manche Gruppen gehen nur deshalb auf so eine Veranstaltung, weil sie hoffen, dass es einen Anlass für eine kräftige Schlägerei gibt, in der sie Kraft, Mut, Gerissenheit und eine vermeintliche Schmerzbereitschaft beweisen können. Sie benutzen also das Volksfest, um ungeniert Schläge und Tritte austeilen zu können; oder sie nehmen es in Kauf, dabei einiges abzukriegen, um auch so ihren vermeintlichen Mut zu zeigen. Etwaige Blessuren, die sie von Schlägereien davongetragen haben, müssen offensichtlich als eine Art von »Initiationszeichen« herhalten. Zu dieser Thematik im weitesten Sinne sind wohl auch die Schlägereien von Hooligans im Umfeld von Fußballspielen oder die (absichtlichen?) Straßenschlachten von sogenannten »autonomen« Gruppierungen mit der Polizei oder mit Neonazis zu zählen.

Eine weitere Steigerung zeigt der folgende Artikel. Zwar waren es in diesem Falle Schweizer Jugendliche, aber es hätten genauso deutsche, französische oder englische Jungs sein können. Die Problematik ist im Grunde in allen europäischen Ländern ähnlich, weil auch die Ursachen die gleichen sind – die Nicht-Initiation der jungen Leute, vor allem der jungen Männer.

»Das hätte ein Genickbruch sein können. Gewaltexzess von Schweizer Schülern: Staatsanwalt wertet auch Angriff auf Opfer im Park als Mordversuch.«[51]

Die Gewalt, von der hier berichtet wird, kann nur noch erschrecken: Drei Jugendliche einer Berufsschule einer Schweizer Kleinstadt, die sich mit ihrer Klasse auf einer Abschlussfahrt in München befanden, hatten zunächst drei obdachlose Männer in einem Park beim Sendlinger Tor attackiert und zu Boden geschlagen. Einer der Jugendlichen trat einem möglicherweise bereits bewusstlos geschlagenen Mann mit Anlauf gegen den Kopf. Es war Glück, dass der Betroffene dies ohne schwere Verletzungen überlebt hat, er hätte dabei auch sterben können. Dann zogen die Jugendlichen, vermutlich betrunken und von einem Joint berauscht, weiter und schlugen einen 46-jährigen Versicherungskaufmann völlig grundlos zusammen. Er erlitt dabei schwerste Gesichtsverletzungen. In der Vernehmung nach der Tat begründete einer der drei Täter, damals 16 Jahre alt, das Schlägerverhalten damit, dass sie »... nur ein paar Leute wegklatschen ...«[52] wollten.

Bezug zum Initiationsgedanken

Was geht eigentlich in solchen Jugendlichen vor? Alkohol und Rauschgift erklären bei weitem nicht alles, sind aber sicher eine Art von Verstärker, der anscheinend jede noch vorhandene Gewalthemmung auflösen kann. Aber auch hier darf schon die Frage erlaubt sein, warum Jugendliche bei Klassenfahrten so leicht und ungeniert zum Alkohol greifen können. Bei den jungen Männern aus obigem Zeitungsbericht, die bereits vorbestraft waren, ist anscheinend sehr viel schiefgelaufen. Sie gehören zu der großen Gruppe von Jugendlichen, die das Leistungsideal unserer modernen – in diesem Fall der schweizerischen – Gesellschaft ablehnen und sich ihren Werten verweigern, aber sonst keine andere Orientierung haben und keinen andern Sinn für sich sehen können. Welchen Frust müssen sie offensichtlich ablassen, der sich in solchen Gewaltexzessen auf völlig Unbeteiligte entlädt, die das Pech haben, einfach zur falschen Zeit am falschen Ort zu sein? Jugendliche wie in dem geschilderten Fall sind – drastisch ausgedrückt – im Grunde wie potentielle »Bomben«, die nur noch die Zünder »Klassenfahrt« und »Alkohol« brauchen, um zu explodieren.

Was hat die Jungen aber zu solchen »Bomben« gemacht, was hat sie zu so gewaltbereiten jungen Menschen werden lassen? Da gibt es sicher viele Gründe, die aber ihr Verhalten in keiner Weise entschuldigen können. Ein Grund aber ist meiner Ansicht nach wiederum das Fehlen eines gesellschaftlichen Systems von Initiation, das um die Kraft und um die positiven Potentiale weiß, die die Pubertät freisetzen kann. Diese Energien müssen sofort aufgefangen und in die richtige Richtung gelenkt werden. Nur ein Initiationsritual mit 18 Jahren alleine ist sicher nicht die Lösung, wenn es nicht ein grundsätzliches Bewusstsein für die Notwendigkeit von Initiation überhaupt und über das Wissen von vielen kleineren und größeren Schritten zu diesem Ziel hin gibt.

Wie viele solcher gefährlichen »Zeitbomben« laufen eigentlich in Gestalt unserer Jugendlichen herum? Diese Frage hat sich auch im September 2009 wieder jäh gestellt: Zwei Jugendliche schlugen und traten mit furchtbarer Brutalität auf dem S-Bahnhof in München-Solln einen 50-jährigen Mann zu Tode, der sich schützend vor vier Kinder gestellt hatte, als sie von den Jugendlichen bedroht wurden. Und nur einige Tage später verletzte ein Schüler des Carolinen-Gymnasiums im bayerischen Ansbach bei seinem Amoklauf zehn Schüler und einen Lehrer zum Teil lebensgefährlich durch Molotowcocktails und mit einer Axt. Wieso? Was läuft da in den jungen Männern eigentlich ab?

Heribert Prantl von der Süddeutschen Zeitung versucht in seinem Kommentar »Der Held von Solln« darauf eine Antwort zu geben[53]. Sie kann nur sehr vorläufig ausfallen, weil nie ganz nachvollzogen werden kann, was in den Seelen und Gemütern dieser gewalttätigen jungen Männer wirklich vor sich geht:

»Tieferes Nachdenken stößt auf die horrende Jugendarbeitslosigkeit und auf eine gefährliche soziale und mediale Verwahrlosung junger Menschen. Schufterei in der Lohnarbeit war früher zugleich ein Prozess der Sozialisation. Die Aussichten darauf sind vielfach weggefallen; Kriminalität ist zum gemeingefährlichen Versuch alternativer Selbstbehauptung geworden. Und die Schule? ... sie muss ein Ort sein, an dem junge Menschen Anerkennung erfahren können, sie darf kein Ort von Missachtung und Ausgrenzung sein ... Die Schule soll die Schüler zu Team-Spielern erziehen, nicht zu Einzelkämpfern. Die schlimmste Form des Einzelkämpfertums erlebt die Gesellschaft, soeben wieder, im Schul-Attentäter. Ansbach, Winnenden, Erfurt: Solche Attentate sind Verbrechen und Hilfeschrei zugleich. Die Mordtat von Solln ist auch ein Hilfeschrei. Das Opfer schreit uns an.«[54]

Der Kommentator berührt einen entscheidenden Punkt, um den es bei der Persönlichkeitsentwicklung eines Jugendlichen gehen muss: Es geht um Anerkennung, die die Seele eines jeden Menschen braucht wie ein Blumenstock das Wasser. Gerade bei Jugendlichen ist diese Anerkennung lebensnotwendig für ihre Entwicklung. Wenn sie ausbleibt oder wenn gar eine Ausgrenzung wie zum Beispiel durch Mobbing stattfindet, hat dies unter Umständen gravierende Folgen für die Entwicklung des jungen Menschen. Bei einer gelungenen Initiation ist gerade die Anerkennung durch die »Ältesten«, ihm nahestehende verantwortliche Erwachsene, aber auch durch die ganze Gemeinschaft ein entscheidender Aspekt.

Wenn geeignete Initiationsrituale in einer Gesellschaft fehlen und wenn es weit und breit keine Erwachsenen gibt, die die heranreifenden Jugendlichen initiieren und ihnen bei diesem fundamentalen Entwicklungsprozess unter die Arme greifen, dann sind die jungen Leute dazu verdammt, eine Selbstinitiation zu organisieren. Dies läuft natürlich meist unbewusst ab, aber die Seele schreit nach Initiation, das heißt nach Möglichkeiten, erwachsen zu werden und dieses Erwachsensein öffentlich zu beweisen. Wie irregeleitet ist aber ein Jugendlicher, der – wie Herr Prantl anmerkt – in der Kriminalität und Brutalität seine Selbstbehauptung als junger Mann zu erfahren sucht. Diese Art von »Selbstbehauptung« ist im Grunde eine total fehlgeleitete und missratene Initiation, weil sie andere massiv schädigt und weil sie in einem völlig falschen Rahmen abläuft.

Aber um Initiation geht es letztlich, wenn man einmal von all den psychologischen und soziologischen Gründen absieht, die im Einzelfall zu den furchtbaren Taten geführt haben – sowohl bei den Schlägern in Solln als auch bei dem Amokläufer in Ansbach. In beiden Fällen waren eine Menge Wut und Frust in den jugendlichen Tätern gespeichert, die sich in einer Orgie von Gewalt gegenüber anderen entladen haben. Sie haben anscheinend keinen anderen Weg für sich gesehen, wie sie in diesen Lebensabschnitt des Erwachsenseins hinein initiiert werden könnten. Ihr Weg endete zunächst über Jahre hinaus im Gefängnis. Vielleicht wird diese Konsequenz ihrer Taten zu ihrer Initiation beitragen, indem sie zur Verantwortung gezogen werden, auf diese Weise massive Grenzen erfahren und – hoffentlich – zum Nachdenken über sich und ihr furchtbares Tun kommen. Für die Opfer von Solln und Ansbach kommt dies jedoch allemal zu spät.

Ein Fall aus Berlin hat im April 2011 die Diskussion um gewalttätige Jugendliche und junge Erwachsene zusätzlich angeheizt. Der »Warnschuss-Arrest« ist dabei wieder ins Gespräch gekommen:

»Motiv: Streitlust. Zwei 18-jährige prügeln Mann an Berliner U-Bahnhof bewusstlos.

Nach einem brutalen Überfall auf einen 29-Jährigen am Berliner U-Bahnhof Friedrichsstraße ist gegen den Haupttäter Haftbefehl wegen versuchten Totschlags ergangen ... Der 18-jährige Schüler hatte ... einen Gas- und Wasserinstallateur mit mehreren Tritten gegen den Kopf so schwer verletzt, dass dieser das Bewusstsein verlor. Der Schläger räumte später in der Vernehmung ein, das Opfer aus reiner Streitlust zufällig ausgesucht zu haben.«[55]

Was aber vielen Bürgern dabei unverständlich erscheint, ist die Tatsache, dass die beiden Schläger, selbst der Haupttäter, unter Auflagen Haftverschonung erhalten und wieder auf freien Fuß gesetzt worden sind.[56] Es ist nicht meine Absicht, diese Entscheidung des Untersuchungsrichters bewerten zu wollen. Aus initiatorischer Sicht kann aber Folgendes dazu angemerkt werden: Warum tun Jugendliche oder bereits junge Erwachsene so etwas? Natürlich ist meistens dabei Alkohol im Spiel. Aber dies erklärt letztlich nicht die eigentlichen Motive einer solchen Tat.

Ist es nicht vielmehr so, dass die jungen Männer aufgrund des Fehlens geeigneter Initiationsrituale instinktiv nach Möglichkeiten suchen, ihr Kraft zu zeigen und Grenzen gesetzt zu bekommen? Leider geschah dieser unbewusste Initiationswunsch wie im vorliegenden Fall auf Kosten eines völlig Unbeteiligten. Dann aber wäre es vielleicht tatsächlich wichtig, dass die Täter in Untersuchungshaft (in den erwähnten »Warnschuss-Arrest«) genommen werden, um genau diese Grenzen, die sie ja offensichtlich unbewusst gesucht haben, auch leiblich und psychisch zu erfahren und über ihre Taten nachzudenken. Genau dies könnte womöglich einen wesentlichen Schritt zu ihrer Initiation, also zu ihrem Erwachsenwerden, bedeuten. Vater Staat, Richter, Polizisten und Gefängniswärter als indirekte Initiations-Mentoren, die diesen »Job« erledigen müssen, weil offizielle Mentoren fehlen? Über diesen Aspekt sollte zumindest nachgedacht werden.

Abhilfe – aber wie?

Die Stadt München geht sicher einen richtigen Weg, wenn sie fünf Millionen Euro für ein »geschlossenes Heim für jugendliche Schläger« ausgeben will. Davon berichtet die Süddeutsche Zeitung unter dem Titel »Wenn nichts mehr geht: Nach langem Zögern baut die Stadt ein ›sozialpsychiatrisches Jugendzentrum‹«.[57]

Die Großstadt München will ein geschlossenes Heim für jugendliche Intensivtäter bauen, in dem die hoffnungslosen Schlägertypen Hilfe bekommen und nicht einfach nur weggesperrt werden wie in einem Gefängnis. Bei der zukünftigen Klientel dieses Zentrums handelt es sich meist um Jungen, oft noch strafunmündig, die aber bereits wiederholt durch besondere Brutalität bei Gewalttaten aufgefallen sind und oft schon eine lange Liste von Delikten vorweisen können. Ihren Eltern sind sie längst entglitten, den Erziehungshilfen des Jugendamtes entziehen sie sich ebenfalls. Das Heim ist aber auch für Mädchen gedacht, die ihre Aggressionen meist mehr gegen sich selbst richten und sich Verletzungen zufügen. Es geht um Jugendliche im Alter von 12 bis 17 Jahren, 14 Plätze sind vorgesehen, der Aufenthalt ist auf drei Monate befristet.[58]

Städte und Kommunen müssen somit sehr viel Geld für die Betreuung von Jugendlichen ausgeben, die bereits »gestrandet« sind, die also straffällig geworden, in ihrer Entwicklung völlig aus dem Ruder gelaufen und anscheinend nicht mehr anders zu therapieren sind. Damit werden meist nur Symptome behandelt, nicht aber die Ursachen, die in den einzelnen Familien und in der Gesellschaft als Ganzes zu suchen sind. Oft erweist es sich als fatal, dass den Jugendlichen schon als kleinen Kindern aus falsch verstandener Liebe und Rücksichtnahme oder aber aus elterlichem Unvermögen nicht die notwendigen Grenzen gesetzt worden sind. Vielleicht liegt es an der Abwesenheit der Väter, entweder weil sie im Falle von alleinerziehenden Müttern schon rein physisch gar nicht da sind und folglich zu Hause das männliche und väterliche Element ganz fehlt; oder weil sie durch ihr Eingebundensein in fordernde Arbeitsprozesse zu Hause zu wenig präsent sind. Auch der ganz andere Fall kann vorliegen: Jugendliche haben als Kinder massive physische oder psychische Gewalt erlebt und stecken daher voller Wut und Hass. Dann bleibt nur noch die Möglichkeit, die Situation von ganz schlimmen Fällen von »durchgeknallten« gewaltbereiten Jugendlichen, wie die in obigen Zeitungsmeldungen geschilderten, mit aufwendigen und teuren Maßnahmen wenigstens etwas zu verbessern.

Eine wirkliche Heilung kann damit für diese Jugendlichen meist nicht geschehen, vielleicht aber zumindest eine Linderung. Auch hier stellt sich die Frage nach der Prävention und dazu gehört all das, was schon bei den anderen Phänomenen bezüglich des Prozesses des Erwachsenwerdens und der Initiation gesagt worden ist: Das Hauptaugenmerk wird im Moment auf Schule und Bildung gesetzt – und das ist sicher gut und richtig so. Es rächt sich aber, wenn dabei der Leistungsaspekt überbetont und die Persönlichkeitsentwicklung effektiv vernachlässigt wird.[59] Jugendliche Schläger, für die nur noch ein Aufenthalt in einem geschlossenen Heim bleibt, sind lediglich die Spitze des Eisberges. Diese Ausfälle wird es wohl immer geben. Aber es fehlt offensichtlich ein wichtiger Aspekt in unserer Bildungspolitik.

Wir haben anscheinend die Schulen geschaffen, die wir als Gesellschaft so wollen. Wenn wir eine Leistungsgesellschaft sind, dann wird der Leistungsgedanke auch die Schulpolitik und das Schulsystem bestimmen. Hier sehe ich aber einen gravierenden Mangel im Denken unserer modernen westlichen Gesellschaft: Es gibt durchaus Mittel und Aufmerksamkeit für die fachliche Ausbildung unserer Jugendlichen. Was aber ist mit der persönlichen Reife? Wie und in welchem Umfeld soll sie geschehen? Worauf kommt es dabei an? Was heißt eigentlich »wirkliche Persönlichkeitsreife« und wodurch soll sie gelingen? Und wie soll das Erwachsenwerden geschehen, das doch am Ende dieses Reifeprozesses stehen soll? Mit welchen Prüfungen und Ritualen soll dieses vollzogen werden?

Hier gibt es Fragen über Fragen, aber viele dieser Fragen bleiben bisher unbeantwortet oder werden nicht einmal gestellt. Dies kann aber auf Dauer nicht gut sein. Das Verhalten unserer Jugend drängt uns Erwachsene – uns Lehrer, Priester, Sozialpädagogen, Politiker, Eltern – aber dazu, auf diese Fragen möglichst bald und möglichst stimmige Antworten zu finden, die uns unsere Kinder und Jugendlichen auch abnehmen können. Gewalt ist neben Alkoholmissbrauch ein Alarmzeichen dafür, dass die in der Pubertät freigesetzten Energien eine baldige, stimmige und überzeugende Kanalisierung brauchen. In einer gelingenden Pubertätsentwicklung und Initiation unserer Jugendlichen liegt im Grunde das positive Potential der Ressource »Mensch« und letztlich die Zukunft unserer Gesellschaft.

Darum müssen wir all unsere Kraft, Aufmerksamkeit und Intelligenz dafür einsetzen, unseren Jugendlichen in ihrer Pubertätsentwicklung und bei ihrer Initiation ins Erwachsensein zu helfen und sie dabei wirklich mit Interesse und Einfühlungsvermögen zu begleiten, selbst wenn sie sich zunächst von uns bereits Erwachsenen abgrenzen wollen und auch müssen. Und dazu gehört es, dass wir Erwachsene es in die Hand nehmen, ihnen Prüfungen und Rituale anzubieten, die für sie erstrebenswert erscheinen und mit denen sie das erreichen können, was sie zutiefst und im Grunde ihres

Herzens wollen: als eigenständige Persönlichkeiten, als Jugendliche, als Heranwachsende und als Volljährige gesehen, anerkannt, ernst und angenommen zu werden.

Dann aber dürfen wir ihnen nicht nur Schulaufgaben, Jahreszeugnisse, ein Mittlere-Reife- oder ein Abiturzeugnis mit dem dazu gehörenden Miniritus eines Handschlags durch den Schulleiter als »Übergang ins Leben« anbieten. Denn damit wird letztlich nur die Lernleistung unserer Schüler anerkannt. Durch ein gutes Zeugnis allein wird der Jugendliche oder bereits Volljährige aber noch nicht erwachsen. Dazu braucht es viel mehr. All die negativen Begleiterscheinungen unserer nach Leistung, Position, Geldverdienst und Konsum ausgerichteten Gesellschaft, von denen ich einige darzustellen versucht habe, sind letztendlich nur ein Hinweis, ja ein »Schrei« unserer Jugendlichen, dass da etwas nicht stimmt in unserem System. Es fehlt etwas, es muss mehr im Leben geben als nur Leistung und gute Noten – und dieses »Mehr« gibt es ja auch in der Erfahrungswelt der Schüler. Es bleibt aber die Frage, welchen Stellenwert insbesondere die außerunterrichtlichen oder außerschulischen Aktivitäten letztlich haben und welchen Bezug diese Tätigkeiten im Gesamtprozess der Reifeentwicklung und des Erwachsenwerdens für die jungen Leute leisten können.

Computersucht

Die Suche nach dem Helden

Ich könnte noch eine ganze Reihe von Phänomenen aufzählen, die bei rechter Betrachtung als der meist unbewusste Versuch von Jugendlichen erkannt oder gedeutet werden können, der Sehnsucht nach Erwachsenwerden, nach Bestätigung der eigenen Kraft, des eigenen Heldentums und Mutes Ausdruck zu verleihen und den Eingang in die nächste Lebensstufe zu finden. Denn genau darum geht es ja bei der Initiation. Ich möchte aber diese Betrachtung nun mit einer Entwicklung ergänzen, die vielen Pädagogen, Soziologen, Psychologen und vor allem Eltern ziemliches Kopfzerbrechen bereitet: Es ist der maßlose Umgang von Kindern und Heranwachsenden mit dem Computer. Warum Computerspiele eine solche Faszination auf Jugendliche, besonders auf Jungen und Männer, ausüben, erscheint auf den ersten Blick unverständlich.

Betrachtet man aber diese Entwicklung vor dem Mythos der klassischen »Heldenreise« oder dem »Heldenkampf«, der im Unbewussten, vor allem im sogenannten »kollektiv Unbewussten« jedes Mannes steckt, dann kann man eine Ahnung davon bekommen, warum gerade Jungen so unmittelbar darauf abfahren.

Der große amerikanische Mythenforscher Joseph Campbell hat sich damit sehr intensiv auseinandergesetzt. Davon wird in Band II (HR, Kapitel 2) ausführlich die Rede sein. Gerade Märchen und Mythen enthalten das immer gleiche Grundmuster: Ein Mann muss sich an der Schwelle zum Erwachsenwerden auf eine intensive Reise begeben, um zu sich selbst und um die Wahrheiten des Lebens überhaupt wie einen Schatz zu finden. Dabei geht es um die radikale Suche nach dem Sinn und um die nachhaltige Erfahrung dieses Sinns – und damit letztlich um eine sehr existentielle Frage. Daher können Mythen helfen, etwas über die Psyche gerade von Jungen und jungen Männern zu verstehen und ihre Seelenlage zu deuten. Die Notwendigkeit, sich zu seiner eigenen inneren Reise aufzumachen, ist auch in unserer technikorientierten Hochgeschwindigkeitszeit noch uneingeschränkt gültig.

Die indigenen Völker haben von dieser Wahrheit und Notwendigkeit gewusst, wie später noch näher ausgeführt wird. Demnach gehört es zum Urwissen der Menschheit, dass Mädchen Prinzessinnen und Jungen Helden sein wollen und Situationen und Prüfungen brauchen, um dies zu erfahren und zu zeigen. Deshalb ist es dringend nötig, gerade unseren Jungen eine zu diesem seelischen Urmuster passende Initiation anzubieten, in der der elementare Wunsch, sich als »Held« zu erleben, zu zeigen und zu beweisen, erfüllt werden und einen geeigneten Rahmen bekommen kann.

Nichts anderes geschieht in all den Computerspielen, in denen vor allem Jungen in die Rolle des Helden schlüpfen und stunden-, tagelang, manchmal sogar jahrelang in diese Abgründe einer fehlgeleiteten, weil eben nur virtuellen Heldenreise geraten und dabei ihr reales Leben vergessen oder verlieren. Das Tragische daran ist, dass in Wahrheit keine echte initiatorische Erfahrung gemacht werden kann. Intelligente Macher von Computerspielen und teils skrupellose Produzenten, die die Spiele vertreiben, nützen dieses Initiationsbedürfnis der Jugendlichen gnadenlos aus und lassen sie im Grunde im virtuellen Raum »ersaufen« oder sich dort gänzlich verlieren. Millionen von Jugendlichen fahren auf Computerspiele wie »World of Warcraft« (übersetzt die »Welt der Kriegskunst«) ab, wo es auch um Helden, um Kampf auf Leben und Tod und um Abenteuer geht.

Vielleicht sind viele Jugendliche auch deshalb so von Computerspielen begeistert, weil in unserem westlichen Kulturkreis verlorengegangenes Wissen dort wieder zum Vorschein kommt, dass hinter der sichtbaren Welt noch eine andere, wunderbar-magische, letztlich göttlich-unsterbliche, ja spirituelle Wirklichkeit steckt. Dann wären die Heldenfahrten eine Art Reise zu sich »nach Hause«, zu Gott oder dem Göttlichen und zu der Erkenntnis, dass man selbst Teil dieses Göttlichen ist, einschließlich einer universellen Gerechtigkeit, die die reale Welt nicht bieten kann. Gerade die Fantasy-Computerspiele zielen ganz direkt auf diesen »mythischen« und »mystischen« Bereich in der menschlichen Seele ab, zu dem Jugendliche zu Beginn ihrer Pubertät in besonderer Art und Weise Zugang haben.

Denn die Jugendlichen sehen die Welt der Erwachsenen in ihren verschiedenen Ausprägungen und sie müssen sich daher fragen: Ist das wirklich alles, was man vom Leben erwarten kann? Soll das nun 60 oder 70 Jahre einfach so weiter gehen? Ist denn ein solches Leben überhaupt erstrebenswert? Das Lebensziel kann ja nicht sein, nur eine »funktionierende Maschine« in unserer Gesellschaft zu werden. Eine wirkliche Initiation dagegen kann den Blick öffnen für »die Welt hinter den Dingen« – mit all ihren Konsequenzen. Dies soll in Kapitel 5 (4. Kriterium des Erwachsenwerdens: Erfahrung der inneren und »anderen« Welt) näher ausgeführt werden.

Ein typischer Fall

Die obigen Überlegungen können vielleicht etwas besser erklären, warum manche Computerspiele eine solche Faszination auf Jugendliche ausüben. Was jedoch dabei herauskommen kann, wenn ein Junge unkontrolliert in den Sog von Computerspielen gerät und süchtig nach ihnen wird, will ein in der Süddeutschen Zeitung erschienener Artikel verdeutlichen:

»Verloren in Zeit und Raum! Sie lassen ihr Leben in die Brüche gehen, um am Computer zu spielen: Millionen Jugendliche und junge Männer gelten als gefährdet oder bereits online-süchtig.«[60]

Mit dem erwähnten Computerspiel »World of Warcraft« haben die Programmierer »... eine weitläufige Phantasiewelt erschaffen, mit Hexenmeistern, Druiden, Magiern und weiteren Figuren, die ans Mittelalter erinnern, vor allem aber war sie voll mit anderen Spielern. Diesen begegnet man, schließt sich zu Gilden zusammen, unterhält sich übers Netz und besteht gemeinsam Schlachten und Abenteuer. Es ist wie ein zweites Leben in einer Welt, die viel mehr zu bieten scheint als Schulalltag und Sonntagsausflüge.«[61]

Da das natürliche Bedürfnis der Jugendlichen, in diese andere, magische, innere Welt zu gelangen, von unserer Leistungsgesellschaft weder verstanden noch aufgefangen und positiv in Richtung Initiation gelenkt wird, toben sich vor allem die Jungen gleichsam als Ersatz in einer Scheinwelt aus, die zwar Elemente der ursprünglichen Heldenreise enthält; aber all die dabei gemachten »Erfahrungen« bleiben virtuell, werden nicht von Erwachsenen aufgefangen und in ihrem tieferen Sinn erschlossen, haben meist keinen Bezug zur übrigen Welt und bedeuten bestenfalls einen Zeitvertreib, der meist glimpflich verläuft. Derselbe Bericht erwähnt eine Statistik, die aufzeigt, wohin die Reise auch gehen kann:

»Im Mai (2009, Anm. d. Verf.) wurde die Computer- und Internetsucht erstmals im Drogenbericht der Bundesregierung aufgeführt, drei bis sieben Prozent aller Internetnutzer in Deutschland gelten ersten Studien zufolge als ›online-süchtig‹ und ebenso viele als stark suchtgefährdet – dies summiert sich auf zweieinhalb bis sechs Millionen Abhängige.«[62]

Der Zeitungsartikel handelt von einem konkreten Fall – von Erik und seiner alleinerziehenden Mutter, die ihm zur Firmung einen Computer schenkte, damit er in der Schule besser mitkommen könnte. Erik erkannte aber sofort den für ihn wahren »Wert«: den Computer als reine Spielmaschine. Es war für ihn als guten Gymnasiasten und für seine Mutter zunächst nicht ungewöhnlich, dass er zum Zeitvertreib und um nach der Schule »abzuspannen«, in die Phantasiewelt des Spiels »World of Warcraft« eintauchte. In der 9. Klasse fiel er durch, musste an die Realschule wechseln. Er spielte bis zu zehn Stunden am Tag und vergaß sowohl seine Schularbeiten als auch sein soziales Leben. Schließlich ging seine Mutter mit dem Hammer auf ihn und seinen Computer los und drohte sich umzubringen. Im Gegenzug drohte er, sich seinerseits umzubringen, wenn er nicht sofort den neuesten Computer bekäme.

Seine hilflose Mutter machte einen Deal mit ihm: Er würde den neuen Computer bekommen, wenn er die Mittlere Reife schafft. Diese Rechnung ging auf. Danach aber machte Erik weiter wie bisher. Wie tief musste er noch fallen, um zu erkennen und um sich einzugestehen, dass er online-süchtig war und dass er all seine Heldenkämpfe, die er vielleicht im Virtuellen sogar gewonnen hatte, in Wahrheit aber seit Jahren vollkommen verloren hatte. Denn er war in eine Scheinwelt geraten, die ihm nie und nimmer das geben konnte, was er sich damit ursprünglich vielleicht erhofft hatte: Anerkennung, wirkliche Selbsterfahrung als junger Mann, Spüren eines – seines – tieferen Sinns, Glück, echte Gemeinschaft und Bezogenheit auf andere Menschen, wirkliches Erwachsenwerden durch Eigenständigkeit, innere Kraft und Klarheit, sowie das Erkennen eines eigenen Lebensweges. Das Tragische an vielen Computerspielen ist also, dass sie zwar durch all die darin auftretenden Helden exakt das Phänomen »Initiation« thematisieren und Jugendliche an virtuellen Heldenreisen teilhaben lassen, aber indem der Junge (zu) viele Stunden vor dem Computer verbringt, geschieht seine Initiation gerade nicht. Doch zurück zu Erik.

Mit 19 Jahren überwältigte ihn – Gott sei Dank – an Weihnachten plötzlich ein so tiefes Gefühl von Unzufriedenheit mit seinem Leben, dass er anfing, über sich und seinen Zustand nachzudenken. Auch erfasste ihn eine Art Panik vor dem Abstieg. Er verkaufte seinen PC, übergab seiner Mutter das Modem, kündigte mit ihrem Einverständnis sogar den Internetanschluss und begann eine Sucht-Therapie. Erik empfindet sein bisheriges Leben als »bitter«, ärgert sich über das verpasste Abitur und über drei verlorene Jahre und macht seiner Mutter Vorwürfe, weil sie nicht härter gegen ihn als damaligen »Tyrannen« vorging, weil sie zu »lieb« zu ihm war. »Erik hat die Kurve zurück ins echte Leben gekriegt, doch mit seiner Mutter findet er nicht mehr zusammen, auch wenn sie sich noch die Wohnung teilen.«[63]

Bei vielen Jugendlichen geht es sicher glimpflicher ab als in diesem Fall, vielleicht kommt die Mehrheit von ihnen unbeschadet davon, einige andere »versacken« aber noch mehr als Erik und finden über Jahre hinweg den Rückweg zum wirklichen Leben nicht mehr – eine Katastrophe für den Einzelnen und die Familie und ein großes gesellschaftliches Problem, wenn unser Jungen »in Zeit und Raum« verloren gehen, wie der Artikel eindringlich aufzeigt.

Stierhatz in Spanien

Wenn eine Initiation in einem passenden Alter, etwa mit 18 bis 20, nicht oder nur auf einigen Teilgebieten erfolgt ist, kann es sein, dass vor allem Männer fast ein Leben lang und manchmal verzweifelt dieser nicht erfolgten Initiation zum erwachsenen Mann hinterherrennen, sich wahnwitzigen Abenteuern, sportlichen Extremleistungen oder sehr gefährlichen und unvernünftigen Aktionen aussetzen. Das Tragische daran ist aber, dass sie sich »Prüfungen« suchen, mit denen es nie klappen kann. Sie meinen aber trotzdem, diese immer und immer wieder wiederholen zu müssen, weil sie anscheinend keine anderen Möglichkeiten sehen.

Bei manchen erfolgt dadurch tatsächlich eine Initiation, sie kommen tiefer in ihr inneres Wesen, werden dabei reifer und verantwortungsvoller. Dies geschieht aber meist nicht durch das vordergründige Bestehen einer Leistung oder das Absolvieren dieser selbst gewählten »Prüfungen«, sondern genau durch das Gegenteil: Wenn die Prüfung misslingt, wenn es zu einem Unfall, einer bleibenden Verletzung oder Schädigung kommt, dann setzt vielleicht endlich ein Bewusstseinsprozess und ein tieferes Nachdenken ein, was manchmal zu dem von der Seele geforderten Initiationsschritt führen kann. Aber wie hoch ist in diesem Fall der Preis!

Ist es nicht ein großer Mangel in unserer Gesellschaft, dass dieses Problem bis jetzt gar nicht als solches gesehen und erkannt wird? Nämlich dass unsere Jugendlichen diese »Erwachsenenprüfung« brauchen, damit sie überhaupt in ihren nächsten Lebensabschnitt gehen können. Die jugendliche Seele drängt vorwärts, sie will sich entwickeln, will reifen und immer weiter gehen. Nur unter dem Aspekt des »Initiationsbedürfnisses« können folgende Ereignisse und Geschehnisse verstanden werden, die sonst eher als irrsinnig oder verrückt gedeutet werden müssten.

Im Juli 2009 war in der Zeitung folgender Bericht zu lesen:
»446 Verletzte und ein Toter bei Stierhatz. Das diesjährige Stiertreiben in Pamplona wird als eines der blutigsten in die Geschichte des traditionellen Spektakels eingehen. Bei der lebensgefährlichen Hatz wurden ein Mensch getötet und 446 verletzt, acht von ihnen schwer, wie die Rettungskräfte der nordspanischen Stadt in ihrer Bilanz mitteilten. Bei dem achten und letzten Lauf ... gab es 54 Verletzte. Vier von ihnen landeten nach Stürzen mit Prellungen und

Verstauchungen im Krankenhaus, unter ihnen ein Schotte, ein Amerikaner und ein Franzose. Am schlimmsten traf es in diesem Sommer den Spanier Daniel Jimero, der ... aufgespießt worden war und an den Folgen der Verletzung starb. Ein 515 Kilogramm schwerer Stier hatte die Halsschlagader des Läufers zerfetzt.«[64]

Auf den ersten Blick könnte man meinen, diese jungen Leute seien einfach nur verrückt, aber dies ist keine wirkliche Erklärung. Es fällt auch auf, dass zu diesem Spektakel im spanischen Pamplona viele Gäste aus dem Ausland kommen, wie die Meldung über die Nationalität der Verletzten zeigt. Es reisen also junge Männer aus vielen Ländern an, um sich diesem »Ereignis« der Stierhatz hinzugeben. Stiere werden extra dafür gezüchtet, damit sie bei dem alljährlichen Volksfest in der historischen Altstadt auf die in Scharen wartenden Männer losgelassen werden. Diese wollen anscheinend ihren Mut beweisen und sich einer echten, archaisch anmutenden Gefahr aussetzen, indem sie warten, bis die im wahrsten Sinn des Wortes »wilden« Stiere kommen, um ihnen dann davonzulaufen. Ein klassisches Initiationsritual aus einer anderen Zeit, könnte man meinen. Wenn es aber nur bei diesem äußeren Abenteuer bleibt, bringt es nichts für das eigentliche Anliegen, das dahintersteckt: nämlich seinen Mut, seine Kraft und seine Geschicklichkeit, ja sein Mannsein zu bezeugen. Tatsächlich verlangt eine wirkliche Initiationsprüfung genau solche Eigenschaften, wie in Kapitel 5 näher ausgeführt wird.

Leider ist vielen Teilnehmern der eigentliche und ursprüngliche Sinn dieser Stierhatz verloren gegangen. Sie sind sich dessen gar nicht bewusst, warum sie sich dieser Gefahr aussetzen und warum sie dieses archaisch anmutende Ereignis so hautnah erleben wollen. Früher war diese Stierhatz vielleicht wirklich ein echtes Initiationsritual für die in der Stadt lebenden »Jungmänner«. Es wurde zum Eintrittsritual in die Welt der Erwachsenen erklärt und hatte so vielleicht die gleiche Funktion wie in früheren Zeiten bei einigen afrikanischen Stämmen, bei denen die Initianden einen Löwen oder Tiger erlegen mussten, um danach von den »Ältesten« der Gesellschaft als Erwachsene anerkannt zu werden.

Wenn die Stierhatz aber nur noch als Event, als bloße Sucht nach »Action« und Abenteuer oder als Maßnahme gegen Langeweile und Eintönigkeit in unserer »modernen« westlichen Gesellschaft gesehen wird, ist der tiefe Sinn verloren gegangen, den dieses Spektakel früher vermutlich einmal hatte. Die Tatsache, dass zu der Hatz in Pamplona junge (und auch schon ältere) Männer aus vielen Ländern extra bis nach Spanien anreisen, zeigt, wie stark das Bedürfnis nach Initiation bei vielen sein muss.[65] Wird dabei aber das eigentliche Thema nicht erkannt, ist die Teilnahme an so einer Veranstaltung letztlich sinn- und verantwortungslos, vor allem, wenn dadurch die Gesundheit geschädigt wird. Ich hätte große Mühe, einen jungen Mann schon deswegen als Erwachsenen anzuerkennen, nur weil er sich eine Blessur bei so einer Veranstaltung zugezogen hat. Eine Verletzung kann durchaus als Initiationszeichen gelten, aber nur, wenn der tiefe Sinn der Initiation dabei berührt wird. Dies scheint mir aber bei den meisten Teilnehmern in Pamplona nicht der Fall zu sein. Für sie ist die Stierhatz eher zu einem reinen Spektakel verkommen, nicht mehr und nicht weniger. Unter dem Aspekt des Tierschutzes erscheint die ganze Veranstaltung heute sowieso völlig unverständlich und unverantwortlich.

Zugspitzlauf

Nur ein sportliches Ereignis?

Ein weiteres Beispiel für das teilweise gefährliche Suchen nach Initiation auch schon von älteren Männern und Frauen drückt ein Artikel der SZ mit folgendem »Thema des Tages« aus:

»Deutsche Extremisten. Zugspitzlauf – Sport oder Leichtsinn? Warum so viele Menschen in ihrer Freizeit gefährliche Herausforderungen suchen.«[66]

Darin wird an die beiden Toten und weitere neun Sportler erinnert, die im Juli 2008 wegen Unterkühlung und Erschöpfung in Krankenhäuser eingeliefert werden mussten. Sie waren in kurzen Hosen und mit ungenügender Kleidung zu dem Extremlauf vom tirolerischen Ehrwald bis zum Gipfel angetreten, um dabei »... auf einer Stecke von 16 Kilometern 2100 Höhenmeter zu überwinden. Das ist mehr als eine Strapaze. Es kann lebensgefährlich sein, wenn die Temperaturen unter den Gefrierpunkt fallen und eisige Windböen mit einer Geschwindigkeit von 80 Kilometern pro Stunde aufkommen. So starben im vergangenen Jahr zwei Männer beim Zugspitzlauf an Unterkühlung und Herzkreislaufversagen – im Schneetreiben auf dem Weg zum Gipfel.«[67]

In dem Artikel wird versucht, kurz vor dem Start zum neuen Zugspitzlauf 2009 jene Katastrophe irgendwie verständlich zu machen. In einem Interview weist der Veranstalter unter dem Titel »Ich bin nicht schuld« alle Verantwortung für das Desaster von sich.[68] Es ist nicht meine Absicht, die juristische oder moralische Verantwortung für diese Katastrophe zu untersuchen.[69] Vielmehr möchte ich die einfache Frage aufwerfen, warum sich auch 2009 wieder 500 Männer und Frauen dieser extremen Herausforderung stellen wollen, obwohl doch seit Sommer 2008 bekannt ist, wie gefährlich es werden kann, vor allem wenn wieder schlechtes Wetter zu erwarten ist. Doch lassen wir zunächst den Journalisten Werner Bartens von der Süddeutschen Zeitung zu Wort kommen, der sich zu dieser Frage Gedanken macht:

- Sportveranstalter wollen den Bedarf an emotionaler Befriedigung bedienen: Es ist der Wunsch von Athleten nach ganzheitlichem Erleben durch ihren Körper. Dazu braucht es aber einen extremen Kick.
- Es muss etwas Besonderes sein, nicht nur der Rausch durch körpereigene Drogen (Endorphine); viele Menschen brauchen immer extremere Erlebnisse, um diesen Wunsch nach dem »Besonderen« bedienen zu können.
- Überstandene Ausdauerleistungen dienen anscheinend auch als Eintrittskarte und Ausweis für die Leistungsgesellschaft – die Attribute Disziplin und Verzicht gleich mitgeliefert. Das fast schon Tragische daran ist aber, dass sich Erlösung und Zufriedenheit nur für kurze Zeit einstellen, dann muss es bald schon die nächste noch extremere Herausforderung geben.[70]

Der Autor macht noch einen weiteren Grund für den Zulauf zu so einer schon fast gewalttätigen Herausforderung aus:

»Wenn Menschen sich schinden und zu Extremleistungen zwingen, steht noch etwas anderes dahinter als der Versuch, einen skurrilen Rekord aufzustellen. Die monoton empfundene Existenz des Büronomaden soll überwunden werden, im Abenteuer, in der Suche nach dem authentischen Augenblick, der eben auch totale Erschöpfung, Schmerz und Lebensgefahr bedeuten kann. ›Erst da ich sterbe, spür ich, dass ich bin‹, sagt Claudio in Hugo von Hofmannsthals kleinem Drama ›Der Tor und der Tod‹ ... Ereignisarmut im Alltag geht manchmal mit übersteigerter Erlebnissehnsucht in der Freizeit einher, die sich eben auch in der Suche nach Seitenstechen, abgefrorenen Zehen und Todesangst manifestieren kann.«[71]

Bezug zum Initiationsgedanken

Mit dieser Analyse endet die interessante psychologisch-soziologische Reflexion des Autors über dieses Phänomen der Suche heutiger Menschen nach extremen Herausforderungen. Ich denke, dass vieles von den aufgeführten Argumenten zutrifft. Dennoch fehlt ein oder sogar »das« entscheidende Moment, um diesen Drang wirklich und in seiner Tiefe verstehen zu können, der vor allem Männer zu gesundheitsgefährdenden Aktionen wie beispielsweise dem Zugspitzlauf verführen kann. Er wird aber verständlich, wenn wir einen kurzen Blick auf den Mythos der klassischen »Heldenreise« wie auf den von Odysseus oder auf viele Märchenerzählungen werfen. Männer ziehen dort aus, um mit bösen Hexen, Zauberern, Riesen, dunklen Mächten oder gar Drachen zu kämpfen, sich diesem Kampf auf Leben und Tod zu stellen, den Drachen schließlich zu besiegen oder zu vertreiben, den Schatz zu heben, den heiligen Gral zu finden oder die Prinzessin zu befreien und damit wieder nach Hause zurückzukehren.

Diese Mythen und Märchen haben letztlich alle die gleiche Grundaussage: Ohne sich solchen Strapazen und Gefahren auszusetzen, kann der Mann (der Held) nicht wirklich in sein Mannsein gelangen und demnach nicht wirklich reif und erwachsen werden. Gefahren, ja selbst der Kampf auf Leben und Tod, gehören zu diesem Prozess seiner Initiation dazu, die das Verlassen von Kindheit und Jugend und des Hineingehen in das Erwachsensein bedeutet. Die »Heldenreise« mit all ihren Gefahren und Prüfungen markiert diesen Übergang. Was in Märchen und Mythen in die äußere Ebene verlagert scheint, ist im Grunde Ausdruck eines inneren Erlebens: Es geht um den Kampf zwischen Seelenkräften, die den Jugendlichen einerseits daran hindern wollen, in seiner Entwicklung vorwärts zu gehen und ihn andererseits aber gerade dazu drängen. Davon wird in Band II (HR, Kapitel 2) noch genauer die Rede sein. Diese inneren Auseinandersetzungen, die im Extremfall sogar als Kampf auf Leben und Tod empfunden werden, gehören untrennbar zum Prozess des Erwachsenwerdens dazu und haben manchmal auch äußere Kämpfe als Entsprechung, wie in den bisweilen heftigen Streitereien oder Auseinandersetzungen zwischen Jugendlichen und deren Eltern.

Unsere Gesellschaft leistet sich noch immer den Luxus, keine echten Initiationsrituale anzubieten, in und mit denen erfahrene und verantwortliche Erwachsene (»Älteste«) den Jugendlichen in ebenfalls herausfordernden, aber begleiteten und in ihrer Tiefe gedeuteten und geschützten Prüfungen die Möglichkeit für den Übergang ins Erwachsenendasein anbieten. Daher müssen viele längst volljährig gewordene Mitglieder unserer Leistungsgesellschaft anscheinend in solch extremen Veranstaltungen wie dem Zugspitzlauf sich und der Öffentlichkeit immer neu beweisen, dass sie erwachsen, mutig und kraftvoll sind. Das Tragische daran ist, dass diese »Events« einerseits sehr gefährlich sein können, andererseits aber den gewünschten »Erfolg« nicht wirklich bringen. Ist ein Mann wirklich erwachsen, wenn er sich solchen, im Grunde unverantwortlichen, Aktionen aussetzt und dabei im Grunde einen Kampf gegen sich selber führt? Die spirituelle Tiefe einer derartigen Leistung wird sowohl von den Teilnehmern selbst als auch von der Gesellschaft nicht wirklich erkannt; sie ist vermutlich auch den Verantwortlichen nicht klar, außer dass es eben eine Nachfrage nach solchen Events gibt. So antwortete auch der Veranstalter des Zugspitz-Dramas auf die Frage, warum er den Lauf trotz der Todesfälle im Jahr zuvor erneut ausgeschrieben habe: »Von den Läufern und den Sponsoren haben wir viel Zuspruch bekommen. Deshalb ist in mir diese Entscheidung gereift.«[72]

Wohl nicht ganz zu Unrecht hat der Veranstalter den Eindruck bekommen, dass manche Menschen ihre Verantwortung bei ihm abgeben wollen. Dies führt direkt zum Kern des Phänomens: »Es ist vielleicht grundsätzlich ein Problem in der Gesellschaft, dass man nicht mehr in der Lage ist, zu entscheiden, was für einen gut oder schlecht ist. Ich bin aber dafür, dass die Leute das Selbstbewusstsein haben, Dinge zu machen, die sie sich zutrauen, wenn sie die Fähigkeit dazu haben.«[73]

Die Zugspitz-Katastrophe von 2008 zeigt aber sehr deutlich, dass diese Einschätzung wohl für manche Teilnehmer unzutreffend war. Sieht man das Ganze auf einer tieferen Ebene, dann kann man vielleicht erkennen, was bei manchen Teilnehmern wirklich abläuft: Uninitiierte Menschen, die in ihrem Beruf vielleicht längst in verantwortlicher Position stehen, suchen nach einer Möglichkeit, in der Tiefe ihrer Seele endlich erwachsen zu werden. Darin scheint das emotionale Bedürfnis mancher Teilnehmer an Extremveranstaltungen begründet, darin liegt ihre – ihnen selbst meist nicht bewusste – tiefere Motivation, sich einer solchen Quälerei und solchen Gefährdungen auszusetzen.

Anscheinend ist unsere Seele so programmiert, dass sie irgendwann fast alles in Kauf nimmt, nur um den nächsten Reifegrad zu erlangen. Hierin sehe ich die tieferen Ursachen für das Bedürfnis, Entbehrungen und Schmerzen auf sich zu nehmen. Es geht nur vordergründig darum, sich und anderen zu beweisen, zu welchen Leistungen man auch in fortgeschrittenem Alter noch in der Lage ist. Ich wage die These zu behaupten, dass initiierte Menschen, Männer und Frauen, die wirklich erwachsen geworden sind, vorsichtiger und verantwortungsvoller mit solchen schon fast irrsinnig wirkenden sportlichen Herausforderungen umgehen würden.

Das Tragische daran ist: Wenn jemand nicht erwachsen ist, kann ihn eine solche Leistung wie das Absolvieren des Zugspitzlaufes und das mehrfache Wiederholen dieser Strapaze wahrscheinlich auch nicht erwachsen machen. Eine starke sportliche Herausforderung ohne psychologischen oder spirituellen Tiefgang muss letztendlich vergeblich für den oft dahinter stehenden Initiationsversuch bleiben. Dann bringen auch die stärkste Quälerei und die größten Entbehrungen nicht den im innersten Grund der Seele gewünschten und angestrebten »Erfolg« – nämlich den Gewinn des neuen Wertes und Lebensabschnittes »Erwachsensein«.

Vor diesem Hintergrund und vor all den anderen vorher beschriebenen Phänomenen in unserer Gesellschaft, in denen Jugendliche in ihrer Pubertät und auf ihrem Weg zur Persönlichkeitsentwicklung und zum Erwachsensein manchmal sehr »dumme« Sachen machen, lohnt es sich, nun einen Blick in einen ganz anderen Kulturkreis zu werfen. Vielleicht gibt es dort Sichtweisen und Antworten auf die Probleme unserer Zeit, die wir in unserer westlichen Welt – trunken von der Faszination der Technik und des Machbaren – verloren haben.

Wie viel muss noch passieren, bis wir dazu bereit sind, unsere Perspektiven zu wechseln und andere Sichtweisen zuzulassen? Es ist eine Frage der Demut und der echten Sorge um unsere Jugend. Andere Antworten als die bisherigen sind gefragt. Zumindest aber brauchen wir eine Ergänzung zu unserer westlichen, linearen, technischen, naturwissenschaftlichen und rein wirtschaftlich ausgerichteten Sichtweise, die unsere Welt an den Rand des Abgrundes gebracht hat und unsere Gemeinschaften immer weiter belastet.

Unsere Jugendlichen halten uns »Alten« einen Spiegel vor, in dem wir überdeutlich erkennen können, dass vieles nicht stimmt in unserer Gesellschaft und eben nicht ideal und perfekt ist, selbst wenn dies wirtschaftliche und technische Abläufe permanent verlangen oder uns zumindest vorgaukeln wollen. Im folgenden Kapitel soll daher ein Blick in eine ganz andere Welt gewagt und danach die Frage gestellt werden, was denn diese andere Welt uns »Westlern« vielleicht bringen oder welche Botschaft sie uns geben kann – vor allem hinsichtlich des Anliegens dieses Buches: der Notwendigkeit der Initiation unserer Jugend. In der westlichen Gesellschaft liegt etwas Grundsätzliches im Argen. In der Abwesenheit von offiziellen und geeigneten Initiationsritualen sehe ich eine Hauptkrankheit in unserer Gesellschaft, auf dieser Ebene liegt dann aber auch die Möglichkeit einer Heilung von vielen Fehlentwicklungen bei unseren Jugendlichen.

4. Die Botschaft des afrikanischen Unidozenten und Schamanen Malidoma Patrice Somé an die westliche Welt

Eine persönliche Begegnung mit dem Schamanen

Ein erster Kontakt

In einem esoterisch angehauchten Katalog fand ich im Jahre 2000 »zufällig« ein Buch eines afrikanischen Schamanen mit dem Titel »Vom Geist Afrikas«[74]. Da ich im Jahre 1981 selbst zu einem längeren Afrikaaufenthalt auf einer katholischen Missionsstation weilte, was mich bis heute sehr beeinflusst und geprägt hat, bestellte ich instinktiv dieses Buch. Es lag dann aber über ein Jahr lang unbeachtet bei mir herum. Durch Zufall hörte ich im Frühjahr 2001 in einer Radiosendung des Bayrischen Rundfunks von diesem afrikanischen Schamanen, der in einem Interview auch selbst zu Wort kam, und da erinnerte ich mich wieder an das Buch. Sofort nach der Sendung holte ich es aus dem Regal und »fraß« es in den folgenden drei Tagen und Nächten förmlich auf. Die Lebensgeschichte dieses Mannes – Malidoma Patrice Somé –, sein afrikanisches Stammesdenken, vor allem seine eigenen Reflexionen und der Vergleich mit unserem westlichen Denken sprachen mich elementar und ganz unmittelbar an. Die Gedanken von Malidoma berührten mich tief in meiner Seele und aktivierten eine Sehnsucht, wie ich sie bis dahin noch nie erlebt hatte. Vor allem bekam ich durch sein Buch eine Deutung für einige persönliche Lebensfragen, auf die ich – wohl eher unbewusst – schon so lange gewartet hatte.

Im Internet fand ich ein deutsches Institut, über welches ich genauere Informationen über diesen Mann erhalten konnte. Außerdem hatte das gleiche Institut bereits für Anfang November 2001 ein Workshop-Wochenende in Oberösterreich mit Malidoma ausgeschrieben. Ich meldete mich sofort dazu an.

Einerseits war ich dann enttäuscht, als ich diesen Mann nun auch persönlich kennenlernen und erleben durfte, denn er wirkte nicht so charismatisch auf mich, wie ich es mir von seinem Buch her erwartet hatte. Er war eher still und zurückhaltend, vielleicht ein wenig vergeistigt. Aber seine Worte hatten dennoch Kraft und enthielten eine Wahrheit für mich – über die Schöpfung, über Fragen der Spiritualität, das Menschsein an sich und den Sinn des Lebens –, wie ich sie bisher woanders nicht gefunden hatte. Ich wollte mehr über Afrika, Malidoma, die verheerenden Auswirkungen von europäischen Kolonialmächten auf afrikanische Stämme im Allgemeinen und den ambivalenten Einfluss christlicher Missionare auf Malidoma im Speziellen erfahren – vor allem deshalb, weil ich selbst Religionslehrer bin. Denn Malidoma berührte durch seine Vita, von der er authentisch in seinem Buch erzählt, etwas von meiner ganz persönlichen Lebensgeschichte. Ich erkannte Parallelen zwischen meinem bisherigen Werdegang und seinem Schicksal.

Daher nahm ich bereits ein halbes Jahr später erneut an einem Workshop mit Malidoma im Tirolerischen Wörgl im Inntal teil. Die Veranstaltung trug den für mich verheißungsvollen Titel »Männer-Retreat: Das Echo der Ahnen hören.« Eingeladen hatten die beiden Tiroler Vereine »Nahverwandt e.V. aus Wörgl« und »Mannsbilder e.V.« aus Innsbruck. 60 Männer aller Altersstufen, von 18 bis 65 Jahren, aus Österreich, der Schweiz, Südtirol und Deutschland, trafen nun aufeinander – in einer großen Scheune als Tagungsort und auf Heuballen sitzend. Etwa 30 der Männer waren nur deshalb gekommen, weil sie durch die Lektüre des erwähnten Buches »Vom Geist Afrikas« derart angerührt und betroffen waren, dass sie den Autor Malidoma nun unbedingt persönlich kennenlernen wollten. Im Grunde hatte auch ich diesen »Werdegang«, nur dass ich Malidoma schon in einem Kurs im Jahr zuvor begegnet war.

In dieser Woche schloss sich für mich persönlich ein Kreis: Während ich noch im Jahre 1981 auch deshalb nach Kenia gefahren war, um bei einem deutschen Ordenspriester der Comboni-Missionare für ein halbes Jahr auf einer weit ausgedehnten Missionsstation im Riftvalley christliche Erst-Evangelisation zu betreiben, wurde ich nun – gut 20 Jahre später – von der Person und von den Gedanken eines Westafrikaners aus Burkina Faso, der früheren französischen Kolonie »Obervolta«, reich beschenkt und zugleich beschämt. Mir wurde nun klar, wie arrogant wir Westeuropäer im Grunde über den schwarzen Kontinent dachten und zum Teil immer noch denken: Bezeichnungen wie »primitiv«, »zurückgeblieben«, »unterentwickelt« oder »heidnisch« sind noch überall verbreitet, wenn es um Schwarzafrika geht. Einerseits schämte ich mich, als mir bewusst wurde, wie – geprägt von meiner Erziehung – überheblich ich doch bisher selbst über das »Heidnische« gedacht hatte, wenn es um Naturreligionen ging. Jetzt erfuhr ich gerade durch Malidoma bei diesem Workshop in Österreich, welch großen Schatz die animistische, schamanische, familiensystemische und tief spirituelle Denkweise traditioneller afrikanischer Stammesgesellschaften doch für uns »Westler« bereithalten kann, die wir doch fast ausschließlich am Logischen, Technischen, Naturwissenschaftlichen und Linearen orientiert sind.

Für mich stellte sich durch das Zusammensein mit Malidoma nun zunehmend die Frage: Wohin sind wir mit all unserer Technik, Wissenschaft und dem sogenannten »Fortschritt« gekommen? Wir haben mit unserem westlich-männlichen »Macher-Denken« und der damit verbundenen hohen Geschwindigkeit, welche die immer neuen technischen Erfindungen mit sich bringen, die Welt ausgebeutet und unseren ganzen Planeten an den Rand des Abgrunds gebracht. Aber auch unsere westliche Gesellschaft selbst hat mit großen hausgemachten Schwierigkeiten zu kämpfen, wie einige der im vorherigen Kapitel behandelten Probleme bezüglich unserer Jugend aufzeigen wollten.

Doch zurück zu dem Workshop selbst: Hier ging es nur am Rande um solche allgemein philosophischen oder soziologischen Fragen bezüglich der westlichen Denkweise. Vielmehr wurden sich viele von uns Männern in den sehr offen geführten Gesprächskreisen schmerzlich bewusst, dass von uns in Familie und Gesellschaft – als Partner, Ehemänner, Väter und Geldverdiener – zwar viel erwartet wird, dass wir aber bisher keine Initiation für dieses verantwortungsvolle und letztlich für viele von uns auch entbehrungsreiche und fordernde Leben erhalten hatten. Wir sollten überall unseren Mann stehen, ohne für dieses Mannsein in all ihren Facetten jemals wirklich und in der Tiefe vorbereitet und vor allem eingeweiht worden zu sein. Bei vielen von uns entstand daher der tiefe Wunsch nach einer nachträglichen Initiation in unser Mannsein hinein. Viele waren sich des Themas »Initiation« und dessen Sinn und Notwendigkeit bisher überhaupt nicht richtig bewusst gewesen. Das sollte sich nun bei dieser Veranstaltung grundsätzlich ändern.

Malidoma, in dessen Stammestradition »Initiation« als eine der Hauptfragen gilt, der sich eine Gemeinschaft als Ganzes und jeder Einzelne stellen muss, sobald die Zeit dafür gekommen ist, wurde nun für uns Männer zu einem wichtigen Lehrer. Und genau davon handelt ja auch sein Buch. Der Ethnologe Michael Meade schreibt darüber:

»Der Bericht einer Initiation, einer Reise zwischen Leben und Tod. Nach 15 Jahren in einem Jesuitenseminar flieht Malidoma im Alter von 20 Jahren zurück zu seinem Volk, dem Stamm der Dagara in Burkina Faso. Er muss deren lebensgefährliche Initiationsrituale auf sich nehmen, um als Stammesmitglied wieder aufgenommen zu werden. Eindringlich schildert er seine Erlebnisse und inneren Wandlungen im Spannungsfeld zweier Welten – als ›weißer Schwarzer‹.«[75]

»Malidoma« ist der Taufname aus seinem Stamm und auf dem Workshop ereignete sich wieder, was der Schamane schon zum Abschluss seines Buches erklärt hatte: »Ich erfüllte nur meine Bestimmung, die mir der Name ›Malidoma‹ vorausgesagt hatte: Sei Freund dem Fremden und dem Feind. Eine ganze Kultur ging jetzt ins Ausland, um dort verschluckt zu werden.«[76]

Wir waren als Weiße für ihn, den Schwarzafrikaner, zwar Fremde, aber nicht Feinde. Feinde waren für ihn lange Zeit die französischen Jesuitenmissionare, die ihn im Alter von fünf Jahren aus seinem Dorf entführt hatten und ihn dann unter Zwang zu einem katholischen Priester machen wollten. Sie wären damit fast erfolgreich gewesen. So aber ist etwas Seltsames und letztlich Wunderbares geschehen, von dem nun auch ich profitieren konnte: Durch seine abenteuerliche Lebensgeschichte schien es so, als ob »Gott«, »die Götter«, »die afrikanischen Geister«, »das Göttliche« oder auch das Universum einen Dolmetscher zwischen zwei Kulturen geschickt hätte, der mit uns »Westlern« zu kommunizieren verstand, weil er die westliche Kultur, Denkweise und Schulbildung – wenn auch durch sehr koloniale und missionarische Vorzeichen gefärbt – kannte, ja sogar Teil davon geworden war. Malidoma lebt heute die meiste Zeit in Kalifornien und hat mehrere akademische Grade erworben – u. a. zwei Doktortitel an einer französischen und einer amerikanischen Universität.[77]

Gleichzeitig wurde Malidoma nach seiner Rückkehr aus seinem als Gefangenschaft und Gehirnwäsche empfundenen Aufenthalt in der militärisch geführten Jesuitenschule unter der Leitung von europäischen Priestern in seinem eigenen Land Burkina Faso nun von seinen Stammesältesten der üblichen, knallharten Initiation zum erwachsenen Mann unterzogen. Und weil er diese heftigen Prüfungen mit großem Erfolg meisterte, konnte er nun unser Lehrer sein, so dass wir uninitiierten westlichen Männer Heilung, Sinn und Beruhigung erfahren konnten; denn nun wurde in uns etwas – angeregt von Malidoma – nachgeholt, was unserer ganzen Kultur bis heute fehlt und was jeder Einzelne von uns Teilnehmern in der Tiefe seines Wesens und seiner Seele vermisst hatte. Indem Malidoma sich im Ausland, sich also jetzt gerade von uns, »verschlucken« ließ, wurden wir emotional und geistig-spirituell sehr angeregt, berührt und irgendwie nach Hause geholt – nicht in ein afrikanisches Zuhause, sondern nach Hause zu uns selbst. Und dies geschah vor allem durch Rituale in der Gemeinschaft von Männern.

Ist Initiation überhaupt möglich, wenn sie von einem »Ältesten« aus einem ganz anderen Teil der Welt durchgeführt wird? Ja und Nein. Malidoma ist ja einerseits auch Teil unseres Kulturkreises geworden. Natürlich ist es nicht ratsam, Rituale von einem afrikanischen Stamm einfach so zu übernehmen. Dies ergäbe keinen Sinn. Dennoch hielt Malidoma gleich mehrere Schätze für uns bereit:

Einmal ist er aufgrund seiner außergewöhnlichen Biographie zu einem »Wanderer zwischen den Welten« geworden: Auf der einen Seite kommt er aus einer schamanischen, naturverbundenen, in Jahrtausenden erprobten »rechtshirnig« und damit intuitiv ausgerichteten afrikanischen Stammestradition. Diese ist geprägt durch archaische und traditionelle Werte von Familie, Ahnenkult und Achtung vor der als geistbeseelt empfundenen Schöpfung. Auf der anderen Seite lebt Malidoma heute selbst in einer sich mit ungeheurer Geschwindigkeit bewegenden, technisch orientierten, auf immer neuen Fortschritt und ständiges Wirtschaftswachstum und Profit bedachten, rein »linkshirnig«, also rational geprägten »westlichen« Gesellschaft. Aufgrund dieser Tatsache kann Malidoma uns westlichen Menschen die tiefen Werte seiner afrikanischen Kultur vermitteln.

Zum anderen stellt Malidoma gerade aufgrund seiner Stammeserfahrungen die Fragen, die in unserem Kulturkreis bisher noch nicht oder erst zögerlich wieder gestellt werden: Etwa die Frage der Nachhaltigkeit, wenn es um den Umgang mit unseren Ressourcen, um Verhaltensweisen im Nord-Süd-Dialog und um die gerechte Verteilung der Güter unserer Erde geht. Aber er bringt auch Themen zur Sprache, die für das Zusammenleben in Gemeinschaften wie der (Groß-)Familie, für eine Dorfgemeinschaft oder für ein ganzes Land bedeutsam sind. Dazu gehören Werte und Regeln, die das Wohlergehen und Funktionieren einer Gesellschaft bestimmen.

Eine wichtige Frage, die auch für mich persönlich entscheidend war, lautet: Wie kann eine solche Gemeinschaft funktionieren, wenn die Jugendlichen nicht zu Erwachsenen initiiert werden, wo die Jungen doch bald die Träger, Stützen und die Verantwortlichen der Gesellschaft werden sollen, also deren Zukunft darstellen? Diese so simple und offensichtliche Wahrheit ist in unserem westlichen Kulturkreis entweder in den Hintergrund getreten oder ganz verloren gegangen. Es werden später noch Gründe dafür gesucht, warum dies so gekommen ist. Selbst wenn die Notwendigkeit und Bedeutung von kraft- und verantwortungsvollen jungen Menschen für die beständige Erneuerung der Gesellschaft auch bei uns nicht abgestritten werden, so ist vielen überhaupt nicht klar, dass diese ohne eine starke und vielleicht sogar aufwendige Initiation der Jugendlichen im Grunde gar nicht erreicht werden kann. Hier klafft eine große Lücke zwischen Wunsch und Wirklichkeit in unserer westlichen Kultur.

Selbstverständlich wünschen wir uns erwachsene, verantwortungsvolle und der Gemeinschaft letztlich dienende junge Menschen, damit unsere Sozialsysteme funktionieren und der Zusammenhalt in unserer Gesellschaft langfristig gesichert ist. Aber es gibt bisher noch kaum ein Bewusstsein davon, wie wichtig es ist, unsere jungen Menschen zu solchen Erwachsenen zu initiieren, damit sie dieser von der Gesellschaft ganz selbstverständlich erwarteten Aufgabe geistig-seelisch überhaupt gerecht werden können. Dies würde – das zeigt die Stammeskultur von Malidoma exemplarisch auf – eine große Aufmerksamkeit, viel Energie, finanzielle Mittel und vor allem die richtige Einstellung in der ganzen Gemeinschaft verlangen, sonst kann dieses Ziel nicht wirklich erreicht werden.

Ohne Initiation gibt es keine verantwortlichen, mitfühlenden und die Gemeinschaft letztlich tragenden Erwachsenen. Durch die Erfahrungen mit Malidoma habe ich zum ersten Mal eine tiefere Vorstellung dafür bekommen, was »Erwachsensein« wirklich bedeuten könnte und was zum Erwachsensein unbedingt dazu gehört. Denn auch darüber herrschen in unseren westlichen Ländern nur vage, nebulöse oder zumindest sehr unvollständige Vorstellungen. Wenn uns aber gar nicht wirklich klar ist, was es bedeutet, »erwachsen« zu sein, wie sollen wir unsere Jugendlichen, die in den Lebensabschnitt des Erwachsenseins drängen, dazu überhaupt vorbereiten und hinein initiieren können? Ohne Initiationen bleibt die ganze Gesellschaft unreif. Wie aber soll dann das Erwachsenwerden der Jugendlichen in einer unreifen, weil uninitiierten Gesellschaft geschehen können? Der Titel dieses Buches will bereits auf diese Thematik hinweisen.

Rituale, die wirken

Ein weiterer Schatz, den Malidoma für uns »Westler« bereithält, sind einige konkrete Rituale, die initiatorischen Charakter haben, weil sie den Grund des Menschseins und die Tiefe der menschlichen Seele überhaupt berühren können, unabhängig vom jeweiligen Land oder Kulturkreis. Können aber in einer afrikanischen Stammesgesellschaft erprobte uralte Riten wirklich hilfreich sein für Europäer des beginnenden dritten Jahrtausends? Dass dies möglich ist und daher auch sinnvoll erscheint, wissen wir durch C. G. Jung. Denn der Psychoanalytiker und Freudschüler hat mit der Einführung der von ihm selbst so betitelten Größe des »kollektiv Unbewussten« in die Tiefenpsychologie auch im »Westen« genau diese Ebene angesprochen, auf der Rituale vor allem wirken. Natürlich handelt es sich dabei nur um hypothetische Denkmodelle, »... die sich allerdings bewährt haben und mit denen man sowohl in der wissenschaftlichen Forschung als auch in der Praxis gut zu arbeiten vermag.«[78]

Dieser Grundgedanke von C. G. Jung lässt sich so umschreiben: Die Inhalte dieses »kollektiven Unbewussten« treten in Träumen oder Tagesphantasien meist als Bilder ins Bewusstsein, stammen aus tieferen Schichten unserer Seele und muten manchmal auch fremd an. »Sie hinterlassen beim Träumer ein Gefühl numinoser

Ergriffenheit – sowohl im Sinne eines Faszinierens als auch eines Sich-bedroht-Fühlens ... das Material der objektiven Psyche (= kollektives Unbewusstes) entstammt ... überindividuellen Bereichen ... Die Inhalte des kollektiven Unbewussten sind insofern überpersönlicher Natur, als sie ... grundsätzliche Menschheitsprobleme aufzeigen und darzustellen versuchen. Diese kollektiven Ideen und Bilder finden wir in den Mythologien aller Völker und in den verschiedensten religiösen Systemen wieder ... Kollektive Inhalte treten unabhängig voneinander und zu verschiedenen Zeiten und an verschiedenen Orten inhaltlich ähnlich auf.«[79]

Zum »kollektiv Unbewussten« gehören Themen wie »... Geburt, Tod, Reifung, Beziehung zwischen Eltern und Kind, Aufgaben der Mutter und des Vaters ...«[80] Und dieses »kollektiv Unbewusste« wurde nicht von einem einzelnen Volk hervorgebracht und an andere Völker weitergegeben, sondern es existierte bereits in allen Menschen und projizierte sich dann in das Kulturgut der verschiedenen Völker unabhängig voneinander. Diese Inhalte, diese »vererbten Kategorien« menschlicher Dispositionen, vorgezeichneter Bahnen in der menschlichen Psyche oder auch »komplexhafter Energieknäuel« nennt C. G. Jung »Archetypen«.[81]

»›Die Summe der Archetypen bedeutet ... für Jung die Summe aller latenten Möglichkeiten der menschlichen Psyche: ein ungeheueres, unerschöpfliches Material an uraltem Wissen um die tiefsten Zusammenhänge zwischen Gott, Mensch und Kosmos.‹ ... Es wären zu nennen: die Archetypen der Anima, des Animus, der Großen Mutter, des Alten Weisen und des Selbst.«[82] Auch »... ›der Held‹, ... der in gefährlichem und aufopferndem Kampf eine Reihe von Gefahren zu bewältigen hat, bis er endlich nach großen Mühen einen kostbaren Schatz findet«[83], ist in diesem Zusammenhang als solch ein Archetyp zu erwähnen, denn dieser spielt gerade bei der Männerinitiation eine entscheidende Rolle.

Nach diesem kurzen Ausflug in die Psychologie nun aber zurück zum Geschehen beim Workshop. Es hat sich gezeigt, dass die von Malidoma mitgebrachten und angebotenen Rituale genau diese archetypische Seite, also unser aller »kollektiv Unbewusstes« in einer Weise anzusprechen vermochten, dass fast alle Männer sofort mitten in einen persönlichen und sehr intensiven inneren Prozess gerieten. Eines der Rituale, das »Wasserritual«, soll nun näher beschrieben und sein initiatorisches Moment aufgezeigt werden:

Am Morgen des vierten Tages brechen einige der Assistenten, denen die gebirgige Gegend am Rande des Inntals sehr vertraut ist, mit Äxten, Planen und Rucksäcken auf. Was haben sie vor? Wir übrigen Männer sind im Plenum und in Gruppen mit Themen beschäftigt, die am Tag davor aufgebrochen sind und nun näher besprochen und bearbeitet werden wollen. Nach dem Mittagessen kommen die Assistenten zurück und holen die 60 Männer ab. Auf gebirgigen Pfaden kommen wir immer näher in einen Talschluss, aus dem ein wilder Gebirgsbach hervorschießt und über einige Wasserfälle tosend ins Tal rauscht. Auf beiden Seiten ragen hohe Felswände auf, wir sind in einer klammartigen, etwa 20 Meter breiten Hochebene gelandet, die vollkommen mit Steinen übersät ist. Jedes Frühjahr bei der Schneeschmelze reißt der Bach, der dann zu einem richtigen Gebirgsstrom anschwellen kann, neue Steine und Geröll aus den Bergen mit nach unten.

Was wir sehen, spricht uns sofort ganz elementar an: Unsere Assistenten – harte Burschen – haben den nur ungefähr einen halben Meter tiefen Gebirgsbach durch Planen, Baumstämme und große Steine zu einem etwa eineinhalb Meter tiefen Becken aufgestaut und haben dafür eine Stelle großen Gefälles ausgenützt. Etwa 30 Meter weiter unten ist bereits ein großes Feuer entfacht, das mit dem »Strandgut«, den Ästen, Stämmen und dem Trockengras, die in dem kleinen Hochtal zu Genüge herumliegen, gespeist wird. Hier soll während des Wasserrituals das »Männerdorf« entstehen, in dem sich alle aufhalten und gegenseitig vor und nach dem nun bevorstehenden Ritual bestärken können. Alle sind nackt – ein für einige ungewohntes, aber letztlich dann doch ganz selbstverständliches und befreiendes Gefühl. Auch Malidoma ist dabei. In einigen kurzen Worten versucht er, uns den Sinn des Rituals nahe zu bringen, weist aber bei ängstlichen Rückfragen von einigen Männern darauf hin, dass es nun um ein elementares Erleben geht, das mit Worten und Erklärungen nicht mehr ganz einzufangen wäre.

Ja, ich gebe zu, dass nun auch in mir vorübergehend Angst aufkeimt. Was wird da auf mich zukommen? Worin wird das Ritual bestehen? Denn das Staubecken ist gleich um die Ecke hinter einem Felsen und niemand soll es vorher näher begutachten oder fragen, was hier eigentlich passieren soll. Afrikanische und westliche Denkweise prallen nun heftig aufeinander. Die Assistenten sind aber bereits eingeweiht und mit der Durchführung des Rituals unter dem Vorsitz von Malidoma betraut, der seine Position eines von uns allen anerkannten »Häuptlings« oder »Ältesten« sehr einfühlsam, zurückhaltend, ja fast schon partnerschaftlich und irgendwie mit einem leichten Schalk im Nacken, wahrnimmt. Vielleicht ist er selbst immer wieder davon überrascht, mit welchem Ernst und mit welcher Bereitschaft westliche Männer sehnsüchtig darauf warten, von ihm Anleitungen zu Ritualen zu bekommen, von denen sie sich viel erhoffen, ohne aber genau zu wissen, was dabei wirklich geschieht. Diese Männer hier stammen aus allen beruflichen Schichten: Ingenieure, Lehrer, Sozialpädagogen, Landwirte, Angestellte, Beamte und Selbständige ...

Bis vor nicht allzu langer Zeit hatte Malidoma ja ganz persönlich die unvorstellbare Arroganz und die physische und vor allem psychische Gewalt von Weißen (den Missionaren) erlebt, die alle Werte, die Denk- und Verhaltensweisen und vor allem auch die für sie unverständlichen Rituale seines Dagara-Stammes als »heidnisch« erklärten und alles ausrotten wollten, was afrikanisch ist. Auch ich selbst war ja diesem Denken aufgesessen, als ich 20 Jahre zuvor als eine Art »Hilfsmissionar« nach Afrika gefahren war. Es war nicht falsch, afrikanischen Menschen von Christus und von der Liebe Gottes zu erzählen, aber es war sicher grundverkehrt, ihr schamanisches, an den Kräften der Elemente und der Natur orientiertes Denken, ihre Gebräuche und Rituale als »heidnisch« abzuwerten oder gar zu verurteilen. Vielleicht glaubte ich selbst damals noch, dass Menschen, die nicht zum Christentum bekehrt würden, wohl einst in der Hölle braten und unerlöst bleiben müssten und wir christlichen Europäer auch noch schuld daran seien, weil wir sie nicht rechtzeitig auf den »rechten Pfad« geleitet hätten – mit mehr oder weniger Druck. Denn dies hatte ich bei meinem Afrika-Aufenthalt 1981 aus meinem damaligen Denken heraus und in »gutem Glauben« versucht.

Und nun bin ich gerade dabei, in einem Wasserritual etwas Altes und Überkommenes, vielleicht auch einen Teil westlicher Arroganz, ein für alle Mal abzuwaschen. Gleichzeitig stehe ich jetzt unmittelbar davor, etwas Neues, Unbekanntes gerade in und mit den Elementen der Natur und an einem unwahrscheinlich anziehenden Kraftort in den österreichischen Alpen unter der Anleitung eines afrikanischen Schamanen zu erfahren. Ich spüre eine Sehnsucht in mir, ohne aber näher sagen zu können, wonach. Diese

Situation des Unbekannten ist bereits die halbe Miete des Rituals. Wir westlichen Männer wollen und müssen uns nun auf etwas Fremdes einlassen, ohne vorher genau zu wissen, was da auf uns zukommt – sicher eine sehr heilsame Übung ...

Auf dem »Dorfplatz« am Feuer herrscht eine neugierige, angespannte Stimmung. Nun holen die Assistenten die ersten drei Männer ab und führen sie um die Ecke. Schon nach kurzer Zeit hört man gellende Schreie – gleichsam »Urschreie«! Was ist passiert? Die Anspannung unter der Schar der wartenden Männer steigt. Einige versuchen sich mit lautem Reden abzulenken. Da kommen die Männer auch schon wieder zurück, am Arm geführt von einem Assistenten. Wasser tropft ihnen vom nackten Körper, sie haben einen irrationalen Gesichtsausdruck, der Schreck steht ihnen ins Gesicht geschrieben. Nun klatschen alle Männer und begrüßen mit lautem Hallo oder mit einem freundschaftlichen Klaps diese »neugeborenen« Männer, die soeben ihre zweite Taufe – oder noch besser – ihre zweite Geburt erlebt haben. Immer mehr Männer werden »weggeführt« und kommen dann wieder verändert zurück. Meine Gefühle schwanken in immer kürzeren Abständen zwischen steigender Neugier, Erregung, Scheu vor dem Kommenden und blanker Angst. Worauf habe ich mich denn da eigentlich eingelassen? Ich weiß, dass es nun für mich kein Zurück mehr gibt. Ich will nun auch »das« erleben, was da noch um die Ecke verborgen liegt.

Nach einer als endlos lange empfundenen Zeit bin ich an der Reihe. Sehr einfühlsam werde ich von einem der Assistenten-Männer um die Ecke geführt – nackt und barfuß auf dem Geröll. Die Füße schmerzen, ich muss aufpassen, immer den richtigen Tritt in dem unwegsamen Gelände zu bekommen. Zwei der Ritual-Männer stehen die ganze Zeit im Wasser. Bevor ich alles überblicken und genauer hinschauen kann, bin ich auch schon am Rande des Beckens angekommen und werde gleich von einem der Männer im Wasser gepackt. Was jetzt passiert, geht so schnell, dass ich zunächst mit meinem Bewusstsein gar nicht mehr mitkomme: Ich werde sofort mit kräftigen Händen untergetaucht. Das Gebirgswasser ist eiskalt und lässt mich fast erstarren. Wie halten die Assistenten-Männer, die fast zwei Stunden lang ohne Unterbrechung im Wasser stehen werden, dies nur aus? Mir scheint das Blut in den Adern zu gefrieren aufgrund des Kälteschocks. Aber darüber nachzudenken habe ich überhaupt keine Zeit. Denn nun bekomme ich das Gefühl zu ersticken: Kräftige Hände halten die ganze Zeit meinen Kopf unter Wasser. Soll ich umgebracht werden und einen gewaltsamen Tod durch Ertränken erleiden? Solche existentiellen Gefühle schießen mir durch den Kopf und es wird mir schwarz vor den Augen. Instinktiv und ohne zu überlegen stoße ich mich reflexartig vom Grund des Baches ab, schnelle empor und ... brülle mit einem gewaltigen Schrei »alles« heraus. Jetzt erst kommen mir die gellenden Schreie der anderen Männer in den Sinn, die vor mir dran waren.

Noch etwas anderes schießt jetzt blitzartig durch meinen Kopf: die Schreie meines Sohnes während seiner Geburt vor acht Jahren. Beide Erlebnisse fließen nun zusammen – die Schreie meines Sohnes, als er ins Leben kam und meine eigenen Schreie jetzt. Vermutlich habe auch ich selbst schon einmal so existentiell und von innen heraus geschrien – bei meiner eigenen Geburt. Und so elementar und intensiv wie in diesem Augenblick habe ich erst einmal etwas in meiner bewussten Zeit als Mensch erlebt: meinen Autounfall etwa zehn Jahre zuvor, bei dem es auch um Leben und Tod ging. Nun fließen alle diese Gefühle, Erlebnisse, Bilder und Erinnerungen in einem gewaltigen Strom von Gedanken durch meinen Kopf und ich schreie alles hemmungslos heraus – vor allem meine Angst; alle Anwesenden haben dafür tiefstes Verständnis, weil sie entweder als die »Untertaucher« die Auslöser dieser Gefühle sind und um den tieferen Sinn dieses Rituals bereits wissen oder weil sie es selbst soeben erlebt haben.

Dann geht alles wieder sehr schnell: Wie in Trance werde ich zu den anderen Männern zurückgeführt, die mich nun als »neugeborenen« Mann begrüßen – mit großer Wärme, Herzlichkeit und mit einer von mir als elementar empfundenen Anerkennung, wie ich sie selten zuvor erleben durfte. Ich habe etwas gewagt und ich habe Neues gewonnen: Mich selbst, ein neues Bewusstsein über mich, die Dankbarkeit, dass ich da und im Leben bin, ja dass ich überhaupt leben darf und einen ganz neuen Geschmack am Leben – und dies vollkommen geschützt im Kreis gleichgesinnter Männer. Ich darf mich in diesem Lebensmoment einfach nur fallen lassen und werde aufgefangen von der Gemeinschaft der Männer, die sich alle zumindest in diesem Augenblick auf einer so tiefen, existentiellen Ebene verbunden und nahe fühlen, wie es sonst nur in langjährigen Freundschaften oder Partnerschaften der Fall ist.

Bleibt nur noch zu erwähnen, dass wir Männer noch stundenlang am Feuer beieinander sitzen und gar nicht zurück zu unserem Tagungsort gehen wollen. Mich erinnert die ganze Szene an die Bibelgeschichte, als Jesus mit drei Jüngern auf den Berg Tabor stieg und dort seine »Verklärung« erlebte. Danach wollten die begleitenden Jünger drei Hütten bauen – eine für Jesus, eine für Moses und eine für Elija[84], das heißt sie wollten für immer in diesem Zustand der Verklärung, der Verzückung, der Trance oder der »anderen« Welt bleiben. Doch wie sie damals müssen nun auch wir wieder von der Höhe ins Tal hinabsteigen. Jetzt geht es darum, das Erlebte zu verarbeiten und zu deuten, seinen Sinn im Zusammenhang des Workshops zu erkennen und es in unser Leben zu integrieren.

Soweit der ganz persönliche Erfahrungsbericht über eines der Rituale während des Kurses mit Malidoma.

Malidomas eigene Initiationserfahrung

Initiation im Stamm von Malidoma

Nun aber zurück zur Lebensgeschichte von Malidoma selbst: Er kann nur deshalb Initiationsmentor für westliche Männer sein, weil er selbst die Initiation in seinem Stamm noch nachträglich – als bereits über 20-Jähriger – erfahren hat, ganz nach dem Motto »lieber spät als gar nicht«. Dadurch und wegen des vorangegangenen 15-jährigen Eintauchens in die Welt der Weißen ist es ihm gelungen, über seine dann im Stamm gemachten Erfahrungen zu reflektieren und die wichtigsten Erkenntnisse daraus in seinem ersten Buch (»Vom Geist Afrikas«) weiterzugeben. Auch wenn die darin beschriebene Initiation der Jungen, die erst 13 oder höchstens 14 Jahre alt waren, für uns westliche Menschen erschreckend oder gar unmenschlich anmuten mag, so lohnt es sich doch sehr, einmal genauer hinzuschauen, worum es dabei in der Tiefe geht.

Wie schon erwähnt, wird es keinen Sinn machen, solche Rituale und schweren Prüfungen einfach auf die »westlichen« Jugendlichen eins zu eins zu übertragen, denn man wird kaum Initianden finden, die sich solchen teilweise gefährlichen Prüfungen freiwillig aussetzen würden. Im Gegensatz zu den traditionellen Stammesleuten, die alle einmal selbst solche Rituale durchgemacht haben, wären zum Beispiel in Deutschland Eltern wohl kaum bereit, ihre noch unmündigen Kinder an Ritualen teilnehmen zu lassen, deren Sinn bei uns niemand erkennt. Es würde einen Sturm der Entrüstung geben, schon deshalb, weil solche Rituale zu Recht als zu gefährlich und daher als unverantwortlich gelten müssten.

Andererseits habe ich bereits aufzuzeigen versucht, welche gefährlichen Entwicklungen in unserer Gesellschaft mit der Jugend gerade deshalb stattfinden können, weil es keine offiziellen Initiationsrituale gibt, die rechtzeitig angeboten werden und greifen würden. Dann drängen viele Jugendliche, bisweilen auch schon in dem Alter, in dem ein afrikanischer Stamm seine Jungen zur Initiation hinausschickt, nach sehr gefährlichen und oftmals unverantwortlichen initiatorischen Erfahrungen, wie das gefährliche Autofahren oder das Koma-Saufen sehr deutlich aufzeigen (siehe Kapitel 3).

Was sollen aber die Erlebnisse eines Afrikaners bedeuten, wenn wir sie doch nicht übernehmen können? Sehr viel, glaube ich. Malidoma erzählt seine Erlebnisse authentisch und sehr glaubwürdig. An der Beschreibung seiner eigenen Initiationsgruppe können wir ablesen, worum es bei diesem Übergang ins Erwachsenensein in Wahrheit geht und warum Initiation so wichtig ist für eine gesunde weitere Entwicklung für die einzelne Persönlichkeit und für die ganze Gesellschaft. Denn eine uninitiierte Gesellschaft wie die unsrige krankt an »Haupt und Gliedern«.

Natürlich wird es die Aufgabe sein, geeignete Prüfungen und Rituale für unseren eigenen Kulturkreis zu finden und zu entwickeln, der in seinen eigenen Wurzeln ja bereits solche Erfahrungen enthält: Ich denke dabei unter anderem an den keltischen Sagenkreis oder an altnordische Sagen. Auch die mittelalterliche Heldenepik der sogenannten »Ritterqueste« ist hier zu nennen, die oftmals eher eine poetische Überhöhung als eine gesellschaftliche Realität darstellte.[85] Nach diesen Heldengeschichten des Mittelalters war es das höchste Ideal jedes Jungen, hinaus in die Welt zu ziehen, Abenteuer zu erleben, elementare Ängste und große körperliche Entbehrungen auszuhalten, Gefahren zu bestehen, sich in der Fremde, also bei fremden Herren, zurechtzufinden und bei der Rückkehr von den erwachsenen Männern der eigenen Gemeinschaft den so begehrten »Ritterschlag« zu erhalten, der den jungen Mann in einer heiligen Zeremonie ein für alle Mal zu einem anerkannten erwachsenen Ritter machte.

Es braucht erst Leute wie Malidoma, der aus dem »wilden« Afrika kommt, um uns aufgeklärten Westlern des 21. Jahrhunderts den Schatz und die Botschaft zurückzubringen, die wir kollektiv vergessen und verloren haben. Nur in unserem »kollektiv Unbewussten« ist dieses Wissen über die Archetypen und über die Initiation noch enthalten; es fand vor allem in den Heldenreisen in unseren Märchen und Mythen seinen Niederschlag – Gott sei Dank. Und wenn jemand wie Malidoma überzeugend und glaubwürdig davon spricht, können junge Menschen auch im beginnenden dritten Jahrtausend im westlichen Kulturkreis plötzlich wieder ganz elementar davon angerührt werden. Der Schatz der Initiation ist noch da, er schlummert nur in unseren Seelen; er kann wieder gehoben werden, und dazu will dieses Buch einen Beitrag leisten. Daher möchte ich im Folgenden sehr knapp die wichtigsten Inhalte von Malidomas eigener Initiation zusammenfassen[86]:

- 63 Jungen aus fünf Dagara-Dörfern werden unter der Anleitung von einigen »Ältesten«, die vom Stamm für diese Aufgabe eigens ausgewählt und geschult worden sind, in den wilden Busch gebracht, weg von der Gemeinschaft und weg von den Müttern. Die Einweihungszeit dauert insgesamt 30 Tage.
- In einem Camp werden die Initianden drei Wochen lang durch Natur- und Wahrnehmungsübungen Schritt für Schritt auf ihre Solozeit, dem Höhepunkt und Abschluss ihrer Initiation, vorbereitet. Malidoma gelingt es zwei Tage lang nicht, die »grüne Baumfrau« zu sehen, die im Grunde in jedem einzelnen Baum als sein eigentliches Wesen existiert, während alle anderen Jungen, die viel jünger sind als er, damit keine größeren Schwierigkeiten haben. Das Erlebnis der Wesenheiten dieser »anderen« Welt, die für die Dagara ganz real ist, erfüllt Malidoma später mit einem großen Glücksgefühl: »Der Mensch weiß oft nicht zu empfangen, weil er nicht weiß, worum er bitten soll. Manchmal bekommen wir nicht, was wir brauchen, weil wir nicht wissen, was uns fehlt. Wenn es Glück war, was ich empfand, so könnte kein Mensch diese ungeheuren Wonnen auch nur einen Tag lang ertragen.«[87]
- In einem aufwendigen Feuerritual werden alle Initianden auf eine »schamanische Reise« geschickt, in der sie andere Wirk-

lichkeitsebenen erfahren können. Dies ist nicht ungefährlich, denn man kann dabei auch zwischen den Welten hängenbleiben und auf Dauer verloren gehen. Bei uns würde dieser Zustand wohl sehr ungenügend mit »verrückt« oder »psychotisch« bezeichnet werden. Für die Dagara-Leute, die sich sehr mit der Welt der Geister verbunden fühlen – mehr als mit der von uns bezeichneten »realen« oder »materiellen« Welt – stellt die geistige Welt, also die der Mächte, Kräfte und Ahnen, die eigentliche Welt dar.

- Daher ist es für die Initianden unerlässlich, Kontakt mit dieser »anderen« Welt zu bekommen und die Technik und Fähigkeit der geistigen Reise zu erlernen und beherrschen. Anders kann ein Junge nicht zu einem vollwertigen Mitglied des Stammes werden. Über diese Welten spricht ein Lehrer zu Malidoma: »›Unser Innerstes weiß besser als wir, welche Welten existieren, und es kennt mehr Dinge, als wir wahrhaben wollen ... Unser Innerstes sieht mehr, weit mehr, als wir in der gewöhnlichen Welt wahrnehmen. Nichts können wir uns vorstellen, das nicht schon in den äußeren und inneren Welten wäre. Dein Innerstes antwortet nur und empfängt ... Es ist ein großer Segen, dass du und dein Innerstes identisch sind. Es ist aber auch ein Fluch. Wenn Du dich nämlich weigerst, die Existenz deines Innersten zu akzeptieren, verweigerst du dich dir selbst, und das ist schlimm.‹«[88]

Es gehört zur Initiation, die ja bedeutet, ein eigener, selbständiger, für sich selbst verantwortlicher Mensch zu werden, dass der Jugendliche Kontakt zu seinem Inneren und seiner Mitte bekommt und zu seiner ganz speziellen eigenen Lebenswahrheit vordringt. Unsere Gesellschaft ist aus Sicht Malidomas deswegen krank, weil es so viele – auch längst erwachsene – Mitglieder gibt, die ihre eigene Mitte noch nicht gefunden haben und im Grunde orientierungslos bleiben. Diese sind anfällig für Konsum und Süchte, werden leicht Spielball der verschiedenen Einflüsse von Medien und Politik oder sie fühlen sich sehr unruhig. Manche dieser rastlosen Menschen stürzen sich in die Arbeit und in beständige Tätigkeiten. Sie kommen gar nicht zur Ruhe und wollen es im Grunde auch nicht, weil sie Angst vor einer (vermeintlichen) Leere haben. Diese entsteht, wenn ein Mensch noch nicht zu sich selbst gefunden hat.

Ich habe den Eindruck, dass sich manche Mitglieder unserer Gesellschaft nicht einmal dessen bewusst sind, dass sie nach einer Mitte suchen müssten und dass es zu unserem Menschsein gehört, solch ein inneres Zentrum zu finden und es auch zu »haben«. Gibt es aber viele solche »mittelose« Erwachsene, wie sollen dann die nachdrängenden Jugendlichen ihren inneren Halt finden oder wenigstens die Richtung fühlen können, wo sie danach suchen sollen? Es fehlen erwachsene Vorbilder. Es ist im Grunde eine höchst spirituelle Frage: Was kann denn meine Mitte sein? Worin soll sie bestehen? Und wie, genauer gesagt auf welchem Weg, kann ich dorthin gelangen? Wir Erwachsenen, die wir vielleicht bereits den Zenit unseres eigenen Lebens erreicht oder schon überschritten haben, haben im Grunde die Aufgabe, unseren Jungen von dieser Mitte zu erzählen.

Ich glaube, dass hinter der Sinnfrage, die sich viele Jugendliche heute stellen, im Grunde eine höchst religiöse – oder besser gesagt – eine tief spirituelle Frage steckt. Heute wird meist nicht mehr nach Gott gefragt oder danach, wie man der Hölle entkommen und in den Himmel gelangen kann. Dies waren Fragen, die die Menschen im ausgehenden Mittelalter und zur Zeit Martin Luthers sehr intensiv beschäftigt haben. Aber letztlich geht es auch heute immer noch um die gleiche Frage, sie erscheint nur in einem anderen Gewand.

Die Frage nach dem Sinn, die im Grunde eine Frage nach der eigenen Mitte und nach der Kraft ist, die die Welt zusammenhält und ein Gefühl von Geborgenheit vermitteln kann, bricht bewusst oder zumindest unbewusst gerade dann auf, wenn ein Jugendlicher in seine Pubertät kommt. Denn er fühlt sich plötzlich aufgrund seiner Reifung und seiner körperlich-seelisch-geistigen Entwicklung auf dem Weg zum Erwachsenen dem eigenen Leben existentiell ausgesetzt wie nie zuvor. Es ist daher ein Unding, dass unsere Gesellschaft entweder gar nicht oder nur sehr unzureichend auf diesen inneren Entwicklungsprozess der Jugendlichen achtet und sie im Grunde damit alleine lässt. Verpasste Chancen, die sich bitter rächen können! Wieso wird immer noch nicht wirklich und in seiner Tiefe erkannt, was da eigentlich stattfindet in den Jugendlichen und welch großes Potential in ihnen steckt?

Doch nun wieder zurück zur Initiation von Malidoma. Eine afrikanische Gemeinschaft wie der Stamm der Dagara, der nach jahrhunderte- oder sogar jahrtausendealten Traditionen lebt, sieht es als eine ihrer Hauptaufgaben an, die Jugendlichen in der Pubertät abzuholen und sie in ihr Erwachsensein zu führen. Man könnte aus westlicher Sicht sagen, das sei viel zu früh oder zu brutal. Wenn dies aber, wie in unserer Gemeinschaft und in unserem ganzen westlichen Kulturkreis, nicht geschieht, dann kann man leicht erkennen, welch fatalen Folgen das Auslassen der so wichtigen Initiationsschritte haben kann. Daher möchte ich noch einmal einen genaueren Blick auf die Initiation Malidomas werfen, wie er sie in seinem autobiographischen Buch schildert[89]:

- Nach dem bereits erwähnten Feuerritual werden die Initianden auf die fünf Ältesten, die Initiationsmentoren, aufgeteilt. Malidoma gehört dabei den »Wasserleuten« an. Er wird mit noch etwa zehn anderen Jungen zu einem Teich in einer Höhle in den Bergen geführt, der anscheinend für das bevorstehende Ritual ähnlich passende Eigenschaften hat wie der geschilderte Gebirgsbach in Österreich für uns Männer 25 Jahre später. Nacheinander müssen die Jungen in das Wasser eintauchen und werden sofort von einer unterirdischen Strömung erfasst und nach unten gezogen. Vielleicht gibt es dann weiter unterhalb einen Zugang zu einer völlig dunklen Unterwasser-Höhle mit einer Luftblase. Dies bleibt auch in Malidomas Bericht im Geheimen und Vagen.
- Er taucht erst Stunden später wieder auf – als letzter der Gruppe wie sich herausstellt. Wichtiger ist das, was er dabei erlebt hat: Er hatte die ganze Zeit Kontakt mit seinen Ahnen, vor allem mit seinem Großvater, den er noch kennenlernen durfte, bevor er als kleines Kind von christlichen Missionaren entführt wurde. Malidoma kommunizierte mit Verstorbenen und erhielt wichtige Botschaften von ihnen, er bekommt auf diese Weise ein Gefühl dafür, wer er ist, woher er kommt und wohin er nach Ende seines Lebens zurückkehren wird. Er war die ganze Zeit in einer »anderen« Welt, vielleicht in einer Art Traumwelt. Der Älteste weiß um die Gefahren, dass ein Junge

sich bei so einer »Reise« verlieren kann und so verwirrt ist, dass er dann das Auftauchen vergisst und eben nicht mehr zurückkehrt in die diesseitige Welt. Andererseits ist der ganze Vorgang für den Mentor etwas ganz Selbstverständliches. Malidoma jedenfalls ist eine tiefe Sehnsucht nach dieser anderen Welt geblieben, als er – wie neugeboren, reich erfüllt und in tiefem Frieden – wieder auftaucht und zu den anderen gebracht wird. Er hat jetzt eine Ahnung von Wiedergeburt und seiner tieferen Bestimmung auf seinem Weg durch die Zeiten bekommen – auch über viele Inkarnationen hinweg.

- Als härteste Prüfung empfindet Malidoma das Sterberitual: Um eine Vorstellung vom Sterben und vom Tod zu bekommen, muss sich jeder der Initianden sein eigenes Grab schaufeln. Am Abend muss er sich von einem Partner nackt und bis zum Kinn eingraben lassen, um dann eine ganze Nacht lang in diesem Zustand zu verweilen. Es muss eine höllische Qual sein und diese kann auch von dem Partner, der die Wache »am Grab« hält, nicht gelindert werden. Malidoma macht dabei eine außerkörperliche und halluzinationsartige Erfahrung, weil Schmerzen und Qual unerträglich werden. Und er bekommt dabei wieder Kontakt zur anderen, geistigen Welt, wie dies heute noch in abgestufter Form beispielsweise in sogenannten »Schwitzhütten« erfahren werden kann. Am nächsten Tag wird die ganze Prozedur umgedreht: Nun wird sein 14-jähriger Freund eingebuddelt, während Malidoma für ihn Wache hält.
- Die letzte Aufgabe besteht darin, dass sich jeder Einzelne sieben Tage lang nackt und allein durch die Wildnis schlagen muss, um einen bestimmten Auftrag zu erfüllen. Es geht dabei gleichzeitig um eine »Reise in die Unterwelt«, besser gesagt in eine andere Welt, die sich den Initianden nun wie von selbst auftut. Diese soll in einer bestimmten Felsenhöhle beginnen, die vorher von den Ältesten dafür ausgewählt worden ist und die er erst in der weiträumigen Landschaft finden muss. Malidoma fragt sich, ob er diese Aufgabe bewältigen und aus der Dunkelheit der Höhle unversehrt zurückkehren kann. Anscheinend gibt es gerade in der »anderen« Welt viele gute Geister, die ihm schließlich den Weg zurück in die reale Welt, so wie wir sie empfinden, weisen.

Lassen wir zum Schluss nochmals Malidoma über die Initiation in seinem Stamm zu Wort kommen[90]:

»Einweihung ist ein rein individueller, auf den Einzelnen bezogener Vorgang ... im Endeffekt wird einem niemand helfen, wenn einem das rettende Mittel nicht selbst einfällt. Kein Freund wird für einen tun, was man selbst tun muss. Bei der Einweihung bildet die Gruppe kein ›Dorf‹, wo die Menschen einander spontan zu Hilfe kommen ... Man lässt bei der Einweihung die reale Dorfgemeinschaft hinter sich. Wer die Prüfung der Einweihung heil übersteht, hat das Vorrecht, wieder als reales Mitglied in die Gemeinschaft aufgenommen zu werden ... So wie wir allein in diese Welt kommen, müssen wir uns auch allein an das Vorher ›erinnern‹. Die Ältesten ermöglichen uns diesen Akt der Erinnerung nur und kümmern sich nicht darum, an was wir uns erinnern ...«

Bei Malidoma hat diese »Erinnerung« und die Einweihung als Ganzes geklappt. Aus diesem persönlichen Wissen heraus schreibt er dazu: »Ein Mensch, der lebt und zugleich sein wahres Wesen verleugnet, muss doch ein schweres Leben haben. Er muss sich ja Sinn und Zweck des Lebens immer erst künstlich zurechtlegen. Doch niemand anderes kann uns sagen, wer wir sind oder wie wir leben müssen. Das kann nur im eigenen Inneren entdeckt werden. Unsere wahre Natur zu verleugnen, führt nur zu entsetzlichen Schmerzen.«[91]

Damit sagt Malidoma Wesentliches über den tieferen Sinn der Initiation aus. Es geht dabei überhaupt nicht darum, sich mit gefährlichen äußerlichen »Heldentaten« hervorzutun, um so die Anerkennung »der Anderen« zu erringen. Es geht vielmehr um einen Tiefenprozess, der den Grund und die Wurzel des eigenen Lebens erreichen, den Sinn des Lebens überhaupt und der persönlichen Berufung im Besonderen erschließen und die tiefe Verankerung in das eigene Glaubens- und Ahnensystem herstellen kann. Darauf werde ich später nochmals näher eingehen.

Um der Vollständigkeit willen soll auch das Ergebnis dieser 30-tägigen Initiationsprüfung der fünf Dagara-Dörfer bekannt gegeben werden, an der Malidoma selbst teilgenommen hat. Für uns Leute des Westens mögen diese umfangreichen Prüfungen erschreckend und unmenschlich, vielleicht aber auch wie durch einen geheimen Zauber anziehend und interessant erscheinen. Die Wahrheit ist folgende: 62 Jungen im Alter von 13 bis 14 und der bereits 21-jährige Malidoma wurden »hinausgeschickt«, nur 59 kamen aber zurück. Ein Junge ging bei dem erwähnten Feuerritual drauf, einer wurde nachts während der letzten Übung von einem Krokodil gefressen, als er mit vier anderen Jungen auf dem Weg zu seiner Höhle einen Fluss überqueren musste, weitere zwei Jungen starben. Mit dieser Tatsache, die für die betroffenen Familien zwar sehr schmerzlich war, aber letztlich als unvermeidliches Schicksal hingenommen wurde, soll nichts idealisiert oder beschönigt werden. Mich hat es jedenfalls zunächst eher erschreckt und einen tiefen Zweifel am Sinn der Initiationstradition indigener Völker ausgelöst. Warum unterziehen sie ihre Heranwachsenden, vor allem aber ihre Jungen, solch schwierigen und gefährlichen Prüfungen? Ist dies nicht unsinnig und unverantwortlich?

Der tiefere Sinn der Initiation

Um in das volle Leben kommen zu können, gerade um Verantwortung übernehmen und als vollwertige Männer dem Stamm in Zukunft dienen zu können, brauchte es aus Sicht der für die Initiation beauftragten und verantwortlichen Ältesten solche seit Jahrhunderten bewährten intensiven Übungen und Prüfungen. Jeder sollte zu der Schwelle der verschiedenen Welten und Lebensabschnitte hingeführt werden, wo es immer auch um Leben und Tod geht. Denn unser ganzes Leben, egal ob wir diese Art von Initiation als brutal verurteilen oder nicht, spielt sich genau zwischen diesen beiden Polen ab – zwischen Inkarnation und Exkarnation, also zwischen der Geburt, dem Tor ins Leben, und dem Tod, dem Tor hinaus aus diesem und hinein in ein anderes Leben, wie alle Glaubenssysteme der Welt ganz selbstverständlich annehmen.

Auf dieses harte Leben, das immer den Tod als seine Schattenseite wie einen Gegenpol und wie einen vielleicht ungeliebten Freund und Begleiter mit sich führt, sollen die Jungen vorbereitet werden. Ohne dieses Wissen um die beständige Nähe des Todes und ohne die Bereitschaft, den Tod anzunehmen, wenn er eben anklopft und eine Seele wieder hinüber in die andere Welt holen will, kann ein wirklich erfülltes Leben gar nicht gelingen. Dieses im Grunde selbstverständliche Wissen ist bei uns entweder verloren gegangen oder es wird hartnäckig verdrängt nach dem Motto: »Noch habe ich mit dem Tod nichts zu tun!« Da aber in unserer

»aufgeklärten«, nur naturwissenschaftlich-technisch ausgerichteten Welt oft jedes Gefühl und jedes Verständnis für diese anderen Dimensionen fehlt und somit auch die Themen »Sterben, Tod und Jenseits« von ganz vielen ausgeklammert werden, erscheint uns vielleicht die Dagara-Initiation, die ja nur einen kleinen Einblick in die ganze Denkweise des Stammes gibt, sehr fremd. Hier wird der Tod eher wie ein Freund gesehen.

Einweihung ins eigene Leben muss nach Auffassung der Dagara-Leute genau diesen Ernst besitzen, der in unserer Kultur so oft fehlt: klar zu machen, worum es in unserem Erdendasein in Wahrheit geht. Keiner soll darüber im Vagen gelassen werden, weil er nie wirklich in sein eigenes Leben kommen und auch keine wirkliche und tragende Verantwortung, beispielsweise als Familienvater, übernehmen kann, wenn er die tiefe Anbindung an seine Gottheit, seine eigene Mitte und den Kontakt zu seinen verstorbenen Familienmitgliedern (Ahnen) noch gar nicht gefunden hat. Hier geht es um eine Grundfrage des Lebens und da können wir in einer postreligiösen Gesellschaft letztlich sehr von indigenen Völkern wie dem Stamm von Malidoma lernen, soweit und so lange es diese überhaupt noch gibt.

Eine weitere Tatsache soll in diesem Zusammenhang auch nicht verschwiegen werden, um allen Idealisierungen gleich den Boden zu entziehen. Malidomas Einweihung hat etwa 1975 stattgefunden. Damals war seine Stammesgesellschaft noch weitgehend intakt, so konnte er die Geheimnisse der bereits jahrtausendealten Traditionen, wie die bei seiner eigenen Initiation erlebten Rituale, noch selbst kennenlernen. Damals hieß sein Land, das erst 1960 in die Unabhängigkeit entlassen wurde, noch »Obervolta«. Seit 1984 trägt es den Namen »Burkina Faso«. In dem noch jungen Staat orientieren sich dessen Bewohner heute immer mehr an westlichen »Werten und Idealen«. Das Land, in dem Malidoma seine Einweihung erhielt, existiert 35 Jahre später so gar nicht mehr.

Denn immer mehr junge Leute ziehen, angetan von den Verlockungen der westlich orientierten Städte mit all ihren Lichtern, Bildern, ihrem Lärm und Getöse und ihren theoretisch unbegrenzten Möglichkeiten, bereits in frühen Jahren von ihren Dörfern weg, ohne sich den Entbehrungen und Qualen einer wirklichen traditionellen Einweihung noch zu unterziehen. Sie jagen nun den westlichen »Idealen« von amerikanischer Kleidung, Internet, Radio und Fernsehen, Moped oder gar Auto nach und schauen vielleicht sogar verächtlich auf ihre anscheinend so rückständig gebliebenen eigenen Eltern und Großeltern herab, die im »primitiven« Dorf zurückgeblieben sind. Als Folge von (französischem) Kolonialismus und Globalisierung wird heute jeder Ort, selbst das abgelegenste Dorf, mit den modernen Kommunikations- und Verkehrsmitteln erreicht, beeinflusst und massiv verändert. Dies wirkt sich auf die dagegen letztlich ungeschützten Stammesgesellschaften verheerend aus, die nun gegenüber diesen globalen und weltweit anerkannten »Idealen« von Mobilität, Kommunikationsmitteln, Statussymbolen und Technik für die meisten nur noch als »zurückgeblieben«, altmodisch und »wie von gestern« erscheinen.

Die Afrikaner wollen nun auf diesen Globalisierungszug weltweiter Entwicklung aufspringen, mit dabei sein und als gleichwertig anerkannt werden. In nur wenigen Jahren erleben sie die Veränderungen und technischen Umwälzungen, die bei uns 100 Jahre und mehr gedauert haben. Wie durch ein Wunder konnte etwa durch Malidoma genau das gerettet und gerade noch in authentischer Weise überliefert werden, was für unsere rastlose westliche Gesellschaft – bei rechtem Licht besehen – als Medizin dienen könnte, was aber in Afrika und anderswo vor allem von der jungen, aufstrebenden Generation selbst nicht mehr verstanden und als vermeintlich »gestrig« über Bord geworfen wird: das Wissen um die Notwendigkeit und den tieferen Sinn der Initiation. Genau dieser Verfall traditioneller Werte findet zur Zeit aber weltweit statt, ja er ist nach meinem Empfinden sogar schon weit fortgeschritten.

Doch nochmals zurück zu den mit Recht als hart erscheinenden Einweihungsriten, wie sie bei der 30-tägigen Initiation von Malidoma und seiner Gruppe durchgeführt wurden. Vier Jungen von 63 sind dabei umgekommen, dies sind – statistisch betrachtet – gut sechs Prozent der angetretenen Initianden. Auf uns »Westler« wirkt diese Tatsache auf den ersten Blick eher abstoßend und unverständlich. Aber was ist in unserer Gesellschaft los? Wie bereits erwähnt, starb einer meiner Kameraden aus der Grundschule, einer von zehn Jungen, bereits mit 20 Jahren durch einen selbst verschuldeten Unfall mit seinem Auto. Von meiner Gymnasiumsklasse verunglückte ein Kollege – einer von 18 Jungen – nur sechs Wochen nach dem Abitur mit seinem Motorrad tödlich.

Natürlich können Unfälle wie diese viele Ursachen haben wie Wild auf der Straße, Blenden durch den Gegenverkehr, nasse Fahrbahnen, Unaufmerksamkeit des Wagenlenkers oder gefährliche Überholmanöver anderer Fahrer. Außerdem kann jemand auch dann in einen (tödlichen) Unfall verwickelt werden, wenn er – wie bei den Dagara – zuvor ein sehr tiefschürfendes Initiationsritual absolviert hat. In den beiden obigen Fällen gab es jedoch keine Fremdeinwirkung, beide Männer kamen wahrscheinlich wegen der noch mangelnden Fahrpraxis, falscher Einschätzung von Verkehrsbedingungen und wegen überhöhter Geschwindigkeit um. Daher können diese beiden Unfälle meiner Meinung nach durchaus unter der Rubrik »missglückte Initiationsversuche« gedeutet werden.

Diese Beispiele aus meinem persönlichen Umfeld sind nicht ungewöhnlich, man bringt sie aber in der Regel nicht in einen Zusammenhang mit dem Initiationsgedanken. Zählt man die Menschen dazu, die – ausgehend von einer durchschnittlichen, gleich großen Gruppe Jugendlicher wie bei Malidomas Initiation – in unserem Kulturkreis später dem Alkohol oder Drogen verfallen, sich umbringen, durch eine Ehescheidung in ihrer Existenz erschüttert werden oder nur noch dahinvegetieren, weil sie einfach ihre Mitte, ihren Sinn, ihre Orientierung oder ihren Weg nicht finden, dann steigt der Prozentsatz der Betroffenen dieser auf Grund missglückter oder gar nicht stattgefundener Initiationen schnell auf einen weit höheren Level als bei Malidomas Vergleichsgruppe an.

Natürlich ist ein solcher Vergleich sehr gewagt und ich möchte mir nicht anmaßen, die Toten von zwei unterschiedlichen Gesellschaften gegeneinander aufzurechnen. Außerdem kann man einwenden, dass Phänome wie Drogenmissbrauch, Selbstmord oder Ehescheidung jeweils eine Reihe verschiedener Ursachen haben können. Dennoch steckt meiner Meinung nach hinter vielen dieser Fälle eine nicht richtig stattgefundene Initiation, auch wenn es vordergründig ganz anders erscheinen mag. Ich habe deshalb aufgehört, über harte Initiationsrituale wie bei den Dagara zu urteilen, seit mir diese Zusammenhänge bewusst geworden sind.

Initiation durch das Leben im westlichen Kulturkreis

Zwei Beispiele aus unserem Kulturkreis möchte ich an dieser Stelle noch anfügen, da sie im Licht des Initiationsbedürfnisses, also der Einweihung ins »richtige« Leben, aufzeigen können, was es bedeutet, das wirkliche Erwachsensein zu gewinnen, wenn entsprechende Prüfungen fehlen. Wenn keine offiziellen Initiationsrituale angeboten werden, bleibt uns »Westlern« nur eine »Initiation durch das Leben selbst«. Noch viel leichter als bei einem afrikanischen Stamm kann man dabei verloren gehen oder es kann viel Unheil entstehen, weil es oft keine »Ältesten« gibt, die die meist selbst (unbewusst) inszenierten Prüfungen oder Lebensschritte begleiten und deuten. So war es auch in folgendem Fall, der mir bekannt ist.

Eine furchtbare Scheidung

Zwei sympathische junge Leute Anfang 20 werden überraschend Eltern und gründen eine eigene Familie. Während des Studiums, dessen Abschluss beiden gelingt, bekommen sie noch zwei weitere Kinder. Während dieser Zeit werden sie von beiden Herkunftsfamilien sehr unterstützt. Mit 35 Jahren verlässt der Mann dann überraschend und völlig unerwartet seine Frau und seine Kinder, die wie vom Donner gerührt zurückbleiben. Er hat sich in eine andere Frau verliebt, die sich ebenfalls in einer Ehe befindet und zwei kleine Kinder hat. Gemeinsam gründen sie eine neue Familie und bekommen schnell zwei weitere Kinder. Dies ist in unserer Gesellschaft heute sicher kein Einzelfall und soll auch nicht bewertet werden. Das einzige, was ich daran als problematisch ansehe, sind sieben kleine oder noch halbwüchsige Kinder, die von dieser »Aktion« betroffen sind.

Durch diese Entwicklung werden beide Protagonisten der Ausgangsfamilie in bis dahin unbekannte Gefühlswelten geworfen: Schuld, Sorge um die Kinder, Sorge um die Existenz, elementare Gefühle von Wut, Verrat und Betrogensein, sowie vereiste Empfindungen gegenüber dem ehemaligen Liebes- und Lebenspartner werden im Schnelldurchgang und mit hoher Intensität durchlebt. Die vorher schon nicht ganz einfache Situation, Familienleben und

Studium bzw. Beruf der beiden Eltern miteinander zu verbinden, gerät nun vollkommen aus den Fugen. Chaos überall, vor allem für die betroffenen Kinder, und dies über Jahre hinweg.

So verrückt es klingen mag: Beide ursprünglichen Eheleute, die behütet aufgewachsen sind und aus »gutbürgerlichen Familien« stammen, spüren nun etwas, was sie gar nicht erleben wollten. Sie geraten in Gefühlswelten und kommen mit Schattenseiten des Lebens in Berührung, wie sie es nie für möglich gehalten hätten. Sie erfahren die volle Härte menschlicher Existenz und menschlicher Emotionen. Grundfragen des Lebens – auch die nach Leben und Tod, Liebe und Schuld, vor allem aber die Sinnfrage – werden aufgeworfen. Selbst Gefühle, dem anderen etwas antun oder ihn sogar umbringen zu wollen, kommen vorübergehend in ihnen hoch. Damit sind die beiden Eheleute ungewollt und unbewusst auf eine existentielle Ebene geschoben worden, die die Ältesten bei der Dagara-Initiation für die Jugendlichen ihres Stammes gerade bewusst provoziert haben. In beiden Fällen – hier die Eheleute, dort die Dagara-Initianden – geraten die betroffenen Personen in eine fundamentale Lebenskrise, in der die bis dahin gültigen Werte und Strategien, das Leben zu meistern, plötzlich in Frage gestellt werden oder sogar gänzlich versagen.

Bei den Dagara ist es eine künstlich herbeigeführte Krise für die Jugendlichen, durch die sie in den Prozess ihrer rituellen Initiation hineingeworfen werden. Im Falle der jungen Familie wird die Initiation durch Lebensumstände ausgelöst, die etwas vergleichbar Irrationales wie die Dagara-Welt an sich haben: Zwei Menschen haben sich ineinander verliebt und ihre bisherigen Familiensysteme radikal aufgekündigt. Dieses »Verliebtsein« wird in unserer Gemeinschaft selten in Frage gestellt. Jeder sieht irgendwo ein, dass es so laufen muss, wenn sich zwei Personen »verliebt« haben. Bisweilen wird es auch romantisch verklärt nach dem Motto: »Dagegen kann man nichts machen!« Das Sich-Verlieben wird somit als ein nicht hinterfragbares elementares Naturphänomen, im Grunde als eine Art »heiliges Geschehen« angesehen, vor dem man sich nur ehrfurchtsvoll verneigen und dann alle sich daraus ergebenden grässlichen Folgen geduldig und schicksalhaft ertragen muss. Aus Sicht eines noch intakten traditionellen Stammes würde dieses westliche Phänomen »Verliebtheit« wie im vorliegenden Fall jedoch möglicherweise als irrational oder unverständlich erscheinen.

Erst in diesem Vorgang der Trennung von der bisherigen Familie geschieht nun offensichtlich für die beiden Eheleute der Teil der Initiation, der Einweihung ins wirkliche Leben, der mangels Prüfungen und Thematisierung dieses Übergangs bis dahin nicht wirklich stattgefunden hatte. Der Mann muss sich jetzt massiv von seinen eigenen Eltern abgrenzen, die seinen Schritt, die Ehefrau und die Kinder zu verlassen, nicht einsehen können oder wollen und ihn mit Schuldvorwürfen überhäufen. Anscheinend hat es des Verlassens der von ihm selbst bereits gegründeten Familie bedurft, um seine Initiation in seiner Tiefe zu gewinnen, die vorher nicht wirklich stattgefunden hatte, zumindest auf einer wichtigen Ebene nicht. Aber welch hoher Preis bedeutet dies für die Kinder, die fast immer nur eines wollen: dass beide Eltern bei ihnen bleiben.

Auch die Ehefrau erlebt Tiefen, von denen sie vorher nicht die leiseste Ahnung hatte: Sie war bis dahin stets »erfolgreich« – mit Ihrer Familie, die überall als eine Art junge »Vorzeige-Familie« galt, und in ihrem Studium. Nun hat sie eine schwere Verwundung erhalten – eine nachhaltige seelische Verletzung. Ihr bisheriges Leben ist für eine lange Zeit aus den Fugen geraten und womöglich kann sie ihrem Ex-Mann lange nicht verzeihen. Aber vielleicht gelingt es ihr – viel später – auch den möglichen »Gewinn« für sich in diesem ganzen Geschehen zu erkennen: Möglicherweise hat sie selbst – ihre Seele – unbewusst und sehr subtil dieses ganze »Manöver« mit inszeniert. Denn nur so konnte sie zu einer nun viel reiferen Frau initiiert werden, die neben den Licht- auch die wirklichen Schattenseiten des Lebens kennenlernen musste und durfte. Dazu musste sie aber wirkliche Schmerzen und Qualen erleiden.

Hier sehe ich den Bezug zur – auf den ersten Blick – eher abstoßend wirkenden Dagara-Initiation. Krisen, Schmerzen, Qualen und Entbehrungen gehören anscheinend unvermeidlich dazu, wenn wir in andere Wirklichkeitsebenen als in die bisher vertraute und in den Lebensabschnitt des Erwachsenen eintreten wollen. Es ist eine Illusion, andauernd ein Jugendlicher bleiben zu wollen, mit all den damit implizierten vermeintlichen oder tatsächlichen Vorzügen. Unsere Gesellschaft möchte uns dieses Gefühl allerorts vermitteln; viele sehen es als »das« Ideal an, ewig jung, sportlich und damit über eine lange Zeit scheinbar alterslos zu bleiben. Dann aber schreitet oft das Leben selbst ein, um uns nachträglich auf sehr harte Weise zu initiieren, wenn und weil eine »Einweihung« in den im Grunde heiligen Lebensabschnitt des »Erwachsenseins« sonst nicht geschieht. Aber dieser wird nur als heilig erkannt, wenn das ganze Leben so gesehen wird.

Anhand des geschilderten Beispiels ist leicht zu sehen, welch nachhaltige Folgen eine Nicht-Initiation haben kann. Wahrscheinlich wurden die beiden Eheleute durch die Trennung und durch die sich daraus ergebenden Konsequenzen schließlich doch noch »durch das Leben selbst« initiiert. Aber dies ging unweigerlich auf Kosten der betroffenen, teils noch sehr kleinen Kinder. Vor diesem Hintergrund erscheint es als sehr vorteilhaft, wenn eine Initiation – wie im Fall des Dagara-Stammes – lange vor einer Eheschließung stattfindet.

Tod im Himalaja

Nun noch zu einem ganz anderen Beispiel, das wiederum vor dem Hintergrund einer nicht erfolgten Initiation betrachtet werden soll. Initiation hat in ihrer Tiefe auch mit den Themen Sterben, Tod und Jenseits sowie mit der Suche nach dem Lebenssinn zu tun. Diese Fragen müssen anscheinend auftauchen, ansatzweise erlebt und eine eigene innere Einstellung dazu gefunden werden, wenn eine Initiation diesen Namen verdienen soll. Findet sie nicht statt, dann sucht sich das Unterbewusstsein, vor allem das von Jungen und jungen Männern, nicht selten einen geeigneten Rahmen, in dem eine solche »Einweihung« erfolgen kann, in dem es Tiefenerfahrungen gibt, die die benannten Themen berühren.
Nur so jedenfalls kann ich folgende Geschichte deuten, die in der Zeitung unter der Überschrift »Wettlauf mit dem Tod. Zwei Münchner Bergsteiger wollen in Rekordzeit einen Achttausender besteigen – 20 Meter unter dem Gipfel müssen sie aufgeben.«[92] zu lesen war.

Zwei 31-jährige passionierte Bergsteiger und Skitouren-Geher haben es sich in den Kopf gesetzt, den Skitouren-Rennlauf selbständig auf die höchsten Berge der Welt zu verlagern. Im Speed-Stil wollen sie den 8051 Meter hohen Broad Peak (Himalaja) bezwingen – ausgehend von dem auf 3300 Höhenmetern gelegenen Basislager – und dann mit den Skiern wieder herunterfahren, und das alles in nur 18 Stunden. Das Dumme ist, dass schlechtes Wetter herrscht, sie aber für ihre geplante Großleistung nur einen sehr begrenzten Zeitrahmen haben. Wenn überhaupt, dann muss die Unternehmung bald stattfinden.

Am 17. Juli 2009 starten die beiden Extremsportler abends um 22.15 Uhr ihren Bergaufstieg – ohne Schlafsack und Zelt, nur mit einigen Litern Wasser und mit Energieriegeln versehen. Sie wollen ja nicht schlafen, sondern die Nacht bereits dem Aufstieg widmen und am nächsten Tag vor Einbruch der Dunkelheit wieder zurück sein. Obwohl der eine Sportler plötzlich bei Lager III in 7200 Metern Höhe an seine physischen Grenzen kommt und auch alles Wasser verloren hat, läuft er nach kurzer Rast in einem Höllentempo hinter seinem Kameraden und einer anderen Gruppe her, die ebenfalls auf dem Weg zur Bergspitze ist. Warum? Es ist ja sein sehnlichster Wunsch, den Gipfel zu stürmen und das lange angestrebte Ziel zu erreichen.

Auf einem Vorgipfel setzt sich endlich die Vernunft durch: Beide Bergsteiger müssen erkennen, dass sie wegen der fortgeschrittenen Zeit und wegen der Erschöpfung des einen den höchsten Punkt des Berges nicht mehr erreichen können, sondern schleunigst absteigen müssen. Eine Italienerin aus der anderen Gruppe möchte diesen letzten Aufstieg noch erzwingen und bezahlt es mit ihrem Leben: Sie stürzt mehrere hundert Meter in die Tiefe ab. Die übrigen drei aus den beiden Gruppen müssen ungeplanterweise auf Lager III übernachten und gelangen erst am nächsten Tag wieder ins Basislager I zurück: »Nach 39 Stunden kommen sie am Ziel an, 21 Stunden später als geplant, 15 Stunden ohne einen Tropfen Wasser. Ohne Rekord, mit ein paar Falten mehr im Gesicht. Beladen mit Eindrücken, die für ein ganzes Leben reichen.«[93]

Wenn ich eine solch extreme Geschichte höre, erscheint mir die Dagara-Initiation gar nicht mehr so außergewöhnlich oder brutal. Warum brauchen junge Männer und Frauen dermaßen gefährliche Abenteuer? Was treibt sie innerlich dazu an? Ist es nur die sportliche Begeisterung? Oder ist es das Bedürfnis, berühmt zu werden und sich die Anerkennung als Helden unserer Zeit zu sichern? Warum betreiben sie einen solchen Aufwand, um an ihre Grenzen zu kommen? Ist dies denn anders nicht zu erreichen? Ich glaube, in diesem Verhalten, mit dem sich die beiden Sportler letztlich selbst gefährdet haben, ist wieder ein tiefes Initiationsbedürfnis zu erkennen. Weil es keine Prüfungen gibt, die von den »Ältesten« einer Gemeinschaft angeboten werden, suchen sie sich anscheinend auf eigene Faust einen Rahmen, in dem sie durch harte Entbehrungen, physische und psychische Höchstleistungen selbst erleben und vor anderen zeigen können, was in ihnen steckt. Gott sei Dank ist es nochmal gut gegangen. Wenn es richtig läuft, können sie nun die Zeichen für sich erkennen: Diese Reise kann – bei richtiger Deutung – zu ihrer wahren Initiation und damit zur Einweihung ins Leben werden, gerade weil sie den Gipfel nicht erreicht, dafür aber Grenzerfahrungen zwischen Leben und Tod gemacht haben.

Braucht es erst einen Toten, damit die anderen erkennen, welchem Wahn sie aufgesessen sind? In diesem Fall wäre die Italienerin vielleicht nicht umsonst gestorben. Sie kann den anderen Bergsteigern durch ihren Tod vor Augen führen, auf welch irrsinniger »Straße« sie sich möglicherweise schon die ganze Zeit bewegt haben und einen Erkenntnisprozess einleiten, der für eine wirkliche und gelungene Initiation unabdingbar ist. Es geht nicht um die äußere Leistung und um die Erfüllung einer extremen sportlichen Aufgabe. Denn dann müsste der Vorgang immer nur wiederholt werden. Wenn die Überlebenden erkennen, worum es bei der Einweihung ins Leben des Erwachsenen wirklich geht, hat alles einen Sinn gehabt, auch wenn eine von ihnen dafür mit dem Leben bezahlt hat. Wenn sie dagegen mit der gleichen Einstellung wie bis jetzt schon wieder den nächsten Gipfelsturm planen sollten, hat das »Opfer« der einen wohl nichts genutzt.

Mit meinen bisherigen Ausführungen habe ich aufzuzeigen versucht, dass für die Entwicklung und für das Fortkommen einer Persönlichkeit eine Initiation immer notwendig ist, egal ob es in einer Gemeinschaft wie bei den Dagara dafür geeignete und offiziell gestaltete Rituale gibt oder nicht. Wenn dagegen – wie häufig in westlichen Gesellschaften – keine Prüfungen dafür angeboten werden, dann suchen sich die jungen Menschen meist selbst einen Rahmen dafür. Das Tragische daran ist aber, dass solche Versuche, die fast nie unter der Aufsicht von reifen und erfahrenen Erwachsenen stattfinden, sich meist über einen langen Zeitraum hinziehen und bisweilen böse ins Auge gehen können, wie all die geschilderten Beispiele verdeutlichen wollen. Andererseits geschieht aber vielleicht genau dadurch eine »Initiation durch das Leben selbst«. Um besser erkennen zu können, wo wir im Westen vielleicht ansetzen müssten, um dieses Problem zu bearbeiten, erscheint es mir nun wichtig zu klären, was es eigentlich bedeutet, »erwachsen« zu sein, was das »Erwachsensein« ausmacht und worin es eigentlich besteht. Diese Überlegungen halte ich für eine Kernfrage unserer Gesellschaft.

Einerseits wollen Jugendliche möglichst schnell erwachsen sein und sie sehnen ihren 18. Geburtstag herbei. Aber hier geht die Verwirrung schon los: Denn dann gelten die Jugendlichen gesellschaftlich mit ihrer Volljährigkeit als offiziell erwachsen und juristisch sind sie es auch. Viele fühlen sich aber gar nicht erwachsen und werden auch nicht als Erwachsene anerkannt. Und andererseits wollen offiziell bereits Erwachsene über einen möglichst langen Zeitraum als »jugendlich« gelten, sich so fühlen oder zumindest so wirken: verkehrte Welt, könnte man sagen. Darum ist es nun an der Zeit, einige »Kriterien des Erwachsenwerdens« aufzustellen:

- Was macht einen Menschen erwachsen?
- Wann ist er erwachsen?
- Welche Erfahrungen gehören zum Erwachsensein und durch welche Ereignisse, Vorgänge oder Rituale kann sich jemand zu Recht als erwachsen fühlen?
- Wodurch und von wem wird jemand in seinem Erwachsensein anerkannt und bestätigt?

Passende Initiationsrituale zum Erwachsenwerden müssten zumindest ansatzweise all das enthalten, was in unserer westlichen Gesellschaft zum Erwachsensein gehört.

5. Kriterien des Erwachsenwerdens

Vorüberlegungen

Überblick über den Lebenszyklus und seine Übergänge

Erwachsenwerden ist nur einer von mehreren Lebensübergängen, aber er ist entscheidend, weil die Periode des Erwachsenseins im Normalfall die längste in einem Leben darstellt. Darum sollte diese Transformation unter allen Umständen gelingen. Um diesen Übergang ins Erwachsensein besser verstehen und einordnen zu können, soll folgende Skizze zunächst einen vereinfachten Überblick über den ganzen Zyklus des menschlichen Lebens und über die damit verbundenen notwendigen Übergänge geben. Dabei stehen die einzelnen Lebensabschnitte in der unteren Zeile, während die obere die Übergänge zwischen diesen Abschnitten markieren soll:

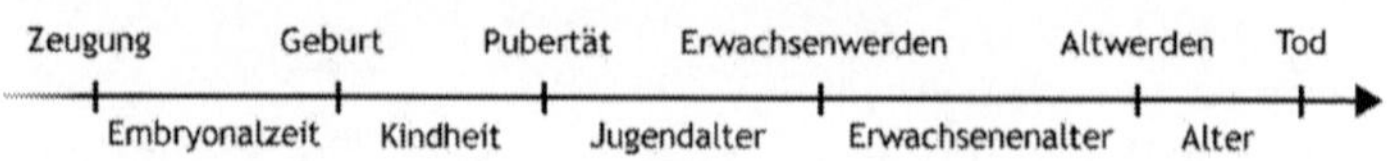

Die stärkste Initiation, die ein Mensch überhaupt in seinem Leben erfahren kann, ist die seiner Geburt. Psychologen bezeichnen dieses fundamentale Geschehen als »Geburtstrauma«, das jeder unvermeidlich erleben muss, wenn er das Paradies mit der Rundumversorgung in der angenehm warmen mütterlichen Fruchtblase verlässt und in die laute, grelle und kalte Welt »da draußen« geht. Vielleicht ahnen manche Kinder dies und lassen sich daher mit ihrer Geburt möglichst lange Zeit. Aber auch diese »Spätzünder« müssen raus aus dem wohligen »Swimmingpool« in der Mutter.

Jedes Kind muss sich also dem schmerzlichen Geburtsvorgang hingeben und sich durch den dunklen und engen Geburtskanal zwängen – Kaiserschnittkinder ausgenommen. Für alle Kinder beginnt mit der Geburt im Grunde eine Heldenfahrt ins Unbekannte, die jedes ab Beginn seines Erdendaseins unweigerlich machen muss. Nur außerhalb der Fruchtblase kann dann die Weiterentwicklung des Kindes überhaupt stattfinden. Damit vollzieht sich im Grunde mit jeder Geburt der biblische Mythos der Vertreibung aus dem Paradies stets neu (vgl. Buch Genesis, Kapitel 3).

Der Mythenforscher Joseph Campbell meint, dass jeder von uns schon deshalb ein Held sei, nur weil er geboren wurde, »... denn er macht dabei eine ungeheure seelische wie auch körperliche Umwandlung durch: aus dem Zustand eines kleinen Wasserwesens, das in einer Fruchtwasserwelt lebt, in ein Luft atmendes Säugetier, das einmal aufrecht stehen wird. Das ist eine gewaltige Umwandlung, und wenn sie bewusst unternommen würde, so wäre sie in der Tat ein heroischer Akt.«[94]

Aber diese erste Initiation ins Leben selbst ist uns natürlich nicht bewusst, wir können darüber später höchstens von unseren Eltern, vor allem von unserer Mutter, Näheres erfahren. Sie ist es im Normalfall auch, die uns in den ersten Lebensjahren das Urvertrauen und die Selbstsicherheit vermitteln muss, wenn wir später unser Dasein im Leben überhaupt aushalten und bestehen wollen. Danach ist es eher die Aufgabe des Vaters, uns von dieser so engen Mutterbindung wieder zu lösen und in die »große weite Welt« hinauszuführen.

Für den Übergang in die jeweils neue Altersstufe sind Rituale nötig und bei manchen Übergängen gibt es diese in unserem Kulturkreis noch ganz selbstverständlich. So werden in unserem Land die meisten Kinder auch heute noch kirchlich getauft. Die kirchliche Hochzeit als spezielles Ritual innerhalb des Erwachsenenalters erfreut sich selbst bei sonst eher kirchenfernen Leuten noch immer großer Beliebtheit. Die Begräbnisfeiern der beiden großen Kirchen ermöglichen auf würdevolle Weise den Übergang vom Leben in den Tod und dabei – je nach Glaubensvorstellung – in eine andere Existenzform der Seele.

In drei grundlegenden Übergängen findet für einen Menschen eine immer stärkere Ablösung von den Eltern statt:

- Die Geburt beendet den Embryonalzustand, in dem das Kind völlig von der Mutter abhängig ist, sich aber auch geborgen fühlt und von ihr total versorgt wird. Dieser Übergang ist von der Natur vorgegeben.
- Mit dem Eintritt der Geschlechtsreife beginnt der Mensch, auf elementare Weise zu sich selbst zu kommen und sich selbst zu finden. Das bewusste Erleben der eigenen Sexualität ist dafür der fundamentalste Ausdruck. Auch dieser Übergang ist von der Natur vorgegeben und beginnt in der Regel ganz von selbst.

- Mit dem Eintreten in das Erwachsensein löst sich der Mensch dann in grundlegender Hinsicht von seinen Eltern – finanziell, seelisch, geistig, in der eigenen Lebensgestaltung, durch ein eigenes Beziehungsnetz oder in der Gründung einer eigenen Familie. Dieser Übergang muss nun aber von den Jugendlichen und von der Gemeinschaft ganz bewusst gestaltet und vollzogen werden, wenn er gelingen soll.

Während mit der Taufe der erste dieser drei Übergangsschritte in vielen Familien meistens noch eindrucksvoll begangen und gefeiert wird, fehlt für die beiden anderen Übergänge in der westlichen Gesellschaft oft jedes adäquate Ritual. Meist herrscht dazu überhaupt kein Bewusstsein und es gibt auch kein Ritual, das diese beiden ebenso wichtigen Übergänge in die Jugendzeit und ins Erwachsensein in geeigneter Weise unterstützen und bezeugen würde. Gerade für das Hinüberschreiten vom Jugendalter[95] ins Erwachsensein sollte aber unbedingt ein geeignetes Ritual angesetzt werden, um diesen Übergang zu markieren und auf sinnvolle und kraftvolle Weise zu vollziehen. Und es sollte all die Elemente enthalten oder wenigstens erahnen lassen, die unverzichtbar zu dem Lebensabschnitt des Erwachsenseins gehören. In einem solchen Ritual sollten für den Initianden also bereits alle wesentlichen Kriterien des Erwachsenseins, das sich über 50 und mehr Jahre erstrecken kann, zumindest ansatzweise erlebbar, erkennbar und fühlbar sein.

Will man jedoch aus falsch verstandener Rücksichtnahme unsere Jugendlichen vor der Härte des Erwachsenseins bewahren und bietet ihnen deshalb über eine lange Zeit überhaupt keine adäquaten Initiationsrituale an, dann kann es sein, dass später »das Leben« plötzlich um so heftiger zuschlägt und die nicht richtig initiierten Menschen völlig unvorbereitet trifft. Oder ein solch nicht initiierter Mensch kommt nie wirklich in seine Kraft und in sein eigenes Leben. Daher lohnt es sich, einige wichtige »Kriterien für ein echtes Erwachsensein« zusammenzutragen und zu benennen. Erst danach kann untersucht und überlegt werden, welche Rituale es vielleicht bereits gibt oder welche Prüfungen geeignet wären, um Jugendliche unserer Gesellschaft in unserem westlichen Kulturkreis in die Lebensphase des Erwachsenenalters einzuweihen. Dadurch sollen sie der Rolle eines Erwachsenen besser gerecht werden und den existentiellen Anforderungen des Lebens in unserer Gesellschaft auch wirklich standhalten können. Doch zunächst noch einige Überlegungen über das Einsetzen der Geschlechtsreife selbst, die bei einem Jugendlichen dann erst eine Reihe von Entwicklungen auslöst. Diese können ihn schließlich zum Erwachsenwerden führen.

Die Bedeutung des Beginns der Geschlechtsreife für die Persönlichkeitsentwicklung

Die Bedeutung der Geschlechtsreife bei traditionellen Völkern

Bei dem traditionellen Stamm der Dagara findet die Initiation für Jungen bereits im Alter von 13 bis 14 Jahren statt (vgl. Kapitel 4). Sie müssen sich einer 30-tägigen teilweise äußerst heftigen Initiationsprüfung unterziehen, die sie intensiv, elementar und existentiell zu sich selber führt. Die Stammesältesten haben einen Blick dafür, wann es bei den Jungen so weit ist. Die Mädchen werden mit Sicherheit nicht später, sondern eher noch etwas früher initiiert. Dies erscheint uns Menschen im Westen vielleicht als unvorstellbar oder sogar als extrem. Daher muss nachgefragt werden, was denn bei traditionellen Völkern das auslösende Moment oder der Indikator dafür ist, dass ein Mädchen oder ein Junge zum knallharten Initiationsritual ansteht? Es ist – vereinfacht gesagt – der Beginn der Geschlechtsreife, also der Eintritt in die Pubertät, die als Startsignal für die bevorstehende Initiation gilt. Anscheinend herrscht(e) bei allen indigenen Völkern ein kollektives Wissen darüber, welch elementare Kraft und welch großes Potential in dieser Veränderung der Heranwachsenden steckt. Dieses soll genutzt werden, sobald die Pubertät einen Jugendlichen »ergriffen« hat. Denn viele Jugendliche – in allen Kulturkreisen dieser Welt – erleben das Einsetzen ihrer Pubertät wie einen Tsunami, der über sie hinweg und vor allem durch sie hindurch fährt.

Da es bei vielen traditionellen Kulturen früher vor allem um den Erhalt des Stammes ging, war die Regelung und Sicherung der Fortpflanzung entscheidend. Darauf sollten die Jugendlichen möglichst umfassend vorbereitet und in die Lage gebracht werden, dieser fundamentalen Lebensaufgabe und auch diesem existentiellen

Geschehen gewachsen zu sein. Die Pubertät wurde im Denken indigener Völker eher als Übergangsstadium zum eigentlichen, verantwortlichen und erwachsenen Leben gesehen. Die Jugendzeit hatte – im Gegensatz zu unserer Gesellschaft – dort keinen besonderen Eigenwert und wurde daher möglichst kurz gehalten. Alles zielte auf die entscheidende Lebensaufgabe hin, der sich jedes Stammesmitglied unterziehen sollte: den Dienst an der Gemeinschaft und der Gründung einer eigenen Familie.[96] Dafür ist die Geschlechtsreife die körperliche Voraussetzung und der nicht zu übersehende Indikator. Aber diese fundamentalen Aufgaben setzen eben psychisch stabile, reife und verantwortlich handelnde erwachsene Menschen voraus.

Viele traditionelle Völker hatten ein tiefes Wissen davon, dass dieser elementare Übergang von der Pubertät ins eigene selbstverantwortliche und erwachsene Leben den Jugendlichen nicht selbst überlassen werden kann und darf, denn dies hätte mittelfristig im schlimmsten Fall den Untergang ihres Stammes bedeuten können. Die Jugendlichen würden dann sehr langwierige Pfade mit vielen Irrwegen beschreiten müssen, bis sie von selbst in die Lage kommen könnten, die Verantwortung für sich und die Stammesgesellschaft zu übernehmen. Wegen der Notwendigkeit, sich immer wieder gegen Nachbarstämme verteidigen und wegen der dringenden Aufgabe, sich beständig um die Grundversorgung des Stammes kümmern zu müssen, konnte es sich eine Stammesgemeinschaft gar nicht leisten, ihre Jugendlichen in dem Übergang zum Erwachsensein und bei ihrer Selbstfindung allein zu lassen.[97]

Daher suchten die Verantwortlichen des Stammes die dafür am besten geeigneten Mentoren aus ihrer Mitte, die diese so wichtige Einweihung ins Erwachsensein für ihre Jugendlichen organisierten und durchführten. Vom Gelingen des alljährlich wiederkehrenden Initiationsprozesses der dafür anstehenden Jugendlichen hing das Fortbestehen und das Wohl eines ganzen Stammes ab. Daher durfte keine Zeit verloren werden: Bald nach dem Eintritt der Geschlechtsreife wurden (und werden) die Jugendlichen ausgewählt, die sich ihrer Einweihung ins Erwachsensein unterziehen sollen. Und diese bedeutet neben dem körperlichen vor allem einen seelischen, mentalen und spirituellen Reifeprozess für die Initianden. Danach ist ihre Jugend unwiederbringlich vorbei.

Geschlechtsreife und Erwachsenwerden klaffen im westlichen Kulturkreis weit auseinander

Zurecht muss nun gefragt werden: Aber was ist denn daran so erstrebenswert? Können oder sollen wir allen Ernstes – so wie bei archaischen Stämmen üblich – unsere Jugendlichen bereits im Alter von etwa 14 oder 15 Jahren zu Erwachsenen machen? Worin kann der Sinn liegen, dass wir uns in den westlichen Ländern überhaupt mit den vielleicht erschreckend und brutal anmutenden Initiationsritualen traditioneller Völker beschäftigen sollen? Diese Stammesgesellschaften galten doch noch bis vor etwa 50 Jahren in der Vorstellung breiter Bevölkerungskreise unserer sogenannten »Ersten Welt« als »unterentwickelt«, »wild« oder »heidnisch«.

In unserer westlichen Gesellschaft läuft es doch ganz anders: Zwar erfolgt der Eintritt der Geschlechtsreife meistens ebenfalls mit 13 oder 14, bei Mädchen durchaus auch schon mit 12 Jahren oder noch früher. Im Gegensatz zu den indigenen Völkern wird – wie oben bereits erwähnt – dieser so wesentliche Schritt aber bei uns fast nie in einem Ritual gefeiert, das diesen wichtigen Übergang vom Kindsein in die Pubertät bezeugen, anerkennen oder gar würdigen könnte etwa nach dem Motto: »Du bist jetzt kein kleines Kind mehr! Du bist jetzt zumindest körperlich bereits fähig, selbst Leben zu zeugen und Vater oder Mutter zu werden. Damit gehörst Du nun auch zum Kreis der Menschen, bei denen sich potentiell das heiligste Geheimnis des Menschseins vollziehen kann: selbst neues Leben hervorzubringen und zu schenken.«

Es wäre Grund genug, in einer Familie beim Einsetzen der Pubertät des Sohnes oder der Tochter für einen längeren Moment die Zeit anzuhalten, sich dieses fundamentalen Übergangs bewusst zu werden und den Heranwachsenden zu würdigen, der jetzt ein Jugendlicher geworden und eben kein Kind mehr ist. Doch dafür besteht in unserer modernen, rationalen und technisierten Gesellschaft weder ein tieferes Verständnis, noch existieren geeignete Rituale, die diesen Übergang bezeugen und unterstützen könnten. Die schulische Sexualaufklärung findet ganz bewusst auf einer eher sachlich-nüchternen Ebene statt. Die kirchlichen Moralvorstellungen werden nicht selten von den Jugendlichen als sehr altmodisch, lebensfern, unverständlich oder wenig hilfreich empfunden und daher ganz abgelehnt. Jugendzeitschriften wie »Bravo«

haben aus kommerziellen Gründen gar nicht die Absicht und auch nicht den nötigen Tiefgang, um dem Pubertätsprozess in seiner seelischen, mentalen oder gar spirituellen Dimension wirklich gerecht zu werden.

Vom Eintritt der Geschlechtsreife bis zur Gründung einer eigenen Familie oder der Geburt des eigenen Kindes, also des Eltern-Werdens, vergehen dann meist 15, 20 oder noch mehr Jahre (von den ungewollten Schwangerschaften junger Mädchen einmal abgesehen, die es auch in unserer Gesellschaft gibt). Für diesen langen Zeitraum gibt es bei uns keine adäquaten Rituale, somit keine dieser wichtigen Prozesse von Pubertät und Adoleszenz begleitenden, unterstützenden und deutenden offiziellen Rahmenhandlungen, wenn man von den kirchlichen Ritualen »Firmung« und »Konfirmation« einmal absieht. Diese finden heute aber sehr früh, meist bereits mit etwa 14 Jahren statt und sollen daher nicht Gegenstand einer näheren Betrachtung sein. Vom Zeitpunkt her gesehen haben diese beiden kirchlichen Rituale für nicht wenige Jugendliche jedoch tatsächlich die Funktion eines schönen »Pubertäts-Bestätigungsrituals«, auch wenn die Geschlechtsreife selbst dabei manchmal gar nicht explizit thematisiert wird. Als wirkliche Rituale zum Erwachsenwerden, wozu sie ursprünglich und von ihrem theologischen Inhalt her gedacht waren, kommen Firmung und Konfirmation nach Ansicht vieler Jugendlicher jedoch viel zu früh.

An dieser Stelle soll noch einmal auf eine Besonderheit in westlichen Gesellschaften aufmerksam gemacht werden: Die meisten der Jungen, die gemeinsam mit Malidoma initiiert worden sind, waren erst im Alter von 13 oder 14 Jahren. Die Lebensphase des Jugendalters wurde also bei den Dagara und bei vielen anderen traditionellen Stämmen sehr kurz gehalten und hatte eher die Funktion einer unvermeidlichen Übergangszeit zwischen der Kindheit und dem Erwachsensein. Das »Jugendalter« oder die »Jugend« hatte daher eine – im Gegensatz zum heutigen westlichen Kulturkreis – eher untergeordnete Bedeutung. Das aufwendige Ritual, das bald nach dem Beginn der Geschlechtsreife bei vielen Stämmen durchgeführt wurde, war dann bereits »das« Initiationsritual zum Erwachsensein selbst. (Im Tierreich übrigens bedeutet die Geschlechtsreife bereits den Eintritt ins »Erwachsensein«.)

Aber was ist in unserer heutigen Gesellschaft los? Warum brauchen wir neben einem Übergangsritual in die Pubertät, das meist gar nicht begangen wird, überhaupt noch eine weitere Initiationsstufe, etwa mit 18 bis 20 Jahren? Was geschieht in der Zwischenzeit mit unseren Heranwachsenden, also im Zeitraum zwischen etwa 12 Jahren, wenn die Geschlechtsreife einsetzt, und 18 Jahren, wenn unsere Jugendlichen offiziell »rechtlich erwachsen« werden? Müsste nicht auch gefragt werden, warum trotz der biologischen Reife in unserer Gesellschaft eine sexuelle Betätigung über einen langen Zeitraum aus verständlichen Gründen eher verpönt war (ist?) nach dem Motto: »Ein Fahrrad (die Sexualität) habt ihr zwar bereits bekommen, ihr dürft damit zwar klingeln, nicht aber fahren!« Natürlich liegt dies auch daran, dass in unserer Gesellschaft in der Regel noch viele Jahre nach dem Einsetzen der Pubertät vergehen, bis ein Jugendlicher schließlich finanziell in der Lage ist, eine eigene Familie zu ernähren. Was sollen aber unsere Jugendlichen in der Zwischenzeit mit ihrer Sexualität anfangen?

Dann stellt sich noch diese weitere Frage: Was nützt es, wenn wir unseren Jugendlichen mit 18 Jahren ein Initiationsritual anbieten – was bisher in der Regel ja auch nicht gemacht wurde –, wenn vorher schon vieles schief gelaufen ist, etwa weil kein Übergangsritual von der Kindheit in die Pubertät erfolgt ist und die Heranwachsenden nicht selten mit ihrer sexuellen Situation alleine gelassen wurden? Es bräuchte also in der westlichen Gesellschaft genau genommen sogar zwei Initiationsrituale: beim Eintritt in die Pubertät und später ins Erwachsensein. Doch dazu weiter unten noch genauer. An dieser Stelle soll aber darauf hingewiesen werden, dass der Fokus meiner Betrachtungen in diesem Buch nicht auf dem Beginn der Geschlechtsreife, sondern fast ausschließlich auf diesem zweiten Übergang ins Erwachsensein liegen soll.

Da für die meisten Jugendlichen die kirchlichen Angebote der Firmung bzw. Konfirmation in der Regel schon sehr früh stattfinden, gibt es für die Heranwachsenden später – etwa mit 18 Jahren – oft keine oder kaum geeignete Rituale mehr für den so fundamentalen Übergang vom Jugendlichen zum Erwachsenen. Die Jugendlichen sind sich in vielen Bereichen selbst überlassen, machen ihre eigenen (sexuellen) Erfahrungen, oft nur begleitet von den Ratschlägen der eigenen Clique und den verzerrenden Eindrücken, Impulsen und Reizen aus Medien oder Internet. Darum dauert es oft viele Jahre, bis ein junger Mensch – meist längst volljährig – ein wirklich eigenes und selbstverantwortliches Leben führen kann. Dies liegt natürlich vordergründig vor allem an der meist langen schulischen Ausbildung und beruflichen Qualifizierung in unserer westlichen Bildungsgesellschaft. In der Tiefe hat dies aber auch seine Ursache im Fehlen geeigneter, öffentlich bezeugter und anerkannter Übergangsrituale ins Erwachsensein.

Erwachsenwerden bedeutet eben nicht nur körperliche Reifung, bloßes Älterwerden und das Erwerben schulischer Abschlüsse. Es ist vielmehr mit einem fundamentalen psychischen, mentalen und spirituellen Reifeprozess verbunden. Und um genau den ging und geht es den indigenen Völkern. Sie wissen, dass ein erwachsenes und verantwortliches Leben, insbesondere eine Familiengründung und Elternschaft, nur dann gelingen können, wenn neben der Geschlechtsreife auch eine seelisch-geistige Reife erfolgt ist. Dieser Entwicklungsprozess zur eigenen, erwachsenen Persönlichkeit soll in den als fundamental, hart und existentiell empfundenen Initiationsritualen bei traditionellen Völkern zumindest aktiviert, fokussiert und ansatzweise in seiner Tiefe erlebbar gemacht werden. Die Jugendlichen müssen spüren, worum es bei einem erwachsenen Leben wirklich geht. Die Frage nach Leben und Tod darf dabei nicht ausgespart werden, wenn das Leben in seiner Tiefe erahnt und »geschmeckt«, gedeutet und in einen größeren Zusammenhang gebracht werden soll.

Erwachsenwerden geht nicht von selbst

Dieser fundamentale Prozess hin zu sich selbst, die Entwicklung zum unabhängigen Erwachsenen, die der Psychologe C. G. Jung als »Individuation« bezeichnet, zieht sich in unserer westlichen Gesellschaft dagegen oftmals über 15, 20 oder noch mehr Jahre hin. Keiner sagt, was »Erwachsensein« eigentlich bedeutet und worin es besteht, aber jeder setzt voraus, dass »man« es weiß und dass »man« einfach erwachsen ist – spätestens wenn ein junger Mensch in den Arbeitsprozess eintritt. Denn dann soll er in unserer knallharten Leistungsgesellschaft seinen Mann oder seine Frau stehen und Verantwortung als Erwachsener übernehmen können. Aber es gibt kaum Rituale, in denen die Jugendlichen, die ja erwachsen werden wollen und zu diesem Lebensabschnitt in der Regel förmlich hindrängen, erfahren könnten, was mit Erwachsensein in seiner Tiefe gemeint ist.

Ein Ritual beinhaltet als ein wesentliches Element die Anerkennung durch die Gemeinschaft. Diese ist wichtig, damit die Initianden es auch spüren und glauben können, dass sie nun erwachsen geworden sind. Aber in unseren modernen westlichen Gesellschaften, die vor allem auf Konsum und Leistung ausgerichtet sind, gibt es oft keine wirklichen und konkreten Vorstellungen mehr davon, was »Erwachsensein« bedeutet und wie und wodurch man diesen Lebensabschnitt erreichen könnte. Dies ist ein großer Mangel. Daher findet der Prozess des Erwachsenwerdens bei unseren Jugendlichen entweder überhaupt keine oder nur eine sehr indirekte Bestätigung von Seiten der bereits Erwachsenen.

Es herrscht sogar die weit verbreitete, aber meist irrige Überzeugung, dass das Erwachsenwerden von selbst geschehe und dass man dazu als Gesellschaft oder als Gemeinschaft der bereits Erwachsenen sowieso nichts beitragen könne oder müsse. Damit kaschiert unsere Gesellschaft aber nur den Umstand, dass sie zu dieser so fundamentalen Frage nur wenig Wissen und oder überhaupt keine Vorstellung besitzt, oder dass dieses Wissen längst verloren gegangen ist. Vielleicht spüren viele offiziell bereits Erwachsene instinktiv und insgeheim, dass sie es selbst nicht so genau wissen, was »Erwachsensein« eigentlich bedeutet. Oder sie verdrängen das mulmige und beschämende Gefühl, dass sie womöglich in der Tiefe ihrer Persönlichkeit selbst noch gar nicht wirklich erwachsen geworden sind.

Weil bei uns ein so großer Zeitraum zwischen dem Einsetzen der Geschlechtsreife (Pubertät) und dem Erlangen des Erwachsenseins klafft, möchte ich in meinen Ausführungen als nächstes nach »Kriterien für das Erwachsensein« suchen, um mehr Klarheit über einen so fundamentalen Übergang zu bekommen. Es herrscht nämlich Verwirrung sowohl darüber, was »Erwachsensein« überhaupt bedeutet, als auch über den Weg, wie dieser Zustand vielleicht erreicht werden könnte. Dies liegt genauso daran, dass in unserer Gesellschaft die Illusion und der Wunsch bestehen, möglichst lange jugendlich bleiben zu können oder zu wollen. Die städtische »Yuppie-Gesellschaft« ist ein Ausdruck für dieses fast zwanghafte »Hinausschiebenwollen« des Erwachsenwerdens. Der Traum von der ewigen Jugend, der in westlichen Gesellschaften vielfach zu einem »heiligen« und »göttlichen« Ideal hochstilisiert wird, erscheint aus Sicht von traditionellen Völkern unverständlich; denn dies würde ja bedeuten, den natürlichen Lebensfluss zu blockieren und den Prozess des Lebens, der von einem beständigen Wandel und vom Werden und Wieder-Vergehen geprägt ist, künstlich aufhalten zu wollen.

Aus der Sicht indigener Völker liegt der Hauptsinn und das erstrebenswerte Ziel des menschlichen Lebens dagegen in der Phase des Erwachsenseins. Die Jugend wird bei ihnen nur als notwendiges Durchgangs- oder Übergangsstadium vom Kindsein zum Erwachsensein gesehen. In der Mythologie wird der Lebensabschnitt des Erwachsenseins mit der Figur von »König« und »Königin« beschrieben. In ihr ist alles verdichtet, was Erwachsensein bedeutet und auf sie zielt alles im Leben hin. Jeder soll zu einem König oder einer Königin werden – darin liegt der Sinn und das Ziel menschlicher Entwicklung für ein Erdenleben. Die Figur des Königs drückt aus, was ein Erwachsener in Wahrheit ist oder sein soll: Er trägt Verantwortung, er hat Macht über sein Leben, er bestimmt selbst seine Geschicke, er gibt Leben weiter und beschützt es, er herrscht über sein inneres und äußeres Reich und er weiß sich in der Regel rückgebunden an »ein Größeres«, an das Göttliche oder an das Geheimnis des fundamentalen Lebenszyklus. Die nun folgenden acht »Kriterien des Erwachsenwerdens« stammen letztlich aus dieser Königskraft.

Kriterien des Erwachsenwerdens im Einzelnen

1. Kriterium: Erleben und Gestalten der eigenen Sexualität – erste Ablösung von den Eltern

Zu einer gesunden Persönlichkeitsentwicklung und Reifung zum Erwachsenen gehört das Erleben, Bewusstwerden und die Gestaltung der eigenen Sexualität. Dieser Prozess beginnt – wie oben bereits beschrieben – von selbst mit dem Eintritt der Geschlechtsreife. Spätestens dann setzt auch ein damit verbundener starker psychischer und mentaler Entwicklungsprozess ein. Nun geht es darum, sich auf die Reise zum eigenen bewussten Leben zu machen und sein Selbst zu erkennen. Die Jugendlichen werden oftmals psychisch von starken Kräften herumgeworfen, sind himmelhoch jauchzend und kurze Zeit später wieder zu Tode betrübt, sie erleben also Gemütsschwankungen in einem Ausmaß, wie es ihnen bis dahin unbekannt war. Die Ablösung vom Kindsein und damit von den Eltern setzt mit der Pubertät unwiderruflich ein. Dies ist ein Prozess, der in seiner Bedeutung am besten mit dem Geburtsvorgang zu vergleichen ist.

Der Eintritt in die Pubertät markiert somit den Aufbruch ins eigenständige Leben. In der Mythologie wird dies als »Heldenreise« bezeichnet. Jugendliche, vor allem Jungen, fühlen sich von diesen uralten Geschichten, die in vielen Computerspielen und Filmen eine wahre Renaissance erleben, massiv angesprochen. Denn der Filmheld oder der Held des Computerspiels, mit dem sich der Junge leicht identifizieren kann, lebt im Grunde in wilden, abenteuerlichen und gefährlichen Geschichten genau den Erfahrungsprozess aus, den viele Jugendliche – wenn auch eher unbewusst – gerade seelisch durchmachen. Vor allem Jungen wollen Helden sein. Solche mythischen Geschichten, in denen ein Held oder Krieger zu seiner Abenteuerfahrt aufbricht, spiegeln im Grunde wider, worum es jedem Jugendlichen in der Tiefe geht: Mit Beginn der Pubertät sind sie zur Heldenfahrt ihres eigenen Lebens aufgebrochen.

Instinktiv grenzen sie sich nun von ihren Eltern ab und schützen ihre Sexualität vor ihnen. Sie spüren zunächst vielleicht eher als Schamgefühl, dass die eigene Sexualität etwas ganz Intimes darstellt und nur sie selbst etwas angeht. Die Eltern haben dabei nichts mehr zu suchen. Ihre Sexualität gehört ihnen ganz allein, drängt aber irgendwann danach, sie mit einem (meist) andersgeschlechtlichen Partner zu teilen.

Damit sich die eigene Sexualität gesund und natürlich entwickeln kann, braucht es einen geschützten Raum. In vielen Familien gibt es sicher diese Atmosphäre der Achtung, des Respekts und des Vertrauens, so dass die Jugendlichen auf eine sehr gesunde Weise reifen können. Dies ist wichtig, denn unsere Sexualität macht einen wesentlichen Teil unserer Identität als Mann oder Frau und als eigenständige Person aus.

Während die 68er-Bewegung noch großen Wert auf die Befreiung der Sexualität von einer als unterdrückend empfundenen bürgerlichen Moral legte, haben es die Jugendlichen heute eher mit einer ganz anderen Fragestellung zu tun. Sie sehen sich einer Flut von sexuellen Bildern ausgesetzt, die allerorten auf sie einprasseln und sie nicht selten regelrecht überfluten. Wie soll hier eine gesunde und natürliche sexuelle Entwicklung stattfinden können, wenn die Jugendlichen überall auf schon feste Vorgaben oder scheinbar fertige Konzepte treffen, die ihnen vermitteln wollen, wie es angeblich mit der Sexualität gemacht werden muss?

Sexualität in der Sicht von traditionellen Völkern – ein Vergleich

Doch werfen wir zuerst wieder einen Blick auf die Situation von indigenen Völkern. In traditionellen Kulturen wie den Dagara-Stämmen fand und findet die Männereinweihung teilweise noch immer im Alter von bereits etwa 14 Jahren statt. Die Jungen wurden aus ihren Familien weggeholt und von Ältesten in die »wilde« Natur gebracht. Dort lernten sie während der »Initiationszeit« alles über »das Männliche« und über »das Mannsein«, was sie später brauchen, um eine eigene Familie gründen, Kinder ernähren und die Stammesgemeinschaft beschützen zu können. Dazu gehörte auch eine ganz natürliche Einstellung zur und ein Wissen über die Sexualität. Mädchen erhielten etwa im gleichen Alter eine ähnliche Einweihung in entsprechenden Frauencamps.

Nach Ende der Einweihung kehrten die Jungen wieder in ihr Dorf zurück, das sie nun als »frisch geborene Männer« feierte und willkommen hieß. Jetzt erhielten sie als Zeichen ihrer Initiation ein entsprechendes Stammeskleid und ein eigenes Zimmer, in der Stammesversammlung hatten sie ganz selbstverständlich Rederecht, sie mussten sich dieses nun nicht mehr erkämpfen. Die harten Prüfungen ihrer Einweihung galten den anderen Männern als Beweis genug für ein volles Mannsein. Dies erlaubte es den Initianden, sich ab jetzt eine Frau zu nehmen. Das bedeutete, dass die neu erwachte Sexualität nicht lange darben musste, sondern schon bald ihre Bestimmung und Erfüllung haben konnte – mit allen Rechten und Pflichten, mit den Freuden, aber auch mit der Verantwortung, die eine reife Sexualität kennzeichnet. Da sie in eindrucksvollen und knallharten Einweihungsprüfungen das Mannsein in der ganzen Tiefe kennenlernten oder zumindest erahnen durften und in einem mühsamen und entbehrungsreichen Prozess erwerben mussten, hatte ihre Sexualität als Teil dieses neuen Lebenszustandes »Mannsein« im Normalfall auch eine entsprechende Reifungsgrundlage und Verantwortlichkeit erreicht.

Wie anders ist doch die Situation von Jugendlichen in modernen westlichen Ländern. Sie werden ebenfalls mit 14 Jahren oder auch schon früher geschlechtsreif und erleben ihren Körper auf ganz neue Weise. Aber in unserem Kulturkreis gibt es – wie zuvor bereits beschrieben – meist keine Rituale, mit denen dieser so fundamentale Übergang in die Pubertät unterstützt oder die erwachte Sexualität, wie die erste Menstruation oder der ersten Samenerguss, gar gefeiert würde. Zwischen dem Eintreten der Geschlechtsreife und der Volljährigkeit oder gar dem echten Erwachsensein liegen bei uns viele Jahre. Und bis unsere jungen Leute in der Lage sind, zu heiraten und eine eigene Familie zu gründen, die sie auch selbst ernähren können, vergehen dann oft nochmals zehn oder mehr Jahre. Was soll aber in der Zwischenzeit mit ihrer Sexualität geschehen, wenn der Beginn der Pubertät und die Gründung einer eigenen Familie oft mehr als 20 Jahre auseinanderklaffen?

In traditionellen Stammesgesellschaften, in denen Geschlechtsreife, Initiation und Familiengründung in einem vergleichsweise sehr frühen Alter stattfanden und auf nur wenige Jahre verdichtet waren, wurde die Sexualität aus Gründen des Schutzes des Stammes meist durch klare Regeln bestimmt; vorehelicher geschlechtlicher Kontakt wurde möglicherweise durch harte Strafen geahndet, vor allem wenn er noch vor einem entsprechenden offiziellen Initiationsritual stattfand.

Bezüglich ihrer Sexualität werden die Jugendlichen in unseren westlichen Industriegesellschaften oft sehr allein gelassen. Dabei ist die Gestaltung einer so wichtigen menschlichen Kraft sehr entscheidend, die sowohl zur höchsten Erfüllung und dem größten Glück als auch zum furchtbarsten Missbrauch, der schlimmsten Demütigung und zu seelischen Verletzungen führen kann.[98]

Aber was sollen die Jugendlichen denn tun, wenn sie sich plötzlich starken körperlichen Veränderungen und bis dahin unbekannten heftigen Gefühlsschwankungen ausgesetzt fühlen? An der Schwelle zur Pubertät und auch während dieser Zeit fehlen Initiationsrituale, die gerade die sexuelle Kraft ernst nehmen, sie deuten und ihren tieferen Sinn erschließen könnten. Daher wissen Jugendliche oft nicht wohin mit ihrem neuen, oft intensiv empfundenen sexuellen Erleben.

Leider ist gerade in und durch die Pubertät ein lebendiger Kontakt zwischen Eltern und Heranwachsenden oftmals unterbrochen, auch deshalb, weil es eben ein Wesenszug der Pubertät ist, sich von den Eltern und deren Vorstellungen immer mehr abzugrenzen. Mädchen haben es da meist leichter als Jungen, da sie oft mit ihren Müttern, also ihrem gleichgeschlechtlichen Elternteil, noch gut kommunizieren können. Doch nicht selten stehen in dieser Zeit für die Pubertierenden, vor allem für die Jungen, effektiv weder die Eltern noch andere geeignete Mentoren zur Verfügung, entweder weil den Jugendlichen selbst der Sinn oder der Mut fehlt, den Kontakt zu ihnen zu suchen und sie sich lieber von allen Erwachsenen abschotten wollen, oder weil überhaupt keine anderen nahen Angehörigen, wie Onkel oder Tante da sind, die die Jugendlichen durch ihre Pubertät und bei ihrer sexuellen Entwicklung begleiten könnten, wenn die Eltern dafür nicht in Frage kommen.

Sexualität in den heutigen Medien

Dann sind die jungen Leute bezüglich ihrer Sexualität vor allem dem Gruppendruck Gleichaltriger und den weitläufigen Angeboten von Internet, Zeitschriften und einigen Privatsendern des Fernsehens ausgesetzt. Man spricht heute mit Recht immer öfter von einer »übersexualisierten« Gesellschaft. Da erscheinen Jugendzeitschriften wie »Bravo«, die mit den »Dr. Sommer« Frageseiten seit über 40 Jahren das effektive Vakuum in der Sexualaufklärung auffangen und ausfüllen will, im Vergleich mit den Auswüchsen bestimmter Internetseiten oder mancher Produktionen privater Fernsehsender immer noch verantwortungsvoll und eher natürlich. Die Werbung im Fernsehen ist heute insgesamt gesehen viel erotisierter als früher geworden. Manche Privatsender werben in ihren Nachtsendungen ganz ungeniert und mit von vielen als sehr geschmacklos empfundener Zur-Schau-Stellung weiblicher Körper für kommerzielle Zwecke. Es dürfte für viele Jugendliche auch kein Problem sein, sich die übelsten Pornoseiten oder -filme im Internet anzuschauen, wo es um Gewalt und Sex, um sexuelle Entartungen oder üble Demütigungen bei sexuellen Darstellungen und Praktiken geht.

Hierzu ein kleiner Auszug aus einem Zeitungsbericht: »Porno ist das, was Internet-Plattformen wie YouPorn anbieten. Niemand weiß, wem die Seite gehört, die vor knapp fünf Jahren im US-Bundesstaat Kalifornien angemeldet worden sein soll. Niemand weiß, wo die Betreiber sitzen ... Bei YouPorn ... laufen wie beim Videodienst YouTube kleine Filmchen, die bisweilen den Anschein erwecken, sie seien von Amateurfilmern ins Netz gestellt. Obszön das meiste. Tatsächlich hat der Benutzer dort, ohne jede Zugangssperre, ohne jede Altersprüfung, ohne jede Anmeldung, Zugriff auf Pornos aus allen Teilen der Welt, die allermeisten professionell hergestellt ... Jugendschützer würden sie (diese Internetseite, Anm. d. Verf.) am liebsten sofort verbieten, denn Kinder, die im Netz surfen, brauchen nicht einmal ein Passwort oder Papas Kreditkarte. Aber die Seite ist wie ein Pilzgeflecht, schneidet man ein Stück heraus, wächst es an anderer Stelle doppelt so groß wieder nach. Jeder Verbotsversuch hat das Angebot noch populärer gemacht.«[99]

Damit können Kinder, die im Netz surfen, ohne Probleme auf die Hardcore-Seiten gelangen. So hat die »Immer-dabei-Pornographie des Internets ... offenbar alle Grenzen verschoben, ... weil der schmuddeligste Teil ihres Geschäfts heute für jedermann jederzeit frei zugänglich ist ...«[100]. Jugendliche müssen heute gerade in ihrer Suche nach Orientierung, nach Vorbildern und nach dem rechten Weg auf sexuellem Gebiet daher bisweilen den Eindruck bekommen, dass die überall auf sie einströmenden extremen und schrillen Varianten der Sexualität das Normale seien. Eine natürliche und gesunde Sexualität hingegen, die in den Medien schon gar niemanden mehr interessiert, erscheint demgegenüber nicht selten langweilig und banal. Viele Jugendliche sind daher bisweilen sehr schutzlos den Bildern, Praktiken und Denkmustern bezüglich der Sexualität ausgeliefert, die sie täglich aus dem Internet geliefert bekommen können, wenn sie das Thema Sexualität nicht auf natürliche Weise in ihrem familiären Umfeld erfahren.

Auf einen anderen Aspekt soll in diesem Zusammenhang auch noch hingewiesen werden: Was heute unter der Rubrik »Popmusik« angeboten wird, ist in einigen Fällen im Grunde nichts anderes als »Porno-Pop«, Pornographie unter dem Deckmantel von Musik. Viele junge Musikfans meinen, dass sich das genau so gehöre. Ich möchte mir natürlich nicht anmaßen, Popmusik als solche zu bewerten. Viele Menschen, nicht nur Jugendliche, sind begeisterte Anhänger dieser Musikrichtung. Vielleicht hat diese heute in meist schrillen Kostümen und Aufmachungen vorgetragene Musik für Jugendliche schon immer dazu gedient, sich von Erwachsenen abzugrenzen, die dafür natürlich – wie auch für manches andere, was Jugendliche gerade interessiert – kein Verständnis haben. Erwachsene sind eben für Jugendliche fast immer und notwendigerweise »altmodisch«. Dass jugendliche Gemüter von den bisweilen schrillen Aufmachungen und dem Gehabe von Künstlern wie der unbestrittenen Popdiva Madonna oder einer »Lady Gaga« durchaus verwirrt werden können, wenn sie auf der Suche nach Orientierung bezüglich der in ihnen neu erwachten Sexualität sind, ist aber durchaus denkbar.[101]

Sexualität hat eine heilige Dimension

Kurz und gut: Pubertierende sehen sich einer oft verzerrten Form von Sexualität gegenüber und bekommen nicht selten den irrigen Eindruck, dies gehöre sich so. Die natürliche, persönliche und schöne Seite der Sexualität ist ihnen dann möglicherweise verwehrt. Der australische Männerautor Steve Biddulph spricht sogar von der »heiligen Dimension« der Sexualität, die es doch zu entdecken und zu erfahren gilt.[102]

Weiter äußert er sich vor allem zur männlichen Sexualität: »Die menschliche Sexualität ist potenziell ein gewaltiger Kraftquell, der uns zur Vereinigung mit einem anderen Menschen drängt und uns weg vom Gewöhnlichen führen kann. Es ist tragisch, dass die abendländische Kultur und Religion einen so wichtigen Aspekt des Lebens ausgebeutet, missverstanden und herabgewürdigt hat ... Während wir uns vom Jungen zum Mann entwickeln, werden unsere tiefsten Gefühle unentwegt mit allen möglichen billigen ›Botschaften‹ zugeschüttet.«[103]

Vielleicht meint der Autor damit die bisweilen erniedrigende und lächerliche Art, wie in einem Teil der Massenmedien die Sexualität dargeboten wird. Es gibt eine Reihe von Filmen und Fernsehsendungen, in denen in letztlich veräppelnder Weise von der Sexualität erzählt wird, die doch die jugendlichen Zuschauer so brennend interessiert – auch wenn sie dies niemals zugeben würden, um sich keine Blöße vor den Kumpeln, Cliquenmitgliedern oder Klassenkameraden zu geben. Man möchte als Jugendlicher auf keinen Fall »unten durch sein« oder als gestrig erscheinen.

Andererseits werden in manchen Medien häufig auch außergewöhnliche Praktiken und Darstellungen gezeigt, in denen es um eine letztlich nur technische oder fetischistische Sexualität geht. So bekommen junge Menschen, in denen soeben die Sexualität erwacht ist, womöglich den Eindruck, dass Sexualität nur auf dieser rein äußeren körperlichen Ebene abläuft. Lassen wir daher nochmals Steve Biddulph zu Wort kommen, der gerade auf eine tiefere Dimension der Sexualität hinweist und auf ein Dilemma männlicher Sexualität aufmerksam machen will:[104]

»Es ist allerhöchste Zeit, die männliche Sexualität mit neuer Freude und Bedeutung zu erfüllen. Die Veränderungen, die die Männerbewegung in diesem Punkt anstrebt, sind genauso bedeutend wie die Befreiung der weiblichen Sexualität in den Sechzigerjahren. Doch obwohl die Sexuelle Revolution mehr Sex mit sich brachte, tat sie nichts dafür, die Männer von dem Selbstbild zu befreien, sie seien lediglich Maschinen, die so viel Sex wie möglich mit so vielen Partnerinnen wie möglich wollten. Frauen hingegen erlebten eine fundamentale Erneuerung ihres (sexuellen) Selbstverständnisses ... Jetzt haben auch die Männer angefangen, über ihre Sexualität zu sprechen und sie zu verstehen – was weit über den Tellerrand des übertrieben und erniedrigenden Klischees hinausführt, Männer wollten ›immer nur das eine‹. Diese Selbstforschung wird unser Liebesleben mit genau dem erfüllen, was wir stets vermisst haben – mit der Entspanntheit und dem Vertrauen, das sich entwickelt, wenn wir Akzeptanz und Wertschätzung erfahren. Die Folge ist ein aufrichtiges, erfülltes Liebesleben.«

Steve Biddulph hat diese Gedanken schon vor mehr als zehn Jahren geschrieben. Bleibt noch anzumerken, dass unter heutigen Jugendlichen eine ganz andere Schwierigkeit aufgetaucht ist, die gerade als Begleiterscheinung dieser bereits erwähnten »außergewöhnlichen« Sexualität zu deuten ist: Viele haben Angst zu versagen oder sie überfordern ihren Partner oder ihre Partnerin, wenn sie außergewöhnliche sexuelle Praktiken verlangen, wie sie ihnen permanent in den Medien vorgeführt werden. Deren Motivation liegt dabei nicht etwa in einer verantwortlichen Aufklärung von Jugendlichen, sondern es geht um rein geschäftliche Interessen. Diese Thematik soll aber jetzt nicht Gegenstand einer näheren Betrachtung sein, obwohl die Fragestellung einer verantwortlichen Sexualaufklärung immer Aufgabe von Elternhaus, Schulen und Verbänden bleiben muss.

Mir geht es in diesem Zusammenhang darum, die Wichtigkeit einer gesunden sexuellen Entwicklung aufzuzeigen, die die Tiefenaspekte und die Heiligkeit der Sexualität beinhaltet, denn sie ist eine fundamentale Lebenskraft gerade beim Erwachsenwerden und für das Erwachsensein, sowie ein unverzichtbares Element für Ausgeglichenheit und letztlich für Zufriedenheit und Glück im Leben. Daher darf die Frage nach der Sexualität beim Nachdenken über Pubertät und Initiation und über das Erwachsenwerden insgesamt auf keinen Fall fehlen. Gerade in dem Erleben der eigenen Sexualität drückt sich ja ein wesentlicher Teil der Selbstwerdung, der »Individuation«, aus.

Doch zurück zum Beginn der Pubertät: Die Geschlechtsreife löst also prinzipiell einen Prozess aus, der letztendlich zum Erwachsensein führt. Sieben weitere Kriterien oder Phänomene gehören dazu. Daher müssen sowohl die Sexualität selbst als auch die sieben anderen Schritte ganz bewusst erfahren, erlebt und gedeutet werden. Das Wissen über diese Notwendigkeit und über das »Wie« dieser Einübung ist bei uns weitgehend verloren gegangen. Dies hat zur Folge, dass in unserem Kulturkreis viele Menschen gar nicht wirklich erwachsen werden können, weil sie über einen langen Zeitraum keine Erfahrungen dazu machen, kein Bewusstsein dafür entwickeln und keine Rituale durchleben, die ihnen dieses notwendige Wissen liefern und vermitteln könnten. Die Berichte über die vielen Selbstversuche von jungen und auch älteren Menschen im Kapitel 3 wollten die fatalen Konsequenzen einer nicht erfolgten oder nicht geglückten Initiation aufzeigen.

2. Kriterium: Fähigkeit, allein sein zu können

Zum Erwachsensein gehört es, eigenständige und manchmal ganz einsame Entscheidungen treffen zu müssen. Für einen erwachsenen Menschen wird es immer wieder Situationen geben, in denen niemand mehr hinter ihm steht. Dann wird einfach vorausgesetzt, dass er zu Entscheidungen auch ganz alleine fähig ist. Dies wiederum ist nur möglich, wenn er gelernt hat, wirklich alleine zu sein und wenn er den Mut hat, sich seinen eigenen Gefühlen und vielleicht sogar seiner eigenen inneren Leere auszusetzen. So etwas geschieht heute nicht mehr selbstverständlich, denn die Versuchung oder auch nur die Gewohnheit, den ganzen Tag in seiner Freizeit

Musik zu hören, Fernsehen zu schauen, Computer zu spielen oder »online« zu sein, ist sehr, sehr groß. Man kann den Eindruck bekommen, dass viele Jugendliche und selbst Erwachsene fast alles tun, nur um nicht allein zu sein oder eine Stille in sich aufkommen zu lassen. Diese gilt es unter allen Umständen zu vermeiden, viele fürchten sie sogar wie »der Teufel das Weihwasser«.

Alleinsein – ein Angst-Gespenst heutiger Zeit?

Was kann passieren, wenn ein Jugendlicher über eine längere Zeit mit sich alleine ist und sich nicht durch MP3-Player, Internet, Fernseher oder Handy ablenkt oder nicht gerade mit seiner Clique zusammen ist? Ja, es kann sein, dass er mit bis dahin unbekannten und unbewussten Kräften und Gefühlen konfrontiert wird. Dies erscheint heute vielen Jugendlichen (und Erwachsenen!) als sehr unattraktiv und sinnlos. Wovor haben sie Angst? Es kann ja nur das hochkommen, was bereits in ihnen steckt. Und davor braucht man sich doch eigentlich nicht zu fürchten. Wäre es nicht gerade interessant, genau dieses noch Unbekannte im eigenen Inneren kennenzulernen? Vermutlich kommen Licht und Schatten in gleichem Maße hoch, wenn sich ein Jugendlicher den Raum und die Zeit verschafft, einmal wirklich mit sich und mit seinen Gefühlen alleine zu sein und das auszuhalten und – falls nötig – sich damit auseinanderzusetzen. Denn nur so kann er Zugang zu seiner inneren Mitte finden, die grundsätzlich jeder in sich hat und die jeder für ein eigenständiges Leben braucht.

Alleinsein kann zwei Komponenten enthalten – die Einsamkeit, die tatsächlich wie ein Gespenst hochfahren und erst einmal Angst machen kann, bis dieses wieder gebannt ist, aber auch die ganz andere Erfahrung eines tiefen und umfassenden »All-Eins-Seins« ist dann möglich. Denn diese Bedeutung steckt ja ebenfalls in der Wortkombination von »allein sein«. Das Erleben starker Verbundenheit mit der Natur, mit dem Göttlichen, mit dem All, der Schöpfung, mit allen Menschen und Lebewesen und vor allem mit seinem eigenen Selbst darin kann vor allem und gerade im Alleinsein erfahren werden.

Der »wilde Mann«, der in allen Jungen und Männern steckt, und die »wilde Frau«, die in allen Mädchen und Frauen wohnt, können sich nur entfalten, wenn die Jugendlichen sich überhaupt die Möglichkeit dazu einräumen. Steve Biddulph sagt dazu im Rahmen der Männer-Initiation, dass dieser Kontakt zum »wilden Mann« unerlässlich ist für »... die tiefgreifenden Veränderungsprozesse, durch die aus Jungen Männer werden. Sie helfen Männern dabei, eine Kraft zu erwerben, die aus dem Einklang mit den Lebensmächten herrührt. Sie vermitteln dem Mann die Weisheit, die er braucht, um eines Tages in den Kreis der ›Ältesten‹ aufgenommen zu werden.«[105] Etwas Vergleichbares gilt sicher auch für die Initiation von Mädchen zu Frauen, soll aber hier nicht näher ausgeführt werden. Um überhaupt zu diesen inneren Schichten und Ebenen in sich vordringen zu können, ist das Alleinsein unerlässlich.

Dieses Erlebnis der Stille haben bereits viele Menschen aus allen möglichen Kulturkreisen gemacht, vielleicht auch schon ansatzweise jeder von uns selbst, wenn wir nur den Mut gehabt haben, eine solche Erfahrung nicht gleich wieder durch Berieselung mit Radio oder Fernseher »zuzudröhnen« oder in Gesprächen sofort »wegzureden«, falls sie sich denn ergibt. Immer wieder erzählen Teilnehmer von sogenannten »Visionssuchen« von dieser wunderbaren Erfahrung des »All-Eins-Seins«; andere Menschen, die zum Beispiel alleine in einer alten Kirche verweilen, um wieder zu sich zu kommen und sich gerade in dieser Stille zu finden, kennen dieses Erlebnis ebenfalls; wieder andere erleben diesen Zustand des wohltuenden Alleinseins in »Gottes freier Natur«, in Wald und Flur oder in den Bergen. Wenn Jugendliche also zu Erwachsenen werden wollen, dann bietet es sich an, dass sie das Alleinsein kennen und schätzen lernen, es gehört unweigerlich zum Erwachsensein dazu. Darum muss ein Ritual, das zum Erwachsensein führen soll, vor allem die »Komponente des Alleinseins« enthalten.

Einübung des Alleinseins

Einige persönliche Erfahrungen sollen dies verdeutlichen: Vor fast zwei Jahren riskierte ich es, in einer Jugendgruppe den 25 Teilnehmern (17 bis 18 Jahre alt) eine Meditation anzubieten. Ich bat alle Jugendlichen, sich einfach entspannt hinzusetzten und zu versuchen, sich auf die Stille einzulassen. Bei einigen von ihnen spürte ich eine Unruhe aufsteigen, bei den meisten aber konnte ich eine wirkliche Entspannung wahrnehmen. Ich las zuerst einen kurzen besinnlichen Text vor und entließ die jungen Leute mit dem Gong einer Klangschale ins Schweigen – in ihr persönliches und in das kollektive der ganzen Gruppe. Meine Aufgabe war es, einerseits den Rahmen für diese Übung zu geben und andererseits die Energie aufrechtzuerhalten, so dass niemand die aufkommende Stille etwa als peinlich empfinden musste.

Man konnte die Atmosphäre im Raum förmlich mit den Händen greifen. Es war ein sehr beredtes, lebendiges und intensives Schweigen. Alle ließen sich bereitwillig auf diese für sie doch ungewohnte Übung ein. Eigentlich etwas völlig Harmloses und Unspektakuläres, müsste man meinen. Da unsere Jugendlichen zu Beginn des dritten Jahrtausends es aber viel mehr gewohnt sind, fast beständig berieselt und »belärmt« zu werden, war das scheinbare »Nichts« dieser Gruppenstunde sinnigerweise doch etwas Besonderes. Nach nur 15 Minuten holte ich die jungen Leute bereits wieder aus ihrer Meditation zurück. In einer anschließenden Gesprächsrunde konnte jeder dann seine Erfahrungen mitteilen.

Wenigen hatte das Schweigen zu schaffen gemacht: sie fühlten einen Druck und eine innere Spannung und waren froh, als es wieder vorbei war. Sie hatten sich nicht wirklich darauf einlassen können und daher die Meditation als »unendlich lange« erlebt. Viele aber erzählten, dass sie ein tiefes Gefühl von Geborgenheit, Freude und Gelassenheit gespürt hätten und traurig waren, dass es schon wieder vorbei war. Sie hatten ganz von selbst Kontakt zu ihrer Mitte gefunden, aber nicht durch Nachdenken, sondern indem sie sich einfach auf die Übung eingestimmt und sich fallen gelassen hatten. Und das in nur 15 Minuten! Zwei Jahre später erklärte eine der Meditationsteilnehmerinnen, dass jene Stunde für sie die schönste, tiefste und intensivste Gruppenstunde von allen gewesen sei.

Aber auch noch von einer anderen Erfahrung soll an dieser Stelle erzählt werden: Vor etwa zehn Jahren stieß ich auf die »christliche Kontemplation«, wie sie z. B. von dem Benediktinerpater und Zen-Buddhisten-Meister Pater Willigis Jäger angeboten wird. Er hat eine jahrhundertealte christliche Tradition wiederbelebt und bietet im »Zentrum für spirituelle Wege«, in einem ehemaligen Benediktinerkloster in Holzkirchen bei Würzburg, solche Kurse der Stille an. Dabei verharren über 100 Menschen zusammen im Schweigen – individuell und kollektiv. Es war für mich ein Erlebnis, das ich nicht mehr missen möchte. Die Teilnehmer sitzen dabei etwa einen Meter vor einer leeren weißen Wand. Es gibt praktisch keine Ablenkung. Nach 25 Minuten holt der Meditationsmeister die »Kontemplierer« durch einen dreimaligen Gongschlag wieder aus der Versenkung. Dann gehen alle schweigend und sehr langsam hintereinander für fünf Minuten im Raum umher, um sich danach mit weiteren drei Gongschlägen wieder in das nächste 25-minütige Schweigen zu vertiefen. Dies geht etwa 16 bis 18 mal am Tag so – fünf bis sieben Tage lang. Alle Mahlzeiten, sowie der etwa ein- bis zweistündige tägliche Arbeitseinsatz finden ebenfalls im völligen Schweigen statt. Nur im gemeinsamen Singen oder bei einem Gespräch mit dem Kontemplationsmeister wird die Stille kurz unterbrochen.

Die heilsame Wirkung der Stille

Alles ist im Schweigen möglich: Große Unruhe kann auftreten, gerade weil jede äußere Ablenkung fehlt. Erst jetzt können tiefere Gefühle und lange zurückgehaltene oder verdrängte Emotionen aus tieferen Schichten aufsteigen und ins Bewusstsein treten. Eine wilde, nicht enden wollende Gedankenflut kann sich vorübergehend des Geistes bemächtigen und die Gedanken wie verrückt gewordene Dämonen »im Urwald des Gehirns« herumtanzen lassen. Die Meister der Meditation aller Religionen kennen dieses Phänomen genau und es ist ihre Aufgabe, ihren Schülern Techniken zu lehren, wie man wieder Herr über diese »Affen« im eigenen Kopf werden kann. Dieses beständige Denkenmüssen scheint eine der Krankheiten unserer modernen Zeit zu sein.

Aber auch etwas ganz anderes kann dann geschehen, je länger das Schweigen dauert: Eine tiefe Ruhe und Gelassenheit kann ins Gemüt einkehren oder die Freude, einfach nur da zu sein – jetzt hier in diesem Raum des Klosters und, in einem viel umfassenderen Sinne, überhaupt in diesem meinem Leben. Geborgenheit im eigenen Körper, Freude über die Natur und die Welt, ein Gefühl des bereits erwähnten »All-Eins-Sein«, ja sogar tiefes Glück können sich einstellen, wenn man plötzlich in einen Zustand kommt, in dem man sich mit allem verbunden fühlt. Es lohnt also, sich immer wieder Zeiten der Ruhe zu gönnen und sich ganz bewusst der Stille hinzugeben.

Dies möchte auch folgendes Zitat aus einem indianischen Weisheits-Tarot untermauern: »Das Karussell der Gedanken, das sich mit oder ohne unser Zutun ewig weiter dreht, kommt jetzt zur Ruhe und macht einer höheren Einstellung Platz. Indem du dir erlaubst, deinen Inspirationen und inneren Eingebungen zu vertrauen und zu folgen, findest du leichter zu dir selbst. Das größte Geschenk dieser Art der geistigen Inspiration ist der darauf folgende Zustand der inneren Stille und inneren Balance. Dies gibt dir die Gewissheit, dass du auf deinem Weg bist.«[106]

Zum Erwachsensein gehört es somit, Alleinsein und Stille zu kennen, vor ihr nicht davonzulaufen und gerade auch diesen Zustand auszuhalten. So ist der tiefe Kontakt zur eigenen Mitte, zum Göttlichen und zur »Mitte der Welt« möglich, der ebenfalls notwendig und untrennbar zum Erwachsensein gehört. Das Göttliche und Geheimnisvolle, das Tiefe und Heilige kann sich uns meist nicht im Lärm und Getöse unseres heutigen westlichen Alltags offenbaren, sondern vielmehr in Abgeschiedenheit, Einsamkeit, Ruhe und eben Stille. Es scheint aber, dass diese Ebene unseren Jugendlichen heute in der Regel gänzlich fehlt oder dass sie eine Horrorvorstellung davon haben, weil sie meinen, dass dann das Schlimmste passieren wird, was nur geschehen kann: dass sich Langeweile einstellt. Viele können sich vor lauter Angst vor diesem Gespenst »Langeweile« nicht vorstellen, dass genau das Gegenteil möglich ist und dass das eintritt, wonach sie im Grunde ihres Herzens auch in den ganzen Ablenkungsmöglichkeiten unserer Zeit letztlich schon immer gesucht haben: das Erleben von Tiefe, von Einssein, Glück und Geborgenheit, das Spüren der eigenen Mitte, das Erfahren einer tiefen Spiritualität. Ein Initiationsritual, das zum Erwachsensein hinführen soll, muss daher dieses Kriterium auf jeden Fall enthalten: Stille.

3. Kriterium: Bereitschaft, Entbehrung und Schmerz auf sich zu nehmen und sich seinen Ängsten zu stellen – Mutproben

Erwachsensein bedeutet, alle Seiten, die das Leben bieten kann, kennenzulernen, zu akzeptieren und damit konstruktiv umzugehen. Unser Leben ist ambivalent: Es bietet Freude und Leid, Liebe und Hass, Licht und Schatten, frohe und schmerzliche Erfahrungen, Erfolg und Misserfolg, Geburt, Entwicklung, Wachstum, Altern und schließlich der Tod. Zu einem erwachsenen Leben gehören ebenso das Erleben von Schmerz – physisch und psychisch – und das Aushalten-Können von Entbehrungen. Das Leben besteht eben nicht nur aus Party und Spaß, so wie unseren Jugendlichen heute von den Medien oft vermittelt wird, obwohl natürlich auch diese Erfahrungen nie fehlen sollten.

Schmerz gehört zum Leben

Wenn junge Leute in die Phase des Erwachsenseins wirklich eingeweiht werden sollen, dann müssen sie die hellen genauso wie die dunklen Seiten des Lebens kennenlernen. Manche Urvölker, bei denen die Pubertätszeit auch heute noch eher kurz gehalten wird und bei denen die Initiationsrituale bereits sehr früh stattfinden, fügen vor allem ihren jungen Männern zum Abschluss der Einweihungszeremonien absichtlich eine Initiationswunde zu: Mit dem Ausschlagen eines Zahnes oder dem Abschneiden einer Fingerkuppe soll den Initianden die Tatsache und die Wahrheit des Schmerzes schon ganz frühzeitig bewusst gemacht werden. In der äußeren, sichtbaren und körperlich fühlbaren Verletzung sollen alle früheren inneren Schmerzen und seelischen Leiden gleichsam nach außen bluten und so ihren Schrecken und ihre psychische Kraftwirkung verlieren. Gleichzeitig wird solch eine rituelle Wunde die Initianden auch noch viel später immer an ihre Initiationsleistung erinnern.

Dazu sagt Mircea Eliade in »Männer auf der Suche«, dem Kultbuch der Männerbewegung des australischen Autoren Biddulph:[107]

»›Zunächst kommt es zu einem klaren Bruch mit den Eltern. Anschließend geht der Knabe in den Wald, die Wüste oder die Wildnis. Als zweites fügen die älteren Männer dem Jungen eine Wunde zu, sie kratzen ihm beispielsweise die Haut auf, schneiden ihn mit einem Messer, berühren ihn mit Nesseln, schlagen ihm einen Zahn aus. Daraus dürfen wir freilich nicht schließen, dass diese Verletzungen in sadistischer Absicht zugefügt werden. In den meisten Kulturen sorgen die für die Initiation Verantwortlichen sogar dafür, dass die von ihnen zugefügten Verletzungen keine sinnlosen Schmerzen verursachen, sondern in einem reichen Bedeutungszentrum ihren Widerhall finden. Wo die Wunde eines Mann sich befindet, dort ist auch sein Genius lokalisiert.‹«

Bei den Mädchen, die bei traditionellen Völkern im Normalfall schon ganz früh schwanger wurden, vielleicht schon im Alter von 16 oder 17 Jahren, bestand und besteht bei indigenen Völkern ein wesentlicher Teil ihrer Initiation darin, sich den Veränderungen von Schwangerschaft und Geburt beim ersten Kind hingeben zu müssen. In unserer Sprache heißen »Wehen« nicht umsonst so. Jede Mutter weiß, welche Schmerzen sie bei der Geburt ihres Kindes aushalten musste. Und die Väter unter uns, die bei der Geburt ihres oder ihrer Kinder dabei waren, haben vielleicht eine Ahnung davon bekommen, welche Schmerzen die »Wehen« bei ihren Frauen oder Partnerinnen verursacht haben.

Erwachsenwerden ist eine Heldenreise

Der Mythenforscher Joseph Campbell sieht in jeder Mutter daher eine wahre Heldin, auch wenn die Mutterschaft ihre Neuigkeit verloren hat. Schwangerschaft und Geburt sind im Grunde genauso eine Heldenreise. Im Gespräch mit Bill Moyers kommen beide Autoren zu dieser Überzeugung:

»Kinderkriegen ist eindeutig eine heroische Tat, denn man setzt sein Leben für das eines anderen ein ... Es ist eine Fahrt – die Frau muss sich aus der bekannten, herkömmlichen Sicherheit ihres Lebens hinaus begeben, um das zu vollbringen. Sie muss sich aus einem Mädchen in eine Mutter verwandeln. Das ist eine große Veränderung, die viel Gefahren birgt ... Und wenn sie von ihrer Fahrt zurückkommt, mit dem Kind, hat sie der Welt etwas mitgebracht.«[108]

Männer haben es da wesentlich schwerer, da ihnen solch eine elementare Erfahrung natürlicherweise verwehrt ist. Daher wollen gerade vitale junge Männer durch Mutproben und Heldentaten zeigen, wer sie sind und dass sie nun zu Großem fähig sind. Und sie wollen dafür anerkannt und bestätigt werden. Sie wollen bewusst Entbehrungen auf sich nehmen und ihre Grenzen ausloten. Dies entspringt einem ganz ursprünglichen und archaischen Lebensdrang in ihnen selbst und darin zeigt sich ihre Selbstwerdung. Nur so können sie sich richtig als Mann erleben, erfahren und entfalten, ja überhaupt zum Manne werden. Und davon handeln viele Geschichten in den Märchen und Mythen, in denen es um einen Helden geht, der mit seinen Taten beeindruckt:

»Ein Held ist jemand, der sein Leben einer Sache geweiht hat, die größer ist als er ... Nun, es gibt zwei Arten von Taten. Die eine ist die konkrete Tat, etwa, dass der Held sich im Kampf durch Tapferkeit auszeichnet oder dass er ein Leben rettet ... Die andere Art ist die geistige Tat, in der der Held den übernormalen Bereich menschlichen geistigen Lebens kennenlernt und dann mit einer Botschaft zurückkommt.«[109] Doch dazu ausführlicher in Band II (HR, Kapitel 2).

Als gutes Beispiel einer solchen modernen Heldenreise, in der aber wiederum nur die alte Struktur dieses Mythos in modernerem Gewande daherkommt, kann George Lucas' »Krieg der Sterne« gelten. Nicht zufälligerweise waren der Mythenforscher Joseph Campbell und der Regisseur George Lucas eng befreundet. Campbell hat Lucas bei dessen »Star-Wars-Trilogie« intensiv beraten, so dass in dem monumentalen Werk alle wichtigen Elemente der klassischen Reise eines Helden enthalten sind. Die Faszination von Jungen für diese Filme ist also nicht verwunderlich, denn in uns, genauer gesagt in unserem »kollektiv Unbewussten«, schlummert dieser Archetyp des »Helden«, der zu seiner Reise oder Fahrt aufbrechen muss, wenn er überhaupt zu sich und zu seinem eigenen Leben finden will.

Worin besteht nun diese Essenz, die den klassischen Helden ausmacht und die er bei seiner Reise für sich entdecken muss? Lassen wir dazu nochmals Campbell anlässlich seiner Bewunderung für George Lucas' Werk selbst sprechen, als er bei einem Besuch bei Lucas in erneute Begeisterung für Luke Skywalkers Abenteuer und Heldenstückchen ausbricht:[110]

»›... dass die Technik uns nicht retten wird. Unsere Computer, unsere Geräte, unsere Maschinen reichen nicht aus. Wir müssen uns auf unsere Intuition verlassen, unser wahres Wesen ... Die Vernunft soll nicht geleugnet werden. Im Gegenteil, indem er (der Held, Anm. des Verf.) die finsteren Leidenschaften überwindet, symbolisiert der Held unsere Fähigkeit, den irrationalen Wilden in uns zu beherrschen.‹« Campbell erkennt in der Fahrt des Helden Luke Skywalker nicht nur eine mutige Tat, sondern »... ein der Selbstfindung geweihtes Leben, ›und Luke Sykwalker war niemals rationaler als da, wo er in sich die Charakterstärke fand, sich seinem Schicksal zu stellen.‹«[111]

Auch in der Struktur der Pubertäts- und Initiationsrituale der früheren Stammesgesellschaften kann man den geistigen Sinn dieses Abenteuers einer Heldenreise erahnen, »... durch die das Kind gezwungen wird, seine Kindlichkeit aufzugeben und ein Erwachsener zu werden – der kindlichen Persönlichkeit und Psyche abzusterben ... und als ein verantwortlicher Erwachsener wieder zu kommen. Das ist eine grundlegende seelische Wandlung, die jeder durchmachen muss.«[112]

Campbell ist sich darüber im Klaren, dass das Erwachsenwerden in unserer Gesellschaft oft sehr lange dauert und sich manchmal sogar bis in ein Alter von 35 Jahren erstreckt, zum Beispiel wenn einer seinen Doktor macht. In dieser Zeit befindet er sich dann immer noch in einem Zustand der Abhängigkeit und steht unter der Aufsicht anderer Menschen. Man ist während dieser langen Periode nicht frei und selbstverantwortlich. »Um aus dieser Position seelischer Unreife zum Mut der Selbstverantwortung und Selbstsicherheit zu erwachsen, bedarf es eines Todes und einer Auferstehung. Das ist das Grundmotiv der weltweiten Fahrt des Helden – dass man einen Zustand verlässt und den Ursprung des Lebens findet, durch den man in einen reicheren und reiferen Zustand befördert wird.«[113]

Erwachsenwerden geht also nur, wenn es einen grundlegenden Wandel von der Kindheit und Pubertät zum Erwachsenen gibt. Diese Wandlung ist mit Abenteuer, Lust auf das Neue, aber auch mit großen Herausforderungen, Entbehrungen, Schmerzen, Ängsten und mit einer tiefgreifenden seelisch-geistigen Umwandlung verbunden. Dies erfordert großen Mut. Im Grunde ist jeder ein Held und jeder muss zur ganz eigenen Heldenreise seines Lebens aufbrechen, wenn er die »Trophäe des Erwachsenseins« erwerben will. Dies muss nicht immer spektakulär sein wie in vielen mythologischen Erzählungen. Man kann aber nicht in seinem Inneren seelisch ein Kind bleiben, weil man die Heldenreise fürchtet, und nach außen hin nur den Helden markieren. Es wird auf die Dauer schwierig sein, einen Beruf auszufüllen und eine Familie zu ernähren, wenn man sich innerlich nicht zum Erwachsenen gewandelt hat. Dieser ganze Wandlungsprozess zum Erwachsensein hat auch mit Demut zu tun, wie das folgende Beispiel sehr deutlich zeigen will.

Ein Film, der nachdenklich macht

Der Film »Into the Wild«[114] zeigt sehr eindrucksvoll so eine Heldenfahrt. Ein amerikanischer College-Student verschwindet mit 22 Jahren nach dem erfolgreichen Abschluss seines Studiums, das ihm augenscheinlich nichts bedeutet, vollkommen von der Bildfläche und stürzt seine nur auf das Materielle ausgerichteten bürgerlichen Eltern in eine furchtbare Krise. Er möchte alleine nach Alaska reisen und dazu will er alle bisherigen Bande, auch die zu seiner engsten Familie, radikal kappen. Er will sich in der Wildnis Alaskas selber finden, hält sich mit Gelegenheitsjobs über Wasser, übertritt staatliche Verordnungen und folgt nur seinen eigenen Eingebungen. In einem Tagebuch hält er die wichtigsten seiner Erlebnisse fest. Als Zuschauer ist man über lange Zeit geneigt, sich mit diesem modernen Helden auf seiner spannenden Abenteuerreise vor dem Hintergrund atemberaubend schöner Landschaften identifizieren zu wollen, denn der junge Mann lebt etwas in seiner ganzen Radikalität, was sich viele von uns vermutlich gar nicht zutrauen würden: seine Heldenfahrt in seine Freiheit und in sein eigenes Inneres – also die Reise zu sich selbst.

Doch dann, nach zwei langen Jahren, in denen der junge Mann Schritt für Schritt die Wandlungen durchmacht, die zu einem wirklichen Erwachsenwerden gehören, geschieht etwas Furchtbares: Die Heldenreise scheitert überraschenderweise doch noch, obwohl das baldige Ende des mutigen Unternehmens zu erkennen und somit die Rückkehr des Helden in die Zivilisation zu erwarten war. Der junge Mann bezahlt seinen radikalen Selbsterfahrungstrip zum Schluss dann doch noch mit seinem Leben. Er hat kurz vorher das Angebot eines sehr liebevollen, ihm zugewandten alten Mannes ausgeschlagen, in dessen kleines Geschäft einzusteigen und seine Reise zu beenden. Der alte Mann war im Grunde zu einem »Ältesten«, zu einem Mentor auf dem Weg des jungen Mannes in die äußere und vor allem innere Wildnis seines Selbst geworden. Er hätte seine Reise jetzt beenden und sich so vor dem drohenden Absturz bewahren können, den er aber nicht wahrhaben will. Denn er will immer noch mehr Freiheit und Unabhängigkeit und erkennt nicht, wann es genug ist und er heimkehren müsste.

Er will nicht einsehen, dass Erwachsensein mehr bedeutet als nur dem Ideal absoluter Freiheit zu frönen; es gilt irgendwann, dafür bereit zu sein, Verantwortung für sich und andere zu übernehmen und Liebe zu geben. Dies erkennt er nicht und so folgt dem inneren Stillstand in seiner Entwicklung schon fast notgedrungen auch die äußere Quittung dafür: Er kann wochenlang nicht mehr von seinem Platz in einem alten Bus auf einer Flussinsel auf das Festland zurückkehren, weil das Wasser durch die Schneeschmelze überraschend zu einem reißenden Strom angeschwollen ist. In seiner Not ernährt er sich von unbekannten Kräutern und vergiftet sich dabei. Ein Handy besitzt er nicht. Zwei Wochen später finden ihn Jäger bis auf die Knochen abgemagert – tot.

Sein Wunsch, die Grenzen von Leben und Tod zu erfahren und sich in dieser Grenzsituation überhaupt zu spüren, ist gescheitert. Der Ansatz seiner Reise zu sich selbst könnte ein Vorbild sein, aber die Demut hat dem jungen Mann gefehlt – und echte Mentoren, die er für sein mutiges Unterfangen aber hätte akzeptieren müssen. Gibt es solche Mentoren, die auch heute noch den tieferen, ja im Grunde spirituellen Sinn einer Heldenreise verstehen? Gibt es überhaupt noch solche Menschen in unserer westlichen Gesellschaft – erfahrene Männer und Frauen, also wirkliche »Älteste«, die den Weg weisen und vor solchen Abstürzen einer zwar notwendigen, aber sehr gefährlichen Heldenreise bewahren können?

Und was ist mit den umjubelten »Helden« unserer Zeit – etwa mit den Teilnehmern der »Tour de France«, die sich über zwei Wochen lang unvorstellbaren körperlichen Strapazen aussetzen, wenn sie mit großer Geschwindigkeit selbst hohe Bergpässe überwinden und sich bis aufs Äußerste quälen? Wie steht es mit den Triathleten, die alljährlich zum »Ironman« nach Hawaii aufbrechen, mit den Formel-1-Piloten, die bei jedem Rennen ihr Leben riskieren, ganz zu schweigen von den Fußballstars, denen allwöchentlich hunderttausende von Fans in den Stadien zujubeln? All deren Leistungen sind beachtlich, ja sogar erstaunlich und als solche anerkennenswert. Aber es handelt sich dabei meist nicht um wirkliches Heldentum, das einen inneren Prozess auslösen und Zugang zu tieferen oder sogar spirituellen Erkenntnissen ermöglichen könnte, so wie es bei den mythologischen Helden oder bei den Einweihungsriten indigener Völker der Fall ist. Bei den vermeintlichen Helden unserer Tage geht es vielmehr um Kommerz, Egozentrik, Spektakel und Unterhaltung, nur selten vielleicht um ein Stück Selbsterfahrung. Bleibt diese aber nur an der Oberfläche, wird auch eine oftmalige Wiederholung einer extremen sportlichen Leistung keinen tieferen Erkenntnisgewinn bringen. Es hängt also immer vom Motiv der jeweiligen körperlichen Herausforderung ab.

4. Kriterium: Erfahrung der inneren und »anderen« Welt – Erkennen der eigenen Lebensspur

Durch das Alleinsein, etwa bei einer echten Heldenreise, getrennt vom behüteten elterlichen Versorgungs- und Wertesystem, kann noch etwas anderes geschehen, was aber damit meist untrennbar verbunden ist: Der junge Mensch kann und soll die Tiefe in sich erspüren, gerade wenn er sich auf die Reise seines eigenen Lebens macht. Dabei muss er grundlegende Fragen für sich klären:

- Wer bin ich und woher komme ich?
- Auf welchem Boden stehe ich eigentlich?
- Welche Kräfte wirken in mir?
- Welche Verwandten und welche Ahnen sind wichtig für mich, wer gibt mir Energie und weist mir den Weg?
- Wohin will ich einmal gehen?
- Was ist der Sinn in meinem Leben?
- Was hält die Welt in ihren Tiefen zusammen?
- Was ist mein persönliches Glaubenssystem, das mich durch Not und Gefahren tragen und mir Halt, Vertrauen und Stabilität geben kann?

Diese und andere Fragen gehören zum Erwachsenwerden und Erwachsensein dazu. Wer sich diesen Fragen verweigert, bleibt auch im rein Oberflächlichen verhaftet.

Erwachsensein bedeutet Verankerung in der Tiefe

Im Denk- und Glaubenssystem der Dagara-Leute ist es für jeden Erwachsenen selbstverständlich, Kontakt mit der »anderen« Welt – der Welt der Naturwesen und Geister – zu bekommen, die Verbundenheit mit dem »All-Einen« zu spüren und eine Verbindung zu seinen Ahnen herzustellen. Nach dem Tod kehrt die Seele in diese andere Welt zurück, um dann als Mensch mit neuen Botschaften und neuen Aufgaben wieder in den Stamm hineingeboren zu werden. Es handelt sich um einen Kreislauf des beständigen Werdens und Vergehens, also um eine ganz natürliche Art von Reinkarnation. Daher wird bei der Einweihung der jungen Menschen sehr viel Wert darauf gelegt, dass den Initianden diese »Wahrheit« in Fleisch und Blut übergeht und durch sie weitergegeben wird. Dieses Denken ist heute bei den indigenen Völkern in großer Gefahr, weil deren junge Mitglieder den westlichen technischen Errungenschaften und dem Konsum nachlaufen und deren vordergründigen Faszination zu erliegen drohen. Dann aber verlieren sie leicht die Verbindung zu einer tiefen Spiritualität und zu den jahrhundertealten Werten ihres Stammes.

C. G. Jung bezeichnet das, was die Schamanen als die »Anderswelt«, die geistig-spirituelle Welt verstanden haben, als das sogenannte »kollektiv Unbewusste«. Es ist der »Ort« oder »Raum« in der Psyche jedes Menschen, in der er tief und fundamental mit allen Menschen, mit der Welt, dem Kosmos und mit Gott verbunden ist; es ist eine Art Urwissen oder Urgewissen im Menschen über die grundsätzlichen Zusammenhänge und Werte bezüglich Gott, dem Kosmos und den Menschen.[115]

Im Denken einer globalen Entwicklung spielen heute jedoch – wie es scheint – fast ausschließlich Werte wie Beruf, Leistung, Position, Geld, Besitz, Konsum und naturwissenschaftlich-technische Errungenschaften eine Rolle und sprechen somit vor allem eine rein materielle, wirtschaftliche und logisch-rationale Ebene im Menschen an. So entsteht bei vielen Zeitgenossen in der modernen Gesellschaft der irrige und für mich letztlich unverständliche Eindruck, dass nur materielle Dinge etwas zählten und dass nach dem Tod alles aus sei. Was hat die sogenannte Aufklärung und eine im Grunde naive Wissenschaftsgläubigkeit in den Köpfen und Seelen der Menschen doch alles angerichtet!

Ich bin davon überzeugt, dass jeder Mensch einen göttlichen Funken in sich trägt, der ihn voll Sehnsucht nach dem Göttlichen suchen lässt. Dieser Gedanke ist in allen großen Religionen zu finden. Auch die christlichen Kirchen, gleich welcher Konfession, sind der Überzeugung, dass wir von Gott kommen und einst zu Gott zurückkehren werden und für die kurze Spanne eines Lebens nur »Gast auf Erden« sind, dass also alles von Gott getragen wird. Menschen haben zu allen Zeiten nach dieser inneren oder »anderen« – im Grunde göttlichen – Welt gesucht und wollen selbst mystische oder spirituelle Erfahrungen machen.

Der christliche Mystiker Paul Ferrini möchte uns in seinem Buch »Denn Christus lebt in jedem von euch« dazu Mut machen:

»In jedem von uns existiert ein winziger Funke des Lichts, der die Dunkelheit unseres Unbewussten erhellt. Es ist der göttliche Funke des Bewusstseins, der unsere Verbindung zu Gott aufrecht erhält. Dieser Lichtfunke verbindet uns auch mit dem göttlichen Lehrer unserer Tradition und dem göttlichen Kern in unseren Brüdern und Schwestern ... Glauben Sie nur nicht, dass irgendeine der Widerspiegelungen des Christusbewusstseins ein anderes Ziel verfolgt als die Errichtung des Königreichs der Liebe in unseren Köpfen und Herzen. Das ist ihr einziges Ziel. Mahavira, der heilige Franz, der Baal Schem Tov, Rumi – alle arbeiten auf dieses Ziel hin ... Ein Mensch, der die Lehre Jesu lebt, befürwortet keinerlei Trennung. Er praktiziert allen Menschen gegenüber Liebe und Vergebung, sich selbst eingeschlossen. Er umarmt den Juden, den Moslem und den Hindu als seinen Bruder ... Ein wahrer Nachfolger Jesu weiß, dass Gott viele Wege kennt, auf denen er uns nach Hause führt, und zweifelt nie am guten Ausgang.«[116]

Der Autor meint im Folgenden vielleicht etwas provozierend und gleichzeitig humorvoll: »Wenn es Ihnen leichter fällt, sich an Buddha oder Krishna zu wenden, dann tun Sie es. Jesus wird nicht beleidigt sein. Im Gegenteil, er wird sich freuen, weil Sie seine Lehre der Einheit leben.«[117]

Heute kehren viele Menschen ihren Kirchen den Rücken, selbst wenn sie noch rein formal deren Mitglieder bleiben. Dies mag vielfältige Ursachen haben und soll nicht Gegenstand meiner Überlegungen sein. Dann bleibt aber für viele auch die Spiritualität insgesamt auf der Strecke und damit der Kontakt zum Göttlichen in ihnen selbst. Haben früher die Kirchen noch die geistige, geistliche, religiöse oder spirituelle Ebene in den Menschen angesprochen, so liegt diese gerade bei vielen Europäern heute mehr oder minder brach. Sie leben ein nur auf Konsum und Besitz, auf Geld und Materie, auf Wissenschaft und Technikbewunderung oder auf oberflächliche Events ausgerichtetes Leben und haben den Zugang zu den tieferen Schichten in sich selbst verloren. Oder sie halten die Ebene von Religiosität oder Spiritualität einfach für unwichtig.

Das naturwissenschaftliche Denken hat das mythologische abgelöst und ist noch heute davon überzeugt, alles rein logisch erklären zu können. Die Kirchen haben lange Zeit die Suche und Sehnsucht der Menschen nach der göttlichen Sphäre mit einem Alleinvertretungsanspruch versehen und sich als alleinige und notwendige Vermittler zwischen den Menschen und Gott verstanden. Wenden sich die Menschen aber von den Kirchen ab, weil sie sich nicht mehr von ihnen angesprochen oder verstanden fühlen, bricht bei vielen der Kontakt zu dieser göttlichen Sphäre ganz weg, es sei denn, sie suchen und finden in dem breiten Angebot des heutigen Religions- und Psychomarktes einen für sie vermeintlich besseren Ersatz.

Doch zurück zum Erwachsensein selbst: Es ist für die Menschen unserer heutigen pluralen Gesellschaft eher schwierig, ein geeignetes Denk- und Glaubenssystem zu finden, das trägt. Die vielfältigen Sinnangebote sind bisweilen verwirrend. Aber es ist wichtig, auf die oben gestellten Fragen befriedigende Antworten zu finden, egal ob in kirchlichem oder in einem anderen Rahmen. Und Initiationsmentoren unserer Zeit müssen sich immer darüber im Klaren sein, wohin, oder besser gesagt, »wohinein« sie die ihnen anvertrauten jungen Menschen initiieren wollen. Dies setzt voraus, dass sie sich über ihr eigenes Werte- und Denksystem und über ihren eigenen inneren Lebensplan, dem sie folgen, im Klaren sind. Darauf soll in Band II (HR, Kapitel 4) näher eingegangen werden.

Jugendliche haben ein spirituelles Potential

Jugendliche sind auf ihrer Suche nach dem Innersten, das die Welt zusammenhält, bisweilen viel offener als Erwachsene, die häufig bereits ihr ganz persönliches Weltbild geformt haben. Viele Jugendliche sind durchaus als sehr »spirituell« zu bezeichnen: Sie sind auf der Suche nach Tiefe, nach Sinn, nach Liebe, nach Gott oder nach einer göttlichen Urkraft und nach den Grundfragen unserer Existenz: Woher kommen die Erde, der Mensch, der Kosmos? Wohin soll dies alles führen? Was ist der Sinn von allem?

Auf der Ebene des »kollektiv Unbewussten« ist es gleichgültig, welcher Religion oder gar Konfession ein Mensch angehört. Entscheidend ist letztlich die Tiefe der Frageebene und der Kontakt zu diesem »Urwissen« des »kollektiv Unbewussten«, in dem alle Fragen längst enthalten und grundsätzlich beantwortet sind. Wie kann der junge Mensch aber heute Kontakt zu diesem Urwissen bekommen? Bei einer Einweihung ins Erwachsensein muss diese Frage beantwortet werden und die Natur kann dabei sehr behilflich sein, weil sie als ewige »Mutter Natur« viel von dieser Weisheit in sich trägt und sie dem Betrachter jederzeit, auch zu Beginn des dritten Jahrtausends noch, zur Verfügung stellen und ihm dieses Wissen vermitteln kann, wenn er nur bereit ist, danach zu fragen.

Auch in der Psychologie von C. G. Jung wird dies anerkannt und die Natur als »Archetypus der Großen Mutter« ausgewiesen: »Der Mutterarchetypus weist hin auf den Ursprung allen Lebens. Aus der Mutter Erde entspringt das ganze Leben, das sich befruchtend und fruchtbringend fortsetzt. Der Archetypus der Großen Mutter hat allerdings – wie übrigens alle archetypischen Inhalte – zwei Aspekte: einen wohlwollenden, nährenden und bewahrenden, und auf der anderen Seite einen destruktiv-verschlingenden. Aus der Erde kommen wir, zur Erde kehren wir im Tod zurück.«[118]

Die Einweihung bei dem Naturvolk der Dagara fand und findet an ausgesuchten Plätzen im wilden Busch statt. Auch bei einer Visionssuche in Amerika oder Europa gehen die Teilnehmer hinaus in die möglichst unberührte Natur. Sie hat anscheinend ebenso für junge westliche Menschen als Rahmen und als »Gesprächspartner« noch immer das zu bieten, was für eine Einweihung ins Erwachsensein nötig ist: Alleinsein im Sinne des bereits erwähnten All-Eins-Seins und die symbolische Abtrennung von der übrigen Welt. Die Natur ermöglicht anscheinend sehr viel leichter als alles andere den Zugang zum eigenen Inneren und zur spirituellen oder geistigen Welt – zur sogenannten »Anderswelt« (vgl. Band II (HR), Kapitel 5).

In der Natur kann der junge Mensch an der Schwelle zum eigenständigen Leben viel leichter Kontakt zu sich selbst, zu seinem Inneren und zu seiner Tiefe bekommen, die Urwahrheiten des Lebens erspüren und seine eigene Lebensspur, also den inneren Lebensplan, finden, dem er nun folgen soll. Man kann dies auch so ausdrücken: Jeder Mensch muss den »Mythos seines eigenen Lebens« finden, sich danach richten und ihn leben, wenn er ganz Mensch werden will. Dieser ist einerseits ganz individuell geprägt, gleichzeitig enthält er aber die Urwerte des Lebens, die ihn mit allen Menschen verbinden.

Dieser »Mythos des eigenen Lebens« besteht in einem wesentlichen Bewusstsein, einer tieferen Lebenserkenntnis, der Verbundenheit mit einem göttlichen System, dem Erkennen der eigentlichen Fähigkeiten und Aufgaben, die der »Held« verwirklichen oder dem Schatz, den der »Held« der Welt von seiner Reise mitbringen soll. Ein Held ist in diesem Sinne jeder, der sich traut, sich auf solch einen Prozess hin zu seinem eigenen Leben einzulassen. Dies kann äußerlich durch das Weggehen von zu Hause oder durch die Übernahme einer besonderen und neuen Aufgabe bestehen; es kann aber auch ein nur innerer Vorgang sein, bei dem ein neues Bewusstsein oder Denken entsteht.

Erwachsenwerden bedeutet, sich auf eine »Heldenreise« (vgl. 3. Kriterium) zu begeben und diese findet – entwicklungspsychologisch gesehen – letztlich noch immer vor dem Hintergrund eines ursprünglich schamanischen Weltbildes statt. Dieses existierte in seiner Grundstruktur vielleicht seit 50.000 Jahren und damit vor allen heutigen Weltreligionen und bildete damit einen spirituellen Bodensatz, auf dem die Hochreligionen dann aufbauen konnten. Das schamanische Weltbild kennt als Haupt-Lehrsatz nur das eine: »Alles ist mit allem verbunden, alles ist eins, alles ist von Geistern durchdrungen und von ihnen beseelt, der Mensch ist Teil des Ganzen in einem spirituellen und ökologischen System«.

Diese Urwahrheit hat auch heute noch ihre volle Gültigkeit, auch wenn wir westlichen Menschen seit Jahrhunderten glauben, die Welt nur von außen betrachten und sie nach Belieben ausbeuten zu können.[119] Jugendliche, die sich anschicken, erwachsen zu werden, müssen mit dieser »Urwahrheit der Verbundenheit mit allem« in Kontakt gebracht werden (vgl. Band II (HR), Kapitel 4).

5. Kriterium: Kontakt zu den eigenen Ahnen und zur Geschichte

Ein Aspekt dieses tiefen alten Wissens in uns und dieser soeben näher beschriebenen »anderen« Welt ist das Erkennen der eigenen Geschichte und des eigenen Ahnensystems. Um ein erwachsener, selbständiger und reifer Mensch werden zu können, der auf seinen eigenen Füßen steht, muss neben der äußeren und inneren Abtrennung von den Eltern eine Bewusstheit über das Eingebundensein in das eigene Familiensystem entstehen. Gerade die Trennung von der Familie ermöglicht es uns ja erst, aus der Distanz einen tieferen und objektiveren Blick auf unseren eigenen Familienboden zu werfen – auf Licht und Schatten und auf die guten und schlechten Erfahrungen damit.

Die Bedeutung des Familiensystems für das Erwachsenwerden

Es ist auch das Verdienst Malidomas, der in der Tradition seines Stammes initiiert worden ist, dass einigen von uns »Westlern« die Bedeutung eines lebendigen Kontakts zu den eigenen Ahnen, den bereits verstorbenen Familienmitgliedern, wieder bewusst geworden ist. Denn nur so kann es Ausgleich, Wohlbefinden, Stabilität und Glück in der ganzen Familie geben. In seinem ersten Buch »Vom Geist Afrikas« äußert er sich wie folgt zu diesem Thema:

»Es ist meine feste Überzeugung, dass die Unrast, die den modernen Menschen umtreibt, ihre Wurzeln in einer gestörten Beziehung zu den Vorfahren hat. In vielen nichtwestlichen Kulturen stehen die Ahnen mit der Welt der Lebenden in innigster und absolut lebensnotwendiger Beziehung. Sie halten sich immer bereit, um Rat, Belehrung und Kraft zu geben. Sie bilden einen Weg zwischen dieser Welt und der künftigen ... Aus einer ungleichgewichtigen Beziehung zwischen den Lebenden und den Toten kann nur Chaos entstehen ... Die Dagara glauben, dass es im Falle eines solchen Ungleichgewichtes die Pflicht der Lebenden ist, die Vorfahren zu heilen. Werden die Vorfahren nicht geheilt, wird ihre kranke Energie die Seelen der Menschen, die die Pflicht hätten, ihnen zu helfen, heimsuchen ...«[120]

Das Dagara-Volk geht davon aus, dass die Seele nach dem Tod in eine Art Stammes- und Familienhimmel eingeht und bald darauf als Kind mit neuen Aufgaben wiedergeboren wird. Da die vom Christentum geprägte westliche Welt eine solche Auffassung von Wiedergeburt nicht vertritt, hat sich in der Lebenspraxis vieler Menschen die sehr erstaunliche und letztlich unchristliche Ansicht eingeschlichen, dass Tote eben tot seien und keine weitere Bedeutung für das Leben der nachfolgenden Generationen hätten. Welch ein großer Irrtum!

Bei sogenannten »Familienaufstellungen«[121], einer Art gestalterischer Sichtbarmachung eines Familiensystems und der Beziehungen seiner Mitglieder untereinander, können viele Menschen in westlichen Gesellschaften erleben, dass es neben einer rein rationalen Welt noch ganz andere Schichten von Wirklichkeit geben muss. Davon berichten auch die beiden erfahrenen Familien-Therapeutinnen Marlies Holitzka und Elisabeth Remmert:

»Dass die Familie, in die wir hineingeboren werden, unser künftiges Leben entscheidend beeinflusst, ist an sich nichts Neues. Wie weit aber dieser Einfluss tatsächlich geht und in wie vielen Bereichen unseres Lebens er sich bemerkbar machen kann, ist uns meist nicht bewusst. Denn wir sind mit den Menschen in unserer Familie nicht nur tief verbunden, oftmals sind wir, ohne es zu wissen, geradezu in ihre Schicksale verstrickt.«[122]

Viele Menschen in unserem hochtechnisierten westlichen Kulturkreis sind davon überzeugt, dass sie in jeder Situation selbstbestimmt handeln und letztlich alles durch Überlegung oder durch klärende Gespräche in den Griff bekommen können. Wenn aber beispielsweise Beziehungen immer wieder zu Bruch gehen, ein Kind erkrankt, ohne dass über eine lange Zeit eine wirkliche Abhilfe geschaffen werden kann, oder wenn eine Krankheit wie Krebs auftritt, dann entsteht meist eine Krise, die in der Regel nicht mehr technisch oder rational zu lösen ist. Die beiden Autorinnen erläutern dies näher wie folgt:

»Was wir auch versuchen, mit Vernunft und Überlegungen lösen wir diese Probleme nicht, und all das, was sich in anderen Fällen bestens bewährt hat, bringt uns hier nicht einen Schritt weiter. Immer wieder fallen wir ... in die alten Verhaltensmuster und Gefühle zurück. Die einen suchen dann vielleicht die Schuld bei den Eltern, die anderen machen das Schicksal oder ihre Mitmenschen verantwortlich. Aber auch wer einen eigenen Anteil erkennt und ernsthaft versucht, etwas für eine positive Veränderung zu tun, spürt meist nur vorübergehend eine Erleichterung ... Dann merken wir, dass uns etwas Unfassbares blockt und unsere Selbstbestimmtheit an diesem Punkt kläglich versagt ... Was uns da blockiert, ist häufig die Macht des Systems ... Die Macht des Systems bringt uns dazu, fremde Schicksale nachzuahmen oder aus Liebe und Treue zu einem Familienmitglied auf eigenes Glück zu verzichten. So verstrickt uns die Macht des Systems als Individuum in die Schicksale unserer Familie, und das schon in den ersten Lebensjahren. Dagegen können wir uns nicht wehren, ja wir sind uns dessen nicht einmal bewusst. Solange uns das aber nicht bewusst ist, haben wir nur wenig Handlungsmöglichkeiten.«[123]

Die Methode des »Familienstellens« kann dabei aber oft in sehr kurzer Zeit aufzeigen, dass überraschend viele Konflikte und Schwierigkeiten, mit denen wir es zu tun haben, eben nicht auf einer körperlichen oder nur psychologischen Ebene zu lösen sind, wenn sie in Wirklichkeit auf der Systemebene unserer Familien entstanden sind. Davon konnte ich mich mehrmals selbst überzeugen. An einem Wochenende beispielsweise, an dem alle 21 Teilnehmerinnen und Teilnehmer das System ihrer Herkunftsfamilien aufstellen lassen wollten, kam bei sechs Gruppenmitgliedern zum Vorschein, dass entweder ihr Vater oder ihr Großvater an schlimmen Kriegshandlungen oder sogar -verbrechen im 2. Weltkrieg beteiligt gewesen sein musste.

Da dies den Betroffenen bis zum damaligen Zeitpunkt unbekannt war, hatten sich bei nachfolgenden Familienmitgliedern starke psychische oder körperliche Schwierigkeiten eingestellt. Anscheinend mussten sie für diese ungesühnte und verdrängte Schuld ihrer teilweise schon verstorbenen Vorfahren büßen. Bereits am nächsten Tag stellte sich bei zweien dieser Teilnehmer heraus, dass ihr Vater bzw. Großvater in Wahrheit SS-Mann und tatsächlich an Erschießungen von Gefangenen oder anderen Gräueltaten in Russland beteiligt gewesen war. Dies hatten die Teilnehmer noch am selben Abend im Anschluss an ihre eigene »Aufstellung« in Erfahrung bringen können, als sie bei ihren Angehörigen diesbezüglich konkret nachfragten. Bleibt noch zu erwähnen, dass diese Methode der Familienaufstellung sinnigerweise ihre Ursprünge in afrikanischen Stammesgemeinschaften hat. Von dort wurde das tiefe Wissen über das Wirken von Familiensystemen durch Familientherapeuten aus unserem Kulturkreis zumindest in einigen Grundgedanken übernommen und weiterentwickelt.

Zum Erwachsensein gehört es also, Klarheit und Bewusstheit über das eigene Familiensystem zu haben, aus dem man kommt und das einen trägt. Man spricht ja auch nicht zufällig vom sogenannten »Familienboden«, auf dem wir alle stehen. Aus eigener Erfahrung weiß ich, dass es oft viele Jahre dauern kann, bis man zu diesen verborgenen emotionalen Schichten in der eigenen Familie vordringen darf. Aber dies ist grundsätzlich notwendig, wenn man als Erwachsener ein ausgeglichenes und harmonisches Leben führen und selbst Verantwortung für eine eigene Familie übernehmen will. In jedem Familiensystem wird es Licht- und Schattenseiten geben. Es kann sein, dass Tabus und Familiengeheimnisse über einen gewissen Zeitraum sinnvollen Schutz für einzelne Mitglieder oder für die ganze Familie gewähren können.

Irgendwann aber kommt der Zeitpunkt, an dem die Wahrheit ans Licht kommen muss, um Schaden von den Mitgliedern nachfolgender Generationen abzuwenden. Diese können besser leben, wenn sie wissen, was einst passiert ist, auch wenn dies vielleicht schrecklich war, wie das obige Beispiel gezeigt hat. Wenn noch eine Schuld da ist, die von einem früheren Familienmitglied ausgeht oder wenn etwa ein zu früh gestorbenes oder abgetriebenes Kind existiert hat, dessen Schicksal aber verschwiegen wurde, gilt der Grundsatz eben nicht, dass »die Zeit alle Wunden heilt«. Nein, dann gibt es eine Heilung meist nur, wenn das Schicksal eines vergessenen Familienmitglieds ans Licht kommt und gewürdigt und das damit verbundene Unrecht zum Beispiel durch ein passendes Ritual nachträglich gesühnt wird.

Die Ahnen bewahren das Bewusstsein um die »andere« Welt

Sich mit den Ahnen zu beschäftigen bedeutet aber gleichzeitig, sich mit dem Thema des eigenen Todes auseinanderzusetzen. Der Mythenforscher Michael Meade hat diesen Zusammenhang erkannt, wenn er sagt: »Aber als der Mythos und die Rituale aus dem täglichen Leben in Europa und in der Neuen Welt (Amerika) verschwanden, haben wir auch das Gefühl für die Bedeutung unserer Ahnen verloren. Und indem wir das Verständnis für diesen Bereich verloren haben, verschwand auch die Bedeutung des Wortes Tod. Die Tür zu den Ahnen war versperrt, und damit waren innere Quellen versiegt und Wege zum Verständnis abgeschnitten ... Zur Initiation der Älteren gehört auch, das Reich der Ahnen zu betreten und den Ring zu sehen, der die Welt hält.«[124]

Die Verstorbenen sind in Wirklichkeit keine Leichen, sondern Ahnen, die uns Lebenden mit ihrer Wahrheit und ihrem Wissen helfen und uns beistehen wollen, unser Leben zu gestalten und zu gewinnen. Es lohnt sich daher, einen guten Kontakt zu ihnen zu bekommen und zu halten, weil sie uns letztlich gut gesonnen sind und wir durch sie ein Empfinden für diese andere Welt bekommen, wo wir ebenfalls einmal nach unserem Tode sein werden. Und da der Tod für uns alle eine unausweichliche Tatsache ist, gehört es sowohl zu einem reifen Erwachsensein als eben auch bereits zu einer gelungenen Initiation, sich mit der Frage nach dem eigenen Tod auseinanderzusetzen.[125] Viele Jugendliche haben durchaus das Bedürfnis, sich bei ihrer Entwicklung zu mehr Eigenständigkeit und Persönlichkeit mit diesem Themenbereich »Sterben, Tod und Jenseits« zu beschäftigen.

Helle und dunkle Seiten in der Geschichte des eigenen Volkes

Was für einzelne Familiensysteme gilt, ist ebenso für die Geschichte eines ganzen Volkes von Bedeutung. Wenn wir heute Jugendliche in Deutschland zu Erwachsenen initiieren wollen, müssen wir ihnen natürlich auch von den dunklen Seiten unserer kollektiven Vergangenheit erzählen – vor allem von Hitler-Deutschland, von zwei schrecklichen Weltkriegen, von der Judenvernichtung, von der Unterwerfung ganzer Völker durch das NS-Regime, von der Brutalität, Gewalt und Grausamkeit bei Kriegshandlungen und von den Konzentrationslagern. Nicht, dass unsere Jugendlichen dann etwa die Schuld unserer Vorfahren auf sich nehmen und sich als Deutsche schämen sollten. Nein, das sollen sie nicht. Aber es geht darum, sich für die Folgen der Taten der Väter und Großväter verantwortlich zu fühlen, ein eigenes Bewusstsein über jene Zeit zu entwickeln und dafür zu sorgen, dass so etwas nie wieder passiert.

In einer katholischen Pfarrgemeinde vor den Toren Münchens werden die 14- bis 15-jährigen Firmkandidaten dazu verpflichtet, gemeinsam das KZ in Dachau zu besuchen und mit Überlebenden des Holocaust ins Gespräch zu kommen. In vielen (weiterführenden) Schulen werden heute ebenfalls solche Besuche im KZ durchgeführt und Veranstaltungen mit Zeitzeugen organisiert. Dies empfinde ich als einen wirklich passenden und notwendigen Aspekt von Initiation – zu erkennen, wozu anscheinend unser menschliches Wesen im Extremfall fähig ist und diese dunklen Seiten in uns selbst möglichst früh durch Bewusstheit zu bannen. Erwachsensein sollte unbedingt diese Komponente der Auseinandersetzung mit der eigenen Familie, aber auch mit unserer kollektiven Geschichte enthalten, um mit diesem Wissen im Hintergrund einmal für sich selbst, für die eigenen Familienmitglieder und für die ganze Gesellschaft Verantwortung übernehmen zu können.

In diesem Zusammenhang finde ich es unerlässlich, noch auf eine andere fatale Folge der NS-Zeit einzugehen. Instinktsicher verwendeten die Nazi-Ideologen alte germanische Symbole und Rituale, um die junge Generation auf einer archaischen und emotionalen Ebene ansprechen, gewinnen, manipulieren und dann für ihre Zwecke missbrauchen zu können. Als Beispiele dafür können die für diese Zwecke organisierten Zeltlager der Hitlerjugend, rituell ausgerichtete kollektive Massenveranstaltungen, das Wecken des Interesses für Waffen schon bei Kindern und Jugendlichen, einheitliche Kleidung mit paramilitärischen Symbolen, das übermäßige Verwenden von Flaggen und Fahnen und die Infiltration mit vermeintlichen Heldengeschichten, in denen tapfere Männer im Kampf gefallen sind oder den Feind besiegt haben, angesehen werden.

An dieser Stelle soll darauf hingewiesen werden, dass natürlich auch andere Gruppen und Völker weltweit so etwas machen. Symbole, Fahnen, Flaggen, Kleidung oder Rituale können eine sehr identitätsstiftende Wirkung haben und den Zusammenhalt in der Gruppe oder in einer ganzen Nation fördern. Auch dienen solche Zeichen und Rituale dazu, sich von anderen abzugrenzen. Das Beispiel von Fußballfans mit ihren Schals und Vereinsfahnen kann hier zur Verdeutlichung dienen. Im Nationalsozialismus hat dieses an sich natürliche Verhalten jedoch leider einen sehr starken Missbrauch erfahren.

Eine Folge des Zusammenbruchs des NS-Regimes war es dann auch, dass über eine lange Zeit viele Rituale und Symbole nur mit jener dunklen Phase unserer deutschen Geschichte in Verbindung gebracht und sofort abgelehnt wurden. Das ist einerseits sehr verständlich. Noch heute werden manche Deutsche von Ausländern mit dem Vorwurf konfrontiert, Nazis zu sein, nur weil sie z. B. eine deutsche Flagge schwenken. Dies scheint unbedarft nur bei Fußballspielen oder bei anderen Sportveranstaltungen erlaubt zu sein.

Initiationsrituale, bei denen es vor allem um die Einweihung von Jungen ins Mannsein geht, werden sehr schnell mit dem Nationalsozialismus in Verbindung gebracht und abgelehnt, weil damals tatsächlich auf alte germanische Traditionen oder Pseudotraditionen zurückgegriffen wurde, um eine neue Jugend im Sinne Hitlers zu erschaffen, die »hart wie Kruppstahl, flink wie Windhunde und zäh wie Leder« sein sollte. Alte germanische Rituale sind durch die NS-Ideologie vermutlich über viele Generationen hinweg verdorben worden und kommen daher nur schwer als Quelle für die Entwicklung von modernen Ritualen in Frage. Zudem setzen viele Gruppen von Neonazis und rechte Parteien diese Entwicklung aus der NS-Zeit fort, alte, ursprünglich vielleicht sogar sinnvolle und kraftvolle Rituale unserer germanischen Vorfahren für ihre verqueren politischen Anschauungen zu missbrauchen. Tatsächlich können Neonazis mit ihrem pseudorituellen germanischen Gehabe auch mehr als 65 Jahre nach Ende der Hitler-Diktatur immer noch Anhänger gewinnen.

Es erscheint mir daher sinnvoller und entspannter, keltisch-schamanische oder indianische Traditionen Nordamerikas darauf zu untersuchen, ob sie Rituale und Erkenntnisse zu bieten haben, die auch für Jugendliche des beginnenden dritten Jahrtausends und in unserer heutigen westlichen Gesellschaft noch anregend sein und zu modernen Initiationsritualen weiterentwickelt werden könnten. Zumindest haben diese alten Kulturen des Nordwestens noch am ehesten einen Bezug zu uns. Dies wird in Band II (HR, Kapitel 7: Das Ritual der Visionssuche) näher beschrieben. Doch zunächst müssen wir den Blick auf drei weitere Aspekte des Erwachsenseins werfen, die ebenfalls bei einer gelingenden Initiation beachtet werden müssen.

6. Kriterium: Erkennen der eigenen Lebensaufgabe – Bereitschaft zur Übernahme von Verantwortung

Zum Erwachsensein gehört es, sein eigenes Geld zu verdienen und einen Beruf zu haben, der zumindest die eigene Existenz sichern und vielleicht sogar die Grundlage für die Ernährung einer eigenen Familie schaffen kann. Unsere Gesellschaft gilt heute allgemein als leistungsorientiert und der Beruf oder die Tätigkeit stellt für viele die eigentliche Identität dar. Niemand fragt bei uns danach, »wer« man ist. Man würde eher mit Verwunderung betrachtet werden, wenn man die Frage stellen würde: »Wer bist du?«

Neben dem Namen interessiert heute sofort etwas anderes, um eine erste Vorstellung von seinem Gegenüber zu kriegen: »Was machst du?« heißt die häufig gestellte Frage. Leicht kann man sich selbst dabei ertappen, wie dann der unbekannte Gesprächspartner schnell in eine bestimmte Schublade gesteckt wird. Jetzt weiß ich, was er macht, also glaube ich auch zu wissen, wer er ist. Die Angabe von Beruf oder Beschäftigung hat somit eine erhebliche identitätsstiftende und klassifizierende Wirkung in unserer Gesellschaft.

Die hohe Bedeutung von Schulbildung

Weil der Beruf so wichtig ist bei uns, versuchen zumindest in städtischen Gegenden die meisten Eltern, ihre Kinder aufs Gymnasium oder wenigstens auf die Realschule zu schicken. Tatsächlich liegt die Übertrittsquote von der Grundschule ans Gymnasium in städtischen und großstadtnahen Gegenden bei 50 bis 70 Prozent. Damit werden bereits im Alter von 10 Jahren wichtige Weichen für den späteren Beruf gestellt. Nicht wenige Kinder und Jugendliche sind aber mit dem Gymnasium vollkommen überfordert. Oft ist nach vier Jahren Grundschule noch nicht zu erkennen, wie sich das Kind später entwickeln wird. Als Eltern möchte man seinem Kind in unserer Leistungsgesellschaft aber alle erdenklichen Möglichkeiten einer guten Ausbildung offen lassen. Darum versuchen manche Eltern, ihre Kinder unter allen Umständen aufs Gymnasium zu schicken, selbst wenn diese eigentlich nicht dafür geeignet sind.

Der Autor Johan Schloemann macht sich in einem SZ-Artikel darüber nähere Gedanken. Unter dem Titel »Klassenbewusstsein. Das Land braucht nicht viele Abiturienten, sondern bessere. Sonst verliert das Gymnasium seine Bedeutung als höhere Bildungsanstalt.«[126] setzt er sich mit der Tatsache auseinander, dass immer mehr Kinder eines Jahrgangs aufs Gymnasium wollen. Er beklagt, dass es zu einem immer größeren Verlust des Leistungsniveaus kommt und dass eine Ursache darin auch bei den Eltern zu suchen ist: »Das Gymnasium hat unter seinen Verteidigern so manche falschen Freunde: Das sind Eltern, die drücken und schieben, was das Zeug hält, bis sie ihr Kind aufs Gymnasium gekriegt haben; und wenn das Kind dort ist, fordern sie den möglichst ohne Anstrengung freizuräumenden Weg in die gesellschaftliche Elite ... Die Schule hat in den Augen dieser Klientel als kostenloser Dienstleister für Aufstiegschancen zu funktionieren.«[127] Diese Eltern tun ihrem Kind meist keinen Gefallen, vor allem wenn dieses sich dazu gedrängt fühlt, um fast jeden Preis am Gymnasium zu bleiben. Dazu meint der Autor: »So werden schwache Schüler bis in die höheren Jahrgänge mit durchgeschleppt, auch wenn sie eindeutig nicht aufs Gymnasium passen: Was ihrer Laufbahn deutlich mehr schadet, als wenn man früher ehrlich zu ihnen wäre und sie früher ihre anderen Fähigkeiten zur Geltung bringen könnten, die am Gymnasium verkümmern.«[128]

Unbestritten ist aber, dass die Mittlere Reife und noch mehr das Abitur unbedingte Voraussetzung und damit Türöffner für viele Berufe ist. Dabei geht aber oft unter oder es wird ganz verschwiegen, dass es eine nicht unerhebliche Zahl von »Absteigern« gibt, also Schüler, die mit den Anforderungen am Gymnasium oder selbst an der Realschule nicht zurecht kommen – aus welchen Gründen auch immer. Dies könnte man beispielsweise damit nachweisen, dass man die Eintrittszahlen in die 5. Jahrgangsstufe des Gymnasiums mit dem späteren Abiturjahrgang vergleicht. Meist bleibt nur die Hälfte oder sogar noch weniger Schüler übrig, die ursprünglich den gymnasialen Bildungsweg eingeschlagen hatten.

Von meiner eigenen Schulzeit weiß ich noch, dass wir zu Beginn der 5. Klasse 44 Schüler waren, zum Ende der 10. Klasse immerhin noch 39. Dann verließen viele Mitschüler mit dem Erwerb der Mittleren Reife das Gymnasium, das Abitur schafften schließlich nur noch 19 und damit deutlich weniger als die Hälfte der ursprünglich angetretenen Gymnasiasten. Insgesamt hatten während der neun Schuljahre 74 Schüler und Schülerinnen meine Klasse besucht. Bei heutigen Abiturjahrgängen mag dieses Verhältnis vielleicht günstiger ausfallen, aber es gibt nach wie vor viele Jungen und Mädchen, deren Schulkarrieren einen deutlichen Knick aufweisen.

Diese Tendenz setzt sich an der Hochschule fort: Von einem Vertreter des Arbeitsamtes wurde mir mitgeteilt, dass in Deutschland etwa 40 Prozent (!) aller Studenten ihr Studium bis zum 7. Semester abbrechen oder auf einen anderen Studienzweig wechseln. Welch eine volkswirtschaftliche Verschwendung! Woran liegt dies? Eine Ursache dafür ist meiner Auffassung nach darin zu suchen, dass viele Jugendliche während ihrer ganzen Schulzeit keine Ahnung davon bekommen, welche Neigungen sie wirklich haben und was sie einmal beruflich machen wollen. Wieso aber nicht? Ist die Schule vielleicht ein so behüteter Ort oder gar nur eine Art von »virtuellem Raum«, in dem zwar kräftig gebüffelt werden muss, um all die Schulaufgaben und sonstigen Prüfungen erfolgreich zu bestehen, in dem es aber praktisch keine realen Erfahrungen von der Welt »da draußen« gibt?

In meiner eigenen Abiturklasse wussten zum Zeitpunkt des Abschlusses 1974 von den 19 Schülerinnen und Schülern nur drei, was sie einmal werden wollten. Auch mir selbst war dies als Abiturient seinerzeit nicht klar, worauf ich im nächsten Kapitel näher eingehen werde. Ich war damals froh, durch die 15-monatige Bundeswehrzeit noch eine Art Moratorium bekommen zu haben, in dem meine Entscheidung über meine Berufswahl reifen konnte. So kann ich es heute vielen Oberstufenschülern und Studenten durchaus nachempfinden, dass sie nicht wirklich wissen, was sie tun sollen. Bei manchen liegt es daran, dass sie durch einen harten Numerus Clausus von dem Studium ihrer Wahl abgehalten werden. Bei den meisten ist es aber eher Ausdruck einer allgemeinen Orientierungslosigkeit und Unklarheit über ihr Leben selbst.

Sie wissen nicht wirklich, wer sie sind und darum wissen sie auch nicht, was sie tun sollen. Und dies wiederum hat zur Ursache, dass sie – obwohl vielleicht längst volljährig und damit rechtlich gesehen erwachsen – noch keine Initiation in ihr Erwachsensein erfahren haben. Unsere Gesellschaft steht dem im Grunde achselzuckend oder hilflos gegenüber nach dem Motto: »Wenn unsere jungen Leute nicht wissen, was sie wollen, können wir ihnen nicht helfen. Sie haben doch aufgrund unserer Steuern, die wir als Erwachsene und längst Berufstätige gerade für die Bildungsausgaben zahlen müssen, alle Möglichkeiten und Mittel zur Verfügung, um ihren Weg zu machen. Mehr können wir dann aber wirklich nicht tun für sie!«

Aus einer gewissen Sicht ist diese Ansicht sehr verständlich. Aber ist es nicht ein Armutszeugnis für unsere auf Arbeit und Leistung bezogene Gesellschaft, wenn unsere jungen Leute in hoher Zahl in ihrem schulischen oder beruflichen Werdegang scheitern und bisweilen »ewig« lange brauchen, bis sie endlich eine geeignete Tätigkeit für sich gefunden haben?

Wie können die Jugendlichen heute mit dem »wirklichen« Leben in Kontakt kommen und dabei spüren, wo möglicherweise ihre wahren Fähigkeiten, Stärken und Neigungen liegen, was ihnen echte Freude macht, womit sie ihren Sinn erfahren und Befriedigung erzielen und wie sie der Gemeinschaft einmal dienen könnten? Wie und wodurch können sie erfahren, wo vielleicht sogar ihre eigentliche Berufung liegt? Denn im Wort »Beruf« ist ja diese tiefere Bedeutung ursprünglich enthalten. Vielleicht erscheine ich als etwas altmodisch oder zu idealistisch, wenn ich heute noch von »Berufung« spreche, da doch viele nur nach einem »Job« suchen, der Geld bringt, die Existenz sichern kann und darüber hinaus sogar noch Spaß macht.

Jene Bezeichnung »Berufung« wird dagegen meist nur noch bei sehr wenigen Berufen angewandt – bei einem Arzt vielleicht; aber selbst da ist es so, dass manche diese Tätigkeit vor allem deshalb ergreifen, weil sie damit Ansehen, Geld und gesellschaftlichen Aufstieg verbinden. Bei einem katholischen Priester spricht man heute wirklich von einer echten »Berufung«, weil er ja mit seiner Entscheidung auch den Zölibat in Kauf nehmen muss und aus echter Glaubensüberzeugung heraus handeln soll. Dabei könnte im Grunde jeder Beruf zu einer echten Berufung werden.

Die Schwierigkeit vieler Schülerinnen und Schüler liegt heute darin, dass sie sich ihre zukünftigen Berufe noch gar nicht vorstellen können und nur begrenzt Möglichkeiten haben, genauere Vorstellungen zu bekommen und dazu konkrete Erfahrungen im Voraus zu machen.[129] Auch ändern sich heutzutage viele Berufsbilder besonders im Bereich von Technik und Medien so rasant, dass es viele der späteren Berufe jetzt so überhaupt noch nicht gibt. Möglicherweise passen daher manche Ausbildungswege von heute gar nicht zu Tätigkeiten, die in gar nicht so ferner Zukunft gefragt sind. Oder es wird für Berufe geworben, für die die Ausgebildeten aber gar nicht übernommen werden können.[130]

Wichtiger als der konkrete Beruf ist aber noch etwas anderes: Die Heranwachsenden müssen sich zuerst selbst finden und spüren, wer sie eigentlich sind. Dann erst können sie eine wirkliche Berufswahl treffen. Sehr häufig läuft es in unserer Gesellschaft jedoch heute genau umgekehrt. Die Ausbildung oder der Beruf dienen oft dazu, Erfahrungen zu machen, durch die die jungen Menschen sich vielleicht erst kennenlernen und erleben können, wer sie sind. Nicht selten endet ein Studium oder gar eine langjährige Ausbildung damit, dass junge Leute einsehen müssen, dass sie doch die falsche Berufsrichtung eingeschlagen, damit auf's falsche Pferd gesetzt haben und nun vor einem Scherbenhaufen stehen, weil der eingeschlagene Beruf in der Praxis doch nicht den persönlichen Neigungen entspricht. Natürlich könnte man dazu eine Menge anderer persönlicher oder bildungspolitischer Gründe anführen, warum sich Ausbildung und Berufspraxis reiben können oder warum der Eindruck entsteht, eine falsche Wahl getroffen zu haben. Dies soll aber hier nicht näher ausgeführt werden.

Schule und Studium als einziger Weg zur Initiation: eine Verengung der Sicht

Ich habe mich persönlich gefragt, wo ich während meiner Ausbildungszeit in der Schule und an der Universität noch grundsätzlich andere Erfahrungen machen konnte, die für mein Leben wichtig waren. Die Schulzeit war einerseits bequem, weil ich mich damals voll auf das Lernen und die beständigen Prüfungen konzentrieren konnte. Ich befand mich im Grunde in einer wohlbehüteten Umgebung. Aus jetziger Sicht waren es vor allem drei Erfahrungsfelder, in denen ich damals einerseits eine harte Seite des »wirklichen« Lebens kennenlernen, aber auch etwas von einer größeren Vielfalt als in der Schule erfahren konnte: bei meiner täglichen Arbeit auf dem Bauernhof meines Vaters mit dem damit verbundenen Kontakt zur Natur, während der Bundeswehrzeit, bei der ich eine Ausbildung zum Sanitäter absolvierte und deswegen auch in Krankenhäusern weilte, alle drei Monate woanders sein musste und deshalb mit vielen sehr unterschiedlichen Menschen zusammen traf und schließlich bei meinem halbjährigen Afrikaaufenthalt, bei dem ich einen ganz anderen Kulturkreis und eine für mich bis dahin unvorstellbare Armut erleben konnte. Darauf werde ich im nächsten Kapitel noch genauer eingehen.

An dieser Stelle muss einem möglichen Missverständnis Vorschub geleistet werden: Vielleicht besteht in unserer Gesellschaft die doch klischeehafte Vorstellung, dass »das« Leben nur außerhalb und erst nach Schule und Studium stattfinden kann und dass ein glückliches Leben in unserer auf Leistung getrimmten Gesellschaft selbst nur stellenweise möglich ist. Aber dies ist ein Zerrbild, denn alles ist Leben und überall ereignet sich Leben. »Das Leben« gibt es gar nicht, wohl aber viele verschiedene Lebensabschnitte mit unterschiedlichen Zielsetzungen. Darum ist auch die Zeit in der Schule für unsere Jugendliche ein wichtiger Lebensabschnitt. Es bleibt aber die Frage, ob diese Lebensphase genügend Erfahrungsraum bieten kann, um eine kraftvolle Persönlichkeitsentwicklung zu ermöglichen.

Denn für das Erwachsensein ist es wichtig zu wissen, wer man wirklich ist. Daraus leitet sich dann auch die zweite Frage ab: Was will ich tun, also welchen Beruf möchte ich ergreifen oder welche Tätigkeit gibt mir Sinn und Erfüllung? Auf beide Fragen (Wer bin ich? Was will ich tun?) kann ein Initiationsritual wie die Jugend-Visionssuche Antworten geben oder es hilft zumindest dabei, mehr Klarheit und Bewusstsein für sein Leben zu bekommen. Dies soll in Band II (HR, Kapitel 7: Visionssuche) näher ausgeführt werden. Aber noch aus einem anderen Grund sind ganz offizielle Prüfungen und Rituale wichtig, um in diesen Lebensabschnitt des Erwachsenseins geführt zu werden.

Wenn keine offiziellen Rituale dafür stattfinden, kann es sein, dass dieser Übergang bei vielen Heranwachsenden förmlich zerfließt, sich über viele Jahre hinzieht und damit Ursache für eine große Orientierungslosigkeit und Unklarheit im Leben ist. Diese Tatsache empfinde ich als eine große Verschwendung von wertvollen Ressourcen und es müsste gar nicht so sein. Natürlich können die Schul- und Universitätsabschlüsse ein wichtiger Ausdruck und eine wesentliche Voraussetzung für einen Aspekt von Initiation sein: dem erfolgreichen Erwerb einer Berufsausbildung. Der Hochschulabschluss liegt heute bei vielen jungen Leuten jedoch immer noch jenseits ihres 25. Geburtstages. So lange fehlt aber gerade bei Studenten ein wichtiger Teil einer wirklichen Einweihung ins Erwachsensein, vor allem, wenn erst der Studiumabschluss selbst als indirektes – weil meist unbewusstes – Initiationsritual dienen soll.

Würden dagegen bewusste und geeignete Einweihungen – vor allem außerhalb der Schule – früher erfolgen, so glaube ich, dass viele junge Menschen deutlich eher und leichter »in die Puschen« kommen könnten und das vor allem hinsichtlich ihrer Ausbildung. Hier geht es um Fragen nach dem Sinn, nach Selbständigkeit und Glück. Aber auch wirtschaftliche Argumente kann man ins Feld führen, warum eine bewusste und rechtzeitige Initiation unserer Jugendlichen bitter notwendig ist. Daher sollte in Zukunft ein viel größeres Augenmerk auf eben diese fundamentale Aufgabe in unserer Gesellschaft gelenkt werden. Denn Initiation geht in keiner Gesellschaft von selbst vonstatten.

Im Falle der Dagara in Afrika wurden die am besten für diese aufwendige und höchst verantwortliche Aufgabe geeigneten erwachsenen Menschen als Initiationsmentoren dazu berufen, vor allem die Jungen durch ausgeklügelte Rituale in das Erwachsensein einzuweihen. Überträgt man diesen Gedanken auf unsere Gesellschaft, dann müssten wir viel Zeit und Geld in die Hand nehmen, um uns dieser Aufgabe zu verschreiben – nämlich geduldig und einfühlsam, mit Energie und Klarheit und mit großer Verantwortung unsere jungen Menschen von ihrer Phase der Jugendzeit ins Erwachsenensein hinüberzugeleiten. Das müssen uns unsere jungen Menschen wert sein, die ja bereits Teil unserer Gesellschaft sind und diese mittragen und mitgestalten sollen. Ist es da nicht traurig, wenn so viele junge Menschen, die doch unsere Zukunft darstellen, bisweilen jahrelang depressiv oder orientierungslos herumhängen, nicht wissen, was sie mit ihrem Leben anfangen sollen und lange Zeit nicht herausfinden, was sie wollen, wer sie eigentlich sind, was ihnen wirklich Erfüllung bringt und wo sie gebraucht werden – und so über viele Jahre in unserem Bildungssystem versacken, könnte man hinzufügen.

Aber dies ist nicht in erster Linie die Schuld der jungen Menschen. Ich glaube, dass viele Jugendliche von einem hohen Idealismus geprägt und grundsätzlich bereit sind, unserer Gemeinschaft mit ihrem Beruf oder in einem Ehrenamt zu dienen. Ich bin hier bezüglich unserer jungen Generation sehr optimistisch. Und im Grunde haben die meisten Jugendlichen in Deutschland die Möglichkeit, einmal den Beruf oder die Tätigkeit zu bekommen, die sie anstreben. Sie müssen nur selbst herausfinden, was sie wollen.

An dieser Stelle müssen einige Anmerkungen gemacht und kritische Fragen an unsere Gesellschaft gerichtet werden:

- Man hat den Eindruck, dass unser ganzes Bildungssystem seit der Einführung des sogenannten »Bologna-Prozesses« viel mehr als zuvor auf die Erfordernisse der Wirtschaft zugeschnitten und daher in erster Linie nutzenorientiert geworden ist. Dies mag zwar aus Kostengründen verständlich erscheinen, das Bildungssystem ist aber damit einseitig ausgerichtet.
- Der Weg der Selbstfindung, Selbsterkenntnis und Selbstverwirklichung und damit hin zu Persönlichkeitsreifung und zum Erwachsenwerden muss auch außerhalb des offiziellen Bildungsweges stattfinden können, wenn die Persönlichkeitsentwicklung nicht nur in den Kategorien von »Nützlichkeit« oder einer »Kosten-Nutzen-Rechnung« ablaufen soll.
- Wer aber formuliert die Ziele, Werte und Regeln in unserer Gemeinschaft, in die unsere Kinder und Jugendlichen hineingeführt werden sollen? Wer gibt in unserer Gesellschaft letztlich den Ton an und legt die Richtung fest?

- Soll unsere auf Leistung und Konsum ausgerichtete Gesellschaft so erhalten bleiben? Oder sollen wir unsere Kinder nicht dazu bringen, eine andere Gesellschaft zu wollen und zu schaffen? Dann aber müssten sie mit einem Denk- und Wertesystem in Kontakt kommen, das außerhalb des engen Leistungsdenkens liegt.
- Noch etwas provozierender: Müssen nicht gerade die besonders idealistisch eingestellten Jugendlichen an dem »realen Leben« verzweifeln, das unsere Leistungs- und Konsumgesellschaft bietet? (Siehe dazu auch Band II (HR), Kapitel 4).

Orientierungslose Erwachsene als »ewige« Jugendliche

Ein Blick in die USA kann noch einen weiteren Aspekt zu dieser Thematik (Schulbildung, Studium, Erwachsenwerden) liefern: Hier bewahrheitet sich die These, dass das eigene Einkommen natürlich eine wichtige Voraussetzung für das Erwachsensein darstellt. Der Erfolgsautor Joey Goebel, selbst erst 28 Jahre alt, hält der Generation der 20- bis 29- Jährigen in einem Porträt der Altersgruppe einen Spiegel hin, wenn er sie plakativ als »Baby für immer« bezeichnet.[131]

Ausgelöst durch die kürzliche Wirtschaftskrise bekamen 2009 vier von fünf College-Absolventen in den USA keinen Job. Viele von ihnen mussten daher aus finanziellen Gründen wieder zu ihren Eltern nach Hause ziehen. Das ist die äußere Seite. Aber auch sonst kommt beim Autor seine eigene Altersgruppe nicht besonders gut weg, obwohl er ihre Lage mit dem nötigen Schuss Humor beschreibt. Ihm ist klar geworden, dass die von ihm als »Y-Generation« bezeichneten jungen Leute hauptsächlich mit Computerspielen aufgewachsen sind und dass die Computerspiele selbst auch – der immer neuesten digitalen Entwicklung entsprechend – mit ihnen groß geworden sind. Eine Wii-Konsole, eine Playstation oder eine X-Box sind eben nichts anderes als ein schickes Kinderspielzeug, selbst wenn ihre Besitzer schon 20 oder noch älter sind. Daher bezeichnet er die Generation, die sich schon ihr ganzes Leben hingebungsvoll vor allem mit Computerspielen beschäftigt hat, als »Nintendo-Generation.«[132] Joey Goebel meint, dass »... durch die digitale Revolution die Gehirne junger Menschen regelrecht umprogrammiert wurden. Sie sind heute derart abhängig von digitaler Kommunikation, dass ihre Sozialkompetenz fast verkümmert ist.«[133] Und so glaubt er auch bei genauerem Hinschauen erkennen zu können, »... dass die jungen Erwachsenen unter ihren hautengen Jeans in Wahrheit noch Windeln tragen. Wir brabbeln und kommunizieren ununterbrochen – wie Babys. Der einzige Unterschied zu einem echten Kleinkind ist, dass unser Gebrabbel digital daher kommt: als SMS, in Blogs, als Tweet, auf Facebook.«[134]

Ein Jugendautor darf dies sagen. Jemand aus meiner Generation würde von den heutigen jungen Leuten sicher und vielleicht zurecht als hoffnungslos altmodisch bezeichnet werden. Aber zeigt es nicht deutlich, gerade weil der Weg amerikanischer junger Leute im Moment leider nicht so verläuft wie geplant, mit wem wir es in Wahrheit zu tun haben: Mit einem Heer von sehr liebenswerten, aber eben uninitiierten »großen Kindern«? Dies kann nicht spurlos an der amerikanischen Gesellschaft vorübergehen.

Und es kann auch nicht folgenlos für andere Gesellschaften wie die unsrige bleiben. Es ist zu einem globalen Problem geworden, was da auf uns zurollt und nach einer sofortigen Gegensteuerung verlangt: Wie können wir unsere jungen Leute frühzeitig aus ihrer virtuellen und digitalen Welt herausholen und ins »echte«und reale Leben initiieren? Ich glaube, dass dies heute durchaus noch möglich ist, wenn wir Jugendliche wieder für die Schönheit der Natur, Prüfungen, Rituale des Erwachsenwerdens und für mythologische Geschichten gewinnen können, mit denen die Jugendlichen es tagtäglich – wenn auch nur in ihren Computerspielen – zu tun haben. Jugendliche sind aber eher bereit, ihre virtuelle Welt zu verlassen, wenn ihnen das »reale« Leben, das wir Erwachsene ihnen vorleben und bieten, erstrebenswert und attraktiv genug erscheint.

7. Kriterium: Bezeugung, Bestätigung und Anerkennung durch die Gemeinschaft – Initiationszeichen

Traditionelle Völker hatten einen Ältestenrat

Erwachsen werden und sich als Erwachsener fühlen kann man letztlich nur, wenn man von anderen Erwachsenen als solcher bestätigt und anerkannt wird. Diese Wahrheit scheint in unserem westlichen Kulturkreis ziemlich abhanden gekommen zu sein. In indigenen Völkern, bei denen Einweihungsrituale für Jugendliche verpflichtend waren (und in wenigen Stämmen immer noch sind), wenn er in die Welt der Erwachsenen aufgenommen werden wollte, erfolgte danach eine ganz offizielle Bestätigung durch die »Ältesten«, also durch die angesehensten Männer und Frauen des Stammes: »In traditionellen Übergangsriten wurde der Initiierte häufig vor einen Ältestenrat gebracht, der sich seine Geschichte anhörte, über ihre Bedeutung beriet und seinen neuen Lebensstatus in der Gemeinschaft offiziell bestätigte, bisweilen durch die Verleihung eines neuen Namens.«[135]

Die beiden Ethnologen Foster und Little haben viele solcher Rituale von Indianerstämmen in Nordamerika untersucht und die Aufgabe der »Ältesten« bei der Initiation der Jugendlichen beschrieben, wenn diese von ihrer Visionssuche zurückgekehrt sind:

»Die ›Ältesten‹ fungieren darin als Zeugen, deren Aufgabe es ist, die mythische Lebenssuche des Helden anzuerkennen, gutzuheißen und formell abzusegnen. Sie stellen dem Helden Fragen, geben Kommentare ab, teilen ihre Ansichten mit und streichen ganz allgemein die Aspekte seiner Geschichte heraus, die für ihn und andere positiv und vorteilhaft sind ... Das Ziel ist nicht, seine Probleme zu lösen, sondern ihm zu zeigen, dass er selbst in der Lage ist, sie zu lösen ... Die unterstützende Rolle der ›Ältesten‹ besteht darin, die wesentlichen Züge der Lebensgeschichte des Initiierten herauszuarbeiten, ihm diese Geschichte widerzuspiegeln und ihm zu helfen, ihre Schönheit, Menschlichkeit und Einzigartigkeit zu erkennen.«[136]

Tatsache ist aber, dass wir in unseren modernen westlichen Gesellschaften keine solchen geschlossenen Stammesordnungen haben, wo allen Beteiligten klar ist, was zu tun ist. Dennoch gibt es auch in den Seelen unserer Jugendlichen das Bedürfnis nach Initiation und den tiefen Wunsch nach Anerkennung. Hier beginnt die Krux für die Jugendlichen unserer modernen Kultur: »Im allgemeinen gibt es keine offiziell zuständigen Körperschaften und keinen Ältestenrat, der ermächtigt wäre, solche Erfahrungen offiziell zu bestätigen oder Veränderungen des Lebensstatus formell anzuerkennen. Ein Individuum von heute, das gerade eine Veränderung im Leben erfahren hat, muss sich dies selbst bestätigen oder sich einer Gruppe von ›Gläubigen‹ anschließen, einer Subkultur oder Gleichgesinnten, die seine Statusveränderung anerkennen und bestätigen.«[137]

An dieser Stelle müssen aber noch andere Fragen gestellt werden, wenn wir in einer westlichen Gesellschaft diesen Grundgedanken der Bestätigung durch »Älteste« übernehmen wollen. Denn eine Initiation und die damit verbundene Anerkennung durch Erwachsene enthält ein sehr konservatives Moment. Dies ist in Ordnung, solange die Gesellschaft weitgehend als »ideal« gelten kann. In diesem Fall sollen ja die erprobten Werte und Traditionen von der älteren Generation auf die jüngere übertragen werden.

Die Frage muss jedoch lauten: Ist unsere Gesellschaft mit ihrem Konsum- und Leistungsdenken wirklich so toll? Ist es ideal, wenn wir unseren Planeten Erde durch unsere Lebensweise ausbeuten und langfristig gesehen unbewohnbar machen? Denn dann würden ja unsere Jugendlichen von den Erwachsenen in einer Haltung und Lebensweise bestätigt werden, die ungut und lebensfeindlich ist. Handelt es sich auch noch um ein autoritäres System wie einst die DDR, wäre eine Initiation in eine solche Gesellschaft hinein sogar abträglich, weil sie in diesem Fall ein System erhalten und fortschreiben würde, das doch so gar nicht erhaltenswert ist.

Diesem Problem wird vorgebeugt, wenn ein Initiationsritual in der Natur stattfindet. Denn die Wesenheiten der Natur wirken auf die Seele des Einzelnen und wollen dem Initianden ermöglichen, seine eigenen Erfahrungen mit der Natur und mit sich selbst zu machen. Der in Kapitel 1 ausführlich dargestellte »walkAway« kann dies verdeutlichen, auch das in Band II (HR, Kapitel 7) beschriebene Ritual der Visionssuche will dies sehr plastisch zeigen.

In der westlichen Gesellschaft fehlen Initiations-Mentoren – acht Thesen

Doch zurück zum Thema »Ältestenrat« selbst: Weil gesellschaftlich anerkannte Initiationsmentoren fehlen, gibt es in unserem Kulturkreis für Jugendliche auch keine adäquaten Initiationsrituale. Folgende Thesen wollen diese Tatsache und ihre Folgen nochmals zusammenfassen, verdeutlichen und zuspitzen:

(1) Jugendliche, insbesondere Jungen, haben ein fundamentales Bedürfnis nach Anerkennung – von den Mädchen, in der Öffentlichkeit, von einer größeren Gemeinschaft als der eigenen Familie und vor allem von anderen bereits erwachsenen Män-

nern. Dies geht über das allgemein menschliche Bedürfnis hinaus, von anderen geliebt zu werden.

(2) Vor allem Jungen wollen Helden sein und durch außergewöhnliche und manchmal sogar spektakuläre Taten ihren Mut, ihre »Coolheit«, ihre Kaltschnäuzigkeit und ihre Kraft zeigen und beweisen. Denn sie spüren instinktiv, dass sich darin ein Schritt zum Erwachsenwerden und zur Eigenständigkeit zeigt.

(3) In unserer westlichen Kultur fehlen für den Initiationsprozess der Söhne auf breiter Front die Väter, so dass sich deshalb die Jungen nicht oder zu wenig an ihnen reiben und orientieren können. Entweder sind Väter aufgrund einer Trennung oder Scheidung gar nicht mehr anwesend oder sie werden von den Anforderungen des modernen Arbeitsprozesses zeitlich und energetisch über die Maßen vereinnahmt, so dass sie physisch und emotional ihren Söhnen zu wenig zur Verfügung stehen.

(4) Jungen und Mädchen haben das natürliche Bedürfnis, sich vor allem in eigenen Freundeskreisen, »Peergroups«, Cliquen oder sogar in richtigen Banden oder »Gangs« zusammenzuschließen und sich von den Eltern und den Erwachsenen überhaupt abzugrenzen. Gibt es keine offiziellen von Erwachsenen angebotenen Einweihungsrituale, durch die die jungen Menschen die gewünschte Anerkennung und Bestätigung erhalten können, so müssen eben ihre eigenen Kreise für die Initiationsaufgabe herhalten.

(5) Jugendliche, die sich überall von den Erwachsenen abgrenzen wollen und vielleicht auch müssen, brauchen aber gerade erwachsene Mitglieder der Gesellschaft, um von diesen in den neuen Lebensabschnitt des Erwachsenseins hinübergeleitet zu werden. Im Normalfall können Jugendliche nicht allein durch den Kontakt mit anderen Jugendlichen erwachsen werden. Hier besteht ein fundamentaler Irrtum in unserer modernen Gesellschaft.

(6) Die Einweihung der Jugendlichen ins Erwachsensein kann meist nicht von den eigenen Eltern geleistet werden, zu stark sind oft die Verwicklungen zwischen Eltern und ihren Kindern. Und wie soll dies auch gelingen, bedeutet doch »Initiation« gerade die Ablösung von den Eltern? Es braucht dazu geeignete Initiationsmentoren, die bereits erwähnten »Ältesten«. Es wird bisher aber nicht über die wichtige Frage nachgedacht,

wer in unserem westlichen Kulturkreis diese Mentoren sein könnten.

(7) Jugendliche wollen durch äußerlich sichtbare Zeichen ausdrücken, dass sie keine Kinder mehr sind. Dies äußert sich gerade auch darin, dass sie bereit sind, Schmerzen auszuhalten und dies öffentlich zu bezeugen – zum Beispiel durch Piercing oder durch Tätowieren.

(8) Finden offizielle Initiationsrituale nicht statt, weil dies aus Sicht der Erwachsenen nicht vorgesehen oder nötig ist, dann organisieren die Jugendlichen instinktiv meist selbst Elemente einer solchen Einweihung und hoffen, dafür Anerkennung zu bekommen. Viele von ihnen sind schon damit zufrieden, wenn sie Erwachsene oder Behörden durch Verweigerung, Kleidungsstil oder martialisches Gehabe wenigstens provozieren können. Dies ist sicher auch eine Form von Beachtung. Aber eine wirklich Initiation geschieht dadurch nicht.

Im Folgenden sollen einige konkrete Beispiele diese acht Thesen näher erläutern und verdeutlichen.

Sehnsucht nach Anerkennung

Als ich kürzlich meinen achtjährigen Neffen besuchte, grinste er mich mit einer riesigen Zahnlücke im Oberkiefer an: Zwei Milchzähne waren ihm ausgefallen und da er so ein bisschen einem Halloween-Kürbis oder Gespenst ähnelte, wollte er mich vielleicht erschrecken. Sicher war aber, dass er mir, seinem Onkel, seine Zahnlücke zeigen wollte. Er war mächtig stolz darauf. Auch von anderen Kindern kenne ich dieses Verhalten. Anscheinend spüren sie instinktiv, dass sie nun schon deutlich größer geworden sein müssen, wenn ihnen die Milchzähne ausfallen. Kinder wollen sich entwickeln und in diesem Prozess anerkannt und bestätigt werden.

Aus eigener Erfahrung ist mir noch gut in Erinnerung, dass mir das Ziehen von Milchzähnen, die schon lange wackelten, wehgetan hat. Vielleicht wollte ich sie einfach noch nicht hergeben. Danach war ich aber sehr erleichtert, als sie endlich draußen waren. Lange Zeit hob ich sie noch als Trophäe dieses wichtigen Entwicklungsschrittes auf, der auch in meiner Familie große Beachtung fand. Anscheinend gibt es keine echte Entwicklung ohne Schmerzen.

Aus der Schulklasse meines Sohnes ist mir der folgende Vorfall noch gut in Erinnerung: Ohne sich darüber abzusprechen oder nachzudenken, war es bei den Jungen in seiner damaligen 7. Klasse im Lauf des Schuljahres üblich geworden, sich zu verletzen. Der Skiurlaub bot dafür eine »gute« Gelegenheit, auch der Sportunterricht oder irgendeine dumme oder übermütige Aktion in der Clique. Hier konnte man sich eine Verletzung holen, wenn man z. B. todesmutig den Skihang hinunterraste oder sich beim Fußballspiel heldenhaft in die Beine des gegnerischen Angreifers warf.

Die Folge waren kleinere, manchmal aber durchaus auch größere Verletzungen wie Knöchelverstauchungen, offene Fleischwunden oder ein Bänderriss. Je martialischer die Verletzung, je größer der Verband und der Gips oder je cooler die Krücken, mit denen man dann vielleicht wochenlang herumlaufen musste, um so stärker war der Eindruck, den man dadurch vor den Lehrern, Eltern, Großeltern oder den Klassenkameraden erzielen konnte. Viele Jungen nahmen den Preis des Schmerzes und die vielleicht misslichen Folgen der Verletzung anscheinend gerne in Kauf, um so Aufmerksamkeit, Ansehen, Mitgefühl und Respekt in ihrer Umgebung zu erhalten.

Lange Zeit erschien mir dieses Verhalten unverständlich, vielleicht weil ich eine Verletzung auch bei meinem Sohn befürchtete, der unbedingt »dazu« gehören wollte. Im Laufe des Schuljahres wurde die Zahl der Verletzten immer größer, so dass bei den Jungen, die noch keine Verletzung erlangt hatten, der Druck zunehmend stärker wurde. So verrückt es klingen mag: Die Noch-nicht-Verletzten fühlten sich immer mehr als »uncool« und als Versager. Es gab in der Klasse schon fast so etwas wie einen Verletzungssog. Natürlich erwischte es irgendwann auch meinen Sohn, es ging aber mit einem »Anbruch eines Mittelfußknochens« im Grunde glimpflich ab.

Die Krone setzte dem ganzen Geschehen in diesem Zusammenhang aber ein Junge auf, der gegen Ende des Schuljahres mit seinem Fahrrad auf dem Weg zur Schule völlig kopflos durch eine Unterführung raste. Dabei übersah er während eines gewagten Überholmanövers einen entgegenkommenden Fahrradfahrer. Es gab einen furchtbaren Crash, beide Radler mussten – vor den Augen der Mitschüler – mit Blaulicht ins Krankenhaus gebracht werden. Der ältere Mann hatte einen Beinbruch und eine starke Gehirnerschütterung erlitten, der 13-jährige Junge einen komplizierten Oberarmbruch, kräftige Schrammen am ganzen Körper und ebenfalls leichtere Kopfverletzungen.

So verrückt es klingen mag: Dies machte vor den übrigen Klassenkameraden, von denen ja einige den Unfall und den Abtransport in die Klinik mitverfolgt hatten und somit als Augenzeugen fungieren konnten, einen mächtigen Eindruck. Ihr Mitschüler war nun ein Held und wurde von den anderen Schülerinnen und Schülern mit tiefer Achtung und großem Respekt behandelt. Wie konnte er nur solche Schmerzen aushalten? Was war er nur für ein wilder Fahrer gewesen? Dabei spielte es keine Rolle mehr, dass der Junge ja den Unfall selbst verursacht und einen anderen Mann erheblich verletzt hatte. Durch das Erleben der eigenen Schmerzen und des eigenen Schreckens war aus seiner Sicht und auch aus der Sicht seiner Kameraden alle etwaige Schuld bereits getilgt.

Dies mag vielleicht ungerecht erscheinen. Betrachtet man jedoch den ganzen Vorgang unter dem Aspekt von Initiation, hatte das Geschehen für den Jungen gleich mehrere Elemente von Einweihung auf dem Weg zum Erwachsenwerden, die wohl offiziell sonst nicht geboten werden: Er zeigte sein vermeintliches Heldentum – seinen Mut und seine Wildheit – und er erlitt eine Verletzung, die er mutig aushielt und ertrug – sie wurde für ihn zu einem eindrucksvollen Initiationszeichen; alles spielte sich zudem in einer gewissen Öffentlichkeit ab und er bekam von einer Reihe von Menschen Anerkennung und Bestätigung dafür. Seine Eltern waren heilfroh, dass nicht noch Schlimmeres passiert war. Bei seinen Klassenkameraden und Freunden war er nun der »Beste«, der Mutigste und der »Coolste«; und bei den Lehrern, ja in der ganzen Schule, sowie im Bekanntenkreis fand er große Beachtung, zumindest aber viel Mitgefühl, welches er als erst 13-Jähriger wohl auch gut gebrauchen konnte.

Mit dieser Erfahrung ist der Junge nicht allein. Ich denke, dass für Jugendliche die Sehnsucht nach Anerkennung und Beachtung, nach Aufmerksamkeit und Liebe, aber auch nach Respekt und Bestätigung gerade dann wichtig sind, wenn sie ihre Kindheit verlassen haben und Schritte zur Persönlichkeitsentwicklung in der Pubertät durchleben, an deren Ende sie in den im Grunde ersehnten Lebensabschnitt des Erwachsenseins eintreten wollen. Betrachtet man all die zu Beginn des Buches beschriebenen, letztlich aber eher »missglückten« Initiationsversuche, so ist auch hier oft das Bedürfnis nach Anerkennung für verrückte, unübliche, auffällige oder wirklich gefährliche Aktionen unübersehbar. Unter diesem Aspekt der »Suche nach Anerkennung und Initiation« werden all diese »wilden« und teils gefährlichen Taten gerade von Jungen erst verständlich.

Initiationszeichen

Am Beispiel des wilden jungen Radfahrers kann man dies sehr deutlich erkennen. Wenn keine offiziellen Prüfungen für den Mut des jungen Helden angeboten werden, dann muss er – oft völlig unbewusst und instinktiv – sich selbst solche »Mutproben« suchen. Oder er zieht Situationen förmlich an, die ihm solche Erlebnisse bescheren. Zumindest lässt das obige Geschehen diese Interpretation zu. Das Dumme daran ist nur, dass erhebliche Verletzungen riskiert werden, weil junge Leute, die oft ein »wildes Feuer« in ihrem Bauch verspüren, Gefahren überhaupt nicht richtig abschätzen und Grenzen nicht erkennen können oder wollen. Vor diesem Hintergrund erscheinen die rituellen Verletzungen bei den Initiationsprüfungen indigener Völker in einem andern Licht. Denn dann kann man vielleicht den tieferen Sinn einer kontrolliert durchgeführten, im Grunde bescheidenen Verletzung erahnen, die die Mentoren den Initianden zum Ende der Prüfungen sehr bewusst und aus tiefem Wissen heraus zufügen.

Der australische Männerautor Steve Biddulph lässt dazu Robert Bly zu Wort kommen, der sich sehr intensiv mit dieser Frage auseinandergesetzt hat:

»Bly liefert eine Erklärung dafür, weshalb die Initiation in den meisten Teilen der Welt mit physischen Schmerzen verbunden ist. Er erinnert daran, dass sich heranwachsende Jungen in ihrem Drang, sich selbst zu beweisen, häufig in Verletzungsgefahr begeben, und fährt dann fort: ›Die frühe Adoleszenz ist traditionell die Zeit der ersten Initiationsschritte, und wir alle erinnern uns, wie viele Verletzungen wir in jenem Alter davon getragen haben. Die Adoleszenz ist für Jungen eine Zeit des Risikos, und der Initiation. Irgendetwas in dem heranwachsenden Jüngling sucht das Risiko, die Gefahr, die Grenzerfahrung und selbst die Begegnung mit dem Tod.‹«[138]

Es wird noch zu überlegen sein, welche Mutproben und Herausforderungen wir in unseren modernen westlichen Gesellschaften anbieten könnten, um einerseits diesen soeben beschriebenen Drang vieler Jungen nach Heldentaten zu befriedigen, andererseits aber dabei eine wirkliche Gefährdung zu vermeiden. Denn viele Jungen drängen nach solchen »wilden« Taten. Aber diese gehen völlig ins Leere, wenn sie von den Erwachsenen nicht anerkannt werden – etwa weil diese den Sinn des ganzen Geschehens, das der Initiation dienen soll, nicht verstehen. Dann wird dem Jugendlichen, der vielleicht soeben wirklich etwas Mutiges getan hat, dafür die Anerkennung verweigert. Oder der junge Mensch hat sich – mangels anderer Angebote von Seiten der Erwachsenen – in seiner Ungeduld selbst eine verrückte Unternehmung ausgedacht, wodurch er meint, die Erwachsenen beeindrucken zu können. Auch in diesem Fall bekommt er meist nicht die so ersehnte Anerkennung, vor allem dann nicht, wenn er – objektiv betrachtet – »Mist gebaut« hat.

Ich denke hier zum Beispiel an den Vollrausch eines Jugendlichen, mit dem er seine »Kraft« genau auf dem Gebiet beweisen will, das auch in Erwachsenengesprächen immer wieder eine Rolle spielt, wenn beispielsweise Männer mit ihren größten Alkoholerlebnissen oder »tollsten« Rauschgeschichten prahlen. Wie ernüchternd muss es für den Jugendlichen sein, wenn er zu Hause alles vollkotzt oder gar wegen Alkoholvergiftung in ein Krankenhaus eingeliefert werden muss. Meist bekommt er für seine vermeintliche »Heldentat« zwar die gewünschte Aufmerksamkeit, sicher aber nicht die erhoffte Anerkennung als »Großer«.[139]

Lassen wir dazu noch einmal Steve Biddulph zu Wort kommen, der sich über geeignete Rituale in unserer Kultur Gedanken macht:

»Wie so oft im Leben kommt es auch bei diesem Geschehen auf das rechte Maß an. Die geeignetsten Entsprechungen (zu den Initiationsritualen archaischer Völker, Anm. d. Verf.), die unsere Gesellschaft zu bieten hat, sind vielleicht bestimmte organisierte Aktivitäten in freier Natur, an denen allerdings lebenserfahrene Männer beteiligt sein sollten, die den betreffenden Jungen aufrichtig zugetan sind ... Was immer man auch unternimmt, entscheidend ist die Absicht, den Jüngling stark zu machen, und zwar auf eine altersgerechte Art und Weise, die weder verletzt noch erniedrigt.«[140]

Weil solche Rituale, die von verantwortlichen und erfahrenen Erwachsenen durchgeführt werden müssten, bei uns auf weiter Flur fehlen, versuchen junge Menschen Selbstinitiationen und erhoffen sich dann nachträglich von den Erwachsenen, die ihnen solche Prüfungen ja gar nicht auferlegt haben, Anerkennung zu erhalten. Ich denke, ein solches Beispiel ist das heute nicht nur bei Jugendlichen verbreitete Bedürfnis nach Piercings und Tätowierungen. Was wollen junge Leute damit eigentlich zum Ausdruck bringen? Wollen sie sich dadurch einer bestimmten Gruppe zugehörig fühlen? Will sich ein Liebespaar damit »ewige« Liebe versprechen, indem sich die beiden das gleiche Symbol auf die Schulter tätowieren lassen? Wollen Mädchen besonders anziehend und attraktiv wirken, indem sie eine sogenannte »Arschgeweih-Tätowierung« tragen? Wollen Jugendliche damit hauptsächlich die erwachsenen und älteren Leute provozieren, wenn sie als stark tätowierte Punks mit entsprechender Kleidung, einem Eisen durch die Unterlippe (und noch zusätzlich mit einer ausgewachsenen Ratte auf der Schulter) mit der U-Bahn fahren?

Vielleicht wissen sie es selbst gar nicht, warum sie dies eigentlich machen. Fühlen sie sich einfach nur »geil« damit? In jedem Fall bedeutet es, durch Piercing und Tätowierungen Schmerz ertragen zu müssen. Meiner Meinung nach handelt es sich dabei letztlich um ein initiatorisches Bedürfnis, aber dies scheint vielen Jugendlichen heute gar nicht wirklich bewusst zu sein, weil es ja dafür bei uns keine Initiations-Tradition mehr gibt. Dann wirkt es eben eher wie eine nur oberflächliche Modeerscheinung oder wie ein schrilles Provozieren.

Bei meinem Aufenthalt in Kenia 1981 hatte ich die Gelegenheit, dieses Phänomen näher kennenzulernen. Vor allem die Frauen des Turkana-Stammes trugen eine Vielzahl von Halsringen, die ihnen seit frühester Kindheit den Hals immer mehr in die Länge dehnten; sie hatten zudem aufgeschlitzte Ohrläppchen, in denen schwere Eisengewichte hingen; schließlich war ihre Unterlippe mit größeren Blechteilen durchbohrt. Dies alles hatten sie bei den diversen Einweihungsritualen in ihr Frausein von ihren Stammesältesten verpasst bekommen. In den geschlossen wirkenden Stammesgebieten wurde der tiefere Sinn dieser Symbole sicher noch verstanden und galt als Ausdruck von Initiation und Zugehörigkeit, vielleicht sogar als Attribut weiblicher Schönheit.

Wie hat es mich dagegen entsetzt, als ich auf einem Workshop einen jungen Mann von etwa 21 Jahren sah, dessen Hautoberfläche bereits zur Hälfte mit wilden Tätowierungen überzogen war. Voll Stolz erklärte er mir, dass er sich jede Woche eine weitere Hautpartie »machen« lasse und dass es sein Ziel sei, bald komplett tätowiert zu sein. Dabei ging es ihm gar nicht so sehr um bestimmte Tattoos, sondern es war ihm viel wichtiger, tätowiert zu sein. Wollte er damit seine alte Haut ablegen und eine neue anziehen? Wollte er damit seine Leidensbereitschaft zeigen und seine Fähigkeit, Schmerzen aushalten zu können, beweisen?

Welch ein Irrsinn, welch eine Entartung! Ich sage dies nicht aus mangelnder Toleranz gegenüber jungen Leuten und ihren Vorlieben. Aber ist es nicht ein Ausdruck von Selbstzerstörung und eine Art Verstümmelung? Die Haut ist doch eines unserer wichtigsten Empfindungsorgane, das durch so eine Maßnahme erheblich und nachhaltig verletzt wird, gar nicht zu sprechen von der energetischen Störung eines solchen Unterfangens für den ganzen Körper. Was können wohl bei dem jungen Mann die wahren Motive dafür gewesen sein? War es Ausdruck eines Initiationsbedürfnisses? Dann aber ist es eher zu einer missglückten Form von Initiation entartet. Oder war es nicht vielmehr schon Zeichen einer seelischen Störung, die da unter dem Vorwand einer Modeerscheinung zum Vorschein kam?

Von solchen Entartungen berichtet auch ein Zeitungsartikel in der Süddeutschen Zeitung unter dem Titel: »Der schrille Schrei nach Liebe! Piercing, Tätowierung – und nun das Ritzen: Immer mehr junge Frauen bringen sich selbst schwere Verletzungen bei.«[141]

Darin wird von einem Mädchen berichtet, das deswegen mittlerweile in einem Kreislauf des Schreckens lebt. Was für die einen nur als eine Art Modetorheit erscheint, ist für andere ein Ausdruck tiefer seelischer Not. Auf diese Entartung, die nichts anderes als eine permanente Selbstverletzung darstellt, um sich auf der Körperebene eine vorübergehende Entspannung für massive, ungelöste seelische Verletzungen zu verschaffen und die damit bereits deutlich pathologische Züge trägt, soll im Zusammenhang dieses Buches aber nicht näher eingegangen werden.

Suche nach der Anerkennung durch den Vater

Zum Schluss dieser Überlegungen, bei denen es um den Schrei nach Anerkennung der Jugendlichen, vor allem der Jungen geht, soll noch ein anderer Aspekt dieses Prozesses hervorgehoben werden. Jungen bekommen innerlich keine Ruhe und können nicht wirklich zu erwachsenen und reifen Männern werden, wenn sie neben der Ablösung von ihren Müttern nicht auch ein entspanntes Verhältnis zu ihren Vätern gefunden haben. Und hier ist nach meiner Meinung ein Kernpunkt der Störung in der männlichen Initiation in unserer Gesellschaft zu suchen.

Wie aber kann ein gutes Vater-Sohn-Verhältnis erreicht werden? Der einfachste Weg dazu liegt in klärenden Gesprächen zwischen Vater und Sohn, in denen der Sohn sowohl etwas über die Wahrheit seiner eigenen Kindheit als auch über die seines Vaters erfahren kann. Einen »Austausch von wertvollen Geschenken« nennt Steve Biddulph dies sogar.[142] Er ist der Ansicht, dass in unseren modernen Gesellschaften viele Jungen nicht besonders viel Liebe und noch weniger Achtung für ihren Vater empfinden. Warum ist dies so? Es liegt teilweise an den Müttern, die ihre Söhne – manchmal in bester Absicht – gegen den Vater aufbringen und gar nicht wissen, wie fatal dies meist für die Söhne ist, weil diese dann entweder ein völlig verzerrtes Vaterbild oder auch einen richtigen Vaterhunger in sich tragen und das Männliche in sich selbst, also ihr eigenes Wesen, ablehnen.[143] Dazu meint Biddulph: »Die meisten Männer finden es unangenehm, über ihren Vater zu sprechen, und tatsächlich gelingt es Männern seit vielen Generationen, dieses Thema zu vermeiden. Das ist schade, weil sie dadurch die eigenen Wurzeln kappen ... In gewisser Hinsicht sind Sie nämlich Ihr Vater. Ein Individuum sind Sie nur in dem Ausmaß, wie Sie auf dem von ihm bereitgestellten Fundament eine eigene Struktur errichten. Im tiefsten Innern stehen Sie auf einem Untergrund, den Sie kennen lernen, annehmen und verstehen müssen.«[144]

Daher ist es unverzichtbar, dass sich junge und auch ältere Männer mit ihren Eltern, vor allem mit ihren Vätern, auseinandersetzen: »Alle Söhne, die sich zu richtigen Männern entwickeln möchten, müssen aufrichtig versuchen, sich über die Position ihres Vaters Klarheit zu verschaffen. Achtung (das heißt eine Mischung aus Liebe und Bewunderung) ist das Lebenselixier der männlichen

Seele. Söhne müssen in sich die Achtung für ihre Väter ›entdecken‹, was nicht gleichbedeutend mit ›vortäuschen‹ ist. Sie müssen aber auch danach streben, die Achtung ihrer Väter zu gewinnen.«[145]

Damit sind wir bei einem Kern von Initiation angelangt. Die Jugendlichen suchen und brauchen Anerkennung von den Erwachsenen, besonders von den Eltern. Und Jungen brauchen Bestätigung von ihren eigenen Vätern, die anscheinend durch nichts zu ersetzen ist. Aber diese kann nur erfolgen, wenn sie wiederum – egal was ihre reale oder auch nur subjektiv empfundene Erfahrung mit ihrem jeweiligen Vater war – diesem Respekt und Anerkennung geben. Das eine ist ohne das andere meist nicht zu bekommen. Und tatsächlich liegt eine Grundbotschaft der bereits erwähnten Familientherapie darin, dass die junge Generation die hinter ihnen liegenden Generationen respektiert, würdigt und anerkennt – trotz aller notwendigen Auseinandersetzungen, die es wohl zwischen Kindern und Eltern geben muss und darf. Darin liegt ein Grundgeheimnis für das harmonische Funktionieren von Gemeinschaften, auch wenn sich dies vielleicht sehr altmodisch anhören mag.

Nur so funktioniert aber eine gelungene Initiation. Wenn grundsätzliche Ressentiments gegenüber »den« Erwachsenen, »der« Gesellschaft oder »den« Eltern über eine lange Zeit bestehen bleiben, obwohl vielleicht der junge Mensch längst volljährig ist, dann fehlt eben etwas zu einem wirklich gelungenen Erwachsenwerden. Dann ist die Ablösung aus dem Stadium der Adoleszenz nicht richtig vollzogen worden. Das Erwachsenwerden kann nur glücken, wenn der junge Mensch seinen Eltern verzeiht. Nur so geschieht Versöhnung, die sowohl die Eltern als auch die Söhne und Töchter frei macht für ihr eigenes Leben.

8. Kriterium: (Endgültige) Ablösung von den Eltern

Jungen bleiben oft an ihren Müttern hängen

Damit sind wir nun bereits beim letzten Kriterium des Erwachsenseins angelangt. Wie soll ein Jugendlicher eigene Entscheidungen treffen können, wenn er sich noch vollkommen im Energie- und Wertesystem der Eltern befindet und wenn er auf der äußeren Ebene z. B. noch im Haus der Eltern wohnt? Seit 30 Jahren ist in

Deutschland folgendes Phänomen zu beobachten: Einerseits drängen Jugendliche danach, ihren Kopf durchzusetzen und ihren Eltern möglichst früh schon viele Freiheiten abzutrotzen. Sind sie aber dann volljährig, wollen sie meist gar nicht aus der »Pension Mama« ausziehen. Es ist eben für viele bequemer und nützlicher, einerseits die Rechte eines Erwachsenen zu haben, von den Eltern aber weiterhin gut versorgt zu werden, gerade wenn sich die jungen Leute noch in Ausbildung oder Studium befinden.

Vielleicht wollen es beide Seiten so: die Eltern, dass ihre Kinder möglichst lange zu Hause bei ihnen wohnen bleiben und die bereits erwachsenen Kinder, dass sie noch für viele Jahre gewisse Vorzüge des »Kindseins« erfahren dürfen. Dies ist sicher aus finanziellen Gründen oft nicht anders zu machen und soll nicht bewertet werden. Aus Sicht der Initiation bedeutet dies aber meist, dass eine richtige Ablösung von den Eltern und ein Stehen auf eigenen Füßen bei den jungen Leuten über eine lange Periode nicht stattfindet, so dass diese »erwachsenen Kinder« in Wahrheit nicht wirklich erwachsen werden können.

Denn Erwachsensein heißt »Ablösung und Abgrenzung von den Eltern« und für die Jungen vor allem »Ablösung von der mütterlich-weiblichen« Welt. Vor allem für Söhne von alleinerziehenden Müttern kann es zu einer unheilvollen Verstrickung kommen, weil sie emotional so sehr an ihre Mütter gebunden bleiben, dass sie vielleicht lange nicht in das eigene Leben und in eine eigene Beziehung zu einer anderen Frau finden. Denn nicht selten haben diese Söhne das Gefühl, der eigentliche »Ritter« der Mutter sein zu müssen, der sie schützen und bewahren soll, manchmal sogar gegenüber dem eigenen, angeblich so »bösen« Vater. Das ist aber fatal.

Zur Ablösung von der Mutter braucht der junge Mann die »Welt der Männer«. Diese muss er kennenlernen, wenn er sich in der Tiefe von seiner Mutter lösen will. Das erfordert in der Regel männliche Initiatoren – meist nicht den eigenen Vater, obwohl die Beziehung zum Vater für Jungen in der Pubertät sehr wichtig ist. Etwas Vergleichbares gilt natürlich auch für Mädchen.

Eine Ablösung des Jugendlichen erfolgt in westlichen Gesellschaften oft nur in kleinen Schritten oder nur auf der äußeren Ebene. Dies bedeutet, dass eine wirkliche Loslösung, die ja unbedingte Voraussetzung für das eigene Erwachsensein ist, sich oft Jahre und Jahrzehnte hinzieht. Vor allem fehlt in unserer Gemeinschaft ein offizieller »Trennungsritus«, der dann im Gemüt und im Bewusstsein von beiden Seiten, von den Eltern und von dem Jugendlichen, gespeichert ist und seine Abtrennungswirkung auf der Seelenebene nachhaltig und glaubwürdig entfalten kann nach dem Motto: »Mit diesem Ritual und ab diesem Zeitpunkt bist du zum Erwachsenen geworden und als solcher anerkannt – mit allen Rechten und Pflichten!«

Genau hierauf haben alle indigenen Völker ein Hauptaugenmerk gelegt, und wo solche Kulturen heute noch intakt sind, kann dies noch beobachtet werden. Ethnologen haben erst sehr spät begriffen, welchen Schatz die angeblich »primitiven« Völker für unsere modernen westlichen Gesellschaften bereithalten, um uns zu helfen, die Ursachen von Missständen bei uns überhaupt zu erkennen und Möglichkeiten der Abhilfe zu entwickeln. Dies wird eine der Überlegungen auch dieses Buches sein – nämlich Ausschau nach geeigneten Initiationsritualen für unsere westliche Gesellschaft zu halten oder ganz neue zu entwickeln. Die Schilderung von Malidomas Initiationsgruppe konnte deutlich aufzeigen, welch wichtige Aufgabe ganz spezielle Initiationsprüfungen und Rituale haben, um genau das zu erreichen, was als Essenz des Erwachsenseins gilt: die Ablösung der jungen Leute von ihren Eltern.

Dazu meint Steve Biddulph speziell zur Trennung des Jungen von seinen Eltern: »Der heutige Jüngling wird offiziell mit achtzehn zum Mann. Das Ergebnis lässt sich überall beobachten – nämlich Jungen in Männergestalt. In früheren Jahrhunderten war die Mannwerdung ein langwieriger, sorgfältig geplanter Prozess, der durch Initiationsstufen hindurchführte und von den älteren Männern aktiv begleitet wurde. Bei allen Unterschieden im Einzelnen findet man die mit diesem Geschehen verbundenen Rituale und Einweihungsstufen in allen traditionellen Gesellschaften der Welt – auf allen Kontinenten, unter allen Hautfarben und zu allen Zeiten.«[146]

Weiter lässt er in diesem Zusammenhang den amerikanischen Ethnologen und Männerautor Robert Bly zu Wort kommen: »›Wenn ein Junge das entsprechende Alter erreicht hat, entfernt man ihn von seiner Mutter und bringt ihn an einen besonderen Platz, den die Männer in einiger Entfernung vom Dorf vorbereitet haben. Dort fastet er drei Tage lang. In der dritten Nacht sitzt er dann im Kreis der alten Männer um das Feuer.‹«[147]

Nach den – je nach Art des Stammes – sehr aufwendigen und langwierigen Prüfungen und Ritualen während der Initiation kehren die Jungen wieder zurück, dann meist sehr verändert und innerlich sehr abgelöst von den Eltern, besonders von ihren Müttern. Reinhold Hermann Schäfer beschreibt diese Rückkehr der in einer Gruppe von Ältesten neu initiierten Jungen unter der Überschrift »Ein Initiationsritual der Naturvölker für jugendliche Männer« und lässt dabei einen Stammesältesten zu Wort kommen:

»›Nach dieser Zeit (der Zeit der Initiation, Anm. d. Verf.) legen die Jungmänner ihre schönen, neuen Kleider an und ziehen freudestrahlend, begleitet von Trommeln und Zimbeln, wieder in das Dorf ein. Die Frauen begrüßen sie und ein großes Fest mit Gesang und Tanz wird gefeiert, denn schließlich hat das Dorf jetzt mehr erwachsene Männer als zuvor. Dies ist ein Wandlungsritual, das den Übergang in neue Lebensabschnitte feiert‹«.[148]

Die Hochzeit als verspätetes Initiationsritual

Für viele junge Leute in unserer Gesellschaft hat vielfach erst die Hochzeit die Bedeutung und Konsequenz einer wirklichen Ablösung von den Eltern. Sie ist ein offiziell anerkanntes und vertrautes Ritual. Oft wird anlässlich der Heirat von zwei jungen Menschen auch eine neue Wohnung eingerichtet und in der eigenen Erinnerung der Eltern ist vielleicht gespeichert, dass die Hochzeit der nun unwiderrufliche Schritt ihrer Kinder ins eigene Leben ist. Im Grunde sind es aber zwei unterschiedliche Schritte und Rituale, die da in eines verschmolzen werden: die Initiation ins Erwachsensein, die oft erst verspätet durch eine Heirat stattfindet und die Hochzeit selbst, in der sich zwei junge Menschen aneinander binden und eine neue eigene Familie gründen. In vielen Fällen geht das sicher gut.

In vielen traditionellen Gesellschaften waren (und sind) jedoch beide Schritte streng voneinander getrennt: zuerst die Initiation zum Erwachsenen und danach eine Vermählung mit einem ebenfalls bereits initiierten jungen Partner. Das eine bedingt erst das andere, demnach wird eine vorher stattgefundene Einweihung ins Mann- oder Frausein als unverzichtbare Voraussetzung für eine dann mögliche und vielleicht sogar erwünschte Ehe betrachtet.

Ganz anders im westlichen Kulturkreis. Wann findet beispielsweise in Deutschland eine Hochzeit statt? Männer und Frauen sind im Durchschnitt 30 Jahre alt, wenn sie heiraten. Wenn es erst durch eine Heirat eine wirkliche Initiation und somit eine Ablösung von den Eltern, gibt, geschieht diese sehr spät. Und wenn sie nicht schon vorher stattgefunden hat, wenn beispielsweise der Mann aus der schon erwähnten »Pension Mama« heraus übergangslos seine Frau heiratet, laufen die gar nicht mehr so jungen Leute Gefahr, im jeweils anderen Partner viele Aspekte der eigenen Eltern zu sehen, gerade weil vorher in der Tiefe keine wirkliche Loslösung von ihnen stattgefunden hat. In diesem Fall kann es passieren, dass erst eine schlimme Krise oder gar ein völliges Scheitern dieser Ehe – zu der doch die jungen Leute ursprünglich mit Elan, Freude, Mut und hoffentlich in echter Liebesbereitschaft aufgebrochen waren – zur immer noch nicht stattgefundenen Einweihung ins Erwachsensein mit all seinen hellen und dunklen Seiten führt. So war es wohl in dem weiter oben erzählten Beispiel von der jungen Familie (vgl. Kapitel 4). Indem man sich in so einem Fall von dem Ehepartner trennt, findet womöglich gleichzeitig auch endlich die längst überfällige Trennung von den Eltern statt.

Schließlich soll noch erwähnt werden, dass zu einer wirklichen Ablösung von den Eltern meist auch eine eigene Wohnung und die eigenständige Versorgung gehören, also dass man finanziell auf eigenen Füßen steht. Dies ist aber in unserer Gesellschaft oft erst in einem Alter von weit über 25 Jahren möglich, wenn eine längere Berufsausbildung oder ein aufwendiges Studium abgeschlossen worden sind. Und solange fehlt zumindest ein wichtiges Element, um sich wirklich ganz von den Eltern abtrennen zu können: die finanzielle Unabhängigkeit. Ein altes Sprichwort sagt: »Wer zahlt, schafft an!« Wenn Vater und Mutter immer noch im Wesentlichen für die Versorgung des vielleicht schon 25-jährigen Sohnes oder der ebenso alten Tochter zuständig sind, ist eine Initiation meist noch nicht wirklich ganz vollzogen worden – zumindest nicht auf einem sehr wichtigen Gebiet.

Zusammenfassung

Zum Schluss nun nochmals alle Kriterien im Überblick, die zum Erwachsenwerden und damit zu einer gelungenen Initiation dazugehören:

(1) Erleben und Gestalten der eigenen Sexualität – erste Ablösung von den Eltern
(2) Fähigkeit, allein sein zu können
(3) Bereitschaft, Entbehrung und Schmerz auf sich zu nehmen und sich seinen Ängsten zu stellen – Mutproben
(4) Erfahrung der inneren und »anderen« Welt – Erkennen der eigenen Lebensspur
(5) Kontakt zu den eigenen Ahnen und zur Geschichte
(6) Erkennen der eigenen Lebensaufgabe – Bereitschaft zur Übernahme von Verantwortung
(7) Bezeugung, Bestätigung und Anerkennung durch die Gemeinschaft – Initiationszeichen
(8) (Endgültige) Ablösung von den Eltern

Initiation bedeutet eine Einweihung in den Lebensabschnitt des Erwachsensein. Dies bedeutet jedoch nicht, dass etwa mit einem einzigen geeigneten Ritual, das diese acht Aspekte enthält, dann schlagartig alle Ziele des Erwachsenseins schon erreicht sind. Das Erwachsensein, ja das Leben überhaupt, ist ein lebenslanger Prozess, in dem man sich im Idealfall immer weiter entwickelt und nicht zuletzt durch die Erfahrungen, die das Leben mit sich bringt, immer reifer wird und seinen Lebenssinn mehr und mehr zu erschließen vermag.

Eine geeignete Prüfung für den Übergang von der Adoleszenz zum Erwachsensein sollte den Initianden alle diese acht genannten Punkte wie in einem Überblick oder in einer Vision bereits erahnen und zumindest ansatzweise spüren und erleben lassen. Das in Band II (HR, Kapitel 7) ausführlich beschriebene »Ritual der Visionssuche« möchte diesem Anliegen gerecht werden.

Dieses Wissen von den Übergängen zwischen den verschiedenen Altersstufen im Leben war bei allen indigenen Völkern vorhanden. Erst langsam wird uns aufgeklärten und technisch orientierten Menschen in der modernen westlichen Welt bewusst, welche Klarheit und Weisheit vom Leben gerade in den Kulturen vorhanden war, die von den Kolonialisten und Missionaren Europas lange Zeit als »primitiv« erachtet und deswegen unterdrückt oder sogar ausgerottet wurden. Wir können heute von diesem alten Wissen über die Initiation sehr profitieren und sollten es in unsere so ganz andere Kultur integrieren und weiterentwickeln. Denn wir können es uns heute nicht mehr leisten, darauf zu verzichten. Das alte und über Jahrtausende erprobte vielfältige Wissen traditioneller Völker wird heute auch im Globalen für die Rettung und für die weitere Entwicklung unseres Planeten Erde benötigt. Dies gilt ebenso für die Gestaltung des Zusammenlebens in unseren Gemeinschaften insgesamt wie auch für die Bewältigung und Deutung jedes einzelnen individuellen Lebens.

Bevor ich mir darüber nähere Gedanken mache, ob es in unserer Gesellschaft wenigstens noch Spuren von Initiationsritualen gibt, möchte ich zuerst etwas über das Erleben meiner eigenen Initiation erzählen.

6. Erfahren und Erringen der eigenen Initiation zum Erwachsenen

Der eigene Werdegang

Ich glaube, es ist kein Zufall, dass ich ein Buch über »Initiation« schreibe – ich »muss« es schreiben. Etwas in mir drängt mich einfach dazu. Ich habe nachgedacht, woran dies liegen könnte — vielleicht ist meine Motivation dazu rational nie ganz zu erklären, aber ich glaube, ein entscheidender Grund dafür ist darin zu suchen, dass ich so viele Jahre darum kämpfen musste, meine eigene Initiation zu erringen oder geschenkt zu bekommen. Durch meinen eigenen Lebensprozess ist mir erst die enorme Bedeutung von Initiation ins Erwachsensein im Laufe der Zeit immer mehr in den Sinn gekommen. Vor allem wurde mir dabei klar, dass in unserem westlichen Kulturkreis fast überhaupt kein Bewusstsein dafür herrscht, obwohl natürlich auch bei uns in der Praxis oft Initiation geschieht.

Dieser Mangel kann fatale und nachhaltige Konsequenzen für die ganze Gesellschaft haben, wie all die zuvor erörterten Bespiele missglückter Versuche von Selbstinitiation zeigen. Mindestens genau so schlimm ist es aber, wenn überhaupt keine Initiation stattfindet und Menschen nie in ihr eigenes unabhängiges Leben kommen. In meiner mittlerweile jahrelangen Begleitung von Jugendlichen durch ihre Pubertät habe ich ab dem Zeitpunkt vieles besser verstanden, als ich anfing, die Persönlichkeitsentwicklung der Heranwachsenden vor dem Hintergrund des Initiationsgedankens zu betrachten.

Weil in unserem Kulturkreis nur sehr wenig Bewusstheit bezüglich des Übergangs von der Pubertät zum Erwachsensein besteht, bleiben die jungen Menschen oftmals sich selbst überlassen. Hierin liegt eine zweite Motivation für mein Buch: Jugendlichen, vor allem Jungen, Verständnis, Einfühlungsvermögen und Hilfestellung bei ihren so wichtigen Schritten zum Erwachsenwerden zu geben und ihnen dazu Mut zu machen. Es erscheint mir daher nun angebracht, etwas von dem langwierigen Prozess meiner eigenen »Einweihung ins Erwachsensein« zu erzählen, der mich erst sensibel für dieses Thema gemacht hat.

Um es gleich vorweg zu nehmen: Ich habe nie eine offizielle Initiation als Jugendlicher bekommen, zumindest gab es für mich über lange Zeit hinweg kein wirkliches Ritual dafür. Dafür fanden aber eher unbemerkt viele kleinere und größere Ereignisse statt, deren initiatorischen Charakter ich erst viel später in einem Rückblick erkennen konnte. Es hätte mir sehr geholfen, wenn es offizielle Rituale dazu gegeben hätte, durch die mir der Sinn einer Einweihung ins Erwachsenendasein klar geworden wäre und die diesen Übergang erleichtert und beschleunigt hätten. So aber war dieser Prozess im Nachhinein gesehen eine wirklich mühevolle und langwierige Angelegenheit für mich, weil ich den Sinn vieler Erfahrungen lange Zeit nicht richtig deuten konnte. Davon soll der folgende Rückblick auf mein Leben erzählen.

Kindheit auf dem Bauernhof

Ich bin in einem kleinen mittelalterlichen Marktflecken Nordbayerns aufgewachsen. Mein Vater war Landwirt. Nachdem ein Brand 1956 unsere Stallungen innerhalb des Ortes vernichtet hatte, beschloss mein Vater auszusiedeln. Zusammen mit meiner Mutter organisierte er den Bau eines für damalige Verhältnisse recht großen Hofes vor den Toren des Marktes. Da ich der Erstgeborene war, wuchs ich mit der selbstverständlichen und auch tiefen Überzeugung auf, einmal der Hoferbe zu werden. Schon als kleiner Junge fühlte ich mich mit jeder meiner Zellen als Bauer und nahm deshalb an allem Geschehen in Hof, Stall und Feld regen Anteil. Mein Lebensweg schien damit vorgezeichnet zu sein.

Doch mein Vater hatte anderes mit mir vor. Er fühlte sich so vital und kraftvoll, dass es ihm zu früh erschien, wenn ich einmal den Hof übernehmen sollte. Ich habe noch zwei jüngere Brüder und so hatte mein Vater wohl meinen vier Jahre jüngeren Bruder dafür vorgesehen, Landwirt zu werden und ihm eines Tages den Hof zu übergeben. Davon ahnten damals weder mein Bruder noch ich das Geringste. Mit großem Interesse beobachtete ich alles, was auf dem Hof geschah. In den Schulferien arbeitete ich schon als 10-Jähriger gerne und bereitwillig mit den Eltern, Großeltern, Knechten und Mägden mit und erlebte vor allem die alljährliche Getreideernte als etwas Großartiges und Gemeinschaftsstiftendes. Vermutlich suchte ich auch Anerkennung durch dieses Mittun – ich wollte eben schon sehr früh wie ein »Großer« arbeiten und vor allem von meinem Vater als solcher ernst genommen werden.

Noch sehr genau in Erinnerung habe ich jenen Schulmorgen im Mai, als mich der Lehrer in der 5. Klasse der Hauptschule unvermittelt fragte, ob ich denn jetzt aufs Gymnasium gehen wolle oder nicht, denn in dieser Woche ende die Anmeldefrist. Dies war ein Schock für mich und ich fiel aus allen Wolken. Mit solch einem Ansinnen hatte ich nicht einmal im Traum gerechnet. Als Gemeindeschreiber hatte der Lehrer einige Tage zuvor wohl eher zufällig mit meinem Vater über dieses Thema gesprochen, wovon ich aber nichts wusste. Da ich keine Antwort geben konnte, schickte mich der Lehrer während des Unterrichts kurzerhand nach Hause, um von meinem Vater darüber Auskunft einzuholen.

Dieser fragte mich nacheinander, ob ich Schreiner, Metzger, Bäcker oder Maurer werden wolle. Da ich mich aber bereits felsenfest als zukünftiger Bauer fühlte und darum diesen Beruf als das klare Ziel meiner Träume ansah, verneinte ich aus voller Überzeugung alle Überlegungen bezüglich anderer Berufe. Darauf antwortete mein Vater etwa sinngemäß: »Ja, wenn Du dies alles nicht werden willst, dann kannst Du gleich aufs Gymnasium gehen!« Mit dieser Botschaft kehrte ich in die Schule zurück und der Lehrer meldete mich beim nächstgelegenen Gymnasium an. Ich bestand die damals noch notwendige Aufnahmeprüfung und von da an ging ich als zunächst einziger meiner 1000-Seelen-Gemeinde auf das 31 Kilometer entfernte Landkreis-Gymnasium. Als fahrender Schüler legte ich ab jetzt neun Jahre lang täglich 62 Kilometer zurück – mit dem Fahrrad, mit der Eisenbahn und zu Fuß.

Dadurch entstand die erste große Abtrennung von meinen Eltern – zumindest auf geistigem Gebiet. Ja, es geschah jetzt sogar ein richtiger Bruch mit der Welt der Eltern, vor allem mit der des Vaters, dem ich doch so nacheiferte, den ich als mein großes Vorbild ansah und in dessen Fußstapfen als Landwirt ich eines Tages wie ganz selbstverständlich treten wollte. Meine Ablösung vom Elternhaus hatte damit also im Nachhinein gesehen bereits im Alter von 11 Jahren begonnen. Wir wissen heute beide nicht mehr, was meinen Vater damals letztlich dazu angetrieben hatte, mich auf eine höhere Schule zu schicken – fast gegen meinen Willen und völlig gegen die damalige Tradition der zu jener Zeit noch sehr bäuerlich und rein handwerklich ausgerichteten Dorfgemeinschaft. War es die tiefe Sehnsucht meiner Eltern, ihren Kindern das zu ermöglichen, was ihnen als Betroffene des Krieges selbst noch verwehrt geblieben war, weil sie so sehr mit dem Wiederaufbau beschäftigt waren und weil ihre Eltern gar nicht das Geld und die Muße dafür gehabt hatten, ihnen eine höhere Schulbildung zu gewähren? Mir dagegen erlaubten sie es, aber ich konnte dies anfangs noch gar nicht wirklich schätzen.

Jetzt kam ich in eine mir bis dahin völlig unbekannte neue Welt. Nun ging es um rein geistige Arbeit und nicht mehr um Feld und Vieh und um körperliche Tätigkeiten. Während meiner Gymnasialzeit half ich aber weiterhin täglich im Stall mit und verbrachte alle Ferien vom ersten bis zum letzten Tag auf dem Bauernhof. Ich pendelte während der ganzen Zeit zwischen den zwei Bereichen – zwischen der »Welt des Geistes« am Gymnasium und der eher körperlich-materiell ausgerichteten Welt meines Vaters.

Ab der 7. Klasse wollte ich meinem Vater zeigen, was ich drauf hatte. Ich begann plötzlich wie verrückt zu lernen und biss mich in der Schule als »Dörfler«, der zunächst nur Dialekt sprechen konnte, durch. Und dies in einer Klasse mit mehrheitlich Stadtkindern, die anfangs noch eher arrogant auf mich herabgeblickt hatten. Waren es zunächst 44 Schüler, die sich in ein Klassenzimmer zwängen mussten, so bestand meine Abiturklasse später nur noch aus 19 Leuten. Und was nun? Ich kannte im Grunde nur drei Berufe – Landwirt, Lehrer und katholischer Priester, was für mich aber wegen des Zölibates nicht in Frage kam. Da mein jüngerer Bruder deutlich zu erkennen gab, dass er studieren wollte und nichts für den Beruf des Bauern übrig hatte, war ich plötzlich bei meinem Vater wieder als einziger verfügbarer Kandidat für eine spätere Übernahme des Hofes im Rennen.

Andererseits waren neun Jahre Gymnasium nicht spurlos an mir vorübergegangen. Es schien mir sinnlos, nach all der Plackerei an der Schule wieder einfach so in dem Betrieb meines dynamisch ausgerichteten Vater mitzuarbeiten, der mit meiner Hilfe den Hof immer weiter vergrößern wollte. Dies hätte nur Tag und Nacht Arbeit bedeutet, deren Sinn für mich nicht mehr so richtig zu erkennen war. Ich hätte mich zu sehr fremdgesteuert gefühlt, wenn ich nun wieder ganz in das Hofprojekt meines Vaters eingestiegen wäre. Andererseits hatte ich große Schuldgefühle, sobald ich mir vorstellte, studieren und damit den Bauernhof verlassen zu wollen.

Zunächst aber musste ich zur Bundeswehr. Damals, während der Zeit des kalten Krieges, wurden fast alle jungen Männer eingezogen und eine Wehrdienstverweigerung kam für mich zu jener Zeit nicht ernstlich in Frage. Ich meldete mich zu den Sanitätern. Hinsichtlich meiner Initiation war dies ein weiterer entscheidender Schritt, denn ich wohnte für 15 Monate in der Kaserne, mehr als 150 Kilometer von zu Hause entfernt. Dies bedeutete zum ersten Mal eine Teilablösung von der Versorgungswelt meiner Mutter. Nun waren dafür andere oder ich selbst zuständig. Ich wagte es nun sogar, bisweilen nur noch alle 14 Tage nach Hause zu kommen. Dadurch fand eine erste emotionale Ablösung von meinem Elternhaus und von der Hofgemeinschaft statt.

Volljährig mit 20 Jahren

In meine Bundeswehrzeit fiel dann der Zeitpunkt meiner Volljährigkeit: Am 1. Januar 1975 wurde ich aufgrund eines neuen Bundesgesetzes mit etwas über 20 Jahren über Nacht rechtlich gesehen volljährig – zusammen mit weit über einer Million anderer 18- bis 21-Jähriger. Die Konsequenzen daraus sollte ich bereits eine Woche später sehr unangenehm zu spüren bekommen. Durch Bestechung der Torwache kam ein findiger Vertreter einer Versicherungsgesellschaft abends zu uns Soldaten in die Kaserne, pries die Vorzüge von Lebensversicherungen durch den Zuschuss, den der Staat damals während der Bundeswehrzeit gewährte, und schon schlossen viele meiner Kumpel und auch ich selbst eine weit über 20 Jahre laufende Lebensversicherung ab.

Ich ärgerte mich hinterher sehr, dass ich mich so naiv hatte übertölpeln lassen und löste den Vertrag drei Tage später im örtlichen Hauptgebäude der Versicherung mit ganz offizieller »Ausgeh-Uniform« wieder auf. Ich wollte mit meiner Dienstkleidung die Versicherungsangestellten beeindrucken und es gelang mir durchaus. Ich hatte also mein Volljährigsein in diesem ganzen Manöver mit der Versicherung fast wie in einem Ritual erlebt, selbst wenn es vordergründig eher ein Negativ-Erlebnis war. Dadurch hatte ich eine erste Ahnung bekommen, was es heißen kann, »erwachsen« zu sein – zumindest rechtlich gesehen.

Gegen Ende meiner Bundeswehrzeit war aber immer noch nicht klar, wie es nun für mich beruflich weitergehen und was bezüglich meiner Lebensplanung geschehen sollte. Einerseits war in meinem Gemüt, ja buchstäblich in jeder meiner Zellen und auf einer sehr archaischen, emotionalen Ebene, immer noch das »Bauersein« gespeichert. Seit Jahrhunderten war es das erklärte Ziel meiner Vorfahren gewesen, einen großen Hof mit einem Reichtum an Feld, Wald und Vieh zu haben. Dies galt in einer eher bäuerlich ausgerichteten Gegend als das Ideal schlechthin. Mein Vater war nun dabei, dieses Ziel seiner männlichen Ahnenlinie zum ersten Mal wirklich zu erreichen und ich hätte ihm dabei helfen sollen.

Andererseits fand ich zunehmend Gefallen am Beruf des Lehrers – vor allem Religionspädagoge wollte ich werden, das spürte ich ebenfalls ganz innen in mir. Religiöse Themen hatten mich schon seit frühester Kindheit auf ganz elementare Weise beschäftigt, vor allem Fragen nach der Schöpfung, nach dem Sinn des Lebens, sowie nach Tod und Jenseits. Was sollte ich nun tun? Diese Problematik schien mir monatelang unlösbar zu sein. Ich wollte, ohne dass mir dies damals wirklich bewusst war, eher eine »vita contemplativa« als eine »vita activa« – so wie es mein Vater tat – führen. Ich wollte viel Zeit zum Nachdenken haben und möglichst oft in der Natur verweilen. Und ich wollte diese existentiellen Fragen mit jungen Menschen teilen.

Eine folgenschwere Entscheidung

Nach einer ersten Ablösung mit 11 Jahren kam nun eine weitere fast genau zehn Jahre später: Ich musste wohl die Schönheit der Großstadt München erfasst haben, in der ich während meiner Bundeswehrzeit zu einem vierteljährigen Sanitätskurs weilte. Als mich mein Vater bei einem Wochenendaufenthalt zu Hause plötzlich fragte, ob ich denn nicht nach dem bald bevorstehenden Ende der Bundeswehrzeit bei ihm als Bauer »einsteigen« wolle, geschah etwas für mich Überraschendes: Wie von einer fremden Kraft gesteuert, antwortete ich meinem Vater ganz unvermittelt und klar: »Lieber Vater, ich möchte mich mit Menschen beschäftigen und nicht mit Feld und Vieh!«

Damit war »es« draußen, was mich fast ein Jahr lang gequält hatte. Ich wollte studieren und nicht bei meinem Vater bleiben, zumindest eine bestimmte Kraft in mir wollte dies so und diese Seite hatte in diesem Moment überraschend die Oberhand gewonnen und die Entscheidung herbeigeführt. Beide waren wir wie vom Donner gerührt. Dabei wollte mir mein Vater sicher das Beste anbieten, was es nach seiner eigenen Vorstellung überhaupt geben konnte – nämlich Besitzer eines großen Bauernhofes zu werden. Sicher muss meinen Vater meine Ablehnung damals sehr getroffen und enttäuscht haben, er zeigte aber keine besondere Reaktion nach außen. Er ließ mich ziehen und ich begann zu studieren – das Lehramt am Gymnasium. Instinktiv nahm ich mir ein Zimmer am Studienort, obwohl rein theoretisch ein tägliches Pendeln zwischen Universitätsstadt und meinem Dorf möglich gewesen wäre. Ich wusste, dass dann die tägliche Stallarbeit und das Mithelfen auf dem Feld von mir erwartet worden wären. Dem wollte ich entgehen, um mich ganz auf mein Studium konzentrieren zu können.

Aber so einfach war es nicht für mich, den so archaischen Wert eines »Hoferbes« aufzugeben und auf all die mit dieser hohen Postion verbundenen emotionalen, familiensystemischen und gesellschaftlichen Werte und Vorteile zu verzichten. Und es gab noch ein anderes Problem: Die Aussichten, als Lehrer eine Anstellung zu bekommen, waren plötzlich fast auf Null gesunken, obwohl 1974 an uns Abiturienten im Auftrag des Kultusministeriums noch eine Broschüre verteilt worden war, die für den Lehrerberuf geworben hatte. Was sollte ich tun? War meine Entscheidung richtig gewesen und konnte sie angesichts der jetzt auftauchenden schlechten Prognosen für den zukünftigen Lehrerbedarf noch Bestand haben?

In den dreimonatigen Sommerferien nach dem 2. Semester passierte es dann: Ich hing plötzlich vollkommen durch, jede Kraft und Motivation war von mir gewichen. Im Nachhinein würde ich diese Phase als »depressive Verstimmung« bezeichnen. Anscheinend war sie aber bitter notwendig, denn erst dadurch geschah eine stärkere innere Ablösung von dem »Hof«, der in meinem Gemüt während meiner Kindheit anscheinend eine rational nicht mehr nachvollziehbare Idealisierung erfahren hatte. Fast vier Monate lang dauerte dieser lähmende Zustand, in dem ich zu Hause weilte und von meinen Eltern mit zunehmendem Unverständnis betrachtet wurde. Jetzt war ich endgültig aus der vermeintlich klaren und heilen Welt des Bauernhofes herausgefallen. Auch eine depressive Phase kann bisweilen eine Ablösung bewirken! Ausgelöst wurde dieser damalige Zustand durch die Lehrerbedarfsprognosen, die in mir große Zukunftsängste erzeugten.

Anscheinend braucht die Seele manchmal solche Zeiten für einen emotionalen und mentalen Umbau. Mit Ende des 3. Semesters war diese Lähmung schlagartig wieder vorbei, ich konnte mich auf mein Studium konzentrieren und schaffte sowohl die Vorprüfungen als auch das erste Staatsexamen mit Bravour. Religion und Physik – eine interessante Kombination, zumindest was das Studium betraf. Es deckte meine beiden Anlagen und Neigungen recht gut ab – mit dem Fach Physik die eher erdverbundene Seite in mir, die ich durch meine Arbeit auf dem Bauernhof kennen und schätzen gelernt hatte und mit dem Fach Religion meine spirituelle Neigung. Denn ich hatte während meiner Kindheit viel Zeit bei meiner Oma mütterlicherseits verbracht und diese Ahnin war sehr religiös gewesen, wohnte auf einem kleinen Gehöft an einem idyllischen Fluss und hatte mich oft in den Wald mitgenommen. So war in mir über die Jahre eine tiefe Naturverbundenheit entstanden.

Afrikafahrt und berufliche Entwicklung

Hilfskraft auf einer afrikanischen Missionsstation

Auf einer anderen Ebene war ich nach wie vor an zu Hause gebunden, was Wäschewaschen, Freundeskreis, Bezug zum Bauernhof oder zur Kirchengemeinde betraf. Gegen Ende des Studiums reifte in mir wie von selbst der nächste Schritt, was meine Selbständigkeit und auch meine Initiation betraf. Nach Abschluss der letzten Prüfungen an der Universität fuhr ich für fast ein halbes Jahr nach Kenia.

Während des Studiums hatte sich in mir der Wunsch immer mehr herauskristallisiert, für einige Monate auf eine Missionsstation nach Afrika zu gehen. Sie wurde von einem deutschen Priester geleitet, der zehn Jahre zuvor noch mein Religionslehrer in der Schule gewesen war. Auf all meine besorgten Fragen hin, z. B. welche Impfungen ich denn vorher machen sollte, schrieb er mir nur eine sehr kurze Antwortkarte: »Du stellst viele Fragen – zu viele Fragen. Komm und sieh! Eine Malariaprophylaxe wäre aber sinnvoll!« Je näher der Abreisetag Anfang Februar 1981 kam, um so neugieriger, aufgeregter und nervöser wurde ich. Noch nie war ich alleine so weit von zu Hause fortgereist.

Meine Eltern waren verständlicherweise sehr besorgt und hatten einfach Angst, dass mir bei meinem Afrikatrip etwas zustoßen könnte. Andererseits spürte ich eine starke Kraft in mir, diese Reise auf jeden Fall zu machen. Jetzt oder nie. Wenn ich einmal im Schuldienst wäre, würde ich mir solch ein Unterfangen wohl nicht mehr zugestehen, zumindest nicht alleine und über so einen langen Zeitraum hinweg. Das Unternehmen musste genau jetzt in der Übergangszeit zwischen Studium und Beruf stattfinden, wenn es überhaupt noch geschehen sollte. Ich wollte mir einfach beweisen, dass ich dazu fähig bin und ich wollte mir einen Lebenstraum erfüllen. Denn schon seit etwa zehn Jahren spukte diese Idee in meinem Kopf herum: nach Afrika zu gehen.

Vielen Studienkollegen erzählte ich von meinem Plan. Drei Tage vor der Abreise trafen sich meine engsten Freunde und ich zusammen mit einem afrikanischen Priester zu einem »Abschieds- und Aussendungs-Gottesdienst« in Regensburg. Instinktiv war mir dieser wichtig, um mich so ganz offiziell und liturgisch vom Studium und von meinen Freunden zu verabschieden, vor allem aber, um meine Reise unter den Segen Gottes zu stellen. Ich hatte auch Angst, wenn ich ehrlich war. Als Evangelium hatte ich die Bibelstelle von Abraham gewählt (Genesis Kapitel 12), der ebenfalls in unbekanntes Land aufbrechen musste – nur bestückt mit einem gesunden Selbstbewusstsein und vor allem mit einer großen Portion Gottvertrauen. Vor allem die Zeit von meiner Abreise von zu Hause bis nach Nairobi musste allein überstanden werden. Dort hoffte ich, von dem deutschen Priester – meiner einzigen Bezugsperson – abgeholt zu werden.

Alles ging gut, obwohl ich auf der Missionsstation in Kenia mit der Nahrung nicht gut zurechtkam und sechs Wochen lang immer wieder mit dem Magen zu tun hatte. Erst vertrug ich die Malariatabletten nicht, dann erwischte ich nicht abgekochtes Wasser.

Ich teilte den Alltag mit den drei Missionaren – dem Deutschen, einem Brasilianer und einem einheimischen Priester. Auch vier ugandische Missionsschwestern lebten auf der Pfarrei. Außerdem machte ich erste Gehversuche als Lehrer in der benachbarten staatlichen Secondary School.

Nach fast einem halben Jahr kehrte ich im Juli 1981 wieder zurück, nachdem ich noch zwei Tage unfreiwillig in Kairo gestrandet war. Obwohl ich dadurch erst später als geplant in München ankam, wartete dort überraschenderweise mein bester Freund auf mich. Als ich mit ihm dann mit dem Zug Regensburg erreichte, wurde ich auf dem Bahnsteig wie ein Politiker ganz offiziell mit einem »Ständchen« von einer befreundeten Volksmusikgruppe empfangen — ich war überglücklich. Danach feierte ich mit vielen Bekannten ein spontanes Willkommensfest in einer Regensburger Kneipe. Anscheinend hatten viel mehr Studenten an meiner Afrikafahrt Anteil genommen, als ich dachte. Alle wollten von mir hören, was ich erlebt hatte und wie es mir ergangen war.

Aus initiatorischer Sicht geschah bei meiner und durch meine Afrikareise in mehrerer Hinsicht etwas Entscheidendes:

- Da meine ersten Briefe aus Afrika sechs Wochen lang nicht zu Hause ankamen, machten sich meine Eltern ernstliche Gedanken um mich. Eine Telefonverbindung war gar nicht möglich. Mein Vater schrieb damals die einzigen beiden persönlichen Briefe an mich, die ich jemals von ihm erhalten habe und in denen er seine Sorge um mich ausdrückte. Dies tat mir sehr gut.
- Ich war fern der Heimat, etwa 10.000 Kilometer weg. Auch wenn ich es gewollt hätte, hätte es einige Tage gedauert, bis ich wieder zu Hause gewesen wäre. Trotz einer mehr als sechswöchigen Krankheit in der sehr einfachen Buschpfarrei hielt ich dort aus und war danach mächtig stolz darauf, dass ich diese mir selbst auferlegte Prüfung bestanden hatte – nämlich ein halbes Jahr von zu Hause weg zu sein.
- Weil mir auf der Missionsstation langweilig war, bat ich den Schulleiter der benachbarten Secondary School, unterrichten zu dürfen – die Fächer »Physical Science« und »Christian Religion Education«. Dies hat mir für meinen späteren Einstieg an der Seminarschule in Deutschland enorm geholfen und mir Sicherheit als Lehrer gebracht. In der Schule im Busch konnte ich eigentlich fast nichts falsch machen. Als einziger »Weißer« unter lauter »Schwarzen« war mir die Aufmerksamkeit aller Schüler sicher, die mich jede Stunde höchst wissbegierig und lernwillig empfingen; diese Erfahrung unmittelbar vor dem eigentlichen Beginn meines Lehrerberufes in Deutschland hat sehr zu meiner Motivation und Einstellung beigetragen, Schüler in meinen beiden Fächern Physik und Religion zu unterrichten.

- Ich durfte aus erster Hand viel über ein Land des »schwarzen« Kontinents (Kenia) erfahren: über seine Bewohner, die viel Freude ausstrahlten, über die unvorstellbare Not in den Slums in Nairobi, die ich einmal besuchen konnte, über die Folgen der Kolonisierung und über das dortige, englisch ausgerichtete Schulsystem; außerdem über exotische Sprachen wie Kisuaheli und andere Stammesdialekte und über eine Nation, die in postkolonialer Zeit versuchte, aus 40 verschiedenen Stämmen zu einem einheitlichen politischen Gebilde zusammenzuwachsen. Wie brüchig dieses noch immer ist, zeigte sich erst 2008 bei den schweren Stammesunruhen wieder, bei denen circa 1.400 Menschen ums Leben kamen.[149]

Sehr erfüllt mit vielen exotischen und sehr menschlichen Eindrücken kehrte ich im Sommer 1981 wieder von dieser »Initiationsfahrt« zurück, denn diese Funktion hatte sie für mich aus nachträglicher Sicht wirklich gehabt. Ich hatte mich in der Fremde zurechtgefunden und hatte dabei auch eine lange Zeit emotionalen Alleinseins überbrücken müssen, als der deutsche Priester – meine einzige dortige Bezugsperson – für mehr als zwei Monate zu einer Operation ins 200 Kilometer entfernte Nairobi verschwand. Nur noch der brasilianische und der kenianische Priester, sowie die vier ugandischen Schwestern waren in dieser Zeit anwesend. Ich musste daher auch Einsamkeit und Heimweh aushalten, eine längere Krankheit durchleben und auf viele gewohnte Annehmlichkeiten verzichten. Dadurch war mir viel Zeit gegeben, über Gott und die Welt nachzudenken, meine eigene innere Welt mehr kennenzulernen und die große Bedeutung meiner Herkunftsfamilie für mich zu spüren, gerade weil ich von ihr getrennt war.

Im Grunde wurden bei meiner Afrikafahrt alle acht Kriterien des Erwachsenwerdens tangiert (vgl. 5. Kapitel). Sie war damit zu einer Art »Heldenreise« für mich geworden. Innerlich gefestigt, ein großes Stück mehr abgelöst von meinen Eltern und mit einer ersten Ahnung von meinem zukünftigen Beruf versehen, sowie reich beschenkt durch all die unvergesslichen Erlebnisse auf einem ganz anderen Kontinent, trat ich dann als Studienreferendar meine zweijährige praktische Ausbildung zum Gymnasiallehrer an.

Aus initiatorischer Sicht war diese Phase als Referendar die bisher härteste für mich. Denn ich musste in nur drei Jahren achtmal umziehen, wenn ich die Zeit ab Studienende und Afrikafahrt hinzurechne. Ich konnte dadurch in dieser Phase nirgendwo so richtig Fuß fassen. Im Gegensatz zu den als ideal empfundenen Verhältnissen in der Secondary School in Afrika wehte nun für mich als junger Lehrer in bayerischen Gymnasien ein ganz anderer Wind. Die Schulklassen testeten sowohl Autorität als auch psychische Belastbarkeit von uns Referendaren, wo sie nur konnten. Nach jedem halben Jahr musste ich die Schule wechseln und an einen ganz anderen Ort im Großraum Augsburg-München ziehen – und das alles unter dem enormen Druck, hinterher vielleicht keine Anstellung mehr zu bekommen. Dies alles war eine harte Lebensschule für mich.

Die drei »Lehrproben«, in denen ich unter der Aufsicht von Schuldirektor und Seminarlehrern mein Können zeigen musste, hatten dabei einen ganz offiziellen initiatorischen Charakter, denn in diesen Prüfungen musste ich öffentlich beweisen, was ich als Lehrer »drauf hatte«. Ich musste im Kreis von 25 bis 30 Schülern und vor den Augen der Prüfer als »Lehrer in Ausbildung« standhalten. Außerdem trugen die dabei erzielten Noten wesentlich zu meiner Gesamtnote als Studienreferendar bei, die damals über meine weitere berufliche Zukunft entscheiden würde. Zu meinem Vater auf den Bauernhof konnte und wollte ich auf keinen Fall mehr zurück, ich hätte sonst das Gefühl gehabt, auf dem von mir selbst eingeschlagenen Weg gescheitert zu sein.

Es ging alles gut: Ich bekam eine feste Anstellung als Lehrer und war damit beruflich am Ziel. Acht Jahre nach jenem folgenreichen Gespräch mit meinem Vater hatte ich eine eigene berufliche Basis für mich geschaffen, die ich nun mit Inhalt, Sinn und Energie füllen durfte. Ich stellte fest, dass ich gerne unterrichtete und auch mit den Kindern und Jugendlichen meist recht gut zurecht kam. Aber es blieb ein Schmerz in meinem Innern. Ich fühlte mich die ganze Zeit wie ein Blumenstock, den man zwar aus seinem Behältnis gerissen, aber nirgends wieder so richtig eingepflanzt hatte. Dazu kam, dass ich mich als »Dörfler« in einer Großstadt wie München nie wirklich zu Hause fühlte. Ich hatte immer noch eine starke innere Bindung zu meiner ursprünglichen Bestimmung – nämlich der Bauer zu sein, zu säen und zu ernten, die Felder zu bestellen und das Vieh zu versorgen.

Diese bäuerlichen Tätigkeiten, die ich trotz meines zwar recht anspruchsvollen und herausfordernden, aber im Grunde sehr attraktiven und befriedigenden Berufes vermisste, waren noch immer an die Welt meiner Eltern, vor allem an die meines Vaters, gebunden. Ich hatte das Gefühl, dass eine Seelenhälfte von mir Lehrer war, eine andere Hälfte jedoch auf eine schon fast irrationale Weise dem verlorenen Hof nachtrauerte. Etwas in mir wusste jedoch, dass mein bisheriger Weg der richtige war; wie aber sollte ich das Dilemma in mir lösen können? Ich konnte auf einer mehr inneren Ebene meinen wirklichen Lebensweg immer noch nicht richtig erkennen, obwohl ich doch auf der äußeren Ebene eine durchaus gute berufliche Position erreicht hatte.

Mit vielseitigen sportlichen Aktivitäten wie Tennis, Volleyball, Radfahren und Bergtouren in den Alpen versuchte ich, mich von dieser ungelösten Frage abzulenken, die für mich mittlerweile zu einer latenten Sinnkrise geworden war. Ich bekam immer mehr das Gefühl, irgendwo hängen geblieben zu sein und fühlte mich deswegen innerlich zerrissen und zunehmend unruhig. Aber es gab für mich noch kein inneres System zur Deutung oder gar zur Veränderung dieses Zustandes. Auch waren meine Beziehungen zu meiner Herkunftsfamilie aufgrund meines beruflichen Rollendilemmas noch nicht wirklich geklärt. Eine richtige Initiation bedeutet aber genau dies: die Ablösung von den Eltern, das Finden des eigenen Weges und die Neuordnung der Beziehungen zur Herkunftsfamilie auf einer anderen, reiferen Ebene.

Aus jetziger Sicht war meine Initiation irgendwo auf halben Wege stecken geblieben. Zwar hatte ich viele Schritte zu meiner eigenen Unabhängigkeit unternommen und dabei eine Reihe von Teilstreckenzielen sehr gut erreicht – ich war beruflich im Grunde erfolgreich. Aber in mir blieb ein Widerspruch hinsichtlich meiner Lebensgestaltung und meines Grund-Lebensgefühls. Etwas Entscheidendes fehlte und ich konnte gar nicht so genau sagen, was es war. Dabei hatte ich manchmal die Ahnung, dass es in mir noch eine ganz andere Kraft geben müsse; aus ihr heraus war es mir ja damals gelungen, meine Berufswahl gegen den Wunsch meines Vaters und meine eigene Prägung aus der Kindheit durchzusetzen.

Wenn es keine offiziellen Initiationsrituale gibt, durch die der Übergang ins Erwachsensein bewerkstelligt wird, dann spielt einem anscheinend das Leben selbst die notwendigen Ereignisse zu. Denn aufgrund der Impulse aus unserem »kollektiv Unbewussten« hält es immer wieder initiatorische Möglichkeiten parat, falls man diese als solche erkennen kann. Und so war es auch in meinem Fall.

Ein fast tödlicher Unfall, der alles veränderte

Ein Schlag fürs Leben

Im Rückblick betrachtet wurde ich wie mit mächtiger Hand durch einen Doppelschlag aus meiner damaligen innerlichen Blockade gerissen und auf eine völlig andere Bahn gelenkt. Damals erschien mir der Preis hoch, aus jetziger Sicht bin ich aber vollkommen einverstanden damit, erst jetzt kann ich den tieferen Sinn für mich erkennen. Es scheint alles nach einem unsichtbaren, aber längst vorgegebenen Plan gelaufen zu sein — zumindest empfinde ich dies nachträglich selbst so. Innerhalb kürzester Zeit wurde mein Leben – wie von einer magischen Kraft – vollkommen verändert.

An einem Winterabend im Januar 1992 fuhr ich bei einbrechender Dämmerung von Weilheim (Oberbayern) in Richtung Starnberg. Als ich dabei nach links zum Ammerseegebiet fahren wollte und mich bereits mit geringer Geschwindigkeit auf der Abbiegespur befand, tauchte plötzlich wie ein Gespenst ein weißer VW-Bus vor mir aus dem Nebel auf. Der Fahrer des mit neun Mann besetzten Fahrzeugs hatte mich anscheinend nicht gesehen und verbotenerweise auf der abschüssigen Straße mit hoher Geschwindigkeit zum Überholvorgang angesetzt. Mir stockte der Atem. Nun ging alles sehr schnell und gleichzeitig wiederum sehr langsam – wie in Zeitlupe. Menschen mit einer Nahtoderfahrung haben hinterher schon oft von solchen Phänomenen berichtet, nämlich, dass die chronologische und die subjektiv empfundene Zeit vollkommen auseinanderfliegen können. Anscheinend nimmt unser Gehirn in seinen beiden Hälften in einer lebensbedrohenden Situation wie dieser die Vorgänge mit einem sehr unterschiedlichen Zeitgefühl wahr.

Ich konnte mich nun selbst beobachten, wie ich zu beten anfing, weil es für mich aufgrund meiner geringen Geschwindigkeit und der berühmten Schrecksekunde keine Möglichkeit mehr gab, auf der äußeren Ebene noch irgendwie zu reagieren. Ich war anscheinend nur noch Beobachter von Ereignissen, die mir soeben widerfuhren und denen ich unausweichlich ausgeliefert war: Ich konnte plötzlich den Fahrer des VW ganz nahe vor mir sehen, sein Körper nahm trotz des Nebels äußerst klare Konturen an. Ich wusste wie ganz selbstverständlich, dass dies nun mein Ende sein könnte und ich dagegen nichts, aber auch gar nichts mehr, machen konnte. Ich hatte einfach zu akzeptieren, was nun gleich geschehen würde.

Und ich kann mich daran erinnern, dass ich innerlich alles ganz ruhig annehmen wollte, egal was es sein würde. Nie mehr habe ich seither solch eine Gelassenheit und so eine tiefe Zustimmung zu meinem Schicksal erlebt. Ich war in diesem unendlich langen Moment, der auf der äußeren Zeitebene womöglich höchstens ein bis zwei Sekunden gedauert hat, vollkommen mit mir und meiner Bestimmung im Einklang. Vielleicht wusste etwas in mir, dass alles so geplant war, dass alles so kommen musste und dass alles in Ordnung war. Auf einer rationalen Ebene kann man dies nicht mehr verstehen. Aber ich war eben schlagartig in eine andere Wirklichkeitsebene in und um mich herum geraten, von der ich bis zu diesem Moment keine Ahnung gehabt hatte.

Ebenfalls wie in Zeitlupe konnte ich nun sehen, wie der Fahrer, der frontal auf mich zu kam und sich mittlerweile sehr dicht vor meiner Windschutzscheibe befand, das Steuer im letzten Moment nach links herum riss. Dies kam mir sehr sinnlos vor, denn dieser Versuch konnte nach meiner Meinung nichts mehr ausrichten. Gleich musste der Aufprall kommen. Und er kam mit einer ungeheuren Wucht. Das Manöver mit dem Lenkrad hatte doch noch etwas bewirkt. Der VW-Bus stieß nun nicht mehr frontal auf mein Auto, was vermutlich meinen sicheren Tod bedeutet hätte, sondern unter einem leichten Winkel. Der ganze Frontteil meines Autos wurde dabei auf der Beifahrerseite fast bis auf die Höhe der Windschutzscheibe eingedrückt. Ich spürte – als ein nun aber nicht mehr unbeteiligter Beobachter – wie eine alles vernichtende Todesenergie in mich hineinfuhr und für eine sehr intensiv wahrnehmbare längere Zeit in mir stecken blieb, während sich mein Auto nun zu drehen begann. Ich fühlte meinen Tod ganz nah.

Nach dem Aufprall kam das Leben wieder in Gang. Als erstes durfte ich die lebensrettende Wirkung des Sicherheitsgurtes spüren, der mit voller Kraft gegen meinen nach vorne Richtung Lenkrad fliegenden Brustkorb drückte. Ich erlebte es als beglückendes Gefühl, dass der Gurt den nun auftretenden Kräften standhielt. Irgendwie war ich stolz darauf und unwahrscheinlich dankbar, dass dieser »Diener« namens Sicherheitsgurt, als den ich ihn nun ganz elementar wie eine eigenständige Person wahrnehmen konnte, seinen Job für mich so gut machte. Selten habe ich meinen Oberkörper so intensiv und schwer erlebt wie in diesem Moment.

Nach einer 90 Grad Drehung nach rechts flog die Brille von meinem Gesicht – sie wurde mir wie von magischer Hand heruntergerissen. Nach etwa 180 Grad wurde die ganze Windschutzscheibe nach draußen geworfen und flog Richtung Straße davon. Nach einer weiteren Rechtsdrehung von nun mittlerweile insgesamt 270 Grad kam das Auto schließlich zum Stehen und die tödliche Energie wurde wie durch ein Wunder wieder aus dem Wagen und vor allem aus meinem Körper gezogen. Ich fühlte mich so, als ob soeben eine mächtige Sturmflut über mich hinweggegangen wäre und ich wie durch einen glücklichen Zufall noch lebte. Der VW war auf der rechten Seite an meinem Auto vorbeigeschrammt und kam nach etwa 40 Metern zum Stehen. Das andere Fahrzeug, das der Fahrer auf der Straße schon überholt hatte, kam gerade noch zwei Meter vor meinem Auto, das nun quer zur ganzen Fahrbahn stand, zum Stehen, sonst hätte es den nächsten Aufprall gegeben.

Es dauerte noch eine geraume Zeit, bis meine rationale, linkshirnige Wahrnehmung wieder einsetzte. Was konnte ich nun sehen? Die Kühlerhaube ragte nach oben und es stieg Rauch auf. Nun erlebte ich zum ersten Mal während des ganzen Geschehens Panik. Mit Mühe ließ sich der Sicherheitsgurt öffnen, ich stieß die stark verbeulte Fahrertür auf und bewegte mich nach draußen. Ich hatte Angst, dass vielleicht der Benzintank explodieren könnte. Durch den Unfall war auch der Kühler zerstört worden, der nun so dampfte und den Rauch erzeugte. Aber das konnte ich zu diesem Zeitpunkt noch nicht wissen. Mein Auto hatte einen Totalschaden erlitten, die Beifahrerseite war völlig eingedrückt und der Rahmen des ganzen Fahrzeugs hatte sich durch den Aufprall vollkommen verzogen. Irgendetwas in mir glaubte zunächst, stark bleiben zu müssen. Ich kann mich aber an nicht mehr viel erinnern, nur dass der

Fahrer des unfallverursachenden Autos ziemlich bedröppelt auf der Straße stand. Wahrscheinlich hatte er einen Schock erlitten.

Nach kurzer Zeit tauchte die Polizei auf und fragte mich, ob ich verletzt sei. Jetzt erst löste sich meine Anspannung und ich begann zu weinen. Ich hatte nun das Gefühl, dass es mir die Füße wegziehen würde und ich verlangte nach einem Krankenwagen. Bei einer Röntgenuntersuchung im Krankenhaus stellte sich heraus, dass zwar mein Brustkorb durch das plötzliche Aktivieren meines Sicherheitsgurtes leicht gequetscht worden war und ich anfangs deswegen Atemnot verspürte, dass mir aber bei dem Unfall wie durch ein Wunder anscheinend nichts Ernstliches passiert war. Weil die Straße feucht war, hatten bei dem Zusammenstoß die Räder nachgegeben und waren über den Straßenbelag geschlittert. Außerdem war die gewaltige Energie des Aufpralls durch die Drehung meines Autos abgeleitet, das heißt in Reibarbeit umgewandelt und dadurch schließlich über die Reifen an den Boden abgegeben worden. Ich hatte unwahrscheinliches Glück gehabt.

Ein bewegender Traum

Im Krankenbett schlief ich vor Erschöpfung schnell ein. Mitten in der Nacht wurde ich wieder wach und ich weinte erneut – diesmal vor lauter Glück. Meine beiden verstorbenen Großmütter waren mir im Traum erschienen und hatten mir versichert, dass sie bei dem Unfall auf mich aufgepasst hätten und dass ich mir deshalb keine Sorgen machen müsste. Alles sei gut. Ich fühlte mich absolut geborgen wie noch nie zuvor und diese Grundstimmung hielt auch über den Traum hinaus an. Muss man erst so einen Unfall haben, um solche Gefühle erleben zu dürfen? Meine beiden Ahninnen, mit denen ich ja als Kind real sehr viel zu tun gehabt hatte, gaben mir einen klaren Auftrag mit, der sinngemäß etwa so lautete: »Du kannst, darfst und musst nun deinen eigenen Lebensweg gehen!«

Bereits am nächsten Vormittag durfte ich das Krankenhaus wieder verlassen. Zwei Tage später begann ich, alle Erlebnisse in Zusammenhang mit diesem Unfall in mein Tagebuch aufzuschreiben – auch diesen Auftrag. Seinen Sinn und seine konkrete Bedeutung für mich konnte ich jedoch acht Jahre lang nicht verstehen. Was hatten meine beiden Großmütter wohl damit gemeint? Worin sollte denn mein eigener Lebensweg bestehen? Der überraschende

Kontakt zu meinen Omas, den ich durch den Unfall bekommen hatte, blieb jedoch auf lebendige Weise erhalten. Und eine bis dahin unbekannte innere Türe in mir war durch den heftigen körperlichen Aufprall aufgestoßen worden: Ich hatte zum ersten Mal in eine andere, unsichtbare, aber für mein Empfinden sehr reale Wirklichkeitsebene geblickt, die ich deshalb nicht bezweifelte, weil ich sie bei dem Unfall so wesentlich, klar und überzeugend erlebt hatte. Außerdem war ich dem Tod sehr nahe gewesen und daher sehr dankbar, überhaupt noch am Leben zu sein. Das ganze Geschehen war für mich zu einem Einweihungsakt – zu einer Initiation – in eine andere, tiefere, geistige Welt geworden. Erst Jahre später wurde ich in diesem meinen Empfinden durch das Lesen von Berichten über außerkörperliche Wahrnehmungen, Nahtoderfahrungen und schamanische Reisen bestätigt und bestärkt.

Der Unfall hatte mir also nicht nur auf der physischen Ebene den bisher stärksten Schlag meines Lebens verpasst. Auch durch meine Seele war anscheinend ein kräftiger Ruck gegangen. Dies alles konnte ich aber damals noch nicht verstehen und deuten. Doch wie sich bald herausstellte, wurde ich nun in meinem sonstigen Leben ebenfalls ziemlich stark »gedreht«, denn es gab bald danach große Umwälzungen. Eineinhalb Jahre später wurde ich Vater und mein Leben bekam dadurch eine ganz andere Ausrichtung. Die Geburt meines Sohnes hatte nicht nur für ihn, sondern auch für mich einen stark initiatorischen Sinn. Ich sollte ab jetzt Verantwortung für mich und für andere Menschen übernehmen. Dies war das eine Ereignis, das dem Autocrash folgte und mein Leben grundlegend veränderte. Die Geburt meines Sohnes war für mich zu einer intensiven Herausforderung geworden wie kein anderes Ereignis zuvor.

Eine jahrelange Verletzungsserie beginnt

Das andere Erlebnis war, dass zwölf Tage nach dem Unfall eine jahrelang andauernde Verletzungsserie einsetzte. Wovon ich bei dem Unfall noch verschont geblieben war, widerfuhr mir nun bei meinen diversen sportlichen Aktivitäten. In nur drei Jahren verletzte ich mich vier Mal sehr nachhaltig. Drei Mal musste ich in beiden Knien operiert werden und dadurch allen Sport aufgeben, der doch bis dahin einen wesentlichen Teil meines Lebens ausgemacht hatte und meine wichtigste Freizeitbeschäftigung gewesen war.

Denn bis zu diesem Zeitpunkt, also bis zu meinem 37. Lebensjahr, hatte ich mich mindestens dreimal pro Woche in Sporthallen zum Volleyballspielen aufgehalten, mich nahezu jedes Wochenende einen Alpengipfel hinauf gequält oder meine Freizeit auf Tennisplätzen verbracht. Es war nicht die reine Körperlust gewesen, die mich dazu motiviert hatte. Ich wurde eher durch eine unbestimmte Angst angetrieben, sonst nichts mit meiner Freizeit und mit mir selbst anfangen zu können und alleine zu sein. Wovor hatte ich eigentlich Angst? Dies wusste ich damals nicht.

Außerdem wollte ich mir immer wieder neu beweisen, was ich sportlich drauf hatte, vor allem beim Volleyballspielen. Irgendwie wollte ich dafür Anerkennung bekommen, aber von wem denn eigentlich? Dies war mir damals alles nicht wirklich bewusst. Vielleicht versuchte ich in all diesen Beschäftigungen, Aspekte meiner Initiation nachzuholen, die noch gar nicht stattgefunden hatten oder noch nicht abgeschlossen waren. Womöglich wollte ich wie ein »Held« meine Kraft, Sportlichkeit und Beweglichkeit zeigen, vielleicht auch meine Attraktivität als mittlerweile gar nicht mehr so junger Mann.

Heute weiß ich, dass eine starke sportliche Herausforderung ohne spirituellen Tiefgang, ohne Bewusstsein über das eigentliche seelische Geschehen dahinter und ohne Bezug zu dem Thema »Initiation« letztlich vergeblich bleiben muss. Dann bringen selbst größte körperliche Schinderei und das beständige Gieren nach Anerkennung für die sportlichen Leistungen nicht den in der Tiefe der Seele erwünschten Preis – nämlich den Abschluss einer Initiation. All die vielleicht sogar extremen Aktivitäten müssen immer wieder durchgeführt werden, ohne dadurch das eigentliche, aber unbewusste Ziel – nämlich Anerkennung – zu erreichen.

So zumindest würde ich selbst im Rückblick mein damaliges Verhalten deuten. Jedenfalls wollte ich zunächst nicht mit meinen sportlichen Tätigkeiten aufhören und ich ignorierte die deutlichen Signale, die mir mein Körper gab. Für ein bereits verletztes Knie ist das Aufspringen auf einen Hallenboden oder eine große Bergtour eben reines Gift. Dies wollte ich zunächst einfach nicht wahrhaben und so hielt ich an meiner Gewohnheit fest, meine Freizeit fast nur mit Sport zu verbringen. Irgendwie war ich damals unbelehrbar.

Nach der vierten Verletzung gingen die Schmerzen in beiden Knien dann gar nicht mehr weg. Dies machte mich halb wahnsinnig – aufgrund der Schmerzen und wegen des Verlustes meiner Sportlichkeit und Leichtigkeit in meinem Körpergefühl. Denn ich konnte mich ja bis dahin vor allem nur in der Bewegung und in der äußeren Aktivität gut spüren. Dieser ganze Erfahrungsbereich fiel nun weg. Verzweifelt suchte ich nach einer Abhilfe und konsultierte deswegen die besten Sportärzte Münchens. Acht Jahre lang fand ich keine wirkliche Lösung meines Problems. Sie war auf der von mir bis dahin einzig akzeptierten Wirklichkeitsebene – der körperlichen Ebene – auch nicht zu finden. Ich war in eine Krise geraten.

Ich musste mich nach innen wenden und meine Gefühle mehr kennenlernen. Schließlich fand ich die Lösung auf einem ganz anderen, mir bis dahin völlig unbekannten Gebiet – der »familiensystemischen« Ebene. Vergessene Verstorbene aus den Herkunftsfamilien meiner Eltern kamen mir ins Bewusstsein und erhielten dann auch auf einer äußeren Ebene die nötige Würdigung. Nun fing ich an, die »Botschaft« meiner beiden Omas zu verstehen, die bereits acht Jahre vorher bei dem Unfall zu mir »gesprochen« hatten. Jetzt war ich in der Lage, ein ganz anderes Gefühl für meine Familienmitglieder und für mich selbst zu entwickeln. Anscheinend gehörte gerade dies zu meinem eigenen Lebensweg, auf den meine beiden Omas mich ja in ganz allgemeiner Form hingewiesen hatten. Vielleicht war ich mittlerweile insgesamt viel mehr auf der Herzensebene angelangt als noch acht Jahre zuvor. Der jahrelange Schmerz in meinen Knien hatte mich weicher gemacht und mich für diese Ebene geöffnet. Und irgendwie hatte alles mit dem Bruch zu tun, den das Verlassen meines ursprünglichen Lebenszieles – nämlich Bauer zu werden – bewirkt und wofür es innerlich für mich immer noch keine befriedigende und abschließende Lösung gegeben hatte. Genau dieser Zusammenhang dämmerte mir jetzt immer mehr.

Offensichtlich war der Unfall der Beginn, der erste Schlag, für diese neue innere Entwicklung gewesen, die mich aus einer geistigen und emotionalen Erstarrung herausführte. Das hatte ich damals noch nicht erkennen können. Nun aber fing alles an, einen Sinn zu bekommen. Der Unfall und die Verletzungsserie danach – diese beiden »Lebensschläge« – hatten in Wirklichkeit initiatorischen Charakter für mich. Was bei einigen indigenen Völkern die bewusste kontrollierte Verletzung, sozusagen die »Initiationserinnerung«, ist, waren bei mir der Unfall und die Sportverletzungen. Aber sie hatten nur dann einen Sinn, wenn ich verstehen lernte, was sie mir eigentlich sagen wollten, welche Botschaft vielleicht dahinter steckte. Dazu bedurfte es aber noch einiger Mentoren, die mir halfen, den Sinn meiner Verletzungen und des Unfalls nach und nach zu erschließen. Es brauchte den Rat von »Ältesten«.

Weitere Entwicklung

Eine neue Deutung des Schmerzes

Diese Mentoren waren ein alternativer Arzt, ein schamanisch ausgerichteter Heilpraktiker und eben Malidoma, der zunächst nur durch seine Bücher auf mich »zukam«. In seinem zweiten Buch »Die Kraft des Rituals« bekam ich endlich eine Antwort auf den mir bis dahin nur lästig und sinnlos erscheinenden Schmerz:

»Die menschlichen Sinne sind Kommunikationskanäle. Das Sehen ist eine Sprache, ebenso der Schmerz ... Für die Ältesten der Dagara ist Schmerz die Folge eines Widerstandes gegenüber etwas Neuem – dem eine alte Regelung nicht mehr angemessen ist ... Eine neue Erfahrung, die noch keinen Platz in uns gefunden hat, wo sie wohnen könnte, muss eine alte hinaus werfen. Und diese alte möchte natürlich nicht weichen, wehrt sich gegen die neue, und das Ergebnis wird von uns als Schmerz registriert ... Schmerz ist, dass sich unser Körper über einen Eindringling beklagt. Und diese Beschwerde des Körpers lässt sich als Mitteilung der Seele an uns verstehen. Eine von Schmerz erfüllte Person wird von einem Teil ihrer selbst angesprochen, der sich nur auf diese Weise bemerkbar zu machen weiß.«[150]

Diese Vorstellung vom Schmerz war mir neu. Bisher erschien mir jeder Schmerz, der mich in meinem Tun und in meiner Beweglichkeit einschränkte, als völlig sinnlos. Jetzt erahnte ich, warum ich vielleicht den Unfall und vor allem die lange Serie von Verletzungen bekommen hatte. Anscheinend war ich nur so bereit, mein bis dahin eher oberflächliches Leben aufzugeben und mehr nach innen zu schauen, andere Wirklichkeitsschichten ernst zu nehmen und mehr und mehr auf ihre Botschaften zu hören. Der Schmerz als wichtiger Initiator für mich? Ja, so schien es. Und dabei wurde ich auch wieder durch Malidoma bestärkt:

»... unsere Seele hasst Stagnation. Unsere Seele strebt nach Wachstum, das heißt, sie möchte sich an all das erinnern, was wir beim Ausflug an diesen Erdenort vergessen haben. In diesem Sinn ist ein schmerzerfüllter Körper gleichbedeutend mit einer von Sehnsucht erfüllten Seele. Den Schmerz zu beseitigen hieße, den Ruf der Seele abzuwürgen. So etwas wäre eine repressive Maßnahme gegen das eigene Selbst, was immer schlimme Folgen hat.

Könnte man also sagen, Schmerz ist gut? Vor allem, weil er eine Aufforderung zum Wachstum darstellt? Die Ältesten der Dagara würden mit Ja antworten. Sie glauben, ein Mensch, der bewusst gelitten hat, ist ein Mensch, der auf seinen Schmerz gehört hat ... Dieser Mensch hört den Schmerz und versteht ihn als schöpferische Tätigkeit. Der Schmerz verbindet ihn mit seinem höchsten Selbst, und dieses verordnet ihm eine Alternative zum spirituellen Tod. Schmerz lehrt uns jedenfalls etwas. Er ist eine Erschütterung, Gefühl und eine Aufforderung zur Wiedergeburt. Er lehrt uns, zu einem Daseinsstil zurückzukehren, der mit dem Dasein selbst begonnen hat. Und er bezieht aus Natur und Kosmos eine Lebensessenz, die sich auf die Mächte des Daseins auszurichten versucht.«[151]

Ist das der Grund, warum bei vielen indigenen Völkern den Jungen am Ende der Initiationszeit eine als »heilig« erklärte Wunde zugefügt wurde? Sollen sie so auf dieses tiefere Geheimnis des Schmerzes aufmerksam gemacht werden? Es scheint so. Für mich hatten diese Aussagen von Malidoma sogar eine zweifache Wirkung: Einmal bekam ich endlich eine andere Deutung für meine Schmerzen, von denen mich auch einige der besten Kniespezialisten Münchens über Jahre hinweg nicht befreien konnten. Dies hatte in mir zunächst große Unruhe bis hin zur Panik und dann eher einen Zustand großer Enttäuschung und Depression, sowie ein Gefühl der Sinnlosigkeit ausgelöst. Jetzt begann sich bei mir eine tiefere Erkenntnis dazu einzustellen und damit verbunden war eine zweite Konsequenz: Ich wurde durch Malidoma auf das Thema »Initiation« selbst überhaupt erst aufmerksam gemacht und konnte dadurch jetzt einen Zusammenhang mit meinen eigenen Erfahrungen erkennen.

Zugang zu tieferen Wirklichkeitsebenen

Weil mir über eine lange Zeit wichtige Lebensfragen, ja mein Lebensweg selbst, nicht klar gewesen waren, suchte sich mein Unbewusstes anscheinend einen Ausweg, nämlich über den Unfall und den Schmerz. Erst durch diese eindringlichen Erfahrungen wurde ich innerlich geläutert und dorthin geschoben, wo es Antworten auf meine ungelösten Lebensthemen gab. Es war nicht daran gelegen, dass ich etwa nicht nachgedacht oder nicht nach Antworten Ausschau gehalten hätte – im Gegenteil. Aber solange ich keinen Zugang zu tieferen Wirklichkeitsschichten in mir und um mich herum hatte, war eine Antwort gar nicht möglich.

Dies wurde mir aber erst mit der Zeit immer bewusster. Ich habe den Eindruck, dass viele meiner Altersgenossen, sogar die meisten Menschen in westlichen Gesellschaften, eher oberflächlich leben und oftmals ihr ganzes Leben damit verbringen, sich nur um Äußerlichkeiten zu kümmern – wie etwa um Konsum und Genuss, Geld und Besitz, Leistung und beruflichen Erfolg, sowie um sportliches und jugendliches Aussehen. Auch ich selbst war bis zu meinem Unfall und bis zu den Verletzungen auf einem solchen »Trip« unterwegs gewesen.

Nun erschlossen sich mir tiefere Ebenen und ich bekam Antworten. Es dauerte aber noch acht lange Jahre, bis ich diese fand und bereit war, diese anzunehmen. Zu dieser tieferen Wirklichkeit gehörte für mich anscheinend auch der Kontakt zu den Verstorbenen, zu denen ich bis dahin trotz meiner ländlich-katholischen Herkunft keine wirkliche Einstellung hatte. Dazu verhalf mir wiederum Malidoma. Der jahrelange Schmerz, meine schon fast verzweifelten Bemühungen, ihn wieder loszuwerden, sowie meine Suche nach Antworten auf den tieferen Sinn in meinem Leben hatten mich anscheinend dahin gebracht, dass ich die im Grunde sehr einfache, aber sehr allgemein gehaltene Botschaft meiner beiden Großmütter während des Unfalls nun mehr und mehr verstehen lernte. Was gehörte denn zu meinem ganz persönlichen Lebensweg? Worauf hatten meine beiden Omas mich denn hinweisen wollen? Anscheinend war diese ganze Thematik eng mit meinen Ahnen verbunden. Denn seit dem Unfall träumte ich immer wieder intensiv von Verstorbenen, die ich teilweise gar nicht kannte, weil sie lange vor mir gelebt hatten.

Malidoma konnte mir schließlich mit seinem systemischen und rituellen Wissen konkret helfen, etwas für die Verstorbenen meiner Familie zu tun. Von einer Tante erfuhr ich beispielsweise vom frühen Tod mehrerer Onkeln und Tanten, von deren Existenz und Schicksal ich bis dahin nichts wusste. Daraufhin fuhr ich auf Anraten Malidomas zu den Friedhöfen, in denen sie vor langer Zeit beerdigt worden waren, stellte dort große Kerzen mit den entsprechenden Namen meiner Verwandten auf, betete für sie und bekam so einen intensiven inneren Kontakt zu ihnen. Viele Bilder von ihnen tauchten in mir auf und ich schloss die Verstorbenen immer mehr in mein Herz. Ich betete zu Gott, all diese Seelen in sein göttliches Licht zu führen, falls dies noch nicht geschehen sein sollte. Zudem bestellte ich bei den Pfarreien, auf deren Friedhöfen sie beerdigt worden waren, Gedenkmessen mit dem Auftrag, die Namen der Verstorbenen im Gottesdienst ausdrücklich zu nennen und sie im Pfarrbrief zu erwähnen.[152] In mehreren Fällen bat ich den zuständigen Priester des jeweiligen Dorfes sogar, im Gottesdienst die Namen meiner Verwandten selbst vorlesen und kurz über ihr Schicksal erzählen zu dürfen. Dies löste bei den Gottesdienstbesuchern nach der Messe in der Regel neben Verwunderung viele intensive Gespräche über das Schicksal der genannten Verstorbenen aus. Sie kamen dadurch vielen Dorfbewohnern und Verwandten wieder ins Bewusstsein.

Für mich selbst hatte das ganze Geschehen zur Folge, dass die Träume von Verstorbenen nach und nach wieder aufhörten. Etwas anderes war noch wichtiger: Die Knieschmerzen, die mich jahrelang gequält hatten und von denen mich auch die besten Sportmediziner nicht hatten befreien können, wurden mit jeder dieser »Ahnen-Aktionen« weniger und verschwanden nach wenigen Monaten ganz. Dies war für mich die erstaunlichste und wunderbarste Konsequenz daraus.

Dieser ganze »Ahnen-Prozess« dauerte fast zehn Jahre lang und war die eine Erkenntnis aus dem Unfall. Nach meiner Meinung ist auf diesem Feld eine wichtige Ursache für viele, vor allem chronische Krankheiten unserer Zeit zu suchen. Wenn kein guter Kontakt zu Eltern und vor allem zu den Verstorbenen besteht, kann sich dies bei den nachfolgenden Familienmitgliedern in großer Unruhe und Blockaden oder längerfristig sogar in Krankheiten wie Krebs oder Psychosen äußern; in meinem Fall waren es dauerhafte

Knieschmerzen. Aber wie viele Menschen in unserem Land haben überhaupt kein Verhältnis zu ihren verstorbenen Angehörigen und vielleicht eine jahre- und jahrzehntelange gestörte Beziehung zu ihren Eltern!

Zu einer gelungen Initiation und zu einem verantwortlichen und reifen Leben als Erwachsener gehört es aber nach meiner Erfahrung untrennbar dazu, neben den Beziehungen zu den Eltern vor allem die zu seinen Ahnen zu klären, weil sie letztlich unseren »systemischen« und emotionalen »Boden« darstellen, auf dem wir stehen und uns im Normalfall den Rücken freihalten. Wenn weder Ruhe noch Ausgeglichenheit im Familiensystem herrschen, kann sich dies sehr unangenehm bei den Mitgliedern nachfolgender Generationen äußern – in Körpersymptomen, in großer Unruhe, in Scheidungen und Familiendramen, in Unfällen oder in völlig misslungenen Lebensentwürfen. Zum Familiensystem gehören ganz wesentlich auch frühere Generationen, selbst bereits längst Verstorbene, hinzu. Diese möchten gewürdigt werden, denn ohne sie würde es ja die späteren Generationen gar nicht geben. Können die Beziehungen zu wichtigen Familienmitgliedern und Ahnen aber über eine lange Zeit nicht geklärt werden, dann kann auch die so bedeutsame Initiation ins eigene Leben nicht wirklich abgeschlossen werden – mit allen fatalen Folgen daraus.

Das Thema »Initiation« nimmt Fahrt auf

Die Notwendigkeit dieser »Ahnenarbeit« war nun die eine fundamentale Erkenntnis. Zur selben Zeit wurde mir aber immer deutlicher bewusst, dass es für mich auch um das Thema »Initiation« selbst ging. Jetzt erst fing ich an, mein Leben unter diesem Aspekt genauer zu betrachten und auch immer mehr zu verstehen. Anscheinend enthielt die »Botschaft« meiner beiden Großmütter ebenso diesen Aspekt: Mein »eigener Lebensweg«, den ich suchen und gehen sollte, hatte etwas mit der Aufgabe zu tun, als Lehrer, der ich doch bereits war, Jugendlichen beim »Erwachsenwerden« zu helfen. Parallel zu meinen eigenen Erfahrungen erkannte ich immer mehr, dass den Jugendlichen in unserer Gesellschaft genau das fehlt, was auch ich die ganze Zeit so vermisst hatte: ein Bewusstsein über die Notwendigkeit einer Initiation und konkrete Prüfungen und Rituale, die zu unserem Kulturkreis und zu unserer

Tradition passen und den nötigen Effekt erzielen können – nämlich die Ablösung von den Eltern zu bewirken und das Hineingehen in den Lebensabschnitt des Erwachsenseins zu erleichtern.

Ist darüber kein Bewusstsein vorhanden und finden keine geeigneten Initiationsrituale statt, deren Sinn von allen Beteiligten verstanden wird, kann sich diese Einweihung ins Erwachsensein für Jugendliche über Jahrzehnte oder sogar über ein ganzes Leben lang hinziehen mit all den unerwünschten Folgen, die aus dieser Nicht-Initiation erwachsen. Dann besteht unsere Gesellschaft aus so vielen Menschen, die selbst im »mittleren« Alter in wichtigen Lebensbereichen noch immer unreif und unerwachsen geblieben sind. Woran sollen sich in diesem Fall die nachkommenden Generationen orientieren können, die im Grunde genommen sehr bereit sind, sich zu engagieren und Verantwortung zu übernehmen? Denn unsere Jugendlichen stehen immer aufs Neue vor dem Dilemma, das wir Erwachsenen doch selbst verursachen: Wie soll man in einer unreifen Gesellschaft erwachsen werden können?

Doch zurück zu meiner eigenen (Initiations-)Geschichte: Ich selbst wurde neben Malidoma vor zehn Jahren auch durch einen alternativen Mediziner auf die Notwendigkeit und Kraft von Initiationsritualen aufmerksam gemacht. Schon über 25 Jahre zuvor hatten die beiden amerikanischen Ethnologen und Psychologen Steven Foster und Meredith Little die enorme Bedeutung von Initiationsritualen zur Heilung der Jugendlichen in unseren westlichen Gesellschaft erkannt und dazu ihre »School of Lost Borders« gegründet. Gerade durch die intensive Beschäftigung mit den Einweihungsprüfungen bei indianischen Stämmen Nordamerikas wurde ihnen bewusst, dass solche Rituale auch für Jugendliche anderer Kulturkreise sinnvoll wären.

Dazu nahmen die beiden Ethnologen wichtige Elemente von den Indianern und entwickelten daraus ein spezielles Ritual mit dem Namen »Vision Quest«[153], das im Deutschen mit »Visionssuche« übersetzt werden kann. In Band II (HR, Kapitel 7) wird darüber recht ausführlich gesprochen. Auch das zu Beginn dieses Buches beschriebene Ritual des »walkAway« hat in seiner Grundstruktur damit zu tun. Es geht dabei darum, fastend und ohne jeglichen menschlichen Kontakt sich selbst in einer möglichst ursprünglichen Naturumgebung auszusetzen, auf sein Inneres zu lauschen, sowie Botschaften und Visionen für sein Leben zu erhalten, die dabei hochkommen. Bei den Indianern wird solch ein Ritual manchmal noch heute in zwei wichtigen Phasen des Lebens angeboten: als verpflichtendes Übergangsritual der Jugendlichen zum Erwachsenwerden und später, wenn es darum geht, seinem Leben eine neue Richtung zu verschaffen oder Antworten auf wichtige Lebensfragen zu bekommen.

Etwas in mir wusste sofort, dass ich dieses Ritual selbst kennenlernen und erfahren wollte. In den Jahren von 2000 bis 2007 unterzog ich mich insgesamt drei Mal dieser Prüfung des tagelangen Alleinseins und des Fastens in der Natur. Dies führte dazu, dass meine Seele den Rahmen zur Nachreifung erhielt, die ich anscheinend noch so dringend brauchte.

Endlich konnten auch die letzten Kindheitsbindungen zu meinen Eltern bewusst gemacht und gekappt und die Beziehung zu ihnen auf eine neue, erwachsene Ebene transformiert werden. Ich glaube, dass in unserem Kulturkreis viele Menschen aufgrund des Fehlens offizieller Abschiedsriten selbst bis ins »mittlere« und höhere Alter – bis 40, 50 oder noch später – keine reife Eltern-Kind-Beziehung entwickeln können. Dies liegt aber oft auch daran, dass viele Eltern im Grunde ihres Herzens ihren Kindern gar nicht gestatten wollen, erwachsen zu werden. Denn dies ist mit einem unvermeidlichen Machtverlust der Eltern verbunden. Wenn diese nicht bereit sind, etwas von ihrer Macht abzugeben, verpufft der Initiationseffekt, der in einem entsprechenden Ritual liegt. Malidoma meint, dass es aus diesen Gründen im Westen unzählige solcher unabgeschlossener Initiationen gibt. Und weil viele als Single und oft relativ isoliert leben, fehlt ihnen eine lebendige Gemeinschaft, die für die Anerkennung eines Initiationsschrittes, der meist mit Schmerzen verbunden ist, unerlässlich ist.[154] Ein geeignetes Initiationsritual muss also unbedingt die Eltern mit einbeziehen, damit diese sich über die Notwendigkeit der Ablösung ihrer Kinder bewusst werden können. Der »walkAway« beispielsweise (vgl. Kapitel 1) will zumindest ansatzweise dieser wichtigen Aufgabe gerecht werden.

Tätigsein als Lehrer und Initiations-Mentor

Seit einigen Jahren weiß ich nun ganz tief in meinem Inneren, was eine meiner Hauptlebensaufgaben ist: den Jugendlichen Lehrer, Begleiter und Mentor auf ihrem Weg zum Erwachsenwerden zu sein. Dies wurde mir durch meine drei eigenen Visionssuchen klar und plötzlich erkannte ich, dass dieser Auftrag auch in der »Botschaft« meiner beiden Großmütter bei dem Unfall gesteckt hatte (»Du kannst, darfst und musst nun deinen eigenen Lebensweg gehen!«). Wie lange hat doch meine eigene Initiation gedauert! Mehr als vierzig Jahre, wenn ich den Zeitraum vom Beginn der Ablösung von meinen Eltern im Alter von 11 Jahren mit meinem Weggehen aufs Gymnasium und dem heutigen Erkennen der eigenen Lebensaufgabe in seiner Tiefe ansetze. War es eine höhere Fügung, die mich fast gegen meinen Willen auf eine weiterführende Schule brachte? Woher kam damals der Impuls, der mir die Kraft gab, den Bauernhof trotz meiner tiefen Bindung an ihn zu verlassen und zu studieren? Und dann geschah der Unfall, als ich in meinem Leben nicht weiter wusste und nach einem tieferen Sinn suchte ...

In den vergangenen zehn Jahren kamen eine Reihe von weisen Menschen auf mich zu, die mir dabei halfen, den Sinn all dieser meiner Erlebnisse zu erschließen. Gleichzeitig gab es in mir selbst aber immer neu den Antrieb, nach dem tieferen Sinn meines Lebensweges zu suchen, vielleicht auch deshalb, weil ich seit meinem Berufsbeginn ständig in einer Art Spannungsfeld zwischen zwei Bereichen gelebt hatte – zwischen der Sehnsucht nach dem Bauernhof meines Vaters und der eigenen Tätigkeit als Lehrer und Mentor. Vielleicht hatte sich dieser Gegensatz auch bereits in der schon viel früher eher instinktiv getroffenen und unüblichen Wahl meiner Fächerkombination – Religion und Physik – niedergeschlagen.

Anscheinend musste das bei mir so laufen; denn dieser langwierige Prozess hatte mich genau zu dem geführt, wozu ich wohl berufen bin: Lehrer und Initiationsmentor für Jugendliche, vor allem für Jungen, zu sein. Folgende Erkenntnis gab für mich den Ausschlag: Ich soll mich eben nicht als Landwirt um Feld und Vieh, sondern als Lehrer um junge Menschen und um deren Persönlichkeitsentwicklung kümmern. Und in dem Moment, in dem nach fast 44 Jahren die letzten Kindheitsbindungen an Eltern und Bauernhof abgefallen waren, wusste ich, dass ich ein Buch zum Thema

»Initiation« schreiben muss. Meine eigene, langwierige Initiation hatte genau dieses Thema zum Inhalt: Ich sehe meine Berufung darin, Jugendlichen bei ihrer Initiation zu helfen. Kein Wunder, dass meine eigene Einweihung ins Erwachsensein so aufwendig war, denn erst dadurch kam ich mit der Tiefe dieses Phänomens so sehr in Berührung, dass ich mittlerweile in allen meinen Zellen um die Bedeutung, Größe und Notwendigkeit von »Initiation« weiß. Dieses Thema lässt mich nicht mehr los.

Vor knapp 20 Jahren haben meine beiden Großmütter mit ihrem Auftrag an mich, doch nun meinen eigenen Lebensweg zu gehen, einen starken Entwicklungsprozess in mir ausgelöst. Es ist daher nicht verwunderlich, dass ich seit einigen Jahren Jugendliche gerade im Ritual des »walkAway« auf ihrem (Lebens-)Weg begleite. Hier schließt sich ein Kreis und hier erfüllt sich der Auftrag.

Wenn ich meine eigene Initiation nochmals zusammenfassend unter dem Aspekt der »Kriterien des Erwachsenwerdens« (vgl. Kapitel 5) betrachte, dann kann ich alle Punkte in meiner Erzählung wiederfinden. Der ganze Weg hat dazu geführt, dass ich nach so vielen Jahren nun wirklich frei und unabhängig von meinen Eltern bin und zu meiner eigenen tiefen Lebensaufgabe gefunden habe. Jetzt fühle ich mich wirklich erwachsen.

In dem nun folgenden Teil meines Buches werde ich als nächstes einen Blick auf die Situation der Jugendlichen in unserem Land werfen und mich mit folgenden Fragen auseinandersetzen:

- Gibt es bei uns bereits Ansätze oder zumindest einige Elemente für eine Initiation?
- Wie war es früher? Existieren noch Reste oder Spuren von Initiationsritualen, die man mit neuem Sinn füllen könnte?
- Was können Staat, Gesellschaft und Schulen dazu anbieten?
- Welche geglückten Selbstversuche von Initiation kann man heute in unserem Kulturkreis erkennen?
- Wie müssten schließlich geeignete Rituale für die Jugendlichen unserer Zeit aussehen, wenn sie den jungen Menschen einen gelungenen Übergang ins Erwachsensein in eben dieser Gesellschaft ermöglichen sollen?

7. Spuren von Initiationsritualen in unserer modernen westlichen Gesellschaft

An der Schwelle zum wirklichen Erwachsenwerden der Jugendlichen fehlt im Grunde ein geeignetes Ritual, das sowohl von den Jugendlichen selbst als auch von den bereits Erwachsenen verstanden, anerkannt und als adäquat für die Erfordernisse in unserer Gesellschaft befunden werden könnte. Ein solches Ritual müsste die wesentlichen Kriterien zum Erwachsenwerden enthalten: die Fähigkeit, alleine zu sein, das symbolische Aufbrechen zur eigenen »Heldenreise des Lebens«, die Erfahrung der inneren und »anderen« Welt, der Kontakt zu seinen Ahnen, das Erkennen der eigenen Lebensaufgabe und schließlich die tatsächliche und endgültige Ablösung von den Eltern.

Vielleicht sollte es eine Vielzahl von verschiedenen solchen Ritualen geben, die aber in ihrer Tiefe alle auf das gleiche Ziel ausgerichtet sein müssen: das Erwachsenwerden der Jugendlichen zu ermöglichen. Hier muss die Suche einsetzen: Es wird nicht »das« eine Ritual geben, das alles regelt und alle Probleme löst und ein bestimmtes Ritual wird auch nicht für alle Jugendliche gleich gut sein. Zudem müssen individuelle Fragen sicher immer individuell gelöst werden. Aber eine geeignete Prüfung, egal wie sie aussehen mag, sollte zumindest ansatzweise möglichst viele von den Kriterien des Erwachsenwerdens (vgl. Kapitel 5) enthalten.

Zudem können wir es uns nicht länger leisten, die Jugendlichen an diesem für die ganze Gemeinschaft wichtigen Übergang im Regen stehen zu lassen. Dies würde sich auf Dauer rächen und letztendlich auf die ganze Gesellschaft zurückfallen. Dafür gibt es leider viele Beispiele (vgl. Kapitel 3).

Es existieren aber durchaus eine Reihe positiver, vielleicht meist unbewusster Selbstversuche zur Initiation, von denen später noch genauer die Rede sein wird. Doch richten wir zunächst den Blick auf einige gesellschaftliche Anlässe oder Rituale, in denen zumindest einige initiatorische Elemente zu erkennen sind.

Jugendweihe

Dieses Ritual, auf das ich nur relativ kurz eingehen will, wurde in der sozialistischen DDR entwickelt, um ein Gegengewicht zu den kirchlichen Ritualen wie Kommunion, Firmung oder Konfirmation zu schaffen. Denn die DDR-Strategen wollten ihre Jugendlichen nach ihren Vorstellungen einer marxistisch-leninistischen Gesellschaftsideologie formen und sie durch ein eigenes Ritual in die sozialistische Gesellschaft hinein initiieren. Die DDR ist seit mehr als 20 Jahren untergegangen und damit könnte man meinen, dass die Überlegungen zu der damaligen »Jugendweihe« nur noch nostalgischen Charakter haben. Nicht ganz, wie ich meine.

Da die meisten Bewohner der DDR keiner Kirche mehr angehörten und damit auch nicht kirchlich aktiv waren, herrschte zunehmend ein Vakuum, was gesellschaftliche oder persönliche Rituale an den Knotenpunkten des Lebens betraf. Dies sollte mit neu entwickelten, politisch unterfütterten »Ersatz-Ritualen« gefüllt werden, wozu auch die »Jugendweihe« gehörte.

Diese Veranstaltung wurde in ihrem offiziellen Teil meist von den örtlichen Parteifunktionären organisiert und mit entsprechender Propaganda aufgeladen. Die Jugendlichen sollten damit in eine bestimmte Lehre und ein entsprechendes Gesellschaftssystem eingeweiht werden. Dazu mussten die Heranwachsenden über Monate hinweg Gruppenstunden besuchen und sich auf dieses öffentliche, in der sozialistischen Gesellschaft anerkannte und gewünschte Ritual vorbereiten. Es hatte gleichzeitig einen stark familiären Charakter: Die Großfamilien kamen anlässlich einer Jugendweihe zusammen, brachten dem Initianden Geschenke mit, bezeugten seine Entwicklung und erlebten und feierten sich selbst als größere Gemeinschaft. Ähnliches, was die Familienfeier betrifft, gilt vielleicht auch für die kirchlichen Rituale »Firmung« und »Konfirmation«. Eine genauere Betrachtung darüber soll aber nicht Gegenstand dieses Buches sein.

Heute ist mit der Jugendweihe das passiert, was sie verdient hat: ihr politischer Inhalt und ihr ideologischer Überbau sind weggebrochen. Geblieben ist aber das Ritual selbst. Da in den östlichen Bundesländern die überwiegende Mehrheit der Bevölkerung immer noch keiner kirchlichen Gemeinschaft angehört, feiern ihre

Jugendlichen auch keine Firmung oder Konfirmation. Aber in vielen Gegenden ist es nach wie vor üblich, die »Jugendweihe« als Ritual zu begehen. Und darin liegt womöglich durchaus eine initiatorische Chance, falls dieser Anlass mit einem passenden Inhalt gefüllt werden würde.

Zu DDR-Zeiten fand die Jugendweihe teils mit 17 Jahren statt. Abgesehen von dem politisch aufgepfropften Inhalt hatte die Feier in einem wesentlichen Punkt etwas sehr Positives: Sie wurde zu einem passenden Zeitpunkt begangen. Mit 17 Jahren befindet sich der Jugendliche wesentlich näher an der Schwelle zum Erwachsensein als mit 14 oder 15. Damit war die Jugendweihe auf einer bestimmten Ebene ein Fest, an dem das »Jungsein«, genauer gesagt das »Jugendlich-Sein«, bewusst gefeiert wurde, bevor der junge Mensch dann zumindest rechtlich und nur aufgrund seines Alters in die Stufe des Erwachsenseins hinüberging.

Heute findet die Jugendweihe bereits mit 14 Jahren statt und damit geschieht auf einer archaischen Ebene etwas völlig anderes: Die »Jugendweihe« ist keine Feier des Übergangs zum Erwachsensein mehr; sie ist eher zu einem »Pubertätsfest« geworden, durch das die Tatsache der bereits begonnenen Geschlechtsreife bezeugt, gefeiert und anerkannt wird. Der Jugendliche möchte nun mit seinem Eigensein, seinen Bedürfnissen und Ansichten ernst genommen werden nach dem Motto: »Ich bin kein kleines Kind mehr! Ich bin nun in die Zwischenphase zwischen Kindheit und Erwachsensein eingetreten. Und darin möchte ich von Euch Erwachsenen respektiert und anerkannt werden!« So gesehen kann eine »Jugendweihe« durchaus Sinn machen, auch wenn dieser dann nicht mehr der ursprüngliche ist.

Da der heutigen Jugendweihe jedoch der politisch-ideologische Überbau der sozialistischen Gesellschaft fehlt, ist es schwer, dieses Ritual mit entsprechenden Inhalten zu füllen, so dass es nicht kitschig, leer oder peinlich wirkt. Andererseits liegt in dem Ritual eine große Chance zur Initiation in die Pubertät. Ich habe erfahren, dass 14-Jährige in Brandenburg, Mecklenburg-Vorpommern oder Sachsen-Anhalt großes Engagement dafür entwickeln, sich auf dieses Fest vorzubereiten, das in den neuen Bundesländern Tradition hat und von weiten Teilen der Gesellschaft noch verstanden wird.

Wochenlang wird von Mädchen darüber diskutiert, welche Frisur, welches Kleid und welche Art von High-Heel-Schuhen sie für die Jugendweihe tragen sollen; die Jungen treten dazu vielleicht zum ersten Mal in ihrem Leben in Anzug und Krawatte auf und erscheinen damit plötzlich nicht mehr wie Kinder, sondern wie junge Männer. Die örtliche Presse berichtet von den in den politischen Gemeinden jetzt meist von privater Hand organisierten großen Feierlichkeiten – etwa in einer festlich geschmückten Turnhalle, in der 30 oder mehr Jugendliche die Jugendweihe bekommen. Reden von Erwachsenen werden gehalten, dabei vielleicht die Werte betont, die eine Gesellschaft zusammenhalten können und den Jugendlichen auf ihrem weiteren Lebensweg Glück gewünscht. Die »Tat« der Jugendlichen besteht darin, sich öffentlich mit ihrem Namen aufrufen zu lassen, für einen kurzen Moment alleine vor alle Anwesenden zu treten, sich in der neuen Garderobe anschauen und begutachten zu lassen, von den »Ritualmeistern« eine Urkunde überreicht zu bekommen, ein Glanzfoto in dieser Aufmachung von sich schießen zu lassen und eben dabei einen möglichst coolen Eindruck zu machen.

Obwohl es aus nostalgischen Gründen immer noch »Jugendweihe« heißt, handelt es sich dabei in Wahrheit eher um ein »Pubertäts-Bestätigungs-Fest«. Nicht weniger, aber auch nicht mehr. Es ist keine Initiationsfeier ins Erwachsensein, eher ein Ritual auf dem Weg dorthin. Wenn ein Jugendlicher gar keine entsprechenden Rituale erleben kann, dann fehlt ihm etwas sehr Wichtiges bei seiner Entwicklung zum Erwachsenen: die öffentliche Anerkennung durch die Gemeinschaft der bereits Erwachsenen.

Dennoch stellt sich bei der Jugendweihe die Frage: Und was kommt dann? Mit welchem Ritual soll der spätere Eintritt ins Erwachsensein begangen, gefeiert und vollzogen werden? Hier herrscht ein Mangel im ganzen Land – in westlichen wie in östlichen Bundesländern unserer Republik: Es gibt im Grunde kein Fest, das den Namen »Erwachsenen-Feier« schon allein deswegen tragen könnte, weil es an der Schwelle zum Erwachsenwerden – also mit 17 bis 20 Jahren – stattfindet. Es existiert leider kein adäquates Ritual mehr, das diesen Übergang wirklich markieren, bezeugen, bestätigen oder ausdrücken könnte. Die kirchlichen Rituale der Firmung und Konfirmation, die von ihrem religiösem Inhalt her ja »Feiern zum Erwachsenwerden« sein wollen, finden in der Regel bereits mit 14 Jahren statt. Jugendliche vermissen daher oft ein weiteres Ritual an der Schwelle zu ihrer Volljährigkeit.

Der Tanzkurs als Einweihungsritual in die bürgerliche Gesellschaft?

Tanzkurs-Abschlussball

Eine historische Kleinstadt in Oberbayern. Das einzige Gymnasium des Ortes hat im Frühling für die Schüler der 10. Jahrgangsstufe wieder traditionell einen Tanzkurs ausgeschrieben. Dazu wird – wie schon in vielen Jahren zuvor – eine externe Tanzmeisterin bestellt, die mit den Jugendlichen in zehn Wochen die wichtigsten Standardtänze einüben soll. Die Teilnahme ist natürlich freiwillig; der Übungsort ist die Schulturnhalle.

An einem Freitag Abend im Juli steigt der große Abschlussball. Dieser findet im Saal des katholischen Pfarrzentrums statt; insgesamt 300 Lehrer, Eltern und Angehörige sind gekommen, um den 28 Tanzpaaren die Ehre zu geben und den Debütanten die Daumen zu drücken. Auch ich selbst darf Zeuge dieser Veranstaltung sein. Auf Anweisung der Tanzlehrerin, die mit einer Live-Band zusammen durch den Abend leitet, haben die Jungen »ihren« Mädchen einen wunderschönen Blumenstrauß, die Mädchen den Jungen ein kleines Geschenkpäckchen mitgebracht. Alle sind festlich gekleidet – die Jungen in Anzügen mit Krawatte, die Mädchen in Ballkleidern und High-Heel-Schuhen.

Zur Polonaise schreiten die Paare feierlich und würdevoll in den Saal und tanzen vor den aufmerksamen und erstaunten Gästen die wichtigsten Standardtänze wie Rumba, Discofox, Cha-Cha-Cha oder Wiener Walzer. Sie werden mit großem Applaus bedacht und so ermutigt und unterstützt. Schließlich muss jedes Paar einzeln vortreten, um sich in aller Öffentlichkeit und unter Nennung der Namen zu zeigen. Der Höhepunkt ist schließlich erreicht, als die Tanzpaare in kleinen Gruppen und unter den Augen der Eltern und Angehörigen um Preise tanzen. Die Leistung jedes einzelnen Paares wird von allen Anwesenden bewertet; danach werden die Gewinner ermittelt, die Preise verteilt und die Siegerpaare zeigen ihr Können nochmals durch einen Tanz. Der Abend wird schließlich durch ein externes Tango-Paar bereichert, das dem staunenden Publikum in einer Show-Vorführung seine Tanzkunst zeigt. Danach werden alle anwesenden Gäste zum Tanz aufgefordert.

Zunächst möchte ich sagen, dass mir die ganze Veranstaltung ungemein gefallen und mich tief berührt hat. Sie war gut organisiert, die Stimmung war ausgezeichnet und die Live-Band spielte in gekonnter Weise Standardtänze, heiße Rhythmen und Oldies aus den letzten 40 Jahren. Die Debütanten haben sich alle wacker geschlagen. Der Einzug der Tanzpaare erzeugte eine feierliche Stimmung und ließ viele schöne Erinnerungen an die eigene Jugendzeit hochkommen. Ein rundum gelungener Abend, ein tolles Event. Hier geht es aber meiner Meinung nach um viel mehr als nur um ein schönes äußeres Ereignis.

Initiatorische Elemente beim Tanzkurs

In früheren Zeiten war der Tanzkurs in bürgerlichen Kreisen fast schon ein Muss und die meisten Jugendlichen unterzogen sich dieser Prozedur. Vor allem war es früher für Töchter aus gutbürgerlichem Hause eine sehr gute Gelegenheit, ganz offiziell und feierlich in die Gesellschaft eingeführt zu werden und sich als potentielle Heiratskandidatinnen zeigen zu können. Nicht selten konnten sie dabei auch bereits mit ihrem möglichen späteren Ehemann auf eine ganz elegante Weise in (Körper-)Kontakt kommen. In den sechziger Jahren war dann der Tanzkurs als Folge der Beat- und Protestwelle vorübergehend als zu bürgerlich verschrien. Heute erlebt er eine gewisse Renaissance: Ein bestimmter Teil der Jugendlichen interessiert sich wieder für diese »altmodische« Möglichkeit, mit dem anderen Geschlecht auf eine sehr natürliche und schöne Weise in Kontakt zu kommen.

Betrachten wir aber nun einmal dieses Geschehen unter einem initiatorischen Aspekt. Was geschieht eigentlich mit den Jugendlichen dabei hinsichtlich ihrer Einweihung ins Erwachsensein? Ich denke, es geht um etwas Vergleichbares wie bei der Jugendweihe: Die jungen Leute wollen zeigen, dass sie in ihrer Entwicklung nun wieder ein Stück weitergekommen und einen Schritt reifer geworden sind. Und dazu müssen sie sich nun ganz offiziell einer Herausforderung stellen.

Jetzt ist der Archetyp des »Liebhabers« bzw. der »Liebhaberin« in den Jungen und Mädchen gefragt und gefordert. Sie müssen Umgangsformen bezüglich des anderen Geschlechts lernen, vor den Augen einer größeren Öffentlichkeit ihren Körper zur Musik bewegen und dabei noch eine gute Figur im entsprechenden Outfit machen. Die Jungen müssen ihre Dame dabei führen – keine leichte Aufgabe. Dies verdient Anerkennung. Es ist wirklich eine Leistung für Jugendliche, die sich doch sonst eher mit coolen Sprüchen und übertriebenem Balzgehabe brüsten oder auch ganz still ihre Unsicherheit oder ihre Versagensängste vor dem anderen Geschlecht zu überspielen versuchen.

Der Tanzkurs – falls überhaupt daran teilgenommen wird – einschließlich des Abschlussballs trägt daher zur Weiterentwicklung der Jugendlichen bei. Diese trauen sich dabei wieder einen wichtigen Schritt hin zum Erwachsensein zu machen. Sie stellen sich einer Herausforderung, in der Peinlichkeitsgefühle, Ängste und Unsicherheiten ganz nah sind. Manche haben das Gefühl, dass sie bei dem ganzen Geschehen wie auf einem Hochseil balancieren, von dem sie sehr leicht herunterfallen können. Die Mehrheit der Jugendlichen vermeidet diese Prozedur des Tanzkurses daher gänzlich. Aber dann nehmen sie sich die Möglichkeit für einen wichtigen Teil-Initiationsschritt. Denn dies kann der Tanzkurs sein, vor allem wenn die Erwachsenen diesen Schritt wie in dem anfangs geschilderten Beispiel voll und ganz anerkennen. Viele Väter und Mütter sind voll Stolz, wenn ihre Tochter oder ihr Sohn, in hübscher Kleidung und unter den manchmal kritischen Augen der Öffentlichkeit, einen tollen Auftritt hinlegt.

Damit erfüllt der Tanzkurs einige wichtige Kriterien des Erwachsenwerdens: Es geht um eine Herausforderung, der sich die Jugendlichen stellen müssen; sie drücken gerade in diesem Geschehen ein Stück mehr Eigenständigkeit aus – vor allem im Umgang mit dem anderen Geschlecht. Dafür bekommen sie Anerkennung durch die Erwachsenen, meist versehen mit den Initiationszeichen »Foto« und »Urkunde«. Ein weiterer Schritt hin zum Erwachsensein! Wenn es aber der Einzige bleibt, greift er sicher zu kurz. Selbst wenn der Tanzkurs eine Art kleine Heldenfahrt, auf jeden Fall aber eine Mutprobe, sein kann, so kommt der Heranwachsende nicht darum herum, sich den Grundfragen des Lebens zu stellen, sich mit dem Alleinsein zu konfrontieren, die eigene Tiefe und die eigene Lebensspur zu erkennen und seine Lebensaufgabe zu spüren (vgl. Kapitel 5: »Kriterien des Erwachsenwerdens«). So viel kann und will ein Tanzkurs gar nicht leisten, auch der Wiener Opernball nicht, bei dem es neben der großen Show um ähnliche initiatorische Elemente für die Debütanten gehen kann. Der initiatorische Vorgang erscheint mir jedoch im Falle des eher unspektakulären Tanzkursabschlussballs in der oberbayerischen Kleinstadt noch ehrlicher und effektiver.

Die gleichen Überlegungen wie zum Tanzkurs gelten mit Sicherheit noch für eine Reihe anderer Veranstaltungen in Schule, Vereinen, Pfarreien und Verbänden: bei öffentlichen Schulkonzerten, Theateraufführungen, im Schulzirkus, bei Pfarreiveranstaltungen, Fußballturnieren und anderen sportlichen Wettkämpfen. In all diesen Fällen geht es darum, dass die Jugendlichen den Mut haben, sich mit einer besonderen Fähigkeit vor einer größeren Öffentlichkeit zu zeigen, sich zu behaupten oder zu bewähren, sich der Aufregung, Anspannung oder sogar den (Versagens-)Ängsten zu stellen und dafür die verdiente Anerkennung durch Eltern, Erwachsene oder andere Jugendliche zu erhalten. Damit können alle diese Veranstaltungen zur Persönlichkeitsentwicklung beitragen, die nicht selten auch einen teilinitiatorischen Charakter haben. Es ist daher zu begrüßen, wenn Jugendliche solche Hobbys haben oder in derartigen Neigungsgruppen mitwirken. Ein förmliches Übergangsritual, das ins Erwachsensein führt, ist darin aber nicht zu erkennen.

Die Führerscheinprüfung als »das« Einweihungsritual in unserer Gesellschaft

Initiatorische Elemente der Führerscheinprüfung

Wie schon unter Kapitel 3 (»Missglückte Selbstversuche von Initiation«) näher ausgeführt, hat das Auto in unserer Gesellschaft eine fast magische Bedeutung. Man sagt, dass etwa 20 Prozent aller Arbeitsplätze in Deutschland direkt oder zumindest indirekt von der Autoindustrie abhängen. Mehr als die Hälfte aller Einwohner – Säuglinge und Senioren mitgerechnet – besitzen ein eigenes Auto. Es gehört in unserer mobilen Gesellschaft einfach dazu wie elektrisches Licht, Radio, Fernsehen oder Kühlschrank. Beim Kampf um den Opel-Standort Deutschland hat man im Herbst 2009 den Eindruck bekommen können, dass die Einstellung der politischen Parteien dazu wahlentscheidend sein könnte.

Nicht zufälligerweise gilt daher der Erwerb des Führerscheins als »das« Zeichen für den Eintritt in die und die Zugehörigkeit zu der Welt der Erwachsenen. Hat man den Führerschein, so gehört man auf der so wichtigen Ebene der Mobilität ab jetzt augenscheinlich gleichberechtigt zu den anderen Erwachsenen. Daher wollen die meisten Jugendlichen umgehend den Führerschein erwerben, sobald es ihnen vom Gesetzgeber erlaubt wird. Und ab ihrem 18. Geburtstag dürfen sie auch ganz alleine ein Auto steuern.

Der Autor Steve Biddulph erkennt die Tragweite und Chance, die diesem initiatorischen Element »Führerschein« in westlichen Gesellschaften anhaftet:

»Würden wir solchen Übergangssituationen einen höheren Stellenwert einräumen, könnten wir unseren jungen Leuten so manche (Anfangs-)Schwierigkeiten ersparen. So ist etwa für Jungen der Erwerb des Führerscheins oder der Besitz des ersten Autos ein wichtiger Entwicklungsschritt ... Mit der Fahrerlaubnis ist ein junger Mann plötzlich uneingeschränkt mobil und wird in gewisser Hinsicht in die Welt der Erwachsenen aufgenommen. Ein Auto bedeutet Unabhängigkeit und bringt beim weiblichen Geschlecht erhebliche Vorteile ein. Ein Autobesitzer kann aber sein eigenes und das Leben anderer Menschen gefährden – was einen erheblichen Zuwachs an Verantwortung bedeutet. Es wäre deshalb nur angemessen, wenn die Eltern eines solchen Novizen ihren Sprößling mit einem offiziellen Essen ehren würden, zu dem auch ältere Verwandte und Freunde geladen sind. Nur eine solche Feier vermag eine der Bedeutung des Geschehens angemessene festliche – und denkwürdige – Atmosphäre zu erzeugen.«[155]

Und man könnte noch hinzufügen: Wenn der Führerschein auf diese Weise in der ganzen Familie gefeiert wird, dann bekommt dieses Ereignis einen viel stärkeren initiatorischen Charakter. Dabei sind die Fälle ganz bewusst eingeschlossen, bei denen es vielleicht erst im zweiten oder dritten Anlauf mit der Führerscheinprüfung geklappt hat. Bei einer solchen Würdigung in der Familie wäre meiner Meinung nach das Autofahren zu einem gewissen Grad dem oft gefährlichen Gehabe in der Clique oder »Peergroup« entrissen, in denen es gerade auch mit dem Mittel »Führerschein« und »Autofahren« nicht selten um gefährliche Mutproben, um ein übertriebenes Balzgehabe bezüglich der Mädchen oder um das Beweisen-Müssen des neu erworbenen Erwachsenseins vor anderen

Erwachsenen geht. Die Zahl der Autounfälle unter der Gruppe der 18- bis 24-Jährigen ist wegen dieses Verhaltens – statistisch gesehen – noch immer viel zu hoch.[156]

Noch ein anderer Gedanke: Wie wäre es, wenn nach dem ersten Jahr Autofahren ohne Unfälle und Blessuren ein Fest in der Familie gefeiert werden würde?

Ein initiatorisches Beispiel aus der eigenen Familie

Mir fällt zum Thema »Führerscheinprüfung« noch ein Beispiel aus meiner eigenen Familie ein. Nach dem Krieg wuchs in der Herkunftsfamilie meines Vater ein Junge auf, dessen Vater und Mutter gestorben waren, als er neun Jahre alt war. Mein Vater hatte für ihn die Firm-Patenschaft übernommen. Nach einer Lehre als Friseur zog er weg, bezog eine eigene Wohnung und bekam später sogar eine Anstellung beim Landratsamt, weil er von einem Auto angefahren wurde und danach seinen Beruf als Friseur nicht mehr ausüben konnte. Der Kontakt riss zunächst ab.

Mit 26 Jahren tauchte er plötzlich mit einem kleinen gebrauchten Auto wieder bei uns auf – bei seiner ehemaligen Pflegefamilie. Er drehte voll Stolz mehrere Runden auf unserem Bauernhof. Alle staunten – weil er sich das Auto selbst erspart hatte, es sich also leisten konnte und weil er den Führerschein gemacht hatte. Meine Oma – seine frühere Pflegemutter – lud ihn dann spontan zum gemeinsamen Mittagessen ein und dabei sprach man von seiner »Heldentat«, lobte ihn und bewunderte ihn ob seiner Leistung.

In diesem Falle hatte der Führerschein eine wichtige initiatorische Funktion: Er diente tatsächlich als eine Art Feststellung und Bestätigung des Erwachsenseins bei dem jungen Mann durch seine Pflegefamilie. Die Vorführung des eigenen Autos und das gemeinsame Mahl als Antwort auf seine Leistung beinhalteten gleich mehrere Kriterien des Erwachsenseins: Der jungen Mann hatte sich fünf Jahre lang alleine durchs Leben geschlagen; er hatte sich von seiner Pflegefamilie vollkommen abgelöst; er hatte seine eigene Lebensaufgabe – seinen Beruf und damit seine eigene Versorgung – gefunden; das Vorfahren mit dem eigenen Auto, das auch den Erwerb des Führerschein voraussetzte, war ein sichtbarer Beweis dafür, dass er Herausforderungen bestanden und sich zu einer Art von »Heldenreise ins eigene Leben« aufgemacht hatte. Dafür bekam er nun von seiner Pflegefamilie die volle Anerkennung und damit wurde seine Initiation zum Erwachsenen in einem wesentlichen Punkt abgeschlossen. Sie hatte sich in diesem Fall tatsächlich zu einem gewissen Teil über das Medium Auto ereignet (vgl. dazu auch Kapitel 5: »Kriterien des Erwachsenwerdens«). Bleibt noch zu erwähnen, dass der junge Mann bald danach geheiratet und eine eigene Familie gegründet hat.

Die Führerscheinprüfung – geeignet als Ritual zum Erwachsenwerden?

Betrachten wir aber die Situation heutiger Jugendlicher. Da andere geeignete Einweihungsrituale fast durchgehend fehlen, wird besonders bei Jungen ein wichtiger Teil des psychischen Wunsches nach Initiation über das Mittel »Auto« auszudrücken versucht – also das elementare Bedürfnis nach Anerkennung durch die Gemeinschaft, nach Bestehen von Herausforderungen und Ängsten, sowie der instinktive Wunsch nach Tiefe und nach der inneren und anderen Welt. Wohin diese Mutproben bisweilen führen können, wurde in Kapitel 3 des Buches ausführlich beschrieben (»Gefährliche Autofahrten als Initiationsritual«). Hier soll die Frage gestellt werden, ob das Auto, vor allem die Führerscheinprüfung, ein wirklich geeignetes Mittel zur Initiation darstellen kann. Und da muss man differenzieren. Vielleicht können Führerschein und Auto in unserer Gesellschaft tatsächlich eine Teil-Initiation bewirken, wenn es richtig angestellt wird. Dazu braucht es aber eine ganz offizielle und rituelle Anerkennung durch Erwachsene, wie es im Falle des geschilderten Beispiels aus meiner Herkunftsfamilie der Fall war. Aber diese Chance wird sicher vertan, wenn – aus Ermangelung anderer Möglichkeiten – mit dem Auto gefährliche Mutproben absolviert werden, die das Leben des jungen Menschen selbst oder gar das Anderer aufs Spiel setzen. Dann wird eine an sich gute Gelegenheit in ihr Gegenteil verkehrt.

Nach meiner Auffassung ist die Führerscheinprüfung »das« anerkannte Zeichen schlechthin in unserer Gesellschaft, um die Volljährigkeit für alle sichtbar auszudrücken – nicht weniger, aber auch nicht mehr. Kommt z. B. ein Schüler, den die Lehrer vielleicht schon seit der 5. Klasse kennen, plötzlich alleine mit dem Auto zur Schule gefahren, so weiß jeder – Lehrer wie Schüler –, dass dieser Verkehrsteilnehmer nun volljährig sein muss. Manchmal leihen sich die Schüler für dieses selbst inszenierte Ritual einen Schultag lang den dicken Mercedes oder BMW des Vaters, um ihre neu erlangte Fähigkeit zu zeigen und unter Beweis zu stellen. Dies beeindruckt zumindest die anderen Jugendlichen, denn alle wissen nun, dass der Schüler oder die Schülerin ab jetzt nicht mehr der Gruppe der Jugendlichen angehört, sondern eben rechtlich gesehen erwachsen geworden ist. Ich meine, dass dies ein sehr schönes Ritual sein kann, wenn sich der junge Verkehrsteilnehmer vorschriftsmäßig und verantwortlich verhält. Er bezeugt damit einen wichtigen äußeren Entwicklungsschritt in seinem Leben und dafür bekommt er dann auch die Anerkennung in der Gemeinschaft.

Der große Irrtum in unserer Gesellschaft liegt aber darin zu meinen, dass die Führerscheinprüfung und das Erscheinen mit einem Auto – abgesehen von dem bald erfolgenden Abitur bei Gymnasiasten – »das« Eintrittszeichen zum Erwachsensein schlechthin sei. Aber was wird denn mit einem Führerscheintest eigentlich geprüft und wozu ist der junge Mensch dadurch befähigt und initiiert worden? Was hat eine Fahrerlaubnis mit der eigenen Lebensgeschichte, der Tiefe von Lebenserfahrungen, dem Erkennen der eigenen Lebensspur, dem Kontakt zur inneren und »anderen« Welt oder mit dem eigenen Glaubenssystem zu tun?

Ja, das Auto macht unabhängiger von den Eltern und kann dazu beitragen, mehr sein eigenes Leben – im eigenen Freundeskreis – zu führen. Die Führerscheinprüfung erfordert außerdem ein Mindestmaß an geistigen und psychomotorischen Fähigkeiten. Aber ist es nicht ein völlig überfrachtetes Symbol, wenn sich dadurch die Initiation, also das Eintreten in das Erwachsensein, vollziehen und ausdrücken soll? Ich glaube, dazu greifen eine Führerscheinprüfung und das Steuern eines Autos einfach viel zu kurz. Die meisten Menschen sehen die Führerscheinprüfung und das selbständige Fahrenkönnen eines Autos zudem auch gar nicht als Ritual, sondern lediglich als bloßes äußeres und funktionelles Zeichen der Zugehörigkeit zur Gruppe der Volljährigen. Dann stellt sich aber erneut die Frage, wodurch denn sonst der Übertritt in die Welt der Erwachsenen markiert und rituell vollzogen werden soll, wenn dies der Führerschein allein nicht wirklich leisten kann. Daher möchte ich als nächstes einen Blick auf die Schulabschlüsse in unserem Land werfen.

Die Bildungspolitik spielt in unserer Gesellschaft eine immer größere Rolle und sie wird in Zukunft möglicherweise Wahlen noch mehr beeinflussen als bisher. Die Bildung wird immer wichtiger für unsere Wissensgesellschaft, die sich dem globalen Wettkampf bei innovativen technischen Entwicklungen und modernen Dienstleistungen stellen muss, wenn sie auch weiterhin weltweit konkurrieren und Arbeitsplätze sichern will. Wenn also die Bildung ein immer höheres Gut wird, dann haben Schulabschlüsse eine zunehmend größere Bedeutung. Inwieweit können sie aber initiatorischen Charakter bekommen? Dieser Frage soll als nächstes nachgegangen werden.

Schulabschlüsse

Das Abitur als »Ritterschlag« in der Bürgergesellschaft

Für Gymnasiasten ist es das Ziel, das Abitur als Abschluss ihrer Ausbildung zu erreichen. Es gibt einen gesamtgesellschaftlichen Konsens darüber, dass nur das Abitur grundsätzlich alle Türen für eine berufliche Ausbildung, für beruflichen Erfolg und für gesellschaftliche Anerkennung öffnen kann. Hat ein Jugendlicher dagegen die Realschule gewählt, so ist sein erstes Ziel, das er erreichen will, die Mittlere Reife. Danach stehen auch ihm viele Wege offen – eine berufliche Ausbildung, die Fachoberschule, die Berufsoberschule, die sogar zum Erwerb des Vollabiturs führen kann.

Unsere Jugendlichen stehen vor dem Dilemma, einerseits ihre Pubertät zu bewältigen, andererseits gleichzeitig gut durch die Schulzeit zu kommen und einen erfolgreichen Abschluss zu erzielen. Für die jungen Leute und deren Eltern oft ein schwieriges und zudem langwieriges Unterfangen. Daher sind Erleichterung und Freude groß, wenn der Heranwachsende die Mittlere Reife oder das Abitur geschafft hat. Viele einzelne Prüfungen – Schulaufgaben, Stegreifaufgaben, mündliche Abfragen, benotete Projekte und schließlich die Abschlussprüfung – müssen absolviert werden, bis das Ziel erreicht ist: den Empfang des Abschlusszeugnisses. Jede Schule hat dafür ihr eigenes Ritual entwickelt, wenn den Schülern am selben Tag in allen Schulen eines Bundeslandes das Zeugnis der Mittleren Reife oder des Abiturs ausgehändigt wird.

In Bayern und in einigen anderen Bundesländern werden die schriftlichen Abituraufgaben zentral gestellt. Damit bekommt das Abitur den Charakter eines großen gesellschaftlich anerkannten Rituals. Die Schüler müssen sich diesen mehrtägigen Prüfungen unterziehen; sie sind – wie in Schulaufgaben in all den Jahren zuvor – in der Prüfung alleine und müssen alleine damit zurechtkommen. Obwohl beim Abitur auch nur »mit Wasser gekocht wird«, bedeutet die Prüfungssituation für viele Abiturienten eine enorme psychische und geistige Herausforderung. In einer mündlichen Prüfung, die in Bayern »Colloquium« heißt, müssen sie zudem Rede und Antwort vor einem Lehrer-Gremium stehen. Diese Prüfungsart kostet manchen Schülern ebenfalls die letzten Nerven.

Dann ist Feiern angesagt – privat und offiziell – und das zu Recht. Die ganze Spannung kann nun endlich abfallen, die die Vorbereitung eines Zwei-Jahres-Stoffes und der Erwerb von Grundkenntnissen von acht Jahren Gymnasium mit sich gebracht hatte. Selbst jetzt läuft vieles in ritualisierter Form ab: die Selbst-Organisation einer Abiturfahrt, der Abiturstreich, der die Schule für einen Tag lahmlegen soll und als Abschied vom Schulbetrieb gilt; außerdem finden mögliche private Besäufnisse eines Teils der Abiturienten statt, ein Abschlussgottesdienst – falls so einer überhaupt gewünscht und angeboten wird –, sowie der offizielle Entlassungsakt an der Schule, bei dem die Abiturienten feierlich vor der Lehrerschaft und vor den versammelten Eltern meist vom Schulleiter persönlich das begehrte Zeugnis – das sogenannte »Reifezeugnis« – überreicht bekommen und schließlich der Abiturball, bei dem die tollsten Kleider ausgeführt werden und bei dem oft die ganze Familie vertreten ist.

Sind Abiturientinnen und Abiturienten nun erwachsene und reife Menschen, nur weil sie diese Prüfung und dieses Ritual des Abiturs absolviert haben? Sie sind alle über 18 Jahre alt, damit volljährig und rechtlich gesehen erwachsen, und das Abiturzeugnis gilt – wie bereits erwähnt – gesellschaftlich als »Reifezeugnis« oder eben als eine Art »Ritterschlag«. Ich denke, dass gerade das Abitur tatsächlich einen wichtigen initiatorischen Schritt darstellt und zur Persönlichkeitsentwicklung und Reifung beitragen kann. Denn der ganze Vorgang »Abitur« enthält mehrere Kriterien zum wirklichen Erwachsenwerden:

- Bei den Prüfungen müssen die Abiturienten Herausforderungen bestehen und sich ganz fundamental ihren möglichen Versagensängsten stellen.
- In den Prüfungen sind sie – wenn auch nicht physisch – so doch mental und psychisch alleine. Niemand wird ihnen helfen, wenn sie sich nicht selbst helfen, also die gestellten Aufgaben nicht selbst lösen können.
- Nicht selten wissen die Abiturienten im Moment der Prüfung noch nicht, was sie danach privat oder beruflich als nächstes machen wollen. Gerade das Ritual »Abitur« fokussiert ihr Leben jedoch und fordert sie heraus, sich nun am Ende ihrer Schulzeit wichtigen Lebensfragen zu stellen.

Das Abitur bedeutet somit eine große Zäsur im Leben der jungen Menschen. Manche sind wirklich reif geworden und haben sich ihr eigenes Weltbild, gemeint ist ihre Sicht der Dinge von der Welt und ihr eigenes Glaubens- und Wertesystem, gebildet. Ich kann mich zum Beispiel an eine Schülerin erinnern, die bereits in der 10. Klasse wusste, was sie einmal werden wollte: Kinderkrankenschwester. Diesen Beruf hat sie später dann auch tatsächlich gewählt. Aber diese frühe Klarheit über den weiteren beruflichen Lebenslauf trifft meiner Beobachtung nach wohl nur auf einen eher kleineren Teil der Abiturienten zu. Als ich selbst Abitur gemacht habe, wussten nur drei von uns neunzehn Schülern, was sie einmal werden wollten.

Das Abitur gilt in unserer Leistungsgesellschaft als »die« Prüfung schlechthin. »Noch immer ist das Abitur der Ritterschlag bürgerlicher Bildung.«[157] Das Ritual »Abitur« wird in der Öffentlichkeit auch ungleich mehr wahrgenommen als der vielleicht viel wichtigere Universitätsabschluss vier, fünf oder noch mehr Jahre später.[158] Das liegt vor allem daran, dass ein Abitur in unserer Gesellschaft mehr ritualisiert ist und im Fokus der Öffentlichkeit steht. Denn eine relativ große Gruppe von Eltern schickt ihre Kinder zur selben Zeit aufs Gymnasium. Dieser gemeinsame Weg verbindet die Kinder, aber auch die relativ große Gruppe ihrer Eltern. Das Abitur markiert dann gleichsam das Ende dieses gemeinsamen Prozesses. Danach trennen sich meistens die Wege. Familie und gesellschaftliche Öffentlichkeit nehmen bei der Abiturfeier mit Wohlwollen und Freude wahr, dass aus den Kindern und Jugendlichen, die diese doch noch vor »kurzer« Zeit waren, nun junge und gescheite Frauen und Männer geworden sind.

Dazu trägt auch die Kleidung als Symbol für diesen wichtigen Übergang bei: Wenn die jungen Männer mit attraktiven Anzügen und die jungen Damen mit ihrer vielleicht erst anlässlich des Abiturs angeschafften tollen Festgarderobe zur Entlassungsfeier und zum Abiturball antreten, kann man die Bedeutung dieses Rituals »Abitur« durchaus erahnen. Es markiert den Abschluss des Lebensabschnittes »Schule« und zugleich auch einen Aufbruch in ein »neues Land« und damit in eine neue Lebensphase, die nun vor den jungen Erwachsenen liegt.

Denn als Erwachsene erscheinen sie meistens beim Abiturball und bei der Entlassungsfeier. Die Garderobe, die bei diesen Ritualen getragen wird, hat durchaus den Charakter einer »Initiationskleidung«. Sie will symbolisch bezeugen und ausdrücken, was sich auch psychisch und mental bei den jungen Leuten vollzogen hat: dass sie nun zu Erwachsenen geworden sind und ihren langjährigen »Rollen« als Schülerinnen und Schülern entwachsen und entschlüpft sind. Das Verlassen der Schule kann bildlich mit dem Küken verglichen werden, das von innen her die Eierschale aufschlägt und dann ins Freie, ins eigene Leben, springt ...

Da unsere Gesellschaft — vom Erwerb des Führerscheins einmal abgesehen — keine anderen vergleichbaren Rituale hat, mit denen das Erwachsensein markiert werden könnte, sind das Abitur – und in abgemilderter Form die Mittlere Reife, die Gesellenprüfung und andere Schulabschlüsse – zu »dem« Initiationsritual schlechthin geworden. Dieses wird allgemein anerkannt – von den Erwachsenen, den Institutionen und einer größeren Öffentlichkeit. Die Eltern sind mit Recht stolz darauf, wenn ihre Tochter oder ihr Sohn das Abitur geschafft hat. Opa, Oma und andere Familienmitglieder bestärken diese Anerkennung noch. Die Lehrer beglückwünschen ihre Schüler, die in diesem Augenblick zu ihren »Ex-Schülern« geworden sind, denn die Pädagogen haben ihre »Schützlinge« schließlich jahrelang unterrichtet und begleitet. Damit waren sie über einen Zeitraum von acht oder neun Jahren zumindest in indirekter Weise so etwas wie »Initiationsmentoren« für die Jugendlichen. Der Schulleiter überreicht meist in feierlicher Weise das begehrte »Initiationsabzeichen«, das Abiturzeugnis. Und die örtliche Presse berichtet in der Regel ausführlich über diesen alljährlich wiederkehrenden Akt »Abiturientenentlassung« meist unter Nennung der Namen aller Absolventen eines Abiturjahrgangs. Zumindest in ländlichen Gebieten, wo es in einem Landkreis nur eines oder einige wenige Gymnasien gibt, wird diesem Ereignis eine größere Aufmerksamkeit geschenkt. Damit ist ein wichtiges Kriterium zum Erwachsenwerden erfüllt: die Bezeugung, Bestätigung und Anerkennung durch die Gemeinschaft (vgl. Kapitel 5: 7. Kriterium des Erwachsenwerdens).

Abitur als umfassendes Initiationsritual?

Soweit, so gut, könnte man meinen. Vielleicht ist es so, dass für 30 bis 40 Prozent der Schüler im Nachhinein gesehen das Abitur neben dem begehrten Schulabschluss auch gleichzeitig ein wichtiges Ritual zum Erwachsenwerden war, besonders dann, wenn es von Eltern und Angehörigen würdig gefeiert worden ist. Aber was ist mit den anderen zwei Dritteln der Abiturienten? Was ist mit all den Jugendlichen, die kein Abitur erworben und damit dieses Ritual gar nicht durchlaufen haben? Aber auch das Abitur selbst verdient es, auf das Potential hin untersucht zu werden, ob es junge Menschen wirklich zu Erwachsenen initiieren kann. Daher möchte ich im Folgenden einige kritische Fragen an das in unserer Gesellschaft so anerkannte und so aufgeladene Ritual »Abitur« stellen:

- Hat es die Fähigkeit der jungen Leute gefördert oder sogar geprüft, mit sich allein sein zu können? Ja und Nein. Tatsächlich muss der Kandidat alleine die Abituraufgaben lösen. Aber er ist physisch dabei nicht alleine. Diese Fähigkeit wird also im Grunde genommen gar nicht wirklich getestet. Zum echten Erwachsensein ist es aber erforderlich, bisweilen ganz alleine zu sein und ganz eigene Lebensentscheidungen zu treffen.
- Findet durch das Abitur eine Ablösung von den Eltern statt? Wiederum Ja und Nein. Manchmal müssen die Abiturienten für ihr gewähltes Studium an einen anderen Ort ziehen. Dann findet bald nach dem Abitur tatsächlich eine wesentliche Veränderung hinsichtlich des Erwachsenseins statt, da auch der Haushalt selbst geführt werden muss und eine räumliche Trennung zu den Eltern entsteht. Dies führt dann oft zu einer inneren Ablösung von den Eltern. Ein größerer Teil der Abiturien-

ten bleibt aber heute zu Hause in der »Pension Mama« wohnen – aus finanziellen Gründen oder weil der Studienort im Einzugsbereich des Wohnortes liegt. Diese Bequemlichkeit wird allerdings mit einer langjährigen Verlängerung des Stadiums des Jugendlichen erkauft und verhindert meist einen wesentlichen Schritt zum wirklichen Erwachsenwerden, was ja Ablösung und Unabhängigkeit von den Eltern bedeutet.

- Eine wichtige Frage gilt auch noch dem Inhalt: Was wird eigentlich beim Abitur geprüft? Um welche Fähigkeiten und Fertigkeiten geht es dabei? Es sind vor allem fachlich-rationale und geistige Fähigkeiten. Diesbezüglich müssen Herausforderungen bestanden und vielleicht auch Anspannung und Ängste bewältigt werden. Auf diesem Gebiet findet also sehr wohl eine Initiation in unsere technisierte Gesellschaft hinein statt, die ja durch Leistung, Bildung und geistiges Wissen geprägt ist. Aber ist das alles, was für das Menschsein im Allgemeinen und für das Erwachsensein im Besonderen wichtig ist? Wie steht es um moralische oder spirituelle Werte? Was haben Schule und Abitur für die Beziehungsfähigkeit, die für eine Partnerschaft wichtig ist, gebracht? Diese Aspekte können kaum in einer Abiturprüfung abgefragt werden.
- Was ist mit dem Kontakt zur inneren und zur »anderen« Welt, zur sogenannten »Anderswelt«, was mit der Verbindung zur eigenen Familie und zu den Ahnen? Ist das Abitur wirklich eine Heldenreise, in der der Schlüssel zum eigenen Leben und zum eigenen Glaubens- und Wertesystem gefunden oder gar so etwas wie der »eigene Lebensmythos« gespürt und bewusst werden kann? Kann also ein junger Mensch durch das ganze Abiturgeschehen wirklich zu seiner inneren Mitte vordringen?

Ich denke, dass nur wenige Abiturenten diese tieferen Ebenen bereits erfahren haben, die für ein eigenes erwachsenes Leben von fundamentaler Bedeutung sind. Sind unsere Schulen nicht irgendwo auch wie behütete Großfamilien, in denen sich die Lehrer um die Belange der Schüler kümmern und ihnen im Normalfall den Weg erleichtern, Schwierigkeiten von ihnen fernhalten und sie vor größerer Unbill bewahren? Denn dies wird allgemein von Schule und Lehrern erwartet. Die Kehrseite der Medaille ist aber, dass in dem behütetem Raum »Schule« zwar ein Leistungsdruck herrscht, was Prüfungen in den Schulfächern anbelangt, aber gleichzeitig ist die Schule für viele ein verlängerter Schonraum vor der Härte des Lebens. Viele wichtige Lebenserfahrungen, die einen wesentlichen Teil des Alltags und der Zeit bestimmen, werden in den Abläufen der Schule meist gar nicht gemacht. Entscheidende existentielle Erfahrungen bleiben in der Schule in der Regel ausgeklammert.

Daher erscheint es mir fatal, wenn das Abitur gesellschaftlich als das wichtigste und oftmals einzige Ritual zum Erwachsenwerden angesehen und der Eindruck erweckt wird, dass mit dem Absolvieren des Abiturs der Übergang zum Erwachsensein bereits bewältigt sei. Das ist ein großer Irrtum, denn im Normalfall kann das Abitur nur einen Schritt darstellen und höchstens einen kleineren Teil eines so wichtigen und für die Reife so notwendigen echten Übergangsrituals ins Erwachsenensein abdecken.

Wenn unsere Gesellschaft dies nicht erkennen will und unsere Jugendlichen weiterhin nur in ein Denken von Leistung und – als Ausgleich und Belohnung dafür – in eine Konsumhaltung hinein initiiert, so hat dies gravierende gesellschaftliche Folgen: Wie soll unsere Gemeinschaft auf Dauer und nachhaltig funktionieren können, wenn sie von Menschen getragen wird, die auf wichtigen Gebieten ihrer Psyche (noch) nicht erwachsen geworden sind, sondern »ewige« Jugendliche geblieben sind? Das unverantwortliche Verhalten von teils noch jungen Bankmanagern in der Wirtschaftskrise 2008 kann dafür als abschreckendes und gleichzeitig meine These bestätigendes Beispiel dienen. Nur ein initiierter Erwachsener kann auch wirklich der gesellschaftlichen Verantwortung gerecht werden, die in solchen und anderen Berufen liegt.

An dieser Stelle muss bezweifelt werden, ob eine wie auch immer geartete »echte« Initiation ins Erwachsensein nicht eine völlig andere Einschätzung dieser Gesellschaft bewirken würde. Würden initiierte Jugendliche dann nicht manche der existierenden Strukturen und Abläufe in unserer Gemeinschaft ganz ablehnen und das vorherrschende Wertesystem (Leistung, Karriere, Geld, Konsum, hoher Energie- und Ressourcenverbrauch) in Frage stellen? Würde es von den »Herrschenden« in der Gesellschaft, die in der Regel die »Ältesten« darstellen sollten, überhaupt gewünscht oder doch eher als Gefahr empfunden werden, wenn unsere Heranwachsenden eine echte, tiefgehende Initiation erfahren? Doch zurück zu den Schulabschlüssen wie dem Abitur.

Ein kleinerer Teil der Heranwachsenden spürt instinktiv, dass mit dem Erwerb eines solchen Zeugnisses alleine noch keine wirkliche Initiation zum Erwachsenen geschehen ist. Darum haben sie das tiefe Bedürfnis, einmal ganz aus dem Denken und dem Ablauf unserer Leistungsgesellschaft herauszugehen, in der alles vorgespurt zu sein scheint: Studium oder Berufsausbildung, die Suche nach einem geeigneten und gut bezahlten Job, vielleicht später Familiengründung und Hausbau. Manche der bereits volljährig gewordenen jungen Menschen machen plötzlich etwas ganz anderes, weil sie merken, dass sie zuerst zu sich selbst kommen müssen, den Geschmack des wirklichen Lebens erfahren und ihre eigene Lebensspur finden wollen, bevor sie ihren Mann oder ihre Frau in unserer Gesellschaft stehen können.

Dazu müssen sie aus all den vorgegebenen Strukturen heraus und den scheinbar fest vorgegeben Weg unterbrechen. Da es aber in unserer Gesellschaft keine offiziellen Rituale und auch mental nur wenig Raum für diese Fragestellung gibt, machen sich manche Heranwachsenden auf die eigene Suche nach sich selbst und danach, was für sie wirklich trägt und Sinn macht. Dabei sind sie aber meist vollkommen auf sich allein gestellt und werden nicht selten sogar von den eigenen Eltern mit Unverständnis bedacht. Initiation ist eben kein bewusstes Thema in unserer Gesellschaft. Viele Jugendliche spüren aber diese Notwendigkeit nach einem solchen Übergang und suchen instinktiv nach einer Möglichkeit, wie sie ins Erwachsensein hinüberkommen können, was durch einen Realschulabschluss oder ein (Fach-)Abitur noch nicht erfolgt ist.

Daher sollen im folgenden Kapitel exemplarisch einige solcher geglückten »Selbstversuche von Initiation« von jungen Menschen in unserem Kulturkreis näher betrachtet werden, die aber im Denken unserer Leistungsgesellschaft nicht selten als luxuriöses Privatvergnügen, als Zeitverschwendung oder gar als unsinniges Verhalten betrachtet werden. Wenn die Bedeutung und Notwendigkeit von Initiation nicht verstanden und wertgeschätzt wird, dann bekommen Jugendliche, die sich zur »Heldenreise ihres Lebens« aufmachen, nicht das, was einem solch mutigen Schritt wirklich angemessen wäre: die Anerkennung und Bestätigung für dieses Tun in der Öffentlichkeit. Dies ist ein entscheidendes Kriterium dafür, dass eine mutige Tat für den Initianden Kraft entfalten und der Übergang ins Erwachsensein auch wirklich geschehen kann.

8. Geglückte Selbstversuche von Initiation

Obwohl all die im letzten Kapitel untersuchten Rituale durchaus Spuren oder Reste von Initiation enthalten, sind sie nicht wirklich geeignet, einen Jugendlichen die Kriterien zumindest ansatzweise erahnen und verspüren zu lassen, die zum Erwachsensein gehören. Viele Heranwachsende spüren genau dies und suchen daher nach Möglichkeiten einer echten Initiation. Da ihnen dabei meist niemand hilft, sind sie ganz auf sich allein gestellt. Dies wollen die folgenden Beispiele zeigen. Sie enthalten zwar einen wirklich initiatorischen Rahmen und damit alle Chancen zu einer gelingenden Initiation. Wenn aber das Wissen darum fehlt, wird meist nicht das gesamte Potential ausgeschöpft, das darin liegt. Dennoch lohnt es sich, diese Möglichkeiten, die gar nicht so wenige Jugendliche und bereits Volljährige nützen, näher auf ihre initiatorische Wirkung hin zu untersuchen.

Um jedoch die in diesem Kapitel beschriebenen Beispiele von Initiation-Selbstversuchen besser bewerten zu können, sollen zunächst die acht »Kriterien zum Erwachsenwerden« aus dem 5. Kapitel an den Anfang der folgenden Betrachtung gestellt werden:

(1) Erleben und Gestalten der eigenen Sexualität – erste Ablösung von den Eltern
(2) Fähigkeit, allein sein zu können
(3) Bereitschaft, Entbehrung und Schmerz auf sich zu nehmen und sich seinen Ängsten zu stellen – Mutproben
(4) Erfahrung der inneren und »anderen« Welt – Erkennen der eigenen Lebensspur
(5) Kontakt zu den eigenen Ahnen und zur Geschichte
(6) Erkennen der eigenen Lebensaufgabe – Bereitschaft zur Übernahme von Verantwortung
(7) Bezeugung, Bestätigung und Anerkennung durch die Gemeinschaft – Initiationszeichen
(8) (Endgültige) Ablösung von den Eltern

Initiatorische Gruppenerlebnisse

Alpenüberquerung

Vor einigen Jahren hat mich folgende Geschichte einfach nur fasziniert: Ein 44-jähriger Lehrer eines Münchner Gymnasiums macht sich zu Beginn der Sommerferien mit drei seiner Schüler aus der 11. Klasse auf den Weg, um die Alpen zu Fuß zu überqueren. Der Startpunkt ist der Marienplatz in München (Meereshöhe 515 Meter), der Zielpunkt der Markusplatz in Venedig. Dazwischen liegen 520 Kilometer Wanderroute, mehr als 15 Gipfel- oder Passüberquerungen bis auf 2.800 Meter Höhe, 7 bis 27 Kilometer Tagesstrecke, sowie insgesamt 20.000 Höhenmeter im Auf- und Abstieg in nur vier Wochen, vier Ruhetage eingeschlossen. Übernachtet wird meist auf Berghütten, das gesamte Gepäck ist immer im Rucksack mit dabei, ein Begleitfahrzeug gibt es nicht. Die vier Wanderer sind ausschließlich sich selbst überlassen, dafür haben sie sich wochenlang vorbereitet. Mitgebracht haben sie ihre gute Kondition und einen kräftigen Schuss Optimismus.

Sie haben mit dem Wetter meistens Glück. Abgesehen von einigen wenigen Regenschauern und einem kurzen Schneesturm auf 2.700 Metern Höhe gelangen sie schließlich wohlbehalten ins warme Adriagebiet und dürfen die letzten drei Tage Fußmarsch im flachen Gelände einfach nur genießen. Als sie in der Lagune von Cavallino das Meer sehen, überkommt sie ein tiefes Glücksgefühl: geschafft! Als Belohnung gibt es nach all den Strapazen ein wohltuendes Bad im warmen Salzwasser der Adria und später – verbunden mit einer Tasse Cappuccino auf dem Markusplatz in Venedig – den Segen des Stadtheiligen.

Zu dieser Wanderroute schreibt Ludwig Graßler in seinem Buch »Zu Fuß über die Alpen. Auf dem ›Traumpfad‹ von München nach Venedig«[159] schon in den siebziger Jahre des letzten Jahrhunderts:

»Wandern ... ist wieder modern geworden ... Für uns ... ist das Überwinden von Entfernungen zweitrangig ... Unsere Motive sind vielmehr Wanderlust, Freude am Unterwegssein sowie ein Sichfinden und die Begegnung mit der Natur. Wandern ist heute wieder zeitgemäß. Für uns Übergewichtige, gefahren- und geschobenwerdende Menschen des 20. Jahrhunderts wurde es zu einem therapeutischen Mittel, zu einem Quell der Gesundheit ... Erst wenn man sich von Rad und Wagen löst und den Rucksack schultert, kann man entlang munter dahinplätschernder Bäche schlendern und über Jöcher und Scharten steigen. Für mehrere Tage, in unserem Falle für vier Wochen, muss man sich von zahlreichen zivilisatorischen Annehmlichkeiten und vom Alltagstrott losreißen. Aber zahllose stille und auch gewaltige Naturschönheiten entschädigen reichlich dafür. Die Länge der Zeit, das vielgestaltige Erleben zusammen mit dem Gefordertwerden, verhelfen zu einem restlosen Abschalten ... Fürwahr ein echter Traumpfad, wie er schöner nicht sein kann.«[160]

Damit kein falscher Eindruck entsteht: Eine Alpenüberquerung ist eine richtige Strapaze und nur für bereits Berggeübte geeignet. Dies betont auch Ludwig Graßler selbst im Vorwort seines Buches:

»Wer die Alpenüberquerung in der beschriebenen Weise unternehmen will, braucht Hochgebirgserfahrung, Ausdauer und an mehreren Stellen Trittsicherheit und Schwindelfreiheit. Extreme Verhältnisse können zur Umkehr bzw. zum Ausweichen zwingen; bei normalen sommerlichen Verhältnissen allerdings kann die Route ohne Kletter- und Eisausrüstung begangen werden ... Trotz allem sind Überraschungen und Abenteuer nicht auszuschließen. Gerade dies ist es aber, was den von Technik und Automation verwöhnten Menschen reizt und schließlich bereichert!«[161]

Was aber kann eine Alpenüberquerung für das Erwachsenwerden eines Jugendlichen bringen? Obwohl Herr Graßler als Bergbegeisterter diese Frage wohl nicht in erster Linie im Blick hatte, bringt er dennoch einige wichtige Aspekte für diesen Zusammenhang mit der Initiation zumindest indirekt ins Spiel: Er spricht vom »Sichfinden«, von einem »vielgestaltigen Erleben«, von »Gefordertwerden«, von einem »Unterwegssein« und von einer sehr intensiven »Begegnung mit der Natur«. Dies sind alles Elemente, die auch als Kriterien für das Erwachsenwerden dienen können (vgl. Kapitel 5).

Für die drei Schüler hat die vierwöchige Wanderung eine deutliche Ablösung von ihrem Elternhaus bewirkt. Sie waren bereit, Entbehrungen und Schmerzeauf sich zu nehmen. Sie haben vielleicht zum ersten Mal in ihrem Leben ein Gefühl zu sich selbst und ihrer eigenen inneren Welt bekommen und mit Abstand auf ihren sonstigen Alltag in der Schule oder im Freundeskreis blicken können.

Vielleicht haben sie während der Wanderung zunehmend gespürt, wer sie eigentlich sind, wo ihre Stärken, Schwächen und vor allem ihre Grenzen liegen. Nur so können sie mittelfristig herausfinden, was ihre eigene Lebensspur und -aufgabe sein könnten. Schließlich ist es naheliegend, dass solch eine Wanderung – neben einer fundamentalen sportlichen Herausforderung – durch die atemberaubende Schönheit der Berge und den intensiven Kontakt zu den Elementen auch zu einem wirklich tief spirituellen Erleben werden kann. Vielleicht geschieht dabei eine Veränderung der bisherigen Einstellung zur Welt, wenn man sie – wie auf einer Alpenüberquerung – auch im wörtlichen Sinn »erfährt« und erwandert. Man kann, fasziniert von den wunderbaren Bergen, eine neue, ungeahnte Beziehung zu Gott als dem Schöpfer von allem bekommen.

Mir ist nicht bekannt, ob der Lehrer für diese vielfältigen Fragestellungen der Jugendlichen offen war. Denn es braucht unbedingt einen Mentor, der den ganzen Initiationsprozess begleiten, die aufbrechenden Fragen deuten und den Heranwachsenden einen geeigneten Spiegel, also eine Rückmeldung für ihre innere Entwicklung, geben kann. Dann kann ein »Event« wie eine Alpenüberquerung zu einer wahren Heldenreise und zu einem echten Initiationsritual für diese Jugendlichen werden.

Dazu bedarf es aber unbedingt einer ermutigenden und deutenden Prozessbegleitung und der Bestätigung und Anerkennung von Familie, Verwandtschaft und Freundeskreis nach der Rückkehr. Oft wird diese tiefere Chance, die in einem solchen Ereignis liegen kann, aber übersehen, nicht genutzt und damit vertan. Der Ausflug war sicher ein tolles, unvergessliches Erlebnis und eine starke Selbstbestätigung. Damit sich aber die volle initiatorische Kraft und Wirkung für die Jugendlichen entfalten kann, muss von den Erwachsenen die Deutung und Bestätigung dafür erfolgen, was die Wanderung, auf einer tieferen Ebene betrachtet, für die Persönlichkeitsentwicklung und für das Erwachsenwerden hergeben kann.

Fahrradmarathon

Eine Alpenüberquerung ist vielleicht nur für die wenigsten und nur für kleine Gruppen von Jugendlichen geeignet. Auch kleinere Aktionen können bereits initiatorische Elemente enthalten und für eine größere Gruppe von Jugendlichen gleichzeitig möglich sein.

Selbst wenn es dabei noch nicht um das eigentliche Erwachsenwerden geht, so können Unternehmen wie das folgende aber durchaus dazu beitragen, dass Jugendliche zumindest einen großen Schritt hin zum Erwachsenwerden tun. Davon berichtet ein Artikel in der Zeitschrift »Publik-Forum«: »Radfahren, Paddeln, Möhren ernten. Während der Pubertät wird Schule zur Qual für alle Beteiligten. Was Jugendliche brauchen, sind wirkliche Herausforderungen.«[162] Hier geht es eher um Jugendliche in der Pubertät, weniger um Heranwachsende an der Schwelle zur Volljährigkeit. Dennoch verdienen die darin beschriebenen Erlebnisse Beachtung.

So lernen die Schüler an der staatlichen Reformschule »Gesamtschule Winterhude« in Hamburg in jahrgangsübergreifenden »Stammgruppen«, die die normalen Klassen ablösen. Jedes Schuljahr beginnt »... mit den sogenannten Herausforderungen, die alle Schüler drei Wochen lang aus dem Schulalltag herausreißen.«[163] Ein Lehrer (Holger Butt) ist dabei mit 12 Schülern im Alter von 13 bis 15 Jahren mit dem Fahrrad von Hamburg zur Zugspitze gefahren, was für alle sowohl körperlich als auch psychisch eine gewaltige Herausforderung darstellte:

»Auch in puncto Selbständigkeit und Organisation wurde den Schülern und Schülerinnen einiges abverlangt. Jeden Tag hatten zwei Jugendliche die Leitung, mussten sich um die richtige Route kümmern und abends für die Unterkunft sorgen ... Die Gruppe übernachtete in Schulen oder Gemeinderäumen, einmal im Haus eines Generalvikars. Der Fahrradmarathon hat den pubertierenden Jugendlichen genau das gebracht, was (der Pädagoge, Anm. des Autors) Hartmut von Henti fordert: Erlebnis, Abenteuer, Aufgaben. Die Jugendlichen konnten Erfahrungen sammeln, die der Schulunterricht und ihr Alltag daheim nicht zu bieten haben. ›Die Schüler sind selbständiger geworden‹, zieht Butt Bilanz. Erfolgserlebnisse als Heilmittel gegen die Versagensängste und den Frust, die für die Pubertät typisch sind? ›Allein dass kein Erwachsener, den wir unterwegs getroffen haben, gesagt hat: Warum seid ihr nicht in der Schule?!, sondern dass alle es toll fanden, was sie machten, war großartig für sie‹, glaubt der Lehrer.«

Vielleicht haben viele Erwachsene, denen die Schüler auf ihrer Fahrt begegnet sind, instinktiv und unbewusst gespürt, dass es für die Jugendlichen um viel mehr als nur um irgendein Schulprojekt ging. Zwar noch geborgen in der Gruppe, waren die Pubertierenden vielleicht zum ersten Mal auf einer ihrem Alter entsprechenden richtigen »Heldenreise«. Mit Sicherheit empfingen die Eltern bei ihrer Rückkehr in Hamburg andere Kinder als die, die drei Wochen zuvor abgereist waren und die sie vielleicht unter Ängsten oder Befürchtungen hatten loslassen müssen.

Die Schüler mussten Entbehrungen und Schmerz aushalten, etwaige Versagensängste überwinden, für sich selbst und für die Gruppe wirklich Verantwortung übernehmen und bereit sein, sich auf eine ganz ungewohnte und unbekannte neue Situation einzulassen. Damit enthielt diese Fahrradtour bereits mehrere initiatorische Elemente. Viele Teilnehmer hat das Unternehmen in ihrer Persönlichkeitsentwicklung und in ihrer Selbständigkeit einen großen Schritt weitergebracht, auch wenn andere Elemente für eine wirkliche Initiation noch gefehlt haben (vgl. Kriterien des Erwachsenwerdens, Kapitel 5).

Segeln als Klassenfahrt

Meine Überlegungen zu diesem Abschnitt sollen mit einem Zeitungsbericht aus dem Jahre 2008 schließen: »Ab nach Westen. Der holländische Kapitän Martin Duba geht mit 32 Schülern aus Erlangen ein halbes Jahr auf Seereise.«[164] Hierbei wird der Kapitän der »Regina Maris«, eines 48 Meter langen Segelschoners einer holländischen Reederei, interviewt, bevor er mit seinem Dreimaster zu einer ganz ungewöhnlichen Reise aufbricht.

Unter dem Motto »Klassenzimmer unter Segel« fährt eine 32-köpfige Gruppe Zehntklässler aus Erlangen mit fünf Matrosen und den Begleitlehrern für fast 200 Tage auf See. Dabei soll der Atlantik entlang der »Passatstrecke« überquert und das Boot mit 650 Quadratmetern Segelfläche durch die Karibik bis nach Union Island geschippert werden. Obwohl das Segelboot eine Selbststeuerungsanlage besitzt, soll diese während der ganzen Fahrt nicht benutzt werden, damit die Jugendlichen das Navigieren lernen. Es gibt keinen Koch an Bord; darum müssen die Schüler das Essen selbst zubereiten. Der Schiffsmotor soll nur im Notfall zum Einsatz kommen. Die Wachen werden zu einem Großteil auch von den Jugendlichen übernommen.[165] Nach Meinung des Kapitäns wird das Wichtigste, was die jungen Leute während ihrer Abenteuerreise lernen müssen, Folgendes sein: »Das Umgehen miteinander. Die

Kommunikation. Das Leben auf engem Raum, und dass man nahezu immer mit irgendjemandem beisammen ist.«[166]

Wenn man heute ältere Menschen fragt, welche Erlebnisse aus ihrer Schulzeit wohl den nachhaltigsten und tiefsten Eindruck hinterlassen haben, so wird man selten vom ganz normalen Schulalltag und vom »Pauken« zu hören bekommen. Meist sind die intensivsten Erfahrungen bei speziellen Schulausflügen, Klassenfahren oder bei besonderen Projekten gemacht worden. Diese Erlebnisse haben alle eines gemeinsam: Es ging dabei um wichtige sinnliche Erfahrungen oder um eine ganz besondere Herausforderung, die sie als Schüler zu bestehen hatten – und um ein intensives Gruppenerlebnis dabei. Respekt vor der Schule, die ihre Schüler und Lehrer zu einem 200-tägigen Segeltörn aufbrechen lässt; Respekt auch vor allen Eltern, die ihren Kindern solch ein Abenteuer erlauben. Und nicht zuletzt alle Achtung vor den Schülerinnen und Schülern selbst, die zu solch einem Unternehmen bereit sind.

Möglicherweise müssen alle an der Entscheidung beteiligten Gruppen viel Mut aufbringen und immer wieder aufkommende Ängste besänftigen. Wenn die Reise aber klappt und alle wieder gesund und heil zurück sind, dann haben die Jugendlichen einen gewaltigen Sprung nach vorne in Richtung Selbständigkeit und Erwachsensein gemacht, neue Freunde gefunden, viel über ihr Sozialverhalten erfahren und bereits eingeübt, neue Fertigkeiten in einem bis dahin unbekannten Gebiet (Segeln) gelernt und ein riesiges Abenteuer erlebt, das ihnen keiner mehr nehmen kann. Und sie sind dabei vermutlich viel selbstbewusster geworden.

Diese Seereise möchte ich wiederum durch die speziell initiatorische Brille betrachten. Auch wenn es sich dabei gerade nicht um eine einsame Reise gehandelt hat, in der ein Initiand mit sich selbst konfrontiert wird, so trägt das Unternehmen durchaus den Charakter einer Art »kollektiver Heldenfahrt«, die eine wesentliche Ablösung von den Eltern bewirken wird, was ja das Hauptziel jedes Erwachsenwerdens ist. Die Trennung von den Eltern ist gerade der Ausdruck und der unabdingbare Schritt dazu. Genau dies geschieht bei diesem Segeltörn. In einer anderen, eben kollektiven Weise gilt das gleiche Motto, durch das der Buchautor Hape Kerkeling so berühmt geworden ist: »Wir sind dann mal weg!«

Die Fähigkeit, alleine zu sein, kann bei der Fahrt nicht erprobt werden. Im Gegenteil – es kann eher sein, dass die Schüler, die auf engstem Raum zusammenhausen müssen, sich gegenseitig auf den Wecker gehen. Aber sie müssen sich trotz ihrer Abenteuerlust den Ängsten stellen, die ein schaukelndes Boot, schlechtes Wetter mit Sturm und Regen, tagelanger Nebel »mit Blick ins Nirwana« und die Trennung von Eltern, Freundeskreis, vertrauten Hobbys und dem sonst üblichen Tagesablauf womöglich mit sich bringen. Dafür werden sie durch immer wieder neue Naturerlebnisse, eine intensive Gemeinschaftserfahrung und durch bis dahin unbekannte Ereignisse vielfältiger Art entschädigt. Nur wenn sie bereit sind, Altes hinter sich zu lassen, können die Jugendlichen Neues, Aufregendes und Abenteuerliches erfahren.

Vielleicht entdecken sie sich dabei erst richtig selbst und lernen in der neuen Umgebung ganz neue Fähigkeiten von sich kennen. Sie müssen bereit sein, Arbeiten und Verantwortung zu übernehmen, sich vermutlich mehr als sonst und sehr flexibel in das vorgegebene Tagesprogramm auf engem Raum einzufügen und die Regeln einzuhalten, um dabei nicht sich und die Gemeinschaft zu gefährden. Denn ohne jede Gefahr läuft das ganze Unterfangen sicher nicht ab. Sie lernen eine ganz andere Welt kennen und können vielleicht dabei auch ihr eigenes Inneres mehr als sonst spüren. Wenn sie von ihrer Reise wieder zurückkehren und für ihren Mut und ihre Leistung zu Hause bei Eltern, Lehrern, Schule oder gar Gemeinde und Presse Anerkennung und Bestätigung finden, dann haben die Jugendlichen eine wichtige initiatorische Erfahrung gemacht. Zwar waren sie nicht alleine unterwegs, aber sie haben sich selbst vielleicht gerade in der Gemeinschaft neu erfahren und besser kennengelernt.

Die volle Wirkung und Kraft kann dieses Erlebnis für den Einzelnen aber nur entfalten, wenn es nicht nur bei der Teilnahme an einer bloßen Abenteuerreise bleibt, die auch schmerzliche Erlebnisse mit einschließen kann, sondern wenn alle Erfahrungen für den Einzelnen nachbereitet und für seine ganz persönliche Entwicklung zum Beispiel durch initiatorisch arbeitende Lehrer oder weitblickende Verwandte gedeutet und gespiegelt wird. In diesem Fall kann die kollektive Reise zusätzlich noch zu einer ganz persönlichen Heldenfahrt werden, die innerlich ins Erwachsensein führt. Diese Überlegungen gelten grundsätzlich auch für die nun folgenden Beispiele.

Auslandsaufenthalt

Gastschüler

Gastschulen in Amerika

Vor 20 Jahren war es in einer 10. Klasse eines Münchner Gymnasiums plötzlich »in«, nach Abschluss der Mittleren Reife zu einem zehnmonatigen Schüleraustausch nach Amerika aufzubrechen. Für einige Schüler und Schülerinnen der Klasse entstand gleichsam ein Sog, diesen Sprung über den Atlantik zu wagen. Sieben von ihnen gingen in die USA, einer nach Mexiko. An zwei Schüler kann ich mich noch gut erinnern. Der Junge, der nach Mexiko ging, berichtete nach seiner Rückkehr, dass er dort depressiv geworden war. Er verstand sich nicht besonders gut mit seinen Gasteltern und geriet nach ungefähr drei Monaten in eine energetische und emotionale Schieflage, aus der er sich nicht mehr ganz befreien konnte. Er bekam großes Heimweh, wollte aber seine Aktion nicht abbrechen, um nicht als Versager zu gelten und um sich selbst zu beweisen, dass er zu so einem Unternehmen dennoch im Stande sei.

Er hielt die zehn Monate durch, brauchte danach aber lange, um sich seelisch von seinem Auslandsaufenthalt wieder zu erholen. Er war in Mexiko total an seine psychischen Grenzen gekommen und musste sich mit dem ihm bis dahin unbekannten »Phänomen« von Verlassenheitsängsten auseinandersetzen. Er bereute den »Trip« dennoch nicht, er brauchte nur Zeit, um seine vielfältigen Erlebnisse zu verarbeiten und zu integrieren und er wusste ganz innen, dass er einen entscheidenden Schritt zum Erwachsensein und zur Selbständigkeit getan hatte. Viele verstanden ihn nicht und er musste sich sogar anhören, dass er »doof« gewesen sei, solch eine Reise zu machen und selber schuld sei, wenn es ihm jetzt vorübergehend schlecht ginge. Ich habe den Schüler damals durchaus verstehen können und seinen Schritt sehr gewürdigt. Niemand kann ihm diese Selbsterfahrung mehr nehmen und ich glaube, dass die Reise – trotz oder gerade wegen der Negativerlebnisse – viel zu seiner Reife und zu Initiation zum Erwachsenen beigetragen hat. Denn er war sich dabei die ganze Zeit letztlich selbst überlassen und musste allein mit allem fertig werden.

Der andere Schüler war noch nicht einmal 16 Jahre alt, als er zu seiner Gastfamilie in die USA aufbrach. Und er war für sein Alter sehr klein. Niemals hätte ich ihm zugetraut, für zehn Monate weg von seiner Familie und von seinem Freundeskreis in die Fremde zu gehen. Er wirkte auf mich bei seiner Abreise noch sehr jungenhaft, ja fast kindlich, naiv und verspielt. Auch er schaffte es und hielt die geplante Zeit durch.

Dabei bekam er »Flankenschutz« von seiner Mutter: Sie schrieb ihm während seines Aufenthalts jeden Tag einen langen Brief, der ihn aber oft erst fünf bis sieben Tage später erreichte. Internet gab es damals noch nicht. Dies machte ihm Mut und vermittelte ihm Zuversicht, gerade als ihn nach etwa sechs Wochen zum ersten Mal trotz netter Gastfamilie das Heimweh richtig übermannte. Als er aus Amerika heimkehrte, war er um fast zehn Zentimeter gewachsen und aus seinen Augen blitzten Stolz und eine unwahrscheinliche Kraft. Es kam ein völlig anderer junger Mann zurück als der Junge, der zehn Monate zuvor abgereist war. Er hatte sich sehr verändert: Er war größer, reifer, klarer, selbstbewusster und somit ein gutes Stück erwachsener geworden.

Ich habe großen Respekt vor beiden Jungen und ebenso vor all den Schülerinnen und Schülern, die jährlich solch einen Schritt wagen und ins Ausland gehen. Ich hätte mir das in diesem Alter nicht zugetraut. Es setzt sehr viel Urvertrauen, Mut und innere Kraft voraus, schon mit 16 Jahren so weit von zu Hause fortzugehen, nur getragen von einer Organisation, die den äußeren Rahmen für den Schüleraustausch setzt und die Gastfamilie im Ausland vermittelt. Natürlich kann man sich an seine Organisation wenden, wenn man nicht mit der zugeteilten und bis dahin weitgehend unbekannten Gastfamilie zurechtkommt.

Es verlangt ein hohes Maß an Flexibilität, Selbständigkeit, Mut, Neugierde und Interesse an einem anderen Kulturkreis oder zumindest an einer anderen Sprache, wenn man solch einen Schritt wagt. Respekt! Außerdem muss man auch in Zeiten des Internets und der viel besseren Vernetzung zu einem gewissen Grade auf seine Familie und auf seinen gewohnten Freundeskreis verzichten. Dann kann es durchaus passieren, dass in der Fremde manche Gefühle wie Heimweh, Einsamkeit oder gar Verlassenheit auftreten, weil die gewohnten Sicherheitsstrukturen wegfallen.

Initiatorische Möglichkeit eines Gastschul-Aufenthaltes

Betrachtet man einen Schüleraustausch unter dem Aspekt von »Initiation« und den »Kriterien des Erwachsenwerdens«, so können davon viele Punkte erfüllt werden. Die Fähigkeit, allein sein zu können, wird dabei wirklich abgerufen. Zwar werden durch die Gastfamilie die Funktionen der Versorgung und einer gewissen äußeren Kommunikation erfüllt. Es ist aber nicht sicher, ob wirklich verständnisvolle Gesprächspartner da sind, wenn Heimweh und Einsamkeit auftreten sollten. Auch Sprachprobleme können dann wirklich eine Rolle spielen.

Die Tatsache, überhaupt zu solch einem Unternehmen wie einem Gastschul-Aufenthalt nach Amerika oder Australien aufzubrechen, setzen Abenteuerlust und Interesse an Neuem voraus, erfordern gleichzeitig Mut und die Bereitschaft, auch durch existentielle Ängste hindurchzugehen, falls diese auftauchen. Manche Schüler müssen ihre Reise vorzeitig abbrechen, wenn Heimweh und Verlassenheits- oder Einsamkeitsgefühle intensiv auftreten und über eine längere Zeit nicht mehr in den Griff zu kriegen sind. Auf jeden Fall bedeutet eine zehnmonatige Reise die Trennung von der Familie und führt meistens zu einem wichtigen Ablösungsschritt. Dies kann allerdings nur mit aufgeschlossenen Eltern geschehen, die ja bei minderjährigen Schülern ihr Einverständnis zu diesem Unterfangen geben müssen. Auch für sie kann es einen entscheidenden Transformationsschritt bedeuten, wenn sie ihren Sohn oder ihre Tochter in einem Maße loslassen müssen wie nie zuvor. Die Eltern müssen sich nicht selten ganz archaischen und existentiellen Ängsten stellen, wenn ihre Kinder weggehen.

Viele Heranwachsende, die solch einen Schritt wagen, bekommen einen ganz neuen emotionalen Kontakt zu sich selbst. Fern der Heimat, abgelöst von Familie und Freundeskreis, können sie nun ganz anders über sich nachdenken, ganz neue Seiten und Neigungen an sich entdecken und neue Kontakte knüpfen. Denn nun leben die Jugendlichen für einige Monate in einem völlig anderen Rahmen als zu Hause. Gewohnte Verhaltensmuster fallen weg, sie werden nun als Person vielleicht anders wahrgenommen als in ihrem bisherigem Umfeld. Dies bedeutet Chance und Risiko zugleich; die meisten erkennen es aber eher als Chance, sich neu zu spüren und zu erfahren.

Außerdem werden durch so eine Reise viele bis dahin unbekannte Kräfte freigesetzt. Nun kommt es viel mehr auf jeden Einzelnen an, es ist – trotz des vorgegeben Rahmens – vieles offen, wie die Zeit des Austausches gestaltet wird. Da in der Gastfamilie in der Regel auch Jugendliche im vergleichbaren Alter leben, gibt es die Möglichkeit, neben einem fremden Schulsystem auch die Interessen, Neigungen und Eigenheiten von Jugendlichen in einem ganz anderen Land und auf einem anderen Kontinent kennenzulernen.

Nicht wenige Jugendliche erfahren während ihres Aufenthaltes im Ausland zum ersten Mal etwas von ihrer »inneren« Welt, bekommen eine erste Ahnung von ihrem eigenen »Lebensmythos«; sie können nun mit dem nötigen Abstand auf ihre eigene Familie und ihr Herkunftsland blicken und bekommen Rückmeldung und einen Vergleich in der Betrachtung und Deutung der Geschichte ihres Landes; sie können möglicherweise gerade in der Fremde zum ersten Mal die hohe Bedeutung von Familie, Sippe und des eigenen Ahnensystems erfassen. Vielleicht ist dies alles bei vielen Heranwachsenden, die zum Schüleraustausch aufbrechen, viel zu hoch gegriffen. Aber sie machen im Grunde eine Art von Heldenreise, bei der letztlich sie selbst die eigentlich Handelnden sind.

Kann ein Gastschul-Aufenthalt damit zu einem Initiationsritual werden? Auf jeden Fall bringt solch ein Schritt sehr viel für die Persönlichkeitsentwicklung und für das eigene Selbstbewusstsein. Und er trägt sehr viel zu mehr Selbständigkeit bei. Zu einem wirklichen Initiationsritual wird solch ein Unternehmen aber erst, wenn

- das Bewusstsein dafür vorhanden ist, dass es bei einem Gastschul-Aufenthalt noch um mehr geht als um ein aufregendes Abenteuer oder um das bloße Erlernen einer anderen Sprache
- die Gemeinschaft von Familie, Schule und Freunden die Anerkennung und Bestätigung für diesen Schritt nach der Rückkehr gibt
- geeignete erwachsene Mentoren diesen Schritt gedanklich begleiten und dem Initianden die tiefere emotionale und spirituelle Bedeutung seiner Reise klar machen können.

Diese Bedingungen werden jedoch bei weitem nicht immer erfüllt. Dann aber wird eine sehr gute Chance vertan, neben dem offiziellen Gastschul-Aufenthalt die Reise gleichzeitig als einen wesentlichen Initiationsschritt zum Erwachsensein zu begreifen.

Anregungen für eine initiatorische Nutzung des Gastschul-Aufenthaltes

Hier einige Anregungen, um solch einen Schritt wie den Gastschul-Aufenthalt mehr als bisher zu einem echten Initiationsritual werden zu lassen:

- Wie wäre es, wenn ein Gymnasium im Rahmen einer offiziellen Schulveranstaltung die »Heimkehrer« begrüßen und mit einem kleinen Geschenk symbolisch anerkennen würde? Dies könnte dann die Bedeutung einer solchen »Heldenreise«, die jeder mehrmonatige Auslandsaufenthalt im Grunde darstellt, für den mutigen Schüler oder die starke Schülerin ins Bewusstsein bringen und ihm/ihr die verdiente Anerkennung dafür geben. Außerdem würden diese Einzelunternehmen noch mehr Schule machen und auch jüngere Schüler könnten motiviert werden, später ebenfalls solch einen Schritt zu wagen, wenn sie öffentlich erfahren, wie sehr die Rückkehrer geehrt und anerkannt werden.
- Was würde es bringen, wenn diese »Heimkehrer von Auslandsfahrten« durch offizielle Vertreter von Stadt, Gemeinde oder Landratsamt gewürdigt werden würden? Dies wäre meiner Meinung nach eine sehr gute Idee. Dieser Schritt von Heranwachsenden kann gar nicht hoch genug eingeschätzt werden und sollte noch viel mehr Anerkennung und Beachtung in der Öffentlichkeit finden, denn durch einen Auslandsaufenthalt geschieht Initiation im besten Sinne. Wenn auch eher indirekt, so findet für einen kleinen Prozentsatz von Jugendlichen aus unserer modernen Gesellschaft mit einem Gastschul-Aufenthalt womöglich im Grunde genau das statt, was bei traditionellen Völkern wie den Dagara-Leuten aus Burkina Faso (vgl. Kapitel 4) im Mittelpunkt des gesellschaftlichen Interesses steht: das Hinübergeleiten von Jugendlichen ins Erwachsensein.
- Wie könnten die Familien dieser Schüler der gelungenen Reise noch mehr Bedeutung geben? Ich denke, dass alle Eltern heilfroh sind, ihre Kinder wieder wohlbehalten und gesund empfangen zu können. In vielen Familien wird vielleicht gefeiert. Warum aber nicht dieses Fest in einem größeren Rahmen begehen, indem die Verwandten eingeladen und die Bedeutung

der Auslandsfahrt für das Erwachsenwerden hervorgehoben wird? Bei Firmung oder Konfirmation einige Jahre zuvor setzen die Kirchengemeinden den Rahmen. Jetzt hängt alles von den Familien selbst ab. Diese Chance sollte nicht ungenutzt bleiben: Bei einer solchen Familienfeier kann ein Jugendlicher zu einem Erwachsenen erklärt werden, zumindest aber kann anerkannt werden, dass seine Fahrt ins Ausland sehr mutig war und volles Lob verdient.

Obige Überlegungen müssen jedoch durch einen Hinweis ergänzt werden: Die Möglichkeit eines Gastschul-Aufenthaltes wird aus verschiedenen Gründen immer nur einer (sehr) kleinen Gruppe von Jugendlichen vorbehalten sein. Denn es geht dabei in der Regel um ein Geschäft. Die Organisationen, die solche Aufenthalte vermitteln, wollen Geld, ebenso die Gasteltern und nicht selten verlangen amerikanische Privatschulen hohe Schulgebühren. Daher können nur wohlhabende Eltern ihren Kindern ein solches Unternehmen finanzieren, auch wenn es aus initiatorischen Gründen viel für das Erwachsenwerden eines Heranwachsenden bringen kann. Aufgrund der damit verbundenen hohen Kosten kann ein Gastschul-Aufenthalt daher leider nicht wirklich als Vorbild für die breite Mehrheit der Jugendlichen dienen.

Au-pair

Ähnliche Überlegungen könnten auch für junge Menschen angestellt werden, die vielleicht erst später ins Ausland gehen – zum Beispiel als Au-pair gleich nach dem Abitur. Mir ist die Erzählung einer Abiturientin noch sehr gut in Erinnerung, die für 12 Monate nach Frankreich ging. Anfang September brach sie auf, zu Weihnachten kehrte sie zum ersten Mal für zwei Wochen wieder zurück. Sie erzählte mir, dass sie bereits auf der Hinreise nach Bordeaux Heimweh verspürt hatte. Beim Flug über die Schweiz bekam sie plötzlich ein bis dahin unbekanntes Gefühl von Verlassenheit und Einsamkeit. Die ersten drei Wochen waren für sie am schlimmsten. Zwar war die Familie, in der sie die beiden kleinen Kinder im Vorschulalter betreuen musste, durchaus in Ordnung. Aber sie kannte niemanden in dem Vorort von Bordeaux, in dem sie während ihres Aufenthaltes wohnte.

Es war für sie ein Sprung ins kalte Wasser und sie musste sich sehr flexibel auf die dortige Familiensituation einstellen. Das war ihr zwar bewusst, aber es war bis dahin eher nur ein theoretisches Gefühl. Gut war, dass die beiden Kinder sie dann sehr forderten und sie daher unter der Woche fast keine Zeit hatte, viel über ihre momentane Situation nachzudenken. Die ersten Wochenenden waren für sie ein Problem. Schließlich kam sie in Bordeaux mit zwei jungen Frauen – ebenfalls Au-pair-Mädchen – in Kontakt und freundete sich mit ihnen an. Dadurch wurde auch ihre emotionale Lage immer besser. Jeden Monat, den sie länger aushielt in der Fremde, wuchs sie in ihrer Persönlichkeit. Sie bekam immer mehr Abstand zu ihrer Herkunftsfamilie, zum Freundeskreis und zu ihrem gewohnten Umfeld. Sie hatte an den Wochenenden viel mehr Zeit für sich als zu Hause und lernte, auch mit dem Alleinsein umzugehen. Ihr wurde noch mehr bewusst, wie wichtig ihr die eigene Familie war. Nach einem knappen Jahr kam sie als Erwachsene zurück und begann ihr Studium.

Ich denke, dass dieses Beispiel kein Einzelfall ist. Ich empfinde es als einen sehr mutigen Schritt, sich für ein Jahr oder länger auf die Reise zu begeben. Neben dem Erlernen einer Fremdsprache und der Erfahrung einer ganz anderen Familiensituation, auf die sich ein Au-pair einlassen muss, bewirkt solch ein Auslandsaufenthalt in der Regel fast schon von selbst einen großen Sprung nach vorne in der Reifung, Persönlichkeitsentwicklung und für das Erwachsenwerden. Dann wäre es gut, wenn die Familie oder eine andere geeignete Initiationsmentorin die Bedeutung dieser Reise für das Erwachsensein zusätzlich hervorheben, bewusst machen und würdigen könnte. Auch die Heimkehr selbst von solch einem Au-pair-Aufenthalt kann zu einem wirklichen Initiationsereignis werden und sollte zumindest in einem großen Familienfest seinen Ausdruck finden.

Doch noch einmal zurück zu der Abiturientin. Ich habe mir überlegt, welche Situation für sie womöglich das Schlüsselerlebnis bei ihrem Erwachsenwerden war. Ich könnte mir vorstellen, dass es ihr Flug über die Schweiz war. Denn in diesem Moment erahnte sie erst wirklich, worauf sie sich eingelassen hatte und dass es nun für sie kein Zurück mehr gab. Sie konnte, durfte und musste in diesem Augenblick in ihre eigene Tiefe schauen und erschrak, weil sie sich bewusst wurde, dass sie ab nun ganz auf sich allein gestellt war. Es wurde in ihr gleichsam eine Wunde des Alleinseins und der Einsamkeit geöffnet, die auf dem Weg nach Frankreich unerwartet zu bluten begann und wochenlang nie mehr ganz zu stillen war. Diese Wunde machte sie aber dann letztendlich zu einer Erwachsenen – sie wurde für sie zu einer Wunde der Kraft und der Initiation.

Auslandsstudium

Eine nicht unerhebliche Zahl von Studenten geht heute ins Ausland. Für manche Berufe ist es von großem Vorteil oder sogar Bedingung, einen Auslandsaufenthalt vorweisen zu können. Was hier oft aus rein beruflichen Gründen gefordert wird, kann auf der Ebene der Persönlichkeitsentwicklung zusätzlich von großer Bedeutung sein. Es gelten hier die gleichen Überlegungen wie beim Gastschul- oder beim Au-pair-Aufenthalt.

Abschließend muss festgestellt werden, dass heute viele Schüler und Studenten für eine längere Zeit ins Ausland gehen. Bezogen auf die Gesamtzahl der Jugendlichen und jungen Volljährigen dürfte es sich dabei aber immer noch um eine deutliche Minderheit handeln. Dann muss aber gefragt werden: Wie soll heute eine Initiation für Jugendliche in unserer Gesellschaft stattfinden, wenn dafür überhaupt keine wirklich passenden Situationen geschaffen werden? Die geschilderten Beispiele eröffnen Möglichkeiten, bei denen der Übergang vom Jugendlichen zum Erwachsenen geschehen kann, falls dieser Prozess durch das entsprechende Bewusstsein begleitet und von bereits Erwachsenen offiziell gewürdigt und in seiner Bedeutung gesehen und anerkannt wird. Denn sonst kann auch im Falle eines Auslandsaufenthaltes nicht die volle initiatorische Kraft für den Heranwachsenden entfaltet werden, die grundsätzlich in dieser Möglichkeit steckt.

Im Folgenden soll ein ganz anderes Beispiel daraufhin untersucht werden, ob es ebenfalls etwas zur Initiation von Jugendlichen beitragen kann: Wallfahrten.

Auf dem Pfad der Sinnsucher

Altötting-Wallfahrt

Ein erstaunliches Phänomen

»111 Kilometer Rosenkranzbeten. In Regensburg brechen heute 8000 Gläubige zu Deutschlands größter Fußwallfahrt nach Altötting auf!«[167] So lautete vor einigen Jahren eine Zeitungsmeldung kurz vor Pfingsten. Denn am Pfingstsamstag wollte dieser etwa vier Kilometer lange »Lindwurm« den berühmten Wallfahrtsort nach nur drei Tagen Fußmarsch erreichen.

Dieser alljährliche Marsch »... beschert den Teilnehmern vielerlei Strapazen, die sie nicht immer nur aus religiösen Motiven heraus erdulden. Manche suchen die sportliche Herausforderung, andere die Flucht aus dem Alltag. Die Motive sind so vielschichtig wie vor 500 Jahren ... ›Vor allem hat man viel Zeit, über Gott und die Welt nachzudenken‹ ... Dafür riskieren viele immer wieder gerne Blasen, Druckstellen und Schwellungen. Weder diese Qualen noch die Glaubenskrise konnten den Wallfahrten bisher etwas anhaben. Ganz im Gegenteil: Die Zahl der jungen Pilger steigt, wie die Organisatoren vieler Wallfahrtszüge landauf landab bestätigen. ›Das Gebet gibt den Rhythmus vor und ermöglicht eine spirituelle Erfahrung, die alle Anstrengungen vergessen lässt‹ ... Außerdem speist sich eine Wallfahrt aus dem Natur-Erlebnis und aus der Entdeckung der Langsamkeit.«[168]

Gerade bei jungen Leuten, die vielleicht mit der Kirche sonst nicht so viel am Hut haben, ist die Wallfahrt zu einem wichtigen Event geworden. Jedes Jahr wälzt sich noch ein anderer »Lindwurm« aus dem Bayrischen Wald nach Altötting: Es ist die Jugendwallfahrt der Diözese Passau. Etwa 7000 Jugendliche und junge Erwachsene machen sich im Frühsommer auf den Weg zur »Schwarzen Madonna« in der Gnadenkapelle in Altötting. Viele Gruppen aus den einzelnen Pfarreien tragen schwere Holzkreuze mit sich. Die Stärkeren schleppen die Schwächeren auf den letzten Kilometern mit sich, die durch Verstauchungen oder Blasen schon gar nicht mehr richtig gehen können. Der Wallfahrtspriester geht dem Zug symbolisch einige hundert Meter entgegen und geleitet die Ankommenden herein auf den Hauptplatz. Eine Jugendblaskapelle empfängt die müden Wallfahrer mit ihren teilweise richtig geschundenen Leibern und Knochen mit aufmunternden Weisen.

Viele Angehörige stehen am Wegrand, ermutigen die Teilnehmer immer wieder mit Applaus und würdigen so die großen Entbehrungen und Strapazen der meist jungen Leute. Es dauert über eine Stunde, bis auch der hinterste Teil des Zuges schließlich den großen Kapellenplatz erreicht hat. Viele Teilnehmer sind völlig erschöpft, sie strahlen aber eine große Zufriedenheit und Stolz, ja sogar Glückseligkeit aus, weil sie »es« geschafft haben. Im folgenden Wallfahrtsgottesdienst in der großen Basilika, in der aber nur ein Teil von ihnen Platz finden kann, werden einzelne Gruppen mit besonders vielen Teilnehmern von den Wallfahrtspriestern extra begrüßt und die enorme Leistung der jungen Wallfahrer ausdrücklich anerkannt.

Wallfahrt als Mittel zur Initiation?

Warum machen sich alljährlich so viele junge Leute im ganz wörtlichen Sinne »auf den Weg«? Sind sie so religiös? Was suchen sie eigentlich dabei? Ist es das besondere Gruppenerlebnis? Ist es nur eine alte Tradition, die die Älteren an die Jüngeren weitergegeben haben? Dies kann alles zutreffen. Mir erscheint aber noch ein weiterer Grund plausibel, der in den Zeitungsberichten nicht genannt wird: Es gibt auch ein instinktives initiatorisches Bedürfnis der Heranwachsenden, warum sie zur Wallfahrt gehen. Denn bei diesem »Event« können gleich mehrere Kriterien des Erwachsenwerdens (vgl. Kapitel 5) aktiviert und erfüllt werden.

Es geht hier um eine »kleine« Ablösung von den Eltern. Entweder haben diese selbst schon einmal Wallfahrten gemacht und werden ihre Kinder sehr anerkennen und ermutigen, wenn sie sich in dieser Weise auf den Weg machen. Oder ihre Kinder grenzen sich gerade mit solch einem »Unternehmen« deutlich von ihren Eltern ab, wenn ihre Eltern selbst nie etwas Derartiges erlebt haben. Eine Wallfahrt erfordert von den Jugendlichen die Bereitschaft, Entbehrung und Schmerz auf sich zu nehmen; es ist eine Art von Mutprobe, zumindest aber eine starke Herausforderung für die vielleicht bis dahin sehr behüteten Jugendlichen. Eine Wallfahrt trägt damit einige Züge einer Heldenreise, auch wenn die wichtigste Fähigkeit

– alleine sein zu können und sich allein auf den Weg zu machen – dabei gerade nicht geprüft wird. Denn der ganze Marsch findet im Pulk statt, in der Regel bestens organisiert von erfahrenen Wallfahrtsführern.

Dennoch kann gerade eine Wallfahrt, die tagelang durch Wald, Feld und Flur in wunderbarer bäuerlicher Frühlingslandschaft führt, neben einem tollen Naturerlebnis durchaus einen Kontakt zur eigenen, inneren Welt oder sogar zur »anderen«, mystisch-spirituellen Welt herstellen. Zumindest berichten Jugendliche, dass sie neben einem schönen und intensiven Gruppenerlebnis immer wieder auch solche Erfahrungen machen durften. Da die Regensburger Altötting-Wallfahrt alljährlich bereits seit 1830 stattfindet[169], kann diese alte Tradition bei einem Jugendlichen durchaus dazu beitragen, die Werte von den »Alten« zu erkennen und nicht selten zum ersten Mal sogar einen näheren Kontakt selbst zu den Ahnen der Familie zu bekommen, denen vielleicht schon vor 100 Jahren die gleiche Wallfahrt für ihr Leben wichtig erschien.

Viele Teilnehmer erzählen, dass bei dem manchmal zehnstündigen Marsch viele Gedanken hochkommen. Dazu tragen die immer gleichen, mantraartigen Rosenkranzgebete ebenso bei wie das absichtslose Schweifenlassen des Blickes in der grünen Natur und das konstante Dahinmarschieren mit einer vergleichsweise langsamen Durchschnittsgeschwindigkeit von etwa vier Kilometern pro Stunde. Manche sprechen sogar von einem fast unendlichen Strom von Gedanken, der dabei anfangs freigesetzt werden kann.

Dies und die vielen Gespräche, die sich in den Gebetspausen und am Abend mit anderen Gleichgesinnten und außerhalb des sonst gewohnten Kontaktrahmens ergeben, können dazu beitragen, dass bei einem Jugendlichen neue Eindrücke, neue Ideen und eine ganz andere Einstellung zu »Gott und der Welt« entstehen. Damit kann eine Wallfahrt indirekt und schrittweise dazu beitragen, bisherige Einstellungen zu ändern und zu transformieren, weil bei einer solchen Pilgerreise neue Gedanken hochkommen können, über das Leben anders oder überhaupt zum ersten Mal tiefer nachgedacht wird und so vielleicht eine nähere Vorstellung über den eigenen Lebenssinn, die eigene Lebensaufgabe oder sogar die eigene Lebensspur entstehen. Auch die bisherige religiöse Einstellung kann durch eine Wallfahrt verändert und gefestigt werden.

Schließlich findet eine solch große Wallfahrt in der Regel die Anerkennung einer breiten Öffentlichkeit. Nicht selten haben Eltern, Großeltern oder Freunde den Wallfahrern in alter Tradition eine besondere Bitte oder ein spezielles Anliegen mit auf den Weg gegeben. Für die Weitergabe der Bitten bekommen die jungen Marschierer dann viel Dank und Anerkennung in der Familie. Es entsteht bei den Jugendlichen vielleicht sogar das Bewusstsein, dass sie neben ihrer ganz persönlichen Erfahrung auch noch einen Dienst für die Gemeinschaft getan haben. Zusätzlich erhält so ein großes Ereignis meist die Bestätigung und Anerkennung in der örtlichen Presse.

Eine andere Erfahrung prägt sich ebenfalls vielen Jugendlichen ein, die zum ersten Mal an der Wallfahrt teilnehmen. Wie sollen denn plötzlich 7000 Menschen versorgt werden und wo sollen so viele übernachten können? Ein Großereignis wie die Passauer Jugendwallfahrt kann nur gelingen, wenn viele Erwachsene mit all ihrem Wohlwollen und mit ihrem praktischen Einsatz diese Veranstaltung mit organisieren und aktiv begleiten: Immer wenn am Abend eines Tages der lange Zug in den Zielort einmarschiert, stehen viele hundert Menschen bereit, die die Teilnehmer mit ihren Autos abholen, ihnen kostenlos eine Mahlzeit und Quartier geben und sie am nächsten Morgen pünktlich zum Startpunkt bringen, an dem sich der Zug wieder in Bewegung setzt.

Es ist jedes Jahr wieder wie ein Wunder, dass die Wallfahrt so reibungslos funktioniert. Damit ist diese Veranstaltung wirklich ein soziales und spirituelles Ereignis zugleich, bei dem Geben und Nehmen eingeübt werden können. Die jungen Wallfahrer nehmen körperliche Strapazen auf sich, denn sie gehen bei jeder Witterung, egal ob es regnet, stürmt oder die Sonne scheint. Vielleicht gibt es ein instinktives Wissen darüber, dass die Teilnehmer diesen Weg nicht nur für sich selbst, sondern für eine größere Gemeinschaft zurücklegen. Dafür bekommen sie alle Unterstützung und Anerkennung von den Menschen, die gar nicht mitgehen können oder wollen, aber großen Anteil an diesem alljährlichen Geschehen nehmen.

Kann eine Wallfahrt also als Ritual zum Erwachsenwerden dienen? Sie läuft ja normalerweise unter einem rein religiösen Vorzeichen und nicht unter dem Aspekt von Initiation ab. Ich glaube, eine dreitägige Wallfahrt ist dafür viel zu kurz. Vor allem das 2. Kriterium ist überhaupt nicht erfüllt, nämlich die Fähigkeit, allein sein zu können. Auch alle anderen Kriterien werden wohl nur ansatzweise berührt. Vielleicht hat eine Wallfahrt aber eine Langzeit- und eine Tiefenwirkung, die im Moment des Ereignisses noch gar nicht so überblickt werden können. Sie enthält aber in jedem Fall zumindest einige deutliche initiatorische Elemente. Um diese bei den jugendlichen Teilnehmern noch mehr zur Geltung zu bringen, müssten erwachsene Mentoren einen Jugendlichen darauf hinweisen und ihm seine Wallfahrt – neben dem religiösen »Event« – auch unter diesem Aspekt erschließen und deuten helfen. Dann könnte der Ausflug trotz der großen Zahl von Wallfahrern durchaus zu einem wesentlichen Schritt von persönlicher Initiation beitragen, vor allem, wenn der Mentor diesen Weg mit dem Heranwachsenden unter diesen Gesichtspunkten vor- und nachbereitet.

Wallfahrt auf dem »Jakobusweg«

Der »Camino« als Massenphänomen

Noch deutlicher wird diese Möglichkeit zur Initiation, die auch in einer Wallfahrt stecken kann, wenn ein kurzer Blick auf eine Modeerscheinung unserer Tage geworfen wird: die Wallfahrten ins spanische Santiago de Compostela. Dazu titelte die Süddeutsche Zeitung: »Gedrängel auf dem Pfad der Sinnsucher. Auf dem Jakobsweg pilgern heute Zigtausende auf den Spuren von Paolo Coelho und Hape Kerkeling.«[170] Diese Reise kann Wochen und Monate dauern. Betrachtet man nur den Reiseabschnitt auf spanischem Boden, so beträgt die Strecke von der französischen Grenze bis zum Zielort fast 800 Kilometer. Dafür werden je nach Wandergeschwindigkeit vier bis sechs Wochen benötigt. Immer mehr Wallfahrer legen in letzter Zeit einen viel längeren Weg zurück, wenn sie beispielsweise die Reise von Deutschland aus beginnen. Der größere Teil der Wanderer ist in einer Gruppe oder zu zweit unterwegs; es gibt aber auch eine nicht unerhebliche Zahl von Pilgern, die ganz bewusst alleine gehen – auf dem Weg nach Santiago, in Wirklichkeit aber auf dem viel wichtigeren Weg zu sich selbst.

Die Wallfahrt nach Santiago in Westspanien hat in den letzten 20 Jahren eine unwahrscheinliche Renaissance erlebt. Kamen im Jahre 1970 noch weniger als 50 Pilger mit einem offiziellen Pilgerpass an, die den »Camino« – den spanischen Jakobsweg – gelaufen waren, so waren es 1987 bereits 5.000. Heute sind es weit über 100.000 Pilger, in einem »heiligen Jakobusjahr« sogar bis zu 200.000.[171] Die Wallfahrt zum Grab des Heiligen Jakobus geht auf eine uralte Tradition zurück. »Einer Legende nach soll der Leichnam des Missionars und Jüngers Jesu 614 nach Spanien gelangt sein. Dort wird er als Nationalheiliger und Schutzherr der Pilger verehrt ... Immer mehr Menschen machen sich auf die anstrengende Reise dorthin ... Besonders beliebt ist das Pilgern im katholischen Bayern.«[172] Außerdem werden in ganz Europa, vor allem in Deutschland, zunehmend uralte Jakobswege neu aktiviert, beschildert und von »Jakobusgesellschaften« betreut.

Doch was ist der Grund für dieses seltsame Phänomen? Ist es ein starkes religiöses Bedürfnis, das die Menschen – gerade auch viele junge Menschen – seit 20 Jahren so umtreibt? Von Pilgerführern hört man unter anderem diese Antwort: »›Die Menschen sehnen sich danach, das Tempo zu drosseln.‹ ... ›Der gute Hape Kerkeling‹ ... habe eine Sehnsucht in Worte gefasst, die viele empfänden, gleich welcher Konfession: ›Weg von der Vermassung, der Verstädterung, der 24-Stunden-Erreichbarkeit‹«.[173] Hape Kerkeling, der mit seinem Buch »Ich bin dann mal weg« eine wahre Welle von Wallfahrtsbegeisterung ausgelöst und die Pilgerzahlen stark vermehrt hat, kann dabei selbst als typischer Jakobspilger unserer Zeit bezeichnet werden: »Er wandert auf einem diffusen religiösen Fundament, hat keine Vorstellung von den eigenen Kräften, beginnt quengelig und fällt im Laufe des Wegs einer selbsterfinderischen Entrücktheit anheim. Am Schluss hat man ihn fast lieb. Der Weg bewirkt Wunder.«[174] Der Autor hat einen richtigen Wallfahrtsrummel entfacht, so dass von einem besinnlichen Wandern oft gar nicht mehr die Rede sein kann; denn seither haben sich ganze Gruppen gemeinsam auf den Weg gemacht und der »Camino« hat dadurch eine »Umwidmung zum Massenspektakel«[175] erfahren. Dennoch ist der Grundgedanke der gleiche geblieben. Obwohl heute die wenigsten mit dem Gefühl loslaufen, Pilger zu sein, spürt dennoch fast jeder, dass er hier zu einem wird, je länger er geht. Galt der Heilige Jakobus im Mittelalter noch als »Maurentöter«, so hat er in den letzten Jahren sein Antlitz verändert: »Heute zeigt man ihn lieber als Pilgeropa mit Jakobsmuschel, der die Wanderer ans Ziel und zu sich selbst geleitet.«[176] Damit ist etwas Wichtiges über den tieferen Sinn dieser Wallfahrt ausgesagt.

Lassen wir zum Schluss noch einen von vielen Jakobspilgern zu Wort kommen. Ein 41-jähriger Mann, der aus dem Raum München stammt, wanderte nach Santiago, weil er seit einem Autounfall mit einem gelähmten rechten Arm leben muss: »›Ich bin dankbar, dass es nicht die Beine waren und ich gehen kann – also wollte ich wissen, wie weit ich komme.‹ Das Gewimmel habe ihn nicht gestört: Jeder auf dem Weg habe seine Geschichte, das habe etwas Einendes. ›Ich wusste, da sind Tausende gegangen, die haben hier Träume, Ziele, Verzweiflung und Hoffnung reingetreten. Damit lädt man sich auf.‹«[177]

Ein alter Pilgerpfad als moderner Initiations-Weg?

Da es in unserer schnelllebigen Zeit und in unserer auf Technik, Funktionalität und Wirtschaftlichkeit ausgerichteten Gesellschaft in der Praxis keine offiziellen Initiationsrituale mehr gibt, mit Hilfe derer ein Jugendlicher erwachsen werden könnte, stellt der Jakobsweg eine hervorragende Möglichkeit dar, den Übergang vom Jugendlichen zum Erwachsenen zu begehen. Zumindest enthält eine vier- bis sechswöchige Wanderung, die der »Camino« allein in Spanien erfordert, alle Möglichkeiten für eine echte Initiation.

Aber sie wird ihre initiatorische Wirkung und Kraft nur dann voll und ganz entfalten und als solche verstanden werden können, wenn die Wallfahrt gleichzeitig als »Heldenreise« zu sich selbst erkannt und gedeutet wird. Dazu braucht es aber erfahrene Initiationsmentoren, die dem Heranwachsenden oder bereits Volljährigen die wahre Bedeutung des Geschehens bewusst machen und herausstellen und die psychische Entwicklung und Veränderung des Initianden durch seine Wallfahrt zurückspiegeln. Wird ein Heimkehrer auch noch mit einem großen Fest empfangen, so dass ihm eine angemessene Würdigung und Anerkennung von Eltern, Verwandten und Freunden zuteil wird, dann kann eine Wallfahrt zu einem wirklich nachhaltigen und tiefschürfenden Initiationsereignis werden.

Weltreisen – Reisen zu sich selbst?

Als letzten Punkt möchte ich von einigen jungen Menschen berichten, die alle zu einer wirklich abenteuerlichen Reise aufgebrochen sind, um sich selbst zu finden und um erwachsen zu werden. Da es offizielle und vor allem adäquate Initiationsrituale in unserer westlichen Gesellschaft praktisch nicht mehr gibt, sind unsere Heranwachsenden und bereits Volljährigen dazu gezwungen, selbst eine Initiationsmöglichkeit zu suchen und zu organisieren, die ihnen den ersehnten Übergang von der Jugend zu einem eigenen erwachsenen Leben vermitteln kann. Wenn für diesen fundamentalen Schritt jedoch wie fast immer erfahrene Initiationsmentoren gänzlich fehlen, wird den Protagonisten oft über Jahre hinweg gar nicht bewusst, warum sie in der Welt umherreisen. Nicht selten kann so ein Trip dann auch schiefgehen oder sinnlos gleichsam im Nichts enden. Davon soll eingangs von einem Fall genauer berichtet werden.

Flucht nach Afrika

Als ich 1981 auf einer Missionsstation in Kenia weilte, bekamen die Priester und ich in unregelmäßigen Abständen Besuch von einem jungen, damals 25-jährigen Berliner. Er hatte sich den Namen »Manonat« zugelegt. Mit vier anderen Jungen seiner Klasse war er unmittelbar nach Bestehen des Abiturs nach Afrika aufgebrochen. Alle hatten von der Schule und von Deutschland die Schnauze voll und wollten ein freies Leben in Afrika führen. Welche Träume hatten sie? Wie wollten sie in Afrika leben – ohne Arbeit oder sozialen Bezug? In Kenia trennten sich ihre Wege, jeder reiste woanders hin. Sie hielten nur einen losen Kontakt zueinander.

Nach etwa vier Jahren kam einer von den ursprünglich fünf jungen Männer im Kongo um. Er war drogenabhängig und wurde ermordet. Manonat hauste auf dem Gebiet unserer Missionsstation. Er hatte sich entgegen der Stammestradition einfach ein Mädchen zur Frau genommen. Vermutlich weil er ein »Weißer« war und schon deshalb als »großer Mann« galt, stimmte die Familie des Mädchens nachträglich dennoch zu und die beiden wurden ganz offiziell und in afrikanischer Tradition verheiratet.

Seit etwa drei Jahren lebte er nun wie die meisten anderen Bewohner des Dorfes in einer Lehmhütte, ohne Wasser und ohne Strom. Er arbeitete nichts. Seine Mutter schickte ihm immer wieder Geld und hielt ihn so über Wasser. Wenn er trotzdem in finanzielle Schwierigkeiten geriet, erbettelte er sich Geld bei den Priestern, um die Zeit bis zur nächsten Überweisung aus Deutschland zu überbrücken. Seine Mutter, die ihn ein Jahr zuvor im afrikanischen Busch besucht hatte, hatte sich vergeblich bemüht, ihn zu einer Rückkehr nach Deutschland zu bewegen. Ich habe nach meiner Abreise aus Kenia den Kontakt zu Manonat verloren.

Dennoch habe ich mir schon damals meine Gedanken über diesen vermeintlichen oder tatsächlichen »Aussteiger« gemacht. Im Grunde war er nach dem Abitur zu seiner Heldenreise aufgebrochen. Aber diese kann nur erfolgreich abgeschlossen werden, wenn es davon auch wieder eine Rückkehr gibt und wenn der junge Mensch von einem erwachsenen Mentor eine Deutung und Anerkennung für seinen inneren Prozess bekommt. Vielleicht waren die Priester der Missionsstation mittelfristig diese Mentoren für ihn. Es geht dabei nicht unbedingt darum, dass Manonat – rein geografisch gesehen – wieder nach Berlin oder Deutschland zurückkehren sollte; die Heldenreise muss vielmehr in ihm selbst beendet werden, indem er zu sich nach Hause kommt. Diesen Eindruck habe ich aber damals von Manonat nicht bekommen. Ich hatte viel eher das Gefühl, dass er zwar ursprünglich in Berlin mutig zu seiner Heldenfahrt aufgebrochen war, um sein Glück, seine Freiheit und seine Initiation in Afrika zu suchen, dann aber in der Fremde völlig strandete. Er hing seit Jahren einfach nur herum – ohne Arbeit, ohne Beschäftigung, unglücklich und auch ohne Sinn. Sein zunächst kraftvoller Versuch, erwachsen zu werden, war auf halben Wege stecken geblieben und in eine Sackgasse geraten.

Dies kann von den beiden folgenden Beispielen eher nicht gesagt werden. Hier ist vielmehr ein innerer Kampf zu spüren, den die jungen Männer und Frauen über eine lange Zeit unternommen haben, um sich selbst zu finden. Letztlich handelt es sich um geglückte Selbstversuche, erwachsen zu werden und den »eigenen Lebensmythos« zu erfahren; dies bedeutet, sich selbst auf die Spur zu kommen, seinen ureigensten Sinn zu finden und die eigentliche Lebensaufgabe wenigstens zu erahnen. Dies ist ein Gut, das mehr wert ist als alles Geld der Welt. Es kann nicht erkauft werden, sondern jeder selbst muss um seinen Sinn und um seine Bestimmung ringen. Wenn er von seiner Heldenfahrt zurückkehrt, hat er eine Botschaft, eine Erkenntnis, einen Schatz gleichsam erkämpft oder erworben, der für ihn wie ein Lebensfluidum ist, wie eine Quelle reinen Wassers, das wahres Leben spendet. Werfen wir also nun einen Blick auf zwei weitere solcher Selbstversuche von Initiation in unserer westlichen Gesellschaft.

Allein auf Weltreise

»Eine Weltreise zu sich selbst. Seit drei Jahren ist Florian aus Feldkirchen (bei München, Anm. d. Verf.) unterwegs, um den passenden Ort für seine Zukunft zu finden.«[178] Die lokale Zeitung berichtet von dem jungen Mann, der soeben von dem dritten Teil seiner mehrjährigen Weltreise zurückgekehrt ist:

»Florian sitzt auf seiner Couch. Braun gebrannt ist er. Er lächelt zufrieden. Sein Sofa ist eines der Dinge, auf das sich Florian, Anfang 20, richtig gefreut hat. Um genau zu sein: Es ist fast das Einzige, auf das er sich gefreut hat. Gerade mal zwei Tage ist er wieder in Deutschland und schon spricht der Feldkirchner davon, wieder ›wegzugehen‹ ... Leicht fällt es ihm nicht, sich wieder an den deutschen Rhythmus zu gewöhnen. Nicht nach zuletzt acht Monaten in der Sonne, in lateinamerikanischen Bars, in Bussen, die ihn in alle Richtungen gebracht haben. Nicht nach insgesamt drei Jahren, die er weit entfernt seiner Heimat verbracht hat.«[179]

Der junge Mann will nur für drei oder vier Monate hier bleiben, länger möchte er nicht planen und im Grunde fühlt er sich nicht wohl in Deutschland. Wieso eigentlich nicht? »›In Deutschland ist alles nur grau. Und kalt. Nicht nur die Tage, sondern auch die Menschen.‹«[180] Schon lange wollte er deshalb weg, schließlich war er sich sicher, dass er sich in der Welt umsehen muss und vor drei Jahren brach er mit einem »Round-the-World-Ticket« zum ersten Teil seiner Weltreise auf: nach Russland, Thailand, Kambodscha, Mexiko, Chile, USA. Ägypten und Nordafrika sind dann die Stationen seiner zweiten Ausfahrt; schließlich landet er bei seiner dritten Reise auf seinem Lieblingskontinent Südamerika. Er will ganz sorglos ohne Verpflichtungen und Termine leben, hat aber durchaus schon erfahren müssen, wie schnell die Reise auch zu einem Alptraum werden kann. Es ist kein »All-inclusive-Urlaub«: »Jeden

Tag aufs Neue ein Hotel suchen, dreißig Stunden mit Hühnern in einem Bus fahren und morgens Kakerlaken über die Bettdecke krabbeln sehen, sind die Dinge, die Florian manchmal zur Verzweiflung brachten.«[181]

Nun ist er gerade aus Südamerika heimgekehrt, acht Monate ist er unterwegs gewesen – nur mit dem Rucksack und ohne Reiseführer und feste Pläne. Er hat sich jeden Tag aufs Neue einfach treiben lassen, ohne zu wissen, wo es ihn bis zum Abend hin verschlagen würde. Was will er eigentlich die ganze Zeit? Vordergründig war er immer auf der Suche nach »dem« Ort, an dem er sich wohlfühlen würde und dann bleiben könnte. Er hat ihn noch nicht gefunden, spürt aber in sich, dass es ihn ganz sicher gibt – irgendwo in Südamerika.

Mit jedem Reiseabschnitt dämmerte es ihm aber immer mehr, dass es in Wirklichkeit eine Reise zu sich selbst ist. Das Erleben von Freundschaft und zwischenmenschlichen Beziehungen wird ihm dabei auf jedem Tourabschnitt immer wichtiger. Nach seiner Meinung kann er diese Erfahrungen überall machen, nur nicht in Deutschland: »›Fast nirgends auf der Welt jammern die Menschen so viel wie in Deutschland: über die Politik, über die Preise, über die Mitmenschen. Das habe ich satt.‹«[182] Im Moment will er aber in Deutschland bleiben, um Geld für die nächste Reise zu sparen. Er ist aber sicher: Spätestens im Oktober, wenn seine Kommilitonen das Studium wieder aufnehmen, wird es ihn erneut hinaus in die weite Welt ziehen – ins »Irgendwohin«.

Ein bisschen erinnert mich Florian an den jungen Mann in dem Film »Into the wild« (vgl. Kapitel 5). Er weiß noch gar nicht, was er will. Vielleicht dauert es noch einige weitere Jahre, bis er wirklich nach Deutschland zurückkehren oder sich irgendwo anders niederlassen kann. Er ist im Grunde auf einer Heldenfahrt. Weil ihm aber offensichtlich ein erwachsener, reifer Mentor fehlt oder weil er einen solchen ablehnt, der ihm sein tieferes Erleben und die wahre Bedeutung seiner Reise erschließen könnte, ist der junge Mann bisher vollkommen sich selbst überlassen. Auf mich persönlich wirkt das Tun von Florian sehr ambivalent. Einerseits werden ihn viele seiner Altersgenossen beneiden, weil er etwas kann und tut, was sie vielleicht auch tun möchten, es sich aber nicht zutrauen: ganz allein durch die Welt zu tingeln. Für manche seiner Zeitgenossen mag Florian »das« Ideal schlechthin ausleben – nämlich die absolute Freiheit, zu tun und zu lassen, was einem gerade in den Sinn kommt und dies sogar noch in fernen, exotischen Gefilden. Diese Fähigkeit, ganz alleine und so lange herumzureisen, besitzen wohl nur einige wenige und ich finde dies wirklich enorm.

Aber welchen Sinn hat dies alles? Ist es nicht gleichzeitig ein Davonlaufen vor der Verantwortung, seine Ausbildung in einer überschaubaren Zeit abzuschließen und einen Beruf zu ergreifen? Ich bewundere es, wie konsequent der junge Mann einerseits nach seinem Platz und seinem Sinn sucht, wie radikal er so lange weiterreisen will, bis sich vielleicht endlich die Quintessenz und die Antwort auf seine ungestellten Fragen von selbst auftun: Wer bin ich eigentlich? Wo gehöre ich hin? Was will ich denn vom Leben? Was ist meine Aufgabe, die ich im Leben erfüllen soll? Welchen Beruf soll ich einmal ergreifen? Wie steht es mit dem Kontakt zu meiner Familie? Was habe ich noch alles mit ihnen zu klären? Wo will ich mich niederlassen und leben?

Was dem jungen Mann aber offensichtlich fehlt, ist ein erfahrener und reifer Mentor, der das Leben kennt und vielleicht bereits viele gute und schlechte Erfahrungen gemacht hat, der weiß, wie es grundsätzlich läuft im Leben. Er könnte Florian geistig begleiten, ihm seine inneren Prozesse bewusst machen, ihm die notwendige Deutung für seine Erfahrung geben und ihm dabei helfen, seine Reise als Heldenfahrt ins eigene Innere zu begreifen. Dies ahnt Florian ja bereits irgendwie. So aber dauern die Reise zu sich selbst und die dabei mögliche Beantwortung der oben gestellten Lebensfragen wirklich sehr lange. Was in dem Zeitungsartikel als nicht endend wollender Freiheitstrip verklärt wird, kann eventuell auch Ausdruck von Vermeidung von Verantwortung und von Ziellosigkeit im Leben sein. Dies muss offen bleiben.

Zumindest aber beinhaltet die Weltreise von Florian die Möglichkeit, doch noch die Essenz zu finden, die für sein Leben wichtig ist und wonach er anscheinend die ganze Zeit sucht.

Nun aber zu einem weiteren spaktakulären Fall.

Weltumsegelung

Ein fragwürdiger Wettkampf beginnt

Auf den Spuren des ersten Weltumseglers Magellan: Wozu der Abenteurer Anfang des 16. Jahrhunderts noch fünf Schiffe und 265 Matrosen und mehr als drei Jahre gebraucht hatte[183], benötigen heute die jungen Hightech-Segler nur noch etwa zehn Monate. Und sie sind ganz allein unterwegs. Im Moment hat man den Eindruck, dass hier ein gnadenloser Wettkampf stattfindet. Im Juli 2009 kam der Kalifornier Zac Sunderland im Alter von nur 17 Jahren von einer Weltumsegelung zurück. Fünf Wochen später wurde dieser Rekord von dem Briten Mike Perham bereits wieder eingestellt: Er war bei seiner Zieldurchfahrt um drei Monate jünger als Sunderland.

Im Oktober 2009 machte sich die erst 16-jährige Jessica Watson mit einem Boot auf den Weg um die Welt, in der Hoffnung, wiederum den Rekord von Perham zu brechen. Anfang Januar 2010 schließlich brach dann Abby Sunderland, die 16-jährige Schwester von Zac, auf, um bei ihrer zehn Monate später geplanten Zieldurchfahrt erneut die etwas früher gestartete Jessica überrunden – in diesem Fall altersmäßig unterbieten – zu können. Über ein Jahr lang scharrte die damals erst 14-jährige Holländerin Laura Dekker bereits unter großem Medieninteresse mit den Füßen, damit ihr das zuständige Familiengericht doch endlich den Start als jüngste Weltumseglerin aller Zeiten genehmigen möge.[184]

Bei all dem Rummel geht es also nicht darum, wer die Weltumrundung in kürzester Zeit schafft. Dieser Rekord kann immer wieder von erwachsenen und erfahrenen Topsportlern mit immer besseren Hightech-Schiffen unterboten werden. Nein, hier geht es nur darum, wer bei diesem Trip als Jüngste oder als Jüngster die Ziellinie überquert. Dabei wurde bis 2010 der Rekord von dem mittlerweile über 30-jährigen Australier Jesse Martin gehalten, der bereits am 31. Oktober 1999 im Alter von gut 18 Jahren mit dem Schiff »Lionheart« von seiner langen Reise zurückgekehrt war. Über zehn Jahre lang galt er als »... der jüngste Mensch, der alleine, ohne Hilfe und – das unterscheidet ihn von Mike – ohne Stopp um die Welt segelte.«[185]

In einem Interview mit »jetzt.de« versuchte Jesse zu erklären, warum er sogar zweimal zu solch einer langen Reise aufgebrochen ist. Denn nach seinem gelungen Solotrip wollte er kurze Zeit später zusammen mit vier anderen jungen Männern noch einmal das Gleiche schaffen, diesmal aber mit völlig anderer Zielsetzung: Es sollte gemütlicher als bei der ersten Fahrt zugehen, bei der er nur möglichst jung das Ziel erreichen wollte; ein von der Zivilisation noch unbedarfter Nomadenstamm sollte dabei aufgesucht und möglichst verlassene Punkte der Erde sollten angefahren werden, gleichzeitig lief aber alles unter dem kommerziellen Druck einer Filmproduktionsgesellschaft ab, die die Reise im Wesentlichen vorfinanziert hatte.

Diese Fahrt ging ziemlich in die Hose, Jesse und seine Begleiter erlebten nun die Schattenseiten solch eines Trips: Das Boot stieß an ein Riff, so dass es fast gesunken wäre, auf Bali war bei ihrer Ankunft soeben eine Bombe in einer Disco hochgegangen (2002), die Mannschaft kam öfter miteinander ins Streiten, die angeblich noch unberührten Nomaden hatten bereits Satellitenschüsseln vor ihren Hütten und aus der geplanten TV-Dokumentation wurde nichts.[186]

Warum aber wollte Jesse überhaupt so jung und im Sauseschritt die Welt umsegeln? Vordergründig ging es darum, den bestehenden Altersrekord zu unterbieten, um sein Boot vorfinanziert zu bekommen. Sein ursprünglicher Plan war aber gewesen, »... überall anzuhalten und an Land Abenteuer zu erleben.«[187] Dazu kam es dann aber wegen der Eile gar nicht. Über zehn Jahre nach seiner ersten Segeltour beschreibt Jesse seine Motivation und seine Erlebnisse wie folgt:

»Mich hat es gereizt, mein Schicksal allein in der Hand zu haben. Beim Solosegeln lässt du die Welt hinter dir und führst da draußen ein neues Leben ... Meine Botschaft nach der Rückkehr war: ›Ganz normale Menschen können große Träume verwirklichen.‹ ... Manchmal fühlt es sich an, als könne man auf einem Boot in der Zeit zurück reisen ... Es ist eine zeitlose Erfahrung ... Mit einem Boot kannst du Buchten bereisen, die andere nie sehen ... Ich habe viel gebetet. Immer wenn ich Scheiß-Wetter hatte, habe ich gebetet. Und ich bin durchgekommen. Du kannst das nennen wie du willst. Aber diese Macht, die ich da gefühlt habe, möchte ich nie mehr missen.«[188] Somit machte der Australier bei seiner Fahrt auch eine im weitesten Sinne »spirituelle« Erfahrung.

Bleibt noch zu erwähnen, dass Jesse während seines Solotrips seine Eltern nur ein einziges Mal zu Gesicht bekommen hat, als diese sich mit einem Motorboot für etwa 40 Minuten auf Zuruf näherten, bevor ihnen der Sprit ausging. Bereits zwei Wochen lang hatten sie vergeblich auf ihren Sohn gewartet, weil er später als geplant den vereinbarten Ort passierte. Um seine Segeltörns durchführen zu können, hat Jesse seine Schule nicht beendet und keine Ausbildung abgeschlossen. Die dabei gemachte Lebenserfahrung war ihm wichtiger als ein Schulabschluss. Auch finanziell hat er bisher mehr verloren als gewonnen. Am Ende des Interviews sagt der Abenteurer noch etwas sehr Entscheidendes über seine Mutter: »Meine Mutter hatte damals einen Kredit aufgenommen, um das Boot für mich zu kaufen ... Wenn ich Kinder habe, will ich es genau so machen: Ich werde sie ermutigen, rauszugehen. Das war das Geschenk meiner Mutter. Sie hat mir die Dinge nie erklärt. Sie hat mich die Welt selbst entdecken lassen.«[189]

Der Vollständigkeit halber soll noch erwähnt werden, wie es mit dem Wettkampf auf See weiterging: 2010 wurde der Australier Jesse Martin von der oben erwähnten Jessica Watson »geschlagen«, die ebenfalls ohne jede Unterbrechung auskam. Sie gilt im Moment als die jüngste Weltumseglerin. Denn sie kam nach 210 Tagen und nach rund 23.000 Seemeilen Mitte Mai 2010 wieder in ihrem Heimathafen von Sydney an – unter dem Jubel von vielen Tausenden Zuschauern und unter den Augen des Premierministers, der das Mädchen als »Australiens jüngste Heldin« begrüßte.[190] Der Trip von Abby Sunderland, die kurz nach Jessica Watson aufgebrochen war, scheiterte dagegen nach 12.000 Meilen, weil eine Sturmwelle das Boot kentern ließ. Das Mädchen musste tagelang in einer Sicherheitskapsel ausharren, bis sie gerettet wurde.[191] Laura Decker ist mittlerweile zu ihrer Weltumsegelung aufgebrochen.[192] Zum Zeitpunkt der Abfassung dieser Zeilen war noch unklar, ob sie diese erfolgreich beenden würde.

Weltumsegelung als Initiationsreise?

Über den gnadenlosen Wettkampf von Jugendlichen kann man geteilter Meinung sein, vor allem darüber, wie sinnvoll es ist, bereits 14- bis 16-jährige »Kids« alleine auf so eine gefährliche Reise zu lassen. Ist es nur der Wunsch von den Jugendlichen oder eher auch von deren Eltern, berühmt zu werden und in allen Medien zu erscheinen? Vielleicht. Jesse Martin war es selbst nicht so ganz klar, warum er damals unbedingt diesen Wahnsinnstrip machen wollte. Im Grunde handelt es sich bei einer Weltumsegelung um eine klassische »Heldenreise«. Odysseus lässt grüßen! Instinktiv spüren Jugendliche den Ruf der Initiation in sich. Denn solch ein gefährliches und abenteuerliches Unterfangen bietet alles, was es zu einer echten Initiationsprüfung braucht.

Darin sehe ich die eigentliche Motivation der jungen Leute, auch wenn dies weder von ihnen selbst, noch von ihren Eltern oder von den Medien bisher wirklich erkannt und thematisiert wird. Der Gewinn des Erwachsenwerdens gerade durch solch eine Heldenfahrt ist die vielleicht größte Trophäe, gewissermaßen der Lorbeerkranz des eigenständigen Lebens, der dabei erzielt werden kann. Anhand der acht Kriterien des Erwachsenwerdens (vgl. Kapitel 5) kann dies leicht nachgewiesen und verifiziert werden:

Es geht um die Selbstfindung als eigenständiges Wesen und um eine sehr deutliche Ablösung von den Eltern (vgl. 1. und 8. Kriterium). Diese müssen dabei oft Sorgen und Ängste aushalten, während ihr Sohn oder ihre Tochter auf dem Meer unterwegs ist. Die Fähigkeit, alleine zu sein, muss bei einem zehnmonatigen Solotrip massiv unter Beweis gestellt werden (vgl. 2. Kriterium).

Ich bewundere diese Fähigkeit, zu der wohl nur ganz, ganz wenige Menschen in diesem Umfang in der Lage sind. Ein solcher Segeltörn erfordert ein Höchstmaß an Bereitschaft, Entbehrung und Schmerz auf sich zu nehmen, sowie existentielle Ängste auszuhalten und durchzustehen. Das ganze Unternehmen ist eine wirklich starke Mutprobe. Denn Wind und Wetter, gefährliche Wellen, Einsamkeit, Langeweile und manch andere Entbehrung müssen bei dieser über 200 Tage dauernden Solofahrt in Kauf genommen und bewältigt werden (vgl. 4. Kriterium). So schrieb Jessica Watson am 24. Januar 2010 in ihren Blog, dass sie während eines Sturms vier »Knockdowns« hatte, dass der Mast ihres Bootes also vier Mal ins Wasser getaucht sei.[193]

Dass solch eine Fahrt den jungen »Helden« innerlich sehr verändern kann, scheint logisch zu sein. Jesse berichtet davon, dass er dabei in eine ganz andere Welt eingetaucht sei, sich ihm wichtige Lebenserkenntnisse erschlossen hätten und er ein ganz neues Verhältnis zu einer »göttlichen Macht« bekommen hätte (vgl. 5. Kriterium). Auch an der Bestätigung und Anerkennung durch die Gemeinschaft fehlt es gerade nicht. Noch immer erzeugt eine Weltumsegelung ein großes Medieninteresse, vor allem wenn es um das Brechen eines bestehenden Rekordes geht. Dass Jesse selbst zehn Jahre nach seiner großen Leistung immer noch als Interviewpartner interessant ist, zeigt ja gerade die Aufmerksamkeit in der Öffentlichkeit. Er hat sich damit – gleichsam als dauerhaftes Initiationszeichen – einen festen Platz im »Guinnessbuch der Rekorde« gesichert. (vgl. 7. Kriterium).

Ob der Australier jedoch durch seine beiden Seereisen wirklich seine eigentliche Lebensaufgabe erkannt oder sogar die eigene Lebensspur gefunden und vielleicht so etwas wie einen tieferen Kontakt zu seinen Ahnen und zur »anderen«, geistigen Welt bekommen hat, ist unklar (vgl. 4., 5. und 6. Kriterium). Es scheint mir unsicher, ob es Jesse wirklich bewusst geworden ist, dass der eigentliche und tiefere Sinn seiner Reisen in dem Erwerb seiner Initiation und damit in dem Hinübergehen ins Erwachsensein, gelegen hat. Oft sind dazu ein oder mehrere erfahrene Mentoren nötig, die diese tiefere Deutung für den Initianden erst erschließen können. Nur dann hätte die wahnwitzige Heldentat neben einem unvergesslichen Abenteuer, der starken sportlichen und psychischen Leistung und neben der Beachtung in den Medien auch gleichzeitig zu einem sehr sinnvollen Lebensübergang ins Erwachsensein gedient. Dies muss in dem geschilderten Fall jedoch offen bleiben, obwohl Jesse selbst von seinem »Erwachsenwerden auf See« spricht.[194] Und es muss bei den anderen Jungen und Mädchen noch mehr in Frage gestellt werden, die einen solchen Trip nach ihm unternommen haben. Der zweimalige Weltumsegler Rollo Gebhard jedenfalls kommentiert die merkwürdige Jagd nach Rekorden , die sich vor allem junge Mädchen derzeit auf den Ozeanen liefern mit den Worten: »Die sollen erst einmal Lebenserfahrung sammeln.«[195]

Zwischenbilanz und Ausblick

In unserer aufgeklärten, westlichen, wissenschaftlich-technisch orientierten Gesellschaft gibt es für unsere Heranwachsenden im Grunde leider kaum geeignete offizielle Initiationsrituale mehr. Dies sollte in diesem Band I aufgezeigt werden. Dennoch ist das Bedürfnis nach Initiation durchaus vorhanden, was – bei richtiger Betrachtung – sowohl all die missglückten, wie auch die eher gelungenen Selbstversuche von Jugendlichen, erwachsen werden zu wollen, beweisen. In den Seelen junger Menschen ist eben – entwicklungspsychologisch betrachtet – ein fundamentaler Wunsch nach echter Weiterentwicklung und Wachstum, sowie nach Prüfungen, nach Anerkennung und Bestätigung durch »die« Erwachsenen und die Gemeinschaft vorhanden. Das heißt, viele Heranwachsende spüren trotz eines vorherrschenden gesellschaftlichen »Mainstreams«, immer jung oder jugendlich zu bleiben, durchaus das echte Bedürfnis in sich, den Übergang in den neuen Lebensabschnitt »Erwachsensein« zu bewältigen.

Meine bisherigen Betrachtungen wollten aufzeigen, dass es zumindest noch einige Spuren von Initiationsritualen auch in unserem Kulturkreis gibt, die ausgebaut werden sollten. Am Beispiel von Schulabschlüssen, der Führerscheinprüfung, von Gastschul-Aufenthalten oder auch größeren Reisen könnte dies geschehen. Dennoch ist es dringend notwendig, dass neue Rituale geschaffen werden, die für unsere heutige Gesellschaft passen. Initiation geschieht nicht von selbst. Wir Erwachsenen müssen diese für unsere Jungen organisieren, wir dürfen diesen so wichtigen Übergang nicht den Jugendlichen selbst überlassen. Sie sind damit strukturell, emotional und geistig überfordert, denn sie wollen ja erst erwachsen werden. Also müssen Erwachsene es sein, die die Jugendlichen in diese neue Lebensphase hinübergeleiten. Hier scheint mir eine fundamental wichtige Aufgabe für unsere Gesellschaft zu liegen, die bisher überhaupt nicht oder nur sehr wenig beachtet wird. Dabei muss aber gefragt werden, in welche Gesellschaft wir unsere Heranwachsenden initiieren wollen. Wer sollte dabei die Verfahren, die Ziele und den Zweck dieser Initiationen bestimmen? Außerdem besteht die Gefahr, dass unsere Jugendlichen Initiationsrituale ablehnen und sie verweigern, wenn und weil sie von

»den« Erwachsenen organisiert werden. Diesen Fragen soll in Band II (HR) verstärkt nachgegangen werden.

Gerade die zumindest im Ansatz geglückten Versuche von Selbstinitiation sollten uns Erwachsene – besonders uns Lehrer, Sozialpädagogen, Pfarrer, (Bildungs-)Politiker, aber auch alle Eltern von Heranwachsenden – jedoch ermutigen, unseren Jugendlichen dennoch herausfordernde und geeignete Rituale anzubieten, mit Hilfe derer dieser so notwendige Initiationsprozess durchgeführt werden und schließlich auch gelingen kann. Die für diesen Zweck verwendeten Rituale müssen aber dann zumindest ansatzweise und symbolisch all die Kriterien enthalten, die zu einem wirklichen Erwachsensein in einer reifen Gesellschaft gehören. Im Kapitel 5 wurde aufgezeigt, was für das Erwachsensein erforderlich ist. Oberstes Ziel bei all diesen Prüfungen muss jedoch stets der Schutz und die Unversehrtheit der Initianden sein.

Außerdem braucht es verständnisvolle und kompetente, erwachsene Mentoren, die sich im Besonderen dieser Aufgabe verschreiben, Jugendliche beim Übergang ins Erwachsensein zu begleiten. Aber auch jeder andere Erwachsene kann für einen Jugendlichen zumindest indirekt zu einem solchen »Initiationsmentor« werden – einfach deshalb, weil er bereits eine längere Lebenserfahrung besitzt und nicht selten durch das Leben selbst initiiert wurde.

Es macht einen Unterschied, ob der Übergang ins Erwachsensein rechtzeitig durch entsprechende Rituale organisiert wird, wenn die Jugendlichen mit ihrer jungen, manchmal sogar ungestümen Kraft bereit sind, sich dazu herausfordern zu lassen. Geschieht eine Initiation zu dieser Zeit nicht, weil unsere Gesellschaft dafür gar kein Verständnis oder Bewusstsein besitzt, besteht die große Gefahr, dass unsere Jugendlichen durch unverantwortliche und tollkühne Selbstversuche Schaden erleiden, die im schlimmsten Falle sogar zum Tod führen können (vgl. Kapitel 2). Oder, was häufiger der Fall ist, die jungen Leute werden zwar volljährig, kommen aber überhaupt oder zumindest jahrelang nicht »in die Puschen« – sie hängen energielos herum, ohne ihren Lebenssinn und ihre Lebensaufgabe finden zu können.

Da die Seele letztlich aber zur Weiterentwicklung drängt, bleibt beim Ausbleiben von offiziellen Prüfungen zum Erwachsenwerden nur das Leben selbst. Eine »Initiation durch das Leben« kann in diesem Fall viel heftiger verlaufen, als es durch – von erfahrenen

Erwachsenen rechtzeitig gestaltete und geschützte – »Initiationsrituale« geschehen könnte. Außerdem wird dieser notwendige Übergang vom Jugendlichen zum Erwachsenen künstlich in die Länge gezogen, wenn entsprechende Übergangsrituale ausbleiben. Die Grenzen zwischen den einzelnen Lebensabschnitten verwischen immer mehr und unsere jungen Leute haben es oft sehr schwer, überhaupt das Ende der einen und den Beginn der neuen Lebensphase zu erkennen. Der Prozess des Erwachsenwerdens dauert dann nicht einige Monate oder einige wenige Jahre, sondern er zieht sich womöglich über viele Jahre oder sogar Jahrzehnte hin. Selbst bei Vierzig- oder gar Fünfzigjährigen kann es sein, dass sie immer noch nicht in der »ganzen Kraft ihres Erwachsenseins« und in der Verantwortungsbereitschaft eines Erwachsenen angekommen sind.

Darum trifft leider zu, wovon auch der Titel des Buches in eher plakativer und vielleicht etwas provozierender Weise spricht: »Erwachsenwerden in einer unreifen Gesellschaft«. Welche Lösungen aber kann es geben, damit auch in unserer Gemeinschaft der Übergang ins Erwachsensein besser oder überhaupt gelingen kann? In welches Weltbild sollen die heutigen Jugendlichen hinein initiiert werden? Darüber soll in einem zweiten Band verstärkt nachgedacht werden. Der Ansatzpunkt hierfür kann die in vielen Märchen und Mythen beschriebene »Heldenreise« sein, von der schon mehrmals die Rede war. Denn eine solche Heldenfahrt kann als Ergebnis genau den »Schatz des Erwachsenseins« mit sich bringen. Märchen sind fast immer »Entwicklungsgeschichten«, die zu mehr Selbständigkeit und Persönlichkeitsreifung führen. Vor allem das in seiner Idee uralte und gleichzeitig neu entwickelte Ritual der »Visionssuche« stellt im Grunde eine solche Heldenreise ins eigene Innere dar. Davon wird ebenfalls im zweiten Buch ausführlich die Rede sein. Der zweite Band trägt daher den Titel:

»Initiation – Erwachsenwerden in einer unreifen Gesellschaft. Band II: Heldenreisen« (ISBN 978-3-86991-409-1).

Adressen

(1) Kontakt:
Peter Maier
www.initiation-erwachsenwerden.de
info@initiation-erwachsenwerden.de

(2) »walkAway« und (Jugend-)Visionssuchen:
Ulrich Imrich
www.naturseminare-visionssuche.de
info@naturseminare-visionssuche.de

(3) Jugend-Visionssuchen:
Eberhard Otto
eberhard.otto@gmx.de

(4) Visionssuchen für Erwachsene und Jugendliche
Forum der meisten Anbieter von Visionssuchen im deutschsprachigen Raum:
www.visionssuche.net

Anhang

1 Geseko von Lüpke, »Wenn die Kindheit stirbt und der Erwachsene geboren wird«. Die Wiederentdeckung alter Initiationsrituale für die moderne Welt. (Erstsendung im Bayerischen Rundfunk, 15.11.2000)
2 Die Befragung wurde 3 Monate nach dem »walkAway« durchgeführt.
3 Alle Namen wurden geändert.
4 Dudenredaktion (Hrsg.), Duden Band 1: Die deutsche Rechtschreibung. Mannheim 23. Auflage 2004, S. 497
5 vgl. Karl Ernst Georges (Bearb.): Ausführliches Lateinisch-Deutsches Handwörterbuch. Hannover 13. Auflage 1972, S. 279
6 Greg Campbell, Peter A. Thomaset: Das MännerLebensbuch. Die Vision und Seelenwerkstatt einer neuen Männerkultur. München 1. Auflage 2003, S. 214 f.
7 Steve Biddulph: Männer auf der Suche. Sieben Schritte zur Befreiung. München 5. Auflage 2003, S. 236 f.
8 Malidoma Patrice Somé: Die Weisheit Afrikas. Rituale, Natur und der Sinn des Lebens. Kreuzlingen/München 2001, S. 291-293
9 Reinhold Herrmann Schäfer: Männer Quest. Die Reise ins Herz des Mannes. Engerda 2000, S. 52
10 Sylvia Koch-Weser/Geseko von Lüpke: Vision Quest. Visionssuche: allein in der Wildnis auf dem Weg zu sich selbst. Kreuzlingen/München 2000, S. 131
11 Ein Rest eines Initiationsrituals könnte bei den sog. »Schlagenden Studentenverbindungen« vorliegen. Die jungen Männer fügen sich im Degenkampf eventuell deutliche Verletzungen zu, gehören dann aber zu den Erwachsenen.
12 vgl. dazu auch Süddeutsche Zeitung Nr. 118 vom 26.5.2010. Darin wird festgestellt, dass mehr als jeder vierte Student sein Studium ganz abbricht (bei Männern 29%, bei Frauen 26%).
13 In diesem Zusammenhang können auch noch die illegalen, per Handy oder Internet verabredeten Autorennen erwähnt werden, die womöglich ebenfalls aufgrund eines unbewussten Initiationswunsches der Beteiligten veranstaltet werden.
14 vgl. Süddeutsche Zeitung (SZ), Bayernteil, 28.6.2004
15 SZ, Bayernteil, 4.10.2004
16 SZ, Bayernteil, 4.10.2004
17 SZ, Bayernteil, 4.7.2005
18 SZ, Bayernteil, 26.7.2007
19 SZ, Lokalteil Fürstenfeldbrucker SZ, 24.11.2008
20 SZ, Bayernteil, 22.4.2009
21 vgl. SZ, Bayernteil, 9./10.5.2009
22 alle Zitate aus SZ, 9./10.5.2009
23 Aichacher Nachrichten, 15.11.2008 (gehört zu den »Augsburger Nachrichten«)
24 ebenda

25 ebd.
26 SZ, Nr. 23, 29./30.1.2011, S. 12
27 SZ Nr. 1, 2./3.2010, Münchner Teil
28 SZ, Hauptteil, 24.6.2004
29 ebd.
30 ebd.
31 ebd.
32 SZ, Bayernteil, 20.3.2007
33 ebd.
34 ebd.
35 SZ, München-Teil, 20.5.2008
36 vgl. ebd.
37 SZ, München-Teil, 2.4.2007
38 ebd.
39 Flatrate-Partys dieser Art sind mittlerweile verboten worden.
40 Aichacher Nachrichten, »Kommentar«, 15.11.2008
41 SZ, München-Teil, 18.5.2009
42 Fürstenfeldbrucker Süddeutsche Zeitung, 14.5.2007
43 vgl. ebd.
44 Abendzeitung (München), 26.4.2011, S. 1 und S. 10
45 SZ Nr. 158, 13.7.2009, S. 49
46 ebd.
47 ebd.
48 SZ, Nr. 177, 4.8.2009, S. 29
49 vgl. ebd.
50 Fürstenfeldbrucker SZ, 28.4.2009
51 SZ, Nr. 158, 13.7.2009, S. 49
52 ebd.
53 SZ, Nr. 216, 19./20.9.2009, S. 4
54 ebd.
55 SZ, Nr. 95, 26.4.2011, S. 10
56 vgl. ebd.
57 SZ, Münchner Teil, 28.4.2009
58 vgl. ebd.
59 Genau darauf will auch das neueste Buch von Petra Gerster und Christian Nürnberger hinweisen: »Charakter: Worauf es bei Bildung wirklich ankommt« (Berlin, 1. Auflage 2010)
60 SZ, Nr. 161, vom 16.7.2009, S. 3
61 ebd.
62 ebd.
63 ebd.
64 SZ, Nr. 160, 15.7.2009, S. 8
65 In diesem Zusammenhang ist auch der sogenannte »Ironman« auf Hawaii (Triathlon) zu erwähnen, bei dem die Teilnehmer sich bis über die Grenzen hinaus körperlich schinden.
66 SZ, Nr. 163, 18./19.7.2009, S. 2
67 ebd.

68 vgl. ebd.
69 Der für den Zugspitzlauf 2008 Verantwortliche ist 2009 von aller juristischen Schuld freigesprochen worden.
70 vgl. ebd.
71 ebd.
72 ebd.
73 ebd.
74 Malidoma Patrice Somé: Vom Geist Afrikas. Das Leben eines afrikanischen Schamanen. München 2. Auflage 1997
75 ebd., Rückseite des Bucheinbandes
76 ebd., S. 415
77 vgl. Malidoma Patrice Somé: Die Weisheit Afrikas, a. a. O., Rückeinband
78 Klaus Harre: Träume weisen den Weg. Praxis der Traumdeutung nach C. G. Jung. Freiburg 1981, S. 31
79 ebd., S. 31 f.
80 ebd., S. 33
81 vgl. ebd., S. 34
82 ebd., S. 34
83 ebd., S. 32
84 vgl. Evangelium nach Matthäus, Kap 17, 1-9
85 Hierzu gehören z. B. auch die Arthus-Sage oder das Nibelungenlied.
86 vgl. Malidoma Patrice Somé: Vom Geist Afrikas, a. a. O., S. 255 ff.
87 Malidoma Patrice Somé: Vom Geist Afrikas, a. a. O., S. 301
88 ebd., S. 348
89 vgl. ebd.
90 ebd., S. 390
91 ebd., S. 406
92 SZ, Nr. 181, 8./9. August 2009, S. 48
93 ebd.
94 Joseph Campbell: Die Kraft der Mythen. Düsseldorf 2007, S. 150 f.
95 Der Begriff »Pubertät« markiert sowohl den Beginn der Geschlechtsreife selbst als auch das frühe Jugendalter, das von den körperlichen und seelischen Veränderungen der Geschlechtsreife geprägt ist. Die spätere Phase der Jugend wird oft als »Adoleszenz« bezeichnet. In diesem Buch soll der Lebensabschnitt zwischen dem Einsetzen der Geschlechtsreife und dem Eintritt ins Erwachsenenalter als »Jugend« oder »Jugendzeit« bezeichnet werden. Jedoch wird auch der Begriff »Pubertät« oft synonym für diese Lebensphase verwendet.
96 Dies trifft sicher bei weitem nicht auf alle traditionellen Völker zu. In vielen Stämmen war die Kindererziehung Sache des ganzen Stammes; in Stämmen mit Matriarchat wurde es wieder anders geregelt. Es müsste also sehr differenziert werden. Dies soll aber nicht Gegenstand der Überlegungen in diesem Buch sein.
97 Dem Autor ist bewusst, dass auch hier sehr differenziert werden müsste. Das Verhalten sowie die vielfältigen Traditionen von einzelnen indigenen Völkern sind aber nicht Gegenstand dieses Buches.

98 Dies kann man an all den gegenwärtig aufgedeckten Missbrauchsfällen in Internaten mit vor allem kirchlicher, aber auch weltlicher Trägerschaft ersehen, von denen in den Medien berichtet wird. Siehe dazu die Ausgaben der Süddeutschen Zeitung Nr. 47 vom 26.2.2010 (Bayern), Nr. 49 bis Nr. 54 vom 1.3. bis 6./7.3.2010 (Bayern) und Nr. 55 vom 8.3.2010.
99 SZ, Nr. 26, 2.2.2010, S. 3
100 ebd.
101 vgl. dazu die Ausgabe Nr. 32 von »Bravo«, 29. Juli 2009, S. 30 f.
102 vgl. Steve Biddulph, a. a. O., S. 28 f.
103 ebd., S. 71
104 ebd., S. 71 f.
105 ebd., S. 229
106 Gayan Sylvie Winter: Vision Quest. Der indianische Weisheits-Tarot. Neuhausen am Rheinfall 4. Auflage 2001, S. 118
107 Steve Biddulph, a. a. O., S. 241
108 Joseph Campbell, a. a. O., S. 151
109 ebd., S. 149
110 ebd., S. 8 f.
111 ebd., S. 9
112 ebd., S. 150
113 ebd., S. 150
114 Sean Penn (Regie), Into the Wild (Film), USA 2007, Paramount Vantage und River Road Entertainment
115 vgl. Klaus Harre, a. a. O., S. 31-34
116 Paul Ferrini: Denn Christus lebt in jedem von euch. Bielefeld 7. Auflage 2004, S. 8 f.
117 ebd., S. 7
118 Klaus Harre, a. a. O., S. 38
119 Diese westliche Haltung, alles objektiv betrachten und kontrollieren zu können, hat spätestens seit der Zeit von Christoph Columbus an Schärfe zugenommen.
120 Malidoma Patrice Somé: Vom Geist Afrikas, a. a. O., S. 20
121 Meine Erfahrungen und Erkenntnisse mit der Familien-Therapie beruhen in erste Linie auf Erlebnissen mit Malidoma Patrice Somé. Der Begriff »Familienstellen« geht auch auf Bernd Hellinger zurück, der jedoch in seinen Ansichten umstritten ist. Eine Diskussion darüber ist nicht Gegenstand und Absicht dieses Buches.
122 Marlies Holitzka, Elisabeth Remmert: Systemische Familienaufstellungen. Konfliktlösungen für Söhne – Töchter – Eltern. Darmstadt 2. Auflage 2001, S. 9
123 ebd., S. 10 f.
124 Michael Meade: Die Männer und das Wasser des Lebens. Wege zur wahren Männlichkeit. München 1996, S. 422
125 vgl. ebd., S. 422-429
126 SZ, Nr. 30, 6./7. Februar 2010, Interview - letzte Seite
127 ebd.

128 ebd.
129 Ein einwöchiges Berufspraktikum in Realschule und Gymnasium, der sogenannte »Girls' Day«, das obligatorische Praktikum in Fachoberschulen oder ähnliche Veranstaltungen sind sicher gute Ansätze, die diesem Missstand zumindest etwas entgegenwirken wollen.
130 Dies gilt für manche Handwerksberufe und ebenso für Lehrer, die zunächst die Referendarausbildung machen dürfen, danach aber nicht übernommen werden.
131 vgl. SZ, Nr. 187, 17.8.2009, Jugendseite jetzt.de, S. 15
132 vgl. ebd.
133 ebd.
134 ebd.
135 Steven Foster, Meredith Little: Vision Quest. Sinnsuche und Selbstheilung in der Wildnis. Braunschweig 1991, S. 221
136 ebd., S. 221-223
137 ebd., S. 221
138 Steve Biddulph, a. a. O., S. 246
139 vgl. SZ, Nr. 54, 6./7.3.2010, S. 45: »Die Zahl der Mädchen mit Alkoholvergiftung ist in den vergangenen Jahren in Bayern stark angestiegen. 411 Mädchen im Alter von 10 bis 15 Jahren mussten deswegen im Jahr 2008 in Krankenhäusern behandelt werden ... Zudem kamen 427 Buben wegen Alkoholmissbrauchs in Kliniken. Hier liegt die Steigerung gegenüber 2000 bei 106 Prozent.«
140 Steve Biddulph, a. a. O., S. 246 f.
141 SZ, Nr. 179, 5. August 2004, S. 3
142 vgl. Steve Biddulph, a. a. O., S. 66
143 vgl. ebd., S. 55 f.
144 ebd., S. 64
145 ebd., S. 56
146 Steve Biddulph, a. a. O., S. 236 f.
147 ebd., S. 237
148 Reinhold Hermann Schäfer, a. a. O., S. 28 f.
149 vgl. SZ, Nr. 40, 18.2.2010, S. 7
150 Malidoma Patrice Somé: Die Kraft des Rituals. Afrikanische Traditionen für die westliche Welt. Kreuzlingen 2000, S. 35 f.
151 ebd., S. 36 f.
152 Es ist gerade im ländlichen Raum von katholisch geprägten Gegenden nach wie vor eine übliche Praxis, dass Angehörige Gedenkmessen für Verstorbene in Auftrag geben.
153 vgl. Steven Foster, Meredith Little, a. a. O.
154 vgl. Malidoma Patrice Somé: Die Weisheit Afrikas, a. a. O., S. 298-301
155 Steve Biddulph, a. a. O., S. 245
156 Das sogenannte »begleitete Fahren« ab dem 17. Geburtstag, das nach einer Erprobungsphase 2011 gesetzlich eingeführt wurde, hat statistisch gesehen ebenfalls zu einer Verminderung von (tödlichen) Unfällen beigetragen.
157 SZ, Nr. 16, 21.1.2010, S. 42

158 Der College-Abschluss wird in den USA sehr rituell und gemeinschaftlich begangen. Universitätsabschlüsse in Deutschland werden dagegen meist ausschließlich privat gefeiert, weil es meist keine größere Gruppe von Absolventen gibt, die gleichzeitig mit allen Prüfungen fertig geworden sind. Vielleicht ändert sich dieser Umstand jetzt mit den neuen Abschlüssen von »Bachelor« und »Master« wieder.
159 Ludwig Graßler: Zu Fuß über die Alpen. Auf dem »Traumpfad« von München nach Venedig. München 2. Auflage 1978
160 ebd., S. 9 f.
161 ebd., S. 8
162 Publik-Forum, Heft Nr. 19/2007, S. 26 f.
163 ebd.
164 SZ, 23.10.2008
165 vgl. ebd.
166 ebd.
167 SZ, 27.5.2004
168 ebd.
169 vgl. ebd.
170 SZ, 3.11.2006
171 vgl. SZ, Nr. 69, 2008, S. 45
172 ebd.
173 ebd.
174 SZ, 3.11.2006
175 ebd.
176 ebd.
177 ebd.
178 Fürstenfeldbrucker SZ, 21.6.2005
179 ebd.
180 ebd.
181 ebd.
182 ebd.
183 vgl. Dr. Eugen Kaiser, Dr. Jakob Lehmann (Hrsg.): Grundzüge der Geschichte. Mittelstufe Band 2. Frankfurt a. M. 4. Auflage 1975, S. 146
184 vgl. SZ, Nr. 32, 9.2.2010, S. 31 (jetzt.de)
185 ebd.
186 vgl. ebd.
187 ebd.
188 ebd.
189 ebd.
190 vgl. SZ, Nr. 111, 17.5.2010, S. 10
191 vgl. SZ, Nr. 148, 1.7.2010, S. 10
192 vgl. SZ, Nr. 171, 28.7.2010, S. 10
193 vgl. SZ, Nr. 32, 9.2.2010, S. 31
194 vgl. ebd.
195 SZ, Nr. 134, 15.6.2010, S. 9

www.epubli.de

16928711R00188

Printed in Poland
by Amazon Fulfillment
Poland Sp. z o.o., Wrocław